Liselotte Denk · Fanny Elßler

Liselotte Denk

Fanny Elßler

Tänzerin eines Jahrhunderts
Legende und Wirklichkeit

Amalthea

Schutzumschlaggestaltung: Wolf Bachmann, München
Satz: Fotosatz Völkl, Germering bei München
Gesetzt aus der 10/12 Punkt Garamond
Druck und Binden: Wiener Verlag, Himberg bei Wien
Printed in Austria 1984
ISBN: 3-85002-196-3

Meiner Mutter Sophie Perras in Dankbarkeit

Fanny Elßler – das Lächeln ihres Jahrhunderts – einst und heute

oder

Der Blick hinter die Maske

Einmal New York und zurück

Sie lebte schon vor hundertfünfzig Jahren unser Lied. Das Lied der Knef: »Für mich soll's rote Rosen regnen!« Das Lied der Pluhar: »Trotzdem kämpfen wir!« Das Lied der Monroe: »Diamonds Are a Girls Best Friend ...« Daliah Lavis Lied: »Ich stieg hinauf und stürzte tief« war nie das ihre, denn Fanny Elßler blieb
ganz oben.

Wien, Februar 1984

Eingang Michaelerkuppel, ein Stockwerk über den Schauräumen der Hofburg, führt eine der hohen braunen Türen in die Theatersammlung der Nationalbibliothek. Die Museums-Etage liegt über den ungeliebten Appartements jener Frau, die einst Dichterin sein wollte und Österreichs Kaiserin werden mußte, also direkt über den ehemaligen Kabinetten von Elisabeth und ihrem Kaisergemahl Franz Joseph, in denen noch immer ihre Eisenbetten und »Sisis« Turngeräte herumstehen, um einer staunenden Nachwelt gegen ein paar Schilling Eintritt präsentiert zu werden. Turnen – neben dem Reiten und Verserlmachen eine der Vorlieben Elisabeths – gehörte aber auch zu den seinerzeit nicht alltäglichen Gewohnheiten einer anderen Persönlichkeit ihrer Zeit: Fanny Elßler absolvierte ein regelmäßiges Training, unter anderem am Reck.

In einem Teil der Theatersammlung ist es in diesen Februartagen ziemlich kalt, man beheizt die Räume nicht oder kaum, denn die Vergänglichkeit soll hier solange wie möglich hinausgezögert werden. Die letzten Zeugen dahingegangener Theaterzeiten – barocke Handpuppen, Gemälde, Kostüme, Dekorationen, Schriften und Fotografien – wollen es kühl haben. Und dunkel.

In einem der fensterlosen Depots flammt elektrisches Licht auf. Auch hier Theaterrequisiten rings an den Wänden; ein wenig in den Raum gestellt eine der kopflosen schwarzen Schneiderpuppen, die ein Kleid trägt. Eine Art spanisches Nationalkostüm aus altrosa Satin, mit schwarzer Tüllspitze und gezackter Goldborte besetzt, am tiefen Ausschnitt sind noch Einstiche von einer Bro-

schennadel zu sehen, die vor etwa hundertfünfzig Jahren den Stoff durchstieß. Dies also ist es, das Cachucha-Kostüm der Elßler, ihr dreißigstes oder vierzigstes vielleicht, auf jeden Fall eines der letzten, in dem sie ihren andalusischen »Feuertanz«, die weltberühmte Cachucha, tanzte: Veni, vidi, vici! Schlachtruf der Elßler, mit dem sie als »göttliche Fanny« zwei Erdteile eroberte.
Seit hundert Jahren ist sie nun tot – aber ist sie vergessen?
Sie ist es nicht, und man ließe es auch nicht zu. Denn ein Nationaldenkmal muß weiterleben, das gilt als ein ungeschriebenes Gesetz, das ist es der Heimat, der süßen Heimat, schuldig.
Also hat man in Wien und Eisenstadt bereits im Februar aus Vitrinen, Kisten und Schachteln alles im Augenblick an Elßler-Erinnerungsstücken Greifbare hervorgeholt, um ihren hundertsten Todestag am 27. November 1984 schon im Sommer in aller Öffentlichkeit zu feiern: eine Ausstellung in Wien, eine Ausstellung in New York, dem Ausgangspunkt ihrer fast zweieinhalbjährigen triumphalen Tournee (1840–1842) durch die Vereinigten Staaten. Gezählt und numeriert stehen in Wiens Theatersammlung die Habseligkeiten des einstigen Elßler-Alltags für den Abtransport nach Übersee bereit. Eine Kaffeemaschine zum Beispiel, die noch funktionieren soll und aus der Fanny sich in den Achterbahnkurven ihrer Karriere zu stärken pflegte, Begleiterin auf dem Übel der Zeit, den holperigen Biedermeierstraßen. Eine Alt-Berliner Schale aus der Königlich-Preußischen Porzellan-Manufaktur zeigt in Pastellfarben die Profile der Elßler-Schwestern Fanny und Therese, Gesichter ohne Gesicht, beide gleich edel, gleich unbedeutend lieblich, gleich »kropfert«.
Vom großen Reichtum, von den in Jahrzehnten erarbeiteten, errafften, in Schränken gestapelten Kostbarkeiten des Elßlerschen Haushalts sind relativ wenige Dinge erhalten geblieben. Überwiegend Intimes, wie Döschen, Alben, Rosenkränze, Notiz- und Gebetbücher, eine »Zündmaschine« (eines der ersten Feuerzeuge), halbblinde Spiegel, Toilettengarnituren, Service, weiße Miederleibchen mit bestickten Puffärmeln, Ballettschuhe, die notdürftig zusammengeflickt wurden, ein bisserl Silber und ähnliches. Dinge solcher Art befinden sich auch in Familienbesitz, vie-

les wurde an Bekannte, Freunde, Privatsammler et cetera verschenkt, verkauft, verschleudert. Immer wieder taucht in irgendeinem Haushalt ein Stück Porzellan, ein silberner Löffel auf, Dinge, die Fanny gehört haben oder die sie zumindest »angefaßt« haben soll. Alles in allem scheint man mit ihrem Besitz wie mit ihrem Leben recht unachtsam umgegangen zu sein.
Was der österreichische Staat für die Museen in Wien und Eisenstadt sicherstellen konnte, geht nun also wieder auf Reisen – wie einst im Mai, als Fanny Elßler, die größte Dompteuse im Umgang mit dem Publikum ihrer Zeit, ruhe- und rastlos auf den Bühnen der Welt die Haxerln schmiß. Jetzt reitet sie wieder für Austria. Good bye, Fanny!

Die göttliche Fanny in unserer Zeit

So leicht, so luftig war ihr Gliederwogen,
Daß still die Blumen nur zu träumen schienen,
Es schwebe silberfüßig über ihnen, –
Du stauntest lang, den Athem angezogen.

Zeitgenössische Huldigung

»Tänzerinnen schwitzen eh net so grauslich«, hieß es in Wien, als wolle man die Echtheit des Cachucha-Kostüms nicht in Frage gestellt wissen. Denn man sieht ihm sein Alter von hundertfünfzig Jahren nicht an; keine Schweißränder unter den Achseln, nur im Futter Abnutzungsspuren, die schwarzen Tüllspitzen relativ gut erhalten, das Altrosa der Seide schimmernd wie ein morbides Geheimnis.
Tatsächlich? Drang kein Schweiß aus den Achselhöhlen, als Fanny ihren Feuertanz auf die Bretter legte, über dem selbst ein so gefürchteter und hartgesottener Journalist wie Théophile Gautier ins Schwärmen geriet:

> In ihren rosigen Fingern zittern die Kastagnetten aus Ebenholz – nun schnellt sie vor, aus den Kastagnetten tönt das helle Geplauder, holt sie Büschel von Rhythmen ... wie sie sich windet, wie sie sich biegt, welches Feuer, welche Glut!

Welches Feuer, welche Glut – gewiß! Was aber waren ihre Pirouetten, ihre Drehungen auf Spitze, ihre Sprünge im Vergleich zur perfekten Technik nachfolgender Tänzergenerationen – im Vergleich zu deren virtuosen, akrobatischen, sportlichen Tricks? Zugegeben, nicht viel. Worin also lag die Faszination ihrer Darbietung, mit der sie die Welt vom Theatersessel riß? Sie lag in ihrem Charisma.

Ihre Leistung ist nicht mehr meßbar, wurde nicht festgehalten auf Zelluloid, so wie die zweiunddreißig und mehr Fouettés einer Marcia Haydée, einer Margot Fonteyn festgehalten wurden und meßbar sind für kommende Generationen. Und auch das Lächeln der Ballerinen von heute wird noch in hundert Jahren in den Medien leuchten. Die mächtige Aura der Elßler hingegen ist mit denen ins Grab gesunken, die sie einst tanzen sahen.

Aber sind Wunder meßbar? Niemand von uns hat den Teufelsgeiger Paganini jemals spielen gehört, und trotzdem glauben wir der überlieferten Mundpropaganda seiner Zeitgenossen, mit der sie ihm und anderen großen Künstlern ihrer Epoche bleibenden Ruhm schufen.

Mag sein, daß man damals, im romantischen Überschwang, allzu bereitwillig des Kaisers neue Kleider feierte. Aber Wunder sind eben deshalb Wunder, weil alle Welt sie glaubt, obwohl niemand sie sieht.

Was aber geschieht, wenn wir die Leistung eines der großartigsten Tänzer seiner Generation, Vaslaw Nijinsky, auf frühem Filmmaterial in unsere Zeit herüberholen?

»Die Leute lachen sich halbtot«, gibt der Münchner Ballettdirektor Edmund Gleede zur Antwort.

Sollten wir also wirklich darangehen, hinter das Geheimnis jenes Lächelns zu kommen, mit dem Fanny Elßler ihr Jahrhundert verzauberte – es gar demaskieren, ent-zaubern? Wir sollten nicht, aber wir Mondmenschen, wir Computergehilfen tun es trotzdem und jetzt erst recht – wir, die wir unsere Märchen ergründen, unsere Rätsel enträtseln wollen, die wir Gott und die Welt in Frage stellen, in alles eindringen, alles auseinandernehmen, bis es zerstört, ein Abbild unsrer selbst, vor und in uns liegt.

Wer die alten Ballette – einen *Schwanensee*, ein *Dornröschen*, eine *La Sylphide* – in Originalfassung aufgeführt sehen möchte, wünscht sich etwas, aus dem wir längst herausgewachsen sind. Wie simpel, wie zum »Totlachen« würde ein Originalballett aus dem Jahre 1840 auf das heutige, reizverwöhnte Publikum wirken! Dem trägt jedes Theater Rechnung, wenn es sich entschließt, ein Ballett in Originalfassung zur Aufführung zu bringen. Denn selbstverständlich baut man die modernsten technischen Schikanen, die modernsten künstlerischen Gesichtspunkte mit ein, stellt das Werk »geliftet und durch die Brille unserer Zeit gesehen« auf die Bühne.

Durch diese – unsere – Brille gesehen, mag Fanny Elßler »fast gar nichts gemacht haben«, wie sie übrigens selbst einmal in ihrem Tagebuch vermerkt. Trotzdem wird ihr Ruhm Fortbestand haben, solange es die Ballettszene gibt, denn mit Fug und Recht darf sie als eine Revolutionärin des klassischen Tanztheaters ihrer Epoche gelten. Nicht etwa, weil sie, wie oft irrtümlich angenommen wird, den Spitzentanz »erfunden« hätte, sondern deshalb, weil sie den Charakter- und Nationaltanz aus der bloßen Folklore heraushob und ihn in veredelter Form dem klassischen Ballett einverleibte. Ohne sie wären die Tarantella, die Mazurka, der Bolero, der Csárdás und viele andere, aus dem Volk hervorgegangene Tänze, auf der Bühne wohl kaum zu so großer und bleibender Popularität gekommen; heute gehören sie mit zum Schönsten, was das klassische Ballett zu bieten hat, nicht mehr fortzudenken beispielsweise die Nationaltänze der Prinzessinnen aus aller Herren Länder im *Schwanensee*.

Fanny Elßlers heutige Bedeutung liegt vor allem auch in den Verdiensten, die sie sich mit ihrem Schaffen, ihrem Charisma, um das Ansehen des klassischen Balletts, dieser ureigensten europäischen Erfindung, in aller Welt erwarb. Daß sie sich so gut wie keine andere »verkaufte« – darin war sie ihrer großen Rivalin Maria Taglioni, die vielleicht besser tanzte, weit überlegen –, daß sie für die Sache des Balletts, als sie durch Young America tingelte, so phantastisch die Werbetrommel rührte, bleibt ihr Bravourstück, auch wenn man zu ihrer Zeit, besonders im tonangebenden Paris, anders darüber dachte.

Ballett 1984 – Ballett total!

Die fünfte Stellung ist der wahre Ausdruck des Auswärts, die des eigentlich klassischen Geistes. Die fünfte Stellung ist Taglioni, die dritte war Camargo. Dazwischen liegt ein Jahrhundert harter Arbeit und langsamer, beschwerlicher Ausgleichung.

André Levinson, 1926

»Tänzerinnen schwitzen eh net so grauslich.« Dieser Satz mochte im allgemeinen auf die Verhältnisse vor hundert Jahren zutreffen. Wer aber Gelegenheit hat, den heutigen Athleten und Athletinnen des Ballettsaals beim täglichen Training zuzusehen, verliert rasch die Illusion von mühelos erworbener Schwerelosigkeit nur aufgrund des Talents, von Veilchenduft und schneeweißen Tutus. Es »menschelt« gehörig, und man riecht's; das Fleisch schwitzt, schaut aus verbeulten Hosen und (manchmal durchlöcherten) Pullovern hervor – und die Tutus im Nebenraum auf den Stangen sind auch nicht so aprilfrisch, wie man sie von der abendlichen Ballettaufführung her in Erinnerung hat.

Ein klimperndes Klavier. Die sich schier endlos wiederholenden, auf den fünf grundlegenden Fußpositionen basierenden Übungen des Tänzer-Alltags. Aber dann endlich, nach stundenlanger schweißtreibender Plackerei ein Finale, das süchtig macht: Die schlankgewachsenen, muskulösen Ballerinos (heute im Durchschnitt fünfzehn Zentimeter größer als früher), die graziösen, selbstbewußten Ballerinen (da und dort zu sanfter Rundung neigend), setzen zu ihren grandiosen Sprüngen an, rund um den Saal, wieder und wieder, als gelte es, olympisches Gold zu holen, bis allgemeine Begeisterung, Trance, Taumel aufkommt und man sich gegenseitig donnernden Applaus spendet.

Narziß findet sein Bildnis in der riesigen Spiegelwand wieder, die jeden seiner Muskeln kontrolliert und ihn antreibt, das Fleisch weiter zu trietzen. Das ist Ballett 1984, Ballett total, und es scheint mit den tänzerischen Leistungen einer Fanny Elßler nichts mehr zu tun zu haben. Was die Fron angeht, hielt sie allerdings mit: sie ist während ihrer ganzen Laufbahn eine harte Arbeiterin gewesen.

Verbrennt nicht ihre Flügel ...

»Unsere Ballettänzerinnen tanzen doch alle nur mit den Beinen«, urteilte der Musikkritiker Eduard Hanslick, nachdem er wieder einmal Fannys »mimische Zauberkünste« als rühmliche Ausnahme gepriesen hatte. Aber könnte das nicht auch bedeuten: unter Blinden ist der Einäugige König?

Eines ist sicher: die Leistung der Elßler muß in ihre Zeit gestellt und aus dieser Zeit heraus betrachtet werden. Holte man das, was ihren Glanz, ihren Zauber als Tänzerin ausmachte, ins Licht des heutigen Tages, käme das jener Ballettszene aus *La Sylphide* gleich, in der dem Luftgeist ein Schleier übergeworfen wird, unter dem seine Flügel verbrennen, worauf er sterbend zu Boden sinkt.

Etwas Ähnliches könnte geschehen sein, als die Wiener Staatsoper im Jahre 1960 das Cachucha-Kostüm aus der Versenkung holte, die wirklich großartige Primaballerina Edeltraut Brexner hineinsteckte (der auch ein von Riki Raab gestifteter Fanny-Elßler-Ring verliehen wurde) und auf diese Weise versuchte, den Zauber wieder aufleben zu lassen. Aber ein altes Kleid allein, von einer jungen Ballerina präsentiert, die den Sternenglanz von Mitte des 20. Jahrhunderts am Rocksaum trägt, bringt die einstige Zauberin nicht zurück.

Die »schöne Frau« – ein Antityp ihrer Zeit

... Ihre Hüften sind wenig entwickelt, ihre Brust zeigt nicht mehr Rundung als der antike Hermaphrodit ...

Théophile Gautier

Weder ihr gertenschlankes Äußeres noch ihr Lebensweg können als charakteristisch für die Frau – nicht einmal für die Künstlerin – des 19. Jahrhunderts gelten. Denn die Menschen ihrer romantischen Epoche suchten in der Kunst eine »Gegenwelt«, die ihnen den keineswegs romantischen Alltag verklären sollte. Auf der Bühne durfte geseufzt, gelacht, gepoltert, angehimmelt und gemordet werden – aber bittschön in Pose und net wia im wirklichen

Leben. Hausverbot für die Realität, obgleich es auf den Brettern, die die Gegenwelt bedeuteten, jetzt schon weitaus natürlicher zuging als in barocken Zeiten.
Fannys Landsleute sahen in der gebürtigen Gumpendorferin das Wiener Würstl, wie sie selber eines waren, aber eben ein Wiener Würstl, das den Olymp erklommen und zur Göttin gesalbt worden war. Da schau her, was die sich traut, ane von uns!
Das sollte aber nicht heißen, daß ihre gmollerten Geschlechtsgenossinnen versucht hätten, ihr nachzueifern. Im Gegenteil, es war nicht modern, sich mit seinen Idolen zu verbrüdern, zu identifizieren, wie das in unseren Tagen die jungen Mädchen mit einer Brooke Shields, einer Nastassja Kinski, einer Nena im Schilde führen. Man erwartete vielmehr ein holdes Standbild, das man auf dem Hausaltar nett dekorieren, zu dem man aufschauen, das man anbeten konnte.
Das Standbild namens Fanny Elßler war im wirklichen Leben weder emanzipiert noch Weltbürgerin (wie das nach außen hin wegen der ständigen Herumreiserei aussah) und schon gar keine Göttin. Von einer Ausnahme abgesehen, waren ihre Liebhaber kleine Fische, nicht clever genug, sie finanziell zu ruinieren, obwohl mancher es versuchte. Zu einem Gruppenbild mit Kindsvater hat sie es nie gebracht, denn die Väter ihrer ledigen »Bankerten« machten sich zuvor aus dem Staub. Aber eines war die Elßler gewiß: die Vorreiterin des hundert Jahre später in Hollywood einsetzenden Starkults.

Fanny – eine Biedermeierin?

Sie lebte und tanzte nicht für *ihre Zeit. Sie lebte und tanzte* ihre *Zeit. Sie war diese Zeit selber.*

Ilse Linden, Elßler-Biographin, 1921

Das Prädikat »Tänzerin des Biedermeier« war mehr auf die Persönlichkeit denn auf die Künstlerin gemünzt. Aber Die-Zeit-selber-Sein war ja nicht allein das Privileg der Elßler. Schließlich trägt jeder Mensch seine Zeit in sich, denkt und handelt aus ihr, prägt sie mit. Und gewiß hätte auch so manche andere Wienerin das Zeug dazu gehabt, als personifiziertes Biedermeier »Wienerleut', Wienerfreud'« draußen in der Welt zu repräsentieren. Aber welches Mäderl kam schon hinaus in diese Welt, wenn es net singa, net schauspülarn und net danzn konnte? Also blieb es dem Künstlertum der Elßler vorbehalten, Biedermeierart, die nur bedingt die ihre war, unters fremde Volk zu tragen, als hätte man sie für sich allein gepachtet. Davon abgesehen: draußen in der Welt dürfte eher das Pariserische an ihr bewundert worden sein (besonders in den USA), denn Paris hatte sie geformt auch als Mensch, Paris hatte ihren Ruhm begründet.

Fanni und Fanny = Fanny Elßler

Sie ist groß, schmeidig, herrlich gebaut, Hände und Füße sind zart, ihre Beine sind die einer antiken Statue, ihre Arme sind rund, sie besitzt äußerst schönes Haar, das glänzend wie Rabenflügel auf beiden Schläfen in Lokken herabwallt – und sie besitzt das Profil einer Griechin ...

Zeitgenössischer Bericht

Ein Paar schwarze, mit rot-grünen Blumenranken bestickte Handschuhe ohne Finger sind der Beweis dafür, daß Fannys Hände tatsächlich so winzig klein gewesen sind, wie Augenzeugen sie einst besungen und beschrieben haben. Anders verhielt es sich wohl mit der Wahrheit in bezug auf ihre angeblich »große Gestalt«. Im Wiener Theatermuseum nehmen wir Maß am Cachucha-Kostüm und stellen fest, daß sie nicht weit über 1,60 m hinausgewachsen sein kann. Ihr Haar, »glänzend wie Rabenflügel«, war nicht eigentlich schwarz, muß aber sehr dunkel gewirkt haben. Und das »griechische Profil«, von dem die Alten sungen, sieht auf späteren Fotografien alles andere als griechisch aus. Da sich die Konturen ihres auch noch im Alter schönen und faltenlosen Gesichts nicht wesentlich verändert hatten, darf man diesen einzigen Zeugen dahingegangener Äußerlichkeit wohl trauen.
Fannys zwiespältige, widersprüchliche Persönlichkeit, die tiefe

Kluft zwischen Künstlerin und Alltagsmensch (worin sie an Mozart erinnert), Sein und Schein, spiegeln sich in ihren beiden so unterschiedlichen Gesichtshälften, der oberen und der unteren, wider. Das Angepaßte, Glatte, Liebliche holten die Maler und Bildhauer aus der oberen Partie und formten daraus ihre »Fanny«. Kaum jemand interessierte sich für das, was unterhalb der ausgeprägten Nase, zum Kinn hin, passierte, denn das war nun einmal das Unattraktivste an dieser »Göttin«. Dort versteckte sich »Fanni«, die Vorstädterin, mit den gschlamperten Gefühlen und Verhältnissen, mit dem schlichten, allzu schlichten Sinn, für den sich einer ihrer Liebhaber glaubte schämen zu müssen, dort spitzen der Hausverstand und ein zwar legitimes, aber nicht eben feines Profitdenken, in die Habgier reichend, hervor. Ein schmaler, manchmal leicht verkniffener Mund, dem man alles mögliche zutraut: die kleinen Gluckser einer verstohlenen Glückseligkeit, den deftigen Wiener Schmäh, den Kleinbürgermief ihrer Herkunft.
Warum, könnte man fragen, ließ sie sich erst als »schöne alte Dame« (ihr Markenzeichen in späten Jahren) fotografieren, obwohl dies technisch schon wesentlich früher möglich gewesen wäre? Die Vermutung liegt nahe, daß sie selbst das größte Interesse daran nahm, ihr unkompliziert-schöngefärbtes Larverl, das ihr die Maler fabrizierten, behalten zu dürfen. Denn diese Fanni war ka Tschaperl und obendrein mit einem phänomenalen Instinkt für alles, was bei den Leuten »ankommt«, ausgestattet. Ihr Lächeln, das die Wiener so stolz als dasjenige ihres Biedermeierjahrhunderts bezeichnen (und sich partout nicht davon abbringen lassen), spricht auf Fotografien eine recht hausbackene Sprache, womit auch gleich – ihre Landsleut' wollen es nicht anders – dieses ganze Biedermeierjahrhundert demaskiert worden wäre.

Ein Mythos wird entblättert

Den Zuckerguß von diesem Leben abzukratzen, geht nicht ohne den Verlust von Illusionen ab und mag manchem Elßleristen wie

Ketzerei erscheinen. Doch selbst wenn ein wenig Marzipan verlorengeht, ist diese Fanny Elßler noch legendenträchtig genug, denn Wahrheit und Legende sind so eng miteinander verwoben, daß die Legende schon wieder zur Wahrheit, zum festen Bestandteil dieses fernen, fernen Lebens wird.

Versuchen wir trotzdem hinter die Maske zu blicken, um der Wahrheit etwas näher zu kommen, lassen wir ein wenig »Fanni« aus der Rekonstruktion dieses Lebens, nichts anderes kann dieses Buch bieten, hervorblitzen. Schauen wir Fanny Elßler ins Antlitz, wie es sich uns aus ihren Briefen und Tagebuchaufzeichnungen darstellt, ohne daß wir die Mängel zudecken, wegstecken, in Spiegeltrickzauberei verschwinden lassen. Tun wir der Persönlichkeit, dem Menschen die Ehre an. Und lassen wir ihn ruhig amal »Schaß« sagen.

Fanny Elßler als Operette (von Johann Strauß), *Fanny Elßler* als Film (mit Lilian Harvey) und eine Unzahl von Geschichten und Anekdoten halten den Mythos dieser Jahrhundertballerina am Köcheln. Was uns Heutige betrifft, sind wir schon wieder soweit, daß wir eine »Gegenwelt« brauchen könnten. Aber diesen Gefallen tut uns die Fanny nicht. Sie hätte gut in unsere Zeit, in unser Showbusineß gepaßt, sie ist unsere Schwester – und, wie sich gleich herausstellen wird, jederzeit noch für eine Legende gut.

Im Flugzeug von Wien nach München sitzt die Autorin neben einem älteren Berliner. »So, so«, sagt er, »Sie schreiben über Fanny Elßler 'n Buch. Klar doch, dat ick die kenne … dat süßeste Mädel der Welt, det gab's nur einmal, det kommt nich wieda … so 'ne kleene Blonde, und tanzen konnte der Racker …!«

Da haben wir also unsere Elßler-Legende zum Gedenkjahr 1984: eine Fanny, die weder schwarzhaarig noch brünett gewesen sein und eigentlich Lilian Harvey geheißen haben soll …

An den Wurzeln einer Göttin

oder

Ein Nest in Schlesien,
ein Fürstenhof in Ungarn
und das Lied von Haydn

Großvater Elßler, der Wegbereiter

Ei was, sagte der Esel zum Hahn, zieh lieber mit uns, etwas Besseres als den Tod findest du überall.

Die Bremer Stadtmusikanten

Damals in Kieslingswalde

Fragt nicht nach Gründen und näheren Umständen, die den jungen Joseph Elßler um die Mitte des 18. Jahrhunderts bewogen, von seiner schlesischen Heimat fortzuziehen. Nur Mutmaßungen können es sein, denn niemand hat's aufgeschrieben, niemand machte viel Aufhebens davon, wenn einen jungen Menschen der Haber stach und ihm der Sinn nach Veränderung stand. Reisende soll man nicht aufhalten, sagten die Leute und gingen zum Tagwerk über. Fortgehen und nicht wiederkommen aus diesen und jenen Gründen, meist aus Armut, war so unüblich nicht.
Das Dorf, aus dem Großvater Elßler stammte, hieß ursprünglich Kieslingswalde; in späteren Ortsverzeichnissen und Karten ist es als »Kieslingen« eingetragen. Es liegt in der Grafschaft Glatz, die aber nicht eigentlich zu Schlesien gehörte, vielmehr ein Kronland Böhmens gewesen sein soll, ehe der Preuße zugriff. Großvater Elßlers Heimatort existiert heute noch in jenem Teil Deutschlands, der nach dem Zweiten Weltkrieg polnisch werden mußte.
Was aber könnte Elßler hauptsächlich veranlaßt haben, seinem Kieslingswalde den Rücken zu kehren? Man weiß, daß in jenen Tagen zwischen Österreich und Preußen heftige Etappen-Kriege um Schlesien (1740–1763) wüteten, und als es endlich in den sechziger Jahren zum Frieden kam, hatte Maria Theresia die meisten ihrer dortigen Gebiete, darunter eben auch die Grafschaft Glatz, an ihren alten Widersacher, den Preußenkönig Friedrich II., verloren. Kann also sein, daß kriegerische Auseinandersetzungen dem jungen Elßler Beine machten, und er sich sagte: Etwas Besseres als trocken Brot oder gar den Tod findest du überall.
Von wem er Abschied nahm, ehe er fortzog, wissen wir nicht. Vater und Mutter, Fannys Urgroßeltern väterlicherseits, wie auch sonstige Vorfahren aus dieser Linie bleiben im dunkeln. Vielleicht

war jener Michael Elßler ihr Urgroßvater, der von 1719 bis 1744 im Ort die Ämter des Schulmeisters, Küsters und Organisten bekleidete. Von daher wäre dann womöglich der rote Faden für die Musikalität der Elßlerschen Nachkommenschaft gefunden.
Der Familienname dürfte aus »Ölsner« und »Elsler« hervorgegangen sein, Namen, wie sie in Kieslingswalde und Umgebung sehr häufig vorkamen. Und so schrieb denn auch in unserem Jahrhundert ein Mann namens Alfons Elsler, Heimatvertriebener und ehemaliger Landwirt, die Chronik von Kieslingswalde. Aber selbst er konnte eine Verwandtschaft mit Fanny Elßler nur vermuten, zumal die Polen viele der älteren Kirchenbücher vernichtet haben.
Wir möchten annehmen, daß Fannys Großvater sein Dorf aus eigenem Entschluß, also noch vor der Besetzung oder gar Vertreibung durch die Preußen, verlassen konnte. Sollte es dort aber auch noch zweihundert Jahre später Nachkommen aus der direkten Linie von Fanny Elßlers Vorfahren gegeben haben, dürften diese im Jahre 1946 endgültig aus Kieslingswalde vertrieben worden sein. Über die Zustände im Ort nach dem Zweiten Weltkrieg berichtet die Chronik:

> Nach der Kapitulation 1945 rückten russische Truppen ein, und Plünderungen, Bedrückungen und Auflösung aller Ordnung folgten. Noch furchtbarer wurde es, als im August 1945 Zivil-Polen in großer Zahl ankamen und sich als die neuen Besitzer aufspielten. Die polnische Miliz übte furchtbaren Terror aus und machte vielen das Leben fast unerträglich.
>
> Am 17. März 1946 (Sonntag) wurden die ersten Einwohner von Kieslingswalde mit unserem Pfarrer Schwarzer zwangsweise ausgewiesen. Manchen wurde nur eine Frist von einer halben Stunde zum Verlassen ihres seit Jahrhunderten bestehenden Besitzes gegeben …

Auch für unseren Joseph Elßler bedeutete der Abschied von Kieslingswalde einen Abschied für immer. Vergessene, verschollene Heimat, denn alles war fortan ausgerichtet auf ein Leben im ungarischen »Kismarton«, dem heutigen Eisenstadt im Burgenland, wo er hängenbleiben, seßhaft werden sollte. Alles war ausgerichtet auf ein Dienen unter dem Fürstenzepter – und unter dem Genius Joseph Haydn.

In Eisenstadt

Heute ...

Alle Wege führen im Burgenland nach Eisenstadt. Haltmachen auf der Durchreise zum oder vom Neusiedler See. Ein Glas Wein trinken. Zu einstiger Fürstenglorie, dem Barockschloß der Esterhazys, emporblicken. Das Haydn-Mausoleum in der Bergkirche, die Fürstengruft, die Orangerie bewundern. An ockergelben, in die Vergangenheit geduckten Bürgerhäusern vorüberkommen. In einem alten Gasthaus Mittag essen. Das neue Landesmuseum besuchen. Rasch noch das Haydn-Wohnhaus »mitnehmen«. Weiterfahren.
Bist du ohne Auto unterwegs, verkehrt spätabends, so gegen zehn Uhr, noch ein Bus. Du stehst auf dem einsamen Platz und denkst, das kann nur ein Witz sein, in diese rabenschwarze Abgeschiedenheit kommt doch kein Bus mehr. Aber er kommt. Und nimmt dich mit nach *Wien.*

... und damals

Als Joseph Elßler um 1750 nach Eisenstadt kam, war das ein lichter, bäuerlicher Ort, recht heimelig und verträumt, wie auch heute noch zuzeiten, mit etwa fünfhundert Häusern, in denen Weingärtner, Bauern, kleine Geschäftsleute lebten. Und ihm, der aus dem finstern Walde kam, wo der Müller und sein Kind als Räuber und Wegelagerer ihr Unwesen trieben, wo man draußen in der alten Mühle einen Haufen Menschenknochen gefunden hatte, wo Preußen und Schlesier aufeinander eindroschen –, ihm mag dieses Eisenstadt noch weitaus lichter und freundlicher vorgekommen sein, als es ohnehin war. Denn auf keinen Ort in ganz Ungarn traf das alte Liedl besser zu:

Ich lob diesen Ort vor allem Land!
Hier sind viel Sänger, Saitenspiel,
Allerlei G'sellschaft und Freuden viel.
Mehr Musikus und Instrument
findet man gewißlich an keinem End.

Zwar war die Umgangssprache Ungarisch, aber jedermann beherrschte auch Deutsch, so daß Elßler gewiß keine Verständigungsnot plagte, abgesehen von ein paar Anfangsschwierigkeiten wegen seines harten schlesischen Akzents.

Möglicherweise hatte der angebliche Musikus sein Glück zunächst in Wien versuchen wollen, dort aber keine Arbeit gefunden. Man wartete nicht auf einen wie ihn, kaum daß die Ansässigen ihr täglich Brot verdienten. In der Kaiserstadt mag er dann erfahren haben, daß es im nur etwa fünfzig Kilometer entfernten Kismarton (Eisenstadt) ein Fürstenschloß mit Theater und großem Orchester gab – und Arbeit genug für einen jungen geschickten Burschen, sofern seine Nase dem Fürsten genehm war.

Eisenstadt war ja auch Residenz: hier hielten die Esterhazys hof, eine der mächtigsten und reichsten Familien der k.u.k. Monarchie; außer einem Palais in Wien gehörten ihr Besitzungen über ganz Ungarn und das heutige Burgenland verstreut.

Joseph ging also die Anhöhe hinauf zum Schloß, um nach Arbeit zu fragen, und er bekam sie. Ob er ein Instrument bei sich trug, und wenn ja, welches, wissen wir nicht. Wie gesagt, soll er ein Musikant gewesen sein, aber selbst wenn das zutraf, sicher nicht reif genug für das berühmte Esterhazysche Orchester. Wo sollte er in einem Nest wie Kieslingswalde aufgespielt haben, doch höchstens sonntags zum Tanz. Auf keinen Fall kann er das Orgelspiel beherrscht haben, das wäre in den Musikerlisten des Schloßarchivs vermerkt worden, aber in ihnen taucht nirgendwo ein Elßler auf. Und so ist dies vielleicht die Legende Nummer eins, daß nämlich die Elßlers am Fürstenhof auch als Musiker beschäftigt gewesen sein sollen.

Der junge Schlesier machte auf Fürst Paul einen anstelligen, aufgeweckten Eindruck. Er fand ihn mit einem besonderen Einfüh-

lungsvermögen in Noten und Partituren begabt: ein wenig Musizieren für den Hausgebrauch, eine ruhige Hand, die ganz gewiß, so daß man ihn wohl von Anfang an zum Notenkopisten und in ähnlichem anlernte. Er wurde auch gleich hinaufgeschickt nach Obereisenstadt, ins sogenannte Musikergebäude, das früher Wirtshaus gewesen; dort sollte Joseph Elßler Quartier nehmen, wie alle Musiker und einschlägig Beschäftigten in Esterhazys Diensten.
Die Zimmer waren geräumig, aber die Wände dünn, und falls das Milchgesicht noch nicht wußte, wo der Bartel den Most holt, hier wurde er's rasch gewahr. Die Musiker und ihre Familien, viele aus Wien gekommen, hausten eng beieinander; hitziges Manns- und Weibervolk, und das geigte, fiedelte, zankte, stöhnte bis in die tiefe Nacht. Da wird der Hinterwäldler um manches im Sonnenlicht sittsam dreinschauende Frauerl einen großen Verlegenheitsbogen gemacht haben, und auf die eine oder andere traf wohl auch der Gassenhauer zu, den man in Wien sang, wo Maria Theresia gerade eine »Keuschheitskommission« einführen ließ:

Auf der Gassen, Madeln paschen,
Schöne Frauen 's Geld verhauen,
Wann ma 's eahna wegganimmt
A bisserl auf die Gurgel springt,
Hebn 's Haxerl hoch in d'Höh'
Und schrein: »Juchee!«

Elßlers große Stunde

Haydns »Visitenkarte«

Eines Tages, man schrieb das Jahr 1761, wehte der Genius durch Schloß und Stadt, aber wie das so ist, niemand bemerkte es zunächst, keine Glocke läutete, und am Himmel gab's ganz gewöhnliches Wetter.

Fürst Paul hatte einen neuen Vizekapellmeister eingestellt, und der zog nun mit seiner Ehehälfte Anna Aloysia ins Musikerhaus ein, wo ihm die größte und schönste Wohnung im ersten Stockwerk zustand.
Er hieß Joseph Haydn und sollte dreißig Jahre am Hof als komponierender Kapellmeister dienen.
Was den anderen, den Elßlerschen Joseph betraf, so war für ihn die große Stunde gekommen: der Fürst teilte ihn seinem neuen Mann als dessen Notenkopisten zu. Wie gesagt, eine akkurate Handschrift besaß er ja, außerdem war er ein I-Tüpferlschreiber, einer, der alles mit Akribie erledigte, und eben darauf kam es beim Notenkopieren an. Zugleich fungierte er als Haydns Kammerdiener, eine Kombination, die im damaligen Musikbetrieb durchaus gebräuchlich war.
Nun würde er seinen Kindern und Enkelkindern, die bei Ankunft des neuen Kapellmeisters allesamt noch in Abrahams Wurstkessel steckten, ein g'mähtes Wieserl bereiten: er schenkte ihnen Haydn.
Wie einem Kind die Handelschaft ins Blut schießt, wenn es mit dem Vater tagein tagaus auf Hausierertour geht, so sollten die Elßler-Kinder vom ersten Schnaufer an ihre Lungen und Herzerln mit Haydn-Musik, mit seinen Menuetten und Ländlern, vollgepumpt bekommen. Soviel steht fest: ohne den Wandertrieb dieses schlesischen Großvaters hätte es auch kein Tanzgenie Fanny Elßler gegeben; wie es ohne den Umzug Vater Mozarts von Augsburg nach Salzburg sicher nicht den Wolfgang Amadeus hätte geben können, wie die Welt ihn kennt. Denn, Leut', auf die richtige Mischung kommt es an: Ein bisserl Augsburg vermischt mit viel Salzburg – und ein Mozart ist geboren.
Ein bisserl Schlesien, vermischt mit viel Burgenland, einer kräftigen Handvoll Wiener Gumpendorf und etlichen Schöpfern Tirol – und »die« Elßler ist fertig.

Der vorzeitige Pepi und Familiengründung

Trifft die Überlieferung tatsächlich zu, daß Elßler bereits um das Jahr 1750 nach Eisenstadt kam, ist er dort immerhin sechzehn Jahre als Junggeselle herumgelaufen, bis er sich endlich entschloß, ein Eheweib zu nehmen. Eine Hiesige, die Tochter eines Kurzwarenhändlers, sollte Fannys Großmutter werden; in ihrer Verwandtschaft hatte es Maurer, Sacklträger, Fuhrknechte und Soldaten gegeben.

Also trat anno 1766 der nicht mehr ganz jugendfrische Elßler Joseph mit seiner Eva Maria, geborene Köstler, vor den Traualtar hin. Anfang Oktober war's, nichts Rechtes mehr für die Hochzeitsjause im Freien, aber daß sein Dienstherr, der Haydn, den Trauzeugen machte, das zeigte was her. Die Hochzeit war übrigens überfällig, weil doch der Pepi, das erste Kind der Jungvermählten, schon etliche Monate daheim in der Bettstatt greinte. Eva Maria brachte insgesamt drei Söhne zur Welt; ihren 1766 geborenen Zweitältesten taufte man auf den Namen Johann (-Florian), und eben der sollte einmal der Vater von Österreichs berühmtester Tänzerin werden.

Was war dran – an der Haydn-Idylle?

Ein Kreuz, ein Leid,
ein böses Weib,
hat mir der Herr gegeben!

Sprichwort

Seit seiner Ankunft in Eisenstadt lebte, wie schon erwähnt, auch Haydn im Musikerhaus. Und als er im Hochzeitsjahr seines Kopisten Elßler endlich ins eigene Haus in der Klostergasse umziehen konnte, bekam er zu seiner zänkischen Aloysia ein paar böse Nachbarinnen dazu.

Prozesse, Ehekräche, Brandkatastrophen – glücklich geworden in dem, was man heutzutage in Eisenstadt mit reichlich Blumenschmuck versehen als »Haydn-Idylle« anpreist, ist er sicherlich nicht.

Kam er abends todmüde zurück ins traute Heim, fand er meist Pfaffen am gedeckten Tisch seiner Frau. Musikgehör, Musikgespür besaß sie keins, war aber dennoch scharf auf seine Partituren, weil die sich im zerrupften Zustand prächtig als Lockenwickler eigneten.

Mittlerweile war Fürst Paul in Eisenstadt gestorben, und Nikolaus hatte das Sagen. Der drehte nobel auf, was ihm den Spitznamen »der Prächtige« eintrug. Er war in Paris gewesen, hatte Schloß Versailles gesehen: Jó mama! – und wollte nun südlich des Neusiedler Sees ein ähnliches Kleinod aus dem Boden stampfen. Inmitten der Steppenunendlichkeit wuchsen Schloß Esterhaz und ein Opernhaus empor: Anreiz für den fürstlichen Haus- und Hofkomponisten Haydn, zu seines Brotherrn Ruhm und Ehre nach Kräften Opern auszuspucken.

Der »Haus-Offizier« und sein Diener

In Wien war einmal eine Kaiserin,
doch war sie vielmehr eine Wienerin,
als Maria Theresia steht's im Lesebuch drin,
für die Wiener jedoch war's das »Reserl aus Wien«.
Sie hat stets gemildert des Volkes Last,
sie war, könnt' ma sag'n, demokratisch fast,
drum zieht mit dem Lied auch ein Gruß zu ihr hin,
zum Reserl, zum Reserl von Wien.

Alt-Wiener Huldigung an Maria Theresia

Wenn der Fürst zu rauschenden Festen und großen musikalischen Ereignissen rief, pilgerte die große Welt aus allen Himmelsrichtungen der Donaumonarchie ins verträumte Eisenstadt, und bald schon kam sie auch nach Esterhaz. Maria Theresia war da, ein bisserl abgetakelt seit den Schlesischen Kriegen, die ihr nix als Verluste eingebracht hatten –, wiegte die drallen Hüften, warf abschätzende Blicke. Allerhand, was dem Fürschtn, diesem ungarischen Hallodri, da wieder eing'falln war ... Und überhaupt: Wann i a gscheide Oper hörn will, geh i nach Eisenstadt und Esterhaz. Soviel Lob war vor allem Haydns Verdienst, aber der scheute sich deshalb nicht, in seine blaue Livree mit den goldenen Tressen zu schlüpfen und die gepuderte Perücke aufzusetzen. Er hatte die Wahl zwischen zwei Möglichkeiten gehabt: entweder in eines Mächtigen Dienst satt zu werden, oder als Freiberuflicher vogelfrei sein Leben zu fristen, um am Ende womöglich ins Armengrab zu sinken.

Haydn war nie wie Mozart ein Wunderkind gewesen, nicht verwöhnt, nicht von Königen hofiert, ein Handwerkersohn – und das rettete ihn.

Also wählte er das sichere Brot, glücklicherweise bei Fürsten, die ihn all das gestalten ließen, was ihn einmal unsterblich machen würde.

Genius hin – Unsterblichkeit her: dieser Haydn diente als »Haus-Offizier«, der allzeit in Uniform »sauber und in weissen strimpfen, eingepudert und entweder in zopf oder harbütel« daherzukommen hatte. Wenn man ihn in den Hoflisten als Herrn von Haydn oder Monsieur de Haydn aufführte, so aus der besonderen Wertschätzung heraus, die er am Fürstenhof genoß.

Elßler, der Kopist und Diener, rangierte unter den Lakaien und Portiers. Der dritte und niedrigste Bedienstetenstand auf Schloß Esterhazy blieb ihm wenigstens erspart; darunter fielen die Stuben- und Kuchlmenscher, Wagenmeister, Leibkutscher, ja sogar die fürstlichen Grenadiere der Leibgarde.

Johann Elßler tritt in Aktion – und sein Haydn-Kult schießt mächtig ins Kraut

Als der alternde Elßler Joseph den Federkiel weglegte, nahm sein Sohn Johann ihn auf, um nun an seiner Statt bei Haydn den Dienst zu versehen. Auch er war ein geschickter Notenkopist, wenn nicht ein noch besserer als sein Vater, und so zuverlässig wie die Bank von England.

Herr und Diener reichten einander die Hände: beim Diener war's

Liebe für ein ganzes Leben, was es beim Meister war, ist schwer zu sagen. Und wenn es Leute gab, die diese Beziehung als beidseitig gleichwertige Freundschaft hochzujubeln versuchten, in Briefen und Aufzeichnungen sprach Haydn nie von seinem Freund, sondern stets von seinem »guten und rechtschaffenen (Diener) Elßler«. Wie auch immer, man war einander aufrichtig zugetan, und weil Aloysia ihm keinen Nachwuchs schenken konnte, hielt sich der alternde Haydn an den Elßler-Kindern schadlos und machte ihnen den Paten. Das behagte den von Haus aus sparsamen, nach Profit äugelnden Elßlers; jedesmal sprangen Golddukaten heraus, von dem üppigen Taufmahl und anderen Gschmackigkeiten, die der großzügige »Papa« Haydn auffahren ließ, gar nicht zu reden. Als Gegenleistung besaß er die unverbrüchliche Treue der Elßlers, eine Zuneigung auch, die insbesondere bei Johann die seltsamsten Blüten trieb. Haydn wurde sein Kind, seine fixe Idee, sein Abgott. Und wie der Biograph C. F. Pohl berichtet, ging diese Verehrung so weit, »daß Johann, sich unbelauscht wähnend, beim Aufräumen der Wohnung mit dem Rauchfeuer vor dem Bilde Haydns einige Zeit innehielt, wie vor einem Altar, sein Opfer darbringend«.

Aus dem wenigen, was über Johann Elßler noch in Erfahrung gebracht werden kann, blickt er uns in seiner aufopfernden Unentbehrlichkeit ältlich, wenn nicht sogar alt entgegen. Man stellt ihn sich in den Räumen des »Meisters« mit Besen und Staubtuch vor, sieht ihn behende bis wieselflink an die Haustür eilen, Besucher hereinlassen, hinter den Stuhl Haydns treten und auf einen Wink verschwinden, oder still über Papier gebeugt, die kostbaren Noten seines Herrn, eine Welt von Musik, übertragend. Dabei muß er bei seinem Amtsantritt noch recht jung gewesen sein (das genaue Geburtsdatum ist nicht bekannt), und als Haydn im Jahre 1809 starb, war er erst um die Vierzig.

Zeitgenossen schilderten ihn als einen äußerlich nicht unebenen Menschen, und einige Bildnisse aus seinen älteren Jahren widersprechen dem nicht. Auf jeden Fall war er eine Erscheinung, die zu seiner Auserwählten, der feschen Therese Prinster, nicht schlecht paßte.

Leut', jetzt geht's auf –
's scheene Reserl kommt
nach Eisenstadt!

I daug zu kaner Klosterfrau,
a gar koa Spur, i waß ...

Ins Eisenstädter Musikerhaus waren mittlerweile die Prinster-Brüder, Michael und Anton, eingezogen, weit und breit die besten Waldhornbläser und eine Zierde des fürstlichen Orchesters. Zwei gstandene Mannsbilder im vollen Saft, ihr Vater ein Gipsgießer aus Meran, der mit Schnitzereien ein Zubrot verdiente, manches Handwerk verstand und nach Feierabend auf seiner Fiedel Hausmusik machte, daß in der Wiener Vorstadt Gumpendorf, wo man z'Haus war, alle Türen aufflogen.
Da gab es noch eine Schwester, das Reserl, eine saubere Katz', die einen g'sunden Schluck vertragen konnte und beim Drahn nix anbrennen ließ. Wie ihre Mutter eine gebürtige Wienerin, a bisserl gmollert um und um, keck ums Goscherl, das rundliche Profil eingerahmt von tausend Wuggerln und Schneckerln, eine anerkannte Vorstadtschönheit eben, der die Gumpendorfer Mannsleut' nachriefen: Schauts hin, da geht's scheene Reserl! – A dulli g'stelltes Madl halt, wie es in unseren Tagen der André Heller und seine Pluhar besingen, wenn hin und wieder die Hefn, der Dulli-g'stellte-Wiener in ihnen hochkommt:

I daug zu kaner Klosterfrau,
a gar koa Spur, i waß,
denn i, i bin a Ma-a-dl
von aner ganz eigenen Rass.

Jo, jo, dudl-dudl-dudl-he,
jo, jo, dudl-dudl-dudl-he ...

I waß, was i waß ---

An manchen Sonntagen wird die Prinster Resi zu ihren Brüdern nach Eisenstadt hinausgekommen sein. Im Musikerhaus standen überall die Türen offen, man trat ein, bekam ein gutes Tröpferl vorgesetzt, plauschte miteinander. Auf diese Weise mag sie auch mit den Elßlers bekanntgeworden sein, mit dem Johann, den sie dann zum Schatz nahm. Den Rosenkranz werden die zwei nicht miteinander gebetet haben, denn wie ehedem bei Johanns Eltern, pressierte es plötzlich mit dem Heiraten.

Die Hochzeit von Fannys zukünftigen Eltern – und wieder ein vorzeitiger Pepi

... Was tät denn da mei Franzl sagn,
der was ein Leutnant is,
wann i so in der Kuttn kam,
da oben gar koan Schopf,
und statt de Wuggerln, Schneckerln
a Jungferndachl aufm Kopf.
Der nahmat glei 's Bajonett
und stoßats mir in d'Brust!

- - I daug zu kaner Klosterfrau,
a gar koa Spur, i waß ...

Als die zwanzigjährige Braut ihrem einunddreißigjährigen Bräutigam anno 1800 in der Gumpendorfer Pfarrkirche St. Aegydius das Jawort gab, rumorte der Nachwuchs schon unterm Hochzeitsgwandl. Im August desselben Jahres brachte die Resi ihr erstes Kind (Fannys ältesten Bruder) zur Welt, der den Vornamen des inzwischen verstorbenen Elßler-Großvaters bekam. Und ungeachtet seiner »unkeischen« Zeugung sollte gerade aus diesem Buben einmal ein »heiliger Joseph« werden. Er trat mit dreiundzwanzig Jahren in den Franziskanerorden ein und starb als Bruder Pacificus sechsundfünfzigjährig im Kloster Maria Lanzendorf bei Wien.
Großvater Elßler, unser schlesischer »Musikus«, durfte also keinem seiner Enkelkinder, für die er einst so eifrig das (Haydn-)Wieserl gemäht hatte, ins Wickelkissen schauen, und nicht einmal die Hochzeit seines Zweitältesten erlebte er noch. Um diese Zeit soll Johann auch nicht mehr in Eisenstadt, sondern bereits in Gumpendorf, in der Nähe der Prinsters, seiner Schwiegereltern, gewohnt haben.
Resi brachte neun Kinder zur Welt, aber wie seinerzeit gang und gäbe, blieben nur die widerstandsfähigsten am Leben: nach Pepi,

dem Ältesten, der zwei Jahre jüngere Johann und die Töchter Anna (Netti), Therese und – Franziska (Fanny).

Warum die Elßlers nach Wien kamen

Der Grund für den Umzug nach Gumpendorf hing mit dem Tod des Fürsten Nikolaus im Jahre 1792 und natürlich wieder einmal mit den Plänen Haydns zusammen. Denn nachdem der neue Schloßherr, Fürst Anton, das Hoforchester aus Sparsamkeitsgründen auflösen wollte, sah sich Haydn, mittlerweile in den Fünfzigern und nach dreißig Dienstjahren ohnehin amtsmüde geworden, nach einem Altersruhesitz außerhalb Eisenstadts um. Das Haus in der Klostergasse war ihm immer mehr ein Graus geworden, ein erneuter Brand hatte es übel zugerichtet, so daß er das, was übriggeblieben, gern verkaufte.
Kann sein, daß ihm Elßlers Schwiegereltern bei der Suche nach etwas Passendem behilflich waren, jedenfalls sollte auch er sich, getrennt lebend von seinem bösen Geist Aloysia, in Gumpendorf niederlassen. Freilich dauerte es noch etliche Jahre, bis er in seine »Windmühl«, ein ebenerdiges Haus, das er aufstocken ließ, einziehen konnte. Es lag in der Unteren Steingasse, heute VI. Wiener Bezirk, Haydngasse 19. Und nur ein paar Gassen entfernt – wie hätte es anders sein können – hausten die Elßlers. Der Meister brauchte seinen Johann, was würde er ohne den dienstbaren Geist, den Vertrauten, in einer fremden Umgebung angefangen haben.

Abschied von Mozart, wovor der warnte, und was er prophezeit haben soll

Happy, happy, happy,
Happy shalt thou be

Glücklich, glücklich, glücklich
Glücklich sollst du sein.

Refrain zu einer Händel-Melodie

Zum ersten Mal wieder nach dreißig Jahren war Haydn ein freier Mann, kein Bediensteter mehr, selber der Herr, und was für einer!
Johann, pack unsere Sachen – wir reisen nach London!
Am Abend vor der Abreise nachtmahlte er noch mit Freund Mozart. Der soll ihn gewarnt haben: Bist g'scheid, Joseph, in deinem Alter so a weite Reis' – net amal Englisch kannst und de Engländer verstehn ka Wort deutsch!
Als Haydn nachts nach Hause kam, mag er Elßler von seinem Gespräch mit Mozart erzählt haben.
Weißt, Johann, ich hab ihm geantwortet: Meine Sprache versteht die ganze Welt.
Ob es wahr ist, daß Haydn und Mozart bei diesem Abschied weinten? Und ob Mozart wirklich sagte: I waß, wir seh'n uns nimmermehr wieder, – das liegt so weit zurück in einem fernen, fernen Wien; Lachen, Tränen, Fragen und Antworten sind festgemauert in Anekdoten, sind wie Tote, die nicht mehr klagen, die sich nicht mehr wehren können.
Sollte das aber Mozarts Prophezeiung gewesen sein – wir wissen nur allzu gut, daß sie sich erfüllte. Denn bei Haydns Rückkehr aus London – wo er frenetisch gefeiert und mit Ehrungen überschüttet worden war – lag Wolfgang Amadeus Mozart bereits in seinem namenlosen Armengrab auf dem Wiener St. Marxer Friedhof. Er hatte, anders als Haydn, die Freiheit gewählt und war jung gestorben – mit fünfunddreißig Jahren.
Und Haydn?
Den stach noch einmal mächtig der Haber, dem waren die Ladies in London wohlgesinnt gewesen, dem hatte man Champagner ins dickflüssig gewordene Blut eingespritzt, und er fühlte sich leicht wie ein junger Hupfer.

»Von England aus bin ich erst richtig berühmt geworden«, rief er aus, und seine Euphorie hatte natürlich auch finanzielle Hintergründe. Schon beim ersten Besuch in London machte er mit seinen Konzerten große Kasse. Da wollte er es ein zweites Mal wissen: Auf an die Themse!, und seinen Gefährten nahm er mit.
Man schrieb jetzt das Jahr 1794, wie hätte der noch ledige Elßler ahnen können, daß sein eigen Fleisch und Blut, seine jüngste Tochter, in dieser Stadt einmal als Tanzwunder – als »göttliche Fanny« – Triumphe feiern, daß eines seiner Enkelkinder hier zur Welt kommen würde, und was nicht alles …
Als die beiden nach Wien zurückkamen, saß auf Johanns Schulter ein giftgrüner Papagei. Der sprach nur englisch, im Gegensatz zu seinen Besitzern.
Auf Reisen soll sich übrigens folgende Geschichte zugetragen haben: Herr und Diener passierten in Schärding bei Passau den Zoll. Der Beamte visitierte Haydns Paß, drehte ihn unschlüssig hin und her. »Tonkünstler« war als Beruf angegeben, davon hatte der gute Mann noch nie etwas gehört. Ein Kollege schaute ihm über die Schulter: »No ja, des is a Hafner.« – »Ganz richtig«, pflichtete ihm Haydn ernsthaft bei, »und das«, mit einem Blick auf Elßler, »ist mein Gehilfe.«

Abschied von Haydn

Ein Bonaparte stolz und kühn,
Wagt sich nach Oesterreich,
Der Feldherr zielt sogar auf Wien,
Welch ein verwegner Streich!
Er glaubt, daß Franz nicht Männer hat,
Die ihm entgegen gehn,
Nein, Bonaparte, die Kaiserstadt
Wirst du gewiß nicht sehn!

Alt-Wiener Gedichtstrophe

Der Franzose hielt die Stadt unter Beschuß, als Haydn, längst in Wien etabliert und zum Ehrenbürger ernannt, im Mai 1809 in seiner Windmühl' starb. Auch in Gumpendorf fetzten die Schüsse, so daß die Tür zu Haydns Sterbezimmer von dem Luftdruck der

Explosion aufgerissen wurde. Bonaparte, der Haydns Musik sehr schätzte, ließ an dessen Todestag, dem 31. Mai, eine Ehrenwache vor dem Haus aufziehen, aber nicht allein aus Verehrung. Im Haus befanden sich wertvolle Manuskripte und Partituren, die sich der Korse wohl unter den Nagel reißen wollte, und sie sollten nicht plötzlich »Beine« bekommen.

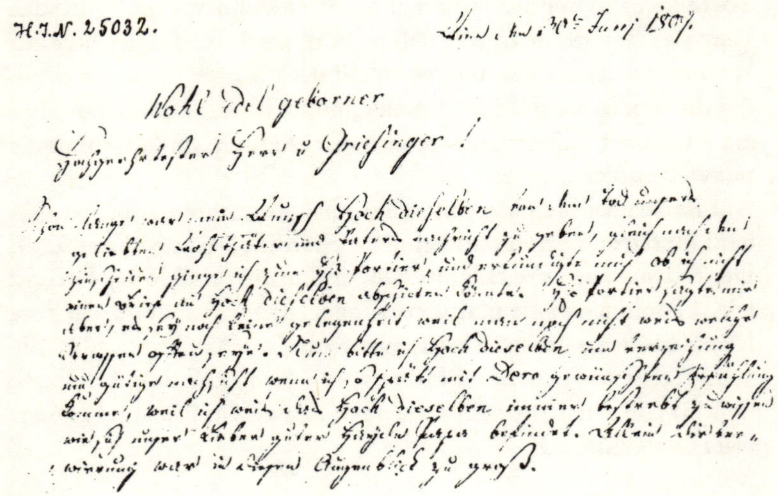
H.I.N. 25032.

Wien den 30ten Junj 1809

Wohl Edel gebohrner

Hochzuverehrender Herr v. Griesinger!

Es wurde später gerätselt, ob Elßler seinem Herrn selbst die Totenmaske abnahm, oder ob er für diese Arbeit jemanden herbeiholte. In einer der wenigen von ihm erhaltenen privaten Schriften, einem Brief vom 30. Juni 1809 an Haydns alten Freund Georg August Griesinger, gibt Johann selbst die Antwort. Indem er den Tod »unseres guten Haydn Papa« mitteilt, fügt er hinzu: »Ich habe mir meinen guten Papa in Gips abgegossen.« Und für ihn charakteristisch liefert er auch gleich exakte Daten: »So war unser guter Papa in seinem Alter von 77 Jahren und 61 Tägen vollendet ...« Er unterzeichnet den Brief mit »Johann Elßler, Copist und Diener des seligen Herrn v. Haydn«.
Das und nichts anderes wollte er sein.
Als dann die napoleonische Ehrenwache anrückte, soll aus dem

treuen Elßler ein Hasenfuß geworden sein. Ein Offizier klopfte an die Haustür, »Elßlers Kind, das zu Besuch war, begann zu weinen, der Papagei (der englische) schrie markerschütternd«. Elßler und Haydns Köchin, die Nannerl Kremnitzer, beschlossen, nicht zu öffnen. Denn wann's ein Räuber wär! – im oberen Stockwerk lagen Uhren und Ringe! Da soll der Johann Reißaus genommen haben und ward tagelang nicht mehr gesehen ...

Man kann sich denken, daß er tatsächlich ein wenig aus der Bahn geworfen wurde in dem Gefühl, nun ohne seinen Papa Haydn verwaist zu sein. Ein wenig mögen ihn dann die 6000 Gulden getröstet haben, die der Herr seinem »treuen, rechtschaffenen Diener Elßler« im Testament vermachte. Man soll Johann Elßler später vorgeworfen haben, daß er von eigener Hand beschriebene Notenblätter als Handschriften Haydns ausgab. Doch umgekehrt wird wohl ein Schuh daraus: noch nach Jahrzehnten kursierten sogar in London solche von Elßlers Hand gefertigte Notenblätter, die irgendwelche Leute zu Höchstpreisen als authentisch an fanatische Sammler gebracht hatten.

Eine Gespenstergeschichte ...

Noch im Grab ist Joseph Haydn übel mitgespielt worden.

Man hatte ihn auf dem Hundsthurmer Friedhof in Wien beerdigt. Doch als es den Fürsten Esterhazy elf Jahre später einfiel, daß seine Grabstatt in der Eisenstädter Bergkirche viel hermachen würde, ging man ans Exhumieren.

Wieder und wieder starrten die Buddler in den Sarg: nicht daß Haydn nicht anwesend gewesen wäre, das schon, aber es fehlte die Hauptsache – sein Kopf. Den hatten bestochene Leichengräber in der Nacht des Begräbnisses vom Hals getrennt und ihn einem Herrn Rosenbaum »für wissenschaftliche Zwecke«, was nicht strafbar war, ins Haus geschmuggelt. Wenn zutrifft, was aus Gespensterkreisen verlautet, daß nämlich die Herren und Damen Skelette, sobald ihre Gebeine von gewissen Tierchen hübsch blankpoliert worden sind, um die Mitternachtsstunde zwischen den Gräbern lustwandeln, ja sogar Karten spielen und Whisky saufen (weiß der Teufel, wo sie den herbekommen!), falls dies also zutrifft, mag es für Haydn, so oben ohne, ein peinliches Geistern gewesen sein. Da kam es gelegen, daß man ihm nach Aufdeckung des Raubes den Kopf »eines Zwanzigjährigen« mit ins neue Eisenstädter Grab legte. Aber die Freude währte nicht lange. Sein echter, sein »alter« Schädel, tauchte als Vermächtnis jenes räuberischen Herrn Rosenbaum im Wiener Musikverein wieder auf und soll nun dem rechtmäßigen Besitzer endgültig zugeteilt worden sein.

»Mein Kopf ist nicht mehr der gleiche«, sagte Haydn in seinen letzten Lebenstagen zu einem Bekannten. Und etwas in der Art wird man ihn jetzt Schlag Mitternacht wehklagen gehört haben.

... und Abschied vom Vater Elßler in seiner Rolle als Hauptakteur

»... Ich bin bey meinem Weib und Kindern zu Hause und bringe mich indessen so gut wie möglich bey den Zeitumständen fort ...«, schrieb Johann Elßler am Schluß seines Briefes an Griesinger. Womit er sich fortbrachte, wissen wir nicht, vermutlich weiter mit Notenkopieren. Doch ist mit Haydns Tod die materielle Sicherheit ein für allemal dahin. Im Jahr 1809 sind die Kinder noch klein: der Pepi neun, der Johann sieben, die Netti (Anna) fünf, und die klane Theres' liegt im Wickelkissen.

Überlassen wir Vater Elßler fortan seiner sanften Trauer und Heldenverehrung. Die Fiedel wird er weiter streichen – Hausmusik machen mit Großvater Prinster und seinen Schwagern Michael und Anton, den Hornbläsern. Aber nach außen hin wird er nur noch eine Statistenrolle in kommenden Ereignissen spielen. Und mit ihm fallen auch jene Orte und Begebenheiten wieder der Vergessenheit anheim, in denen Fanny Elßlers Wurzeln liegen. Denn nun wird sie selbst in das gerade begonnene 19. Jahrhundert hineingeboren, es wird *ihr* Jahrhundert sein, und sie wird ihm *ihr* Lächeln aufdrücken, wie immer das aussehen mag. Man wird schlecht umgehen mit diesem begehrtesten Exportartikel der Donaumonarchie, wird ihn häufig vergewaltigen und seine Seele in die Wüste schicken.

Doch zunächst bricht die Kindheit an in Alt-Wien, eine kurze Kindheit, eine brüchige Idylle von der Art des Haydn-Wohnhauses in Eisenstadt. Denn das Leben ist verdammt hart – zu Biedermeiers Zeiten.

Eine kurze Kindheit in Alt-Wien
oder
Die Biedermeier-Fanni und der Wiener Kongreß

Eine Franziska wird geboren

Es gibt Glückliche,
Überglückliche –
und Wiener.

Kursierendes Wort in der Österreichischen Monarchie

In besagter Wiener Vorstadt Gumpendorf kam am 23. Juni 1810 »um ein Viertel auf sechs Uhr Morgens« (manche sagen, es war schon nach sechs) das jüngste Kind der Familie Elßler zur Welt. Die Eltern gaben ihm den Namen Franziska, aber kaum war der ins Taufregister eingetragen, hatten ihn alle auch schon vergessen. Man wird die Klane selbstverständlich »Fanni« rufen, und die Schreibweis' hinten mit einem y aufputzen. Basta.
Das damalige Wohnhaus hat man natürlich längst abgerissen: heute gehört die Gegend zum dicht besiedelten VI. Wiener Bezirk Mariahilf. Auf der Gumpendorfer Straße fetzt einem der Verkehr nur so um die Ohren, es lärmt, daß man sein eigenes Wort nicht mehr versteht, und dementsprechend stinkt es. Die Leut' von anno 1810 würden ihre Vorstadt nimmermehr wiedererkennen.
Lange muß man herumfragen in der Hofmühlgasse: »Wissen Sie, bittschön, wo Fanny Elßlers Geburtshaus gestanden hat, da soll eine Tafel ...?«
Kopfschütteln, Achselzucken. Den Namen kennen sie alle, aber das Haus? Niemand in der Gass'n scheint davon zu wissen, net amal der G'schäftsmann ein paar Häuser weiter.
Da kommt eine Frau mit Einkaufstasche dazu und sagt: »No, Sie steh'n eh schon davor, schaun S', do – de Plattn mit dera Aufschrift, links vom Hauseingang ...« Und tatsächlich: Hofmühlgasse Nummer 15, eine ins Gemäuer eingelassene, unscheinbare Gedenktafel an einem stillosen, unscheinbaren Haus. Der Name, das Datum der Geburt ...

In Gumpendorf

Pfüat di' Gott, du alte Zeit,
andre G'sichter, andre Leut'!

Das war einmal eine ländliche Gegend; das Auf und Nieder der Straßen zeigt heute noch die Anhöhen an, über denen sich Mühlräder drehten, an denen der berühmte Gumpendorfer Wein gedieh. Kleinbürger, Häusler, Bauern wohnten hier oben – Kind und Kegel, Hund und Katz', Ochs' und Esel, alles dicht beieinander, allein war man nie. Und hier heroben sind auch Ferdinand Raimund und Josef Lanner aufgewachsen, die waren bei Fannis Geburt gerade zwanzig und neun. Ob sie zur Tauf-Jause bei den Elßlers hereinschauten, jeder kannte hier jeden, um vielleicht etwas Eßbares abzustauben – wer weiß es?

Seinerzeit erlebte Wien die erste Blüte seiner Industrie, und bald hatte die angrenzende Gegend, heute Bezirk Neubau, ihren Spitznamen »Brillantengrund« weg, weil dort immer mehr protzige Häuser von neureichen Fabrikanten entstanden. Von daher rührt auch das alte Weaner Lied vom Sohn eines Hausherrn und Seidenfabrikanten, in dem es in der ersten Strophe heißt:

In Gumpendorf drunt auf ein' Eck Nummer zwa
steht a dreistöckig's Haus, das g'hört dem Papa,
in ein' Zimmer da drinn steht a Kassa allan,
und da hat den Schlüssel dazu die Mama.
Drum fehlt uns a 's ganze Jahr niemals an Geld,
um dös zu verputzen, san mir auf der Welt.
Wann vom Arbeiten g'redt wird, da krieg'n wir an Grant.

Denn unser Vater is Hausherr und Seidenfabrikant,
denn unser Vater is Hausherr und Seidenfabrikant. - - -

So war das seinerzeit – ob's schön gewesen ist? Schöner als heutzutage? Die Damaligen würden sich gewiß am Kopf kratzen und sagen: I waß net ...

Es kann der Frömmste nicht in Frieden leben ...

Hast du Busserln wohl empfangen?
Höchstens eines auf die Wangen.
Hast du Busserln auch geraubt?
Nicht ein einzig's, wer ma's glaubt.

Meiner Seel', ich war dir treu,
's bleibt dabei, 's bleibt dabei!

Altes Wiener Lied

Manchen Tratsch und Klatsch gab es in der Vorstadt, als man die beiden jüngsten Elßler-Töchter heranwachsen sah. Im Vergleich zu den Brüdern und der älteren Schwester Netti schienen Therese und Fanni den Nachbarn irgendwie »aus der Art g'schlagen«. Von den Mäderln ging etwas aus, das war mehr als nur »dulli«. Bei Therese kam hinzu, daß sie alle ihre Altersgenossinnen um Haupteslänge überragte und nicht aufhörte zu wachsen, bis 1,90 Meter erreicht waren. Sie wird halt nach der Verwandtschaft unserer Elßler-Großmutter (Eva Maria Köstler aus Eisenstadt) schlagen, hieß es in der Familie, das waren Sacklschlepper mit so mordsmäßig großen Figuren ...
In der Vorstadt gab es, wie gesagt, keine verschlossenen Türen, und sommers bezog man das Freie in den beengten Wohnraum mit ein. Da sah man Vater Elßler mit seiner Fiedel sitzen und aufspielen, und sah die Töchter sich drahn und drahn, bis sie draußen im Garten und auf der Straße ankamen und immer noch drahten. »Danzwütig« waren seine beiden Jüngsten, und überhaupt: ein bisserl extra die ganze Familie. Aber no freilich, wenn ma Kopist und Diener vom selig'n Herrn von Haydn g'wesen is und sogar amal aufm Eisenstädter Schloß z'Haus war!
Therese und Fanni entwickelten eine Art, eine besondere Rass', wie der Wiener sagt, so was hat man, oder man hat es nicht, die Elßler-Fratzen hatten's.
Und weil sie es hatten, ging in den Beisln, beim guten Gumpendorfer Wein, über Gartenzäune und flatternde Unterhosen hinweg, das Gemunkel, daß am End' gar ein Fürst sein blaues Blut »bei dene Madln« beigesteuert haben könnte.
Jedermann in Gumpendorf wußte wohl, daß der Johann und sei-

ne Resi den Herrn von Haydn noch bis kurz vor seinem Tod jedes Jahr nach Eisenstadt aufs Schloß begleitet hatten, weil der Meister sogar im Pensionsstand gewisse musikalische Verpflichtungen erfüllen mußte. Schließlich haben Fürsten auch Augen im Kopf – und eine resche, fesche Person war die Resi, Wuggerln und Schneckerln um ihr rundes Wiener G'sichterl wie eh und je. Ihr Ehegespons, der Elßler-Vata, das war ein Braver, weit und breit hoch geachtet – aber ob »solcherne« Trauben von seinem Rebstock stammen konnten?
Trau.
Schau.
Wem.
Geschwätz, Verleumdung, Heurigen-Disput, gewiß! Bald verstummt, bald wieder aufgewärmt, die Leut' reden viel, wenn der Tag lang ist. Doch ob es den Elßlers paßte oder nicht, ob ihnen manches Gerücht gar nicht zu Ohren kam, oder ob man es ihnen hinter vorgehaltener Hand zubrachte, mit solchem Klatsch würden sie leben müssen. Niemand hat in der Vorstadt ungestraft zwei Töchter, die zu etwas Besserem taugen, als sich beispielsweise als Wäschermadln ihr Brot verdienen zu müssen.

Die »arme Fratschlerin« und andere Legenden

Fannis Mutter hatte den Beruf der Weißstickerin erlernt, eine zupackende Frau, die im Ehestand gelegentlich auch als Wäscherin das Haushaltsgeld aufbessern half.
Aber die Legende wußte es natürlich besser und ganz anders.
Einmal stand Mutter Resi als »arme Trödlerin« da, und ein anderes Mal machte der Volksmund ein Marktweib, eine »Fratschlerin«, aus ihr, die von ihrem Standl auf dem Naschmarkt herüberkam, eine Holzbutte auf dem Buckel, in der sie die kla' Fanni zur Ballettschule schleppte.
Diese Version hat später den Wiener Kritiker Ludwig Speidel

zum Sarkasmus gereizt, einem Sarkasmus freilich, der die Verunglimpfung schon wieder in sich trägt:

> Man denke sich das lebendige Bild, wie die derbe Frau die Butte schleppt, aus welcher ein zartes Figürchen mit zierlicher Nase und hellen Augen halb ängstlich, halb munter hervorguckt ...

No servus. Laß dir die »derbe Frau« net g'fallen, Resi.

Eine andere Mär sollte sich hartnäckig erhalten und geistert vielleicht heute noch in den Gassen: »Papa« Haydn, hieß es, sei auch bei Fanni Taufpate gewesen. So rührend sich die Geschichte vom greisen Meister anhört, wenn er Baby Franziska einen Golddukaten ins Wickelkissen steckt – sie ist halt net wahr. Das Taufbekken, die Jause, der Golddukaten, was das betrifft, wäre er sicher gern noch einmal mit von der Partie gewesen, wie bei den Taufen der meisten anderen Elßler-Kinder. Aber wir wissen es ja: bei Fannis Geburt ruhte er schon ein Jährchen (kopflos) auf dem Friedhof. In Wahrheit hatte die Patenschaft der Kleinen seine Haushälterin, die Nannerl Kremnitzer, übernommen.

Wenn es später um Fannis »niedrige Herkunft« ging, konnten die Wiener gar nicht dick genug auftragen. Daß viele der kleinen Leute die Elßler niemals tanzen sahen, weil sie sich ein Billett fürs Kärntnertortheater nicht leisten konnten, machte der Liebe kein Kind. Es genügte, daß die Weltberühmte aus derselben Hefe hervorgegangen war, aus der man in den Vorstädten draußen die klan Kinder und den Guglhupf fabrizierte.

Nimmt man Gerüchte und Legenden hinweg – was bleibt von den Elßlers? Eine Familie kleinbürgerlichen Zuschnitts, in deren Schoß ein Wunderkind heranwächst, das eigentlich gar kein Wunderkind ist, weil die ganz große Karriere erst viel später begann. In ihrem Beruf des Notenkopisten sahen sie ein Handwerk, so gut wie jedes andere, das die Familie recht und schlecht ernährte. Fannis Großeltern, die Elßlers und die Prinsters, waren redliche, pünktliche, verläßliche Leute, an Ordnung und Reinlichkeit gewöhnt, mit mancherlei Talenten begabt, musikalisch. Fanni hatte diese Wesenszüge geerbt, von daher haftete ihr etwas Kleinbürgerlich-Engstirniges an, das sie nie über die Vorstadt hinaus-

wachsen ließ, soviel Weltbürgerin sie nach außen hin auch wurde. Ihren Wurzeln verdankte sie das Überlebenkönnen in einem mörderischen Beruf, mit dem man im allgemeinen wenig Ehre einlegte. Aus diesen Wurzeln erwuchs ihr die Zähigkeit einer doppelköpfigen Katze auf dem langen Marsch in den Weltruhm.
Wegstecken.
Zudecken.
Weitermachen.

Die Zuckerguß-Fanni

Bibihenderl –
Zuckergoscherl –
Durtldäuberl.

Über das Äußere dieses kleinen Mädchens wissen wir so gut wie nichts. Denn keines der im verfälscht-schönfärberischen Stil des 19. Jahrhunderts entstandenen Kinderbildnisse vermittelt eine realistische Vorstellung darüber. Man sieht die etwa Sechs- bis Zehnjährige »aus Kraut- und Karfiolköpfen hervorlugen«, sieht sie mit Korkenzieherlocken und Hut zur kleinen Kokotte herausstaffiert, oder im duftigen Tutu, vor einer x-beliebigen Landschaft, selbstverständlich »auf Spitze«, obwohl in Fannis Kindertagen höchstens auf Halbspitze getanzt worden ist. Ein vollwangiges, weißes, von dunklen Haarbüscheln umrahmtes Gesichtchen, zum Kinn hin herzförmig zulaufend, und auf diesem Kinn der geziert und spitz ausgestreckte Zeigefinger. Die Züge austauschbar wie jene x-beliebige Landschaft im Hintergrund. Niemandem wäre es zu ihrer Zeit eingefallen, das müde, ernste Gesicht einer arbeitenden Zehnjährigen aufs Papier zu bringen, wen interessierte so etwas, das sah man in natura alle Tage. Das Zeitalter, in das Fanni hineinwuchs, bestand darauf, den schönen Schein zu wahren, und brauchte ihn wohl auch zum Überleben. Seltsam verkleidet kommt sie einem in ihrer Ballett-Uniform, dem weißen Tutu, vor, gar nicht wie eine Elevin des k.u.k. Kinderballetts, die sie auf einem dieser Gemälde darstellt und ja auch war. Eher denkt man an eine Faschingsballerina, wie man selber eine sein wollte oder sogar sein durfte, damals als Kind. Das

bringt einem diese Kleine gleich näher, da kann man mitreden, das läßt sich nachvollziehen. Die andere, die Fünfjährige, die man für etliche Gulden am Abend auf der Bühne »hupfen« ließ, die Müde, Verschwitzte, die paßt nicht ins Postkartenformat von Stephansturm und Fiakerseligkeit, paßt nicht zum k.u.k.-Café Demel, wo schon der Schlagobers auf die Wienreisenden wartet.
Ist sie also verschollen, diese kleine Fanny?
Hinabgesunken bis auf den Grund einer nicht stattgefundenen Kindheit? Verkrustet im Zuckerguß?
Wahrscheinlich.
Charmante Kinder waren übrigens in Wien nie eine Seltenheit. »Die reizendste Versammlung geputzter kleiner Elfen, die je vom Kerzenlicht beschienen wurde«, schwärmte eine Dame der Crème de la crème von auswärts, als sie vom Kinderfaschingsball der Fürstin Metternich nach Hause kam. Und hatte sie bisher geglaubt, der Tanz sei »das Monopol der französischen Nation« – weit gefehlt:

> Die Anmut, mit der sich diese kleinen Wienerinnen bewegen, bewies, daß ihnen diese, eine ihrer besten Gaben, schon angeboren ist, denn nicht eine der winzigen Zehenspitzen kam aus dem Takt, und wenn sie zufällig aus der Reihe tanzten, hatte es mehr den Anschein eines Capriccios als eines Fehlers.

So war denn auch die Lieblichkeit der kleinen Elßler nicht die große Ausnahme, vielmehr Aushängeschild dessen, was in der Kaiserstadt im Verborgenen blühte.

Biedermeier-Fanni und der Wiener Kongreß

Der Kongreß tanzt, kommt aber nicht vom Fleck.

Geflügeltes Wort um 1815

In Fannis fünftes Lebensjahr, vom November 1814 bis Juni 1815, fiel also der Wiener Kongreß – und das mußte der Neid ihm lassen: ein solches Spektakel hatte Europa bisher nicht erlebt und sollte es nicht mehr erleben.

Nach seiner Niederlage in Rußland hatte man Napoleon am 6. April 1814 zur Abdankung gezwungen und ihm die Insel Elba als »Fürstentum« zugewiesen. Von Meer und Fels umzingelt, würde er die politische Weltbühne mit keinem seiner Schauerstückln mehr überraschen können. So jedenfalls dachten die Mächtigen Europas und bliesen in der Kaiserstadt Wien zum Kongreß. Ziel dieses von Kanonendonner und Glockengeläute umbrandeten bombastischen Schauspiels war es, die politische Neuordnung Europas zu erreichen und den Frieden von langer Hand zu sichern. Alle, alle kamen, deren Länder von Napoleon heimgesucht, gebeutelt, aufgeteilt worden waren. Voran der Zar, der König von Preußen und andere regierende Monarchen; ihnen nach Hunderte Personen aus fürstlichem Geblüt samt Verwandten und Dienerschaft, im Schlepptau ihre Minister, Diplomaten, Adjutanten und Sekretäre. No servus – was das kostete! Der ansonsten so sparsame Kaiser Franz soll denn auch an die sechzehn Millionen Gulden aus seiner Privatschatulle berappt haben.
Was aber hatte der Wiener Kongreß mit der fünfjährigen Fanni Elßler zu tun? Sollte er tatsächlich einen »prägenden Einfluß« auf sie gehabt haben, wie immer behauptet wird, so war der so prägend wie für andere ihrer Wiener Zeitgenossen auch: ganz Wien tanzte. Und darin kennen auch wir Heutigen uns aus: Das gab's nur einmal, das kommt nicht wieder, das ist zu schön, um wahr zu sein …
Allerdings sollte dieses Ereignis doch eine tiefere Bedeutung für Fanni haben, das Schicksal warf sozusagen seine Schatten voraus. Gewiß waren in jenen Tagen viele Vorstadt-Wiener unterwegs in der Innenstadt, so etwas ließ man sich nicht entgehen, da mußte man seinen Senf dazugeben, wenn die Kutschen, die Wagen von weit her anrollten, wenn die g'spickten Leut' ausstiegen. Gaffen. Lachen. Auslachen. Juchee … Die Gumpendorf-Resi mit ihrem Johann und etlichen Nachbarn, hinterdrein oder voraus die Elßler-Mäderln – so könnte man sich das vorstellen. Und wäre einem aus dieser Vorstadtgesellschaft der sibyllinische Blick gegeben gewesen, hätte er der kleinen Fanni während des einen oder anderen Schaugepränges, das sich da auf den Wiener Gassen abspielte, zu-

raunen können: Da schau hin, Klane, da siehst ihn jetzt in Lebensgröß', wie er aus der Staatskaross'n herausspitzt, neben dem mächtigen Kanzler, dem Metternich, sitzt er, sein Sekretär ist er, und 's Protokoll führt er beim Kongreß. Die Leut' von Wien mögen ihn net b'sonders, den Preißn, aber grad er wird amal dei Gspusi werden – für ihn eine böse Sach', weil eben die allerletzte Liab, waßt Mäderl, am schiachstn brennt …
So und nicht anders wird es kommen, aber schon jetzt, im Kongreßjahr, ist der Ritter von Gentz, das Gehirn Österreichs, wie man ihm schmeichelt, kein Junger mehr, Anfang fünfzig, und was sein Privatleben angeht, sagen die Wiener ihm nach: Oft liebt er Männer, zuweilen auch Frauen und immer das Geld.
No, deine Eskapaden wird dir die Fanni schon austreiben, bis aufs Geldscheffeln, weil sie davon selber viel hält.
Wie heißt's im Liedl?

Nur a Geld, nur a Geld is' das Höchste auf der Welt.
Wann ma 's a net fressen kann, desto leichter bringt ma 's an.
Hendel, Gansel, Anten, Fisch, lass' ma renna über'n Tisch,
an Champagner a dazua, nachher drah'n bis in der Fruah.

Aber noch hopst die Torschluß-Liebe des alten Hofrat Gentz, knapp fünfjährig, auf den Gumpendorfer Gassen herum. Nimmt der Vata sie mit hinein in die Stadt und kommt eine Musi auf, wird sie ein wenig das Röckerl geschürzt haben: drah di, Weiberl, drah di. Denn während sich Kaiser, Könige und Fürsten in den prunkvollen Sälen der Hofburg, auf Kongreßbällen, Redouten und Galaempfängen ein Stelldichein geben, walzt auf den Straßen das Volk von Wien. Das Menuett kommt noch einmal groß in Mode – der Walzer knospengleich ins Tanzlied verwoben: wart' noch ein bisserl, dann bist du unsterblich …
Man tanzt an bettelnden Soldaten vorüber – Freunderln, macht's euch nix draus, arme Hund' san mir alle, wir glückseligen Biedermeier!
Aber zum Drahn und zum Wien-hochleben-Lassen braucht's ja nicht viel, bloß ein paar strapazierfähige Hax'n, eine Schunkelse-

ligkeit, einen billigen Wein auf der Gass'n und beim Weinhauer in der Vorstadt draußen.
Schloffn kenna ma, wann mir g'storbn san – aufg'steckt is, Leut', in ganz Wien blühn wieder die Busch'n!
Und was hat es nun mit dieser »glückseligen« Biedermeierzeit, die zur Kongreßzeit gerade anfängt, und in die unsere Fanni hineinwächst, auf sich? Sie trägt in Wirklichkeit den Namen: Polizeistaat Metternichs, und hat mit der unterdrückten Meinung der Bürger, mit bezahlten Spitzeln an jeder Straßenecke zu tun. Ein Maulkorb für die Dichter und Denker – der Grillparzer kann ein Lied davon singen –, Zensoren am Werk, von denen unser Friedrich von Gentz einer der gefürchtetsten gewesen sein dürfte. Kein Zuckerschlecken fürs Wiener Fußvolk, das sich bevormundet, entmündigt fühlte.
Und dies war nun seine Art des Aufmuckens: sich abkapseln vom Weltgeschehen – die fragen uns eh net! –, sich eine eigene Welt schaffen, in der es heil und freundlich zugeht. Duftige, schneeweiße Vorhangerl vorm Fenster, Backhenderln, Guglhupf – eigentlich gar keine Welt, eher ein Welterl, mit Häuserln, Garterln, Stüberln – und in den Stüberln die Stühl' und Bankln, auf denen die Biedermeier sitzen, um den Liederln und Verserln zu lauschen.
Jedermann versuchte sich an der artigen Zeichnung, besaß eine kleine Singstimme, die er hätschelte, oder trug sich gar mit dichterischen Ambitionen. Begriffe wie »Liebhaberei« und »Gemüt« wurden eigens fürs Biedermeier erfunden.
Überall schossen literarische Zirkel wie Pilze aus dem Boden. Musikalische Abende im Freundeskreis waren gang und gäbe; alles spielte sich in privaten vier Wänden ab, ja, es kristallisierte sich eine Art »Privatkultur« heraus, ein stilisierter, salonfähig gewordener Dilettantismus, dessen Verdienst es immerhin war, daß bedeutende Talente der Zeit, ein Grillparzer, ein Schwind, ein Schubert, auf den Wogen überschwenglicher Gefühle nach oben getragen wurden. Vorsichtig schnupperte der Adel herein: er bekam sein Biedermeier-Salönchen.
Alles in allem, war dies die Fassade, die Biedermeier-Silhouette,

hinter der Wohnungselend und soziale Mißstände nisteten wie selten zuvor. Proletarier-Elend, Nährboden für den sogenannten »Vormärz«, der im März 1848 in die Revolution mündete und Metternichs Sturz bewirken sollte. Vieles wollte verdrängt werden und bekam seinen Willen: draußen in Sievering, in Grinzing, Nußdorf und anderswo tanzte Wien fort und fort, bald schon zum »echten« Wiener Walzer; Lanner, die Strauß-Dynastie und kein Ende.

Wie stand es in diesen Biedermeierzeiten um die Elßlers?

Einzelheiten über ihre Lebensumstände nach Haydns Tod sind nicht bekannt. Rosig kann die Situation nicht gewesen sein – von Gumpendorf soll die Familie eines Tages nach St. Margareten, ins Bären- oder Wäscherinnenhaus, wie die Wiener es nannten, umgezogen sein. Das könnte bedeuten, daß Mutter Resi nun hauptsächlich die schmutzige Wäsche anderer Leute wusch. Gerüchte. Mutmaßungen. So ließ die Mutter des damals bekannten Medailleurs Franz Gaul hören, daß sie die Elßler-Madln mit den abgetragenen Kleidern und Schuhen der eigenen Töchter beschenkt und »die drei mittellosen Ballettschülerinnen« monatelang verköstigt habe.

Zur Kongreßzeit lebte die Familie offenbar noch in Gumpendorf und hielt sich finanziell über Wasser. Resis Naturell: leben und leben lassen, heut' ist heut'! mag über manche Unbill hinweggeholfen haben. Zudecken. Wegstecken.

In den Prater mußte man laufen, um dabei zu sein, wenn der Erzbischof von Wien die Feldmesse zelebrierte. Da erlebten die Zaungäste – schaut's hin, Leut', schaut's hin! –, wie alle anwesenden Monarchen, die Offiziere, die Soldaten, die Hofchargen, im Augenblick der hl. Wandlung auf die Knie fielen. Danach ließ der Kaiser Tausende von Kriegsteilnehmern an langen Tafeln im Freien bewirten. Das war ein gefundenes Fressen wohl auch für die bettelnden Soldaten: Schlagt euch den Bauch voll, lang wird das eh nicht vorhalten.

Und irgendwo in der Menge die Dichterin Caroline Pichler mit ihrem spitzen Aufschrei: Welch herrliche, unvergeßliche Tage!

In diese rauschartige Stimmung hinein wird die Nachricht von

Napoleons Rückkehr zu neuen Taten bei der Bevölkerung nicht sonderlich eingeschlagen haben. Ein Aufhorchen, der Franzose steckte ihnen noch von der Wiener Belagerung her in den Knochen; no ja, sein Fett sollte er dann eh bei Waterloo abbekommen, auf St. Helena wird er enden – und der Kongreß tanzt weiter.
Auch nur am Rande interessierte das Schicksal seines vierjährigen Sohnes aus der Ehe mit Österreichs Kaisertochter Marie Louise, des »Kleinen Königs von Rom«. In diesen Tagen wurden die Weichen gestellt für sein tragisches, nur zweiundzwanzig Jahre währendes Leben. Als schlichter Herzog von Reichstadt wird man ihn mit der Person Fanny Elßlers in Verbindung bringen, ein ewiges Anhängsel in ihrer Biographie muß er bleiben.
Von solchen Begebenheiten her gesehen, warf der Kongreß, wie gesagt, tatsächlich seine Schatten auf Fannis Leben voraus. Und noch etwas anderes passierte um diese Zeit, etwas, das sie fürs ganze Leben »prägte«. Die Erwachsenen meinten nämlich, daß fünf Jahre Kindheit genug seien. Nun müsse »der Ernst des Lebens« beginnen.

Die kleinen Ballerinen
oder
Der Biedermeier-Skandal – und wie man eine Kindheit verhindert

Ein Plan wird gefaßt

Theater!
O Theater, du!
Der Kunst geweihter Tempel,
raubst viel' Geschöpfen
Herzensruh' – ich bin so
ein Exempel ...

Aus Nestroys Posse: »Frühere Verhältnisse«

Vielleicht nach dem Nachtmahl, in der Dunkelheit ihrer Schlafstube, mögen die Elßler-Eltern noch einmal alles durchgesprochen haben: die Netti, die Therese und die Fanni wollte man ins Theater an der Wien zum »Danzn« schicken. Daß sie mit diesem Entschluß der Kindheit ihrer Töchter einen Riegel vorschoben, daß sie dreimal Kindheit verhinderten, kam den guten Leuten gewiß nicht in den Sinn, zumal die Mäderln ja selber ganz narrisch drauf waren.
Und was bedeutete in Alt-Wien schon eine Kindheit! Aufs rasche Erwachsenwerden kam es an; aus Kindern werden Leut', Gott sei Dank!, denn das hieß anpacken, mitverdienen. Kinderarbeit war nicht nur in Wien üblich; wo Eltern ums tägliche Brot rackerten, und sie rackerten allesamt im Arbeiterstand und Kleinbürgertum, mußten auch die Kinder ihr Scherflein beitragen – wär' noch schöner, wenn es da ein Aufmucken gäbe.
Danzngehen, worunter man eine Art Zirkus, auf jeden Fall eine Gaudi verstand, Danzngehen also, war wesentlich leichter, als den ganzen Tag in der Waschkuchl stehen oder mit dem schweren Bügeleisen hantieren. Es ist nicht auszuschließen, daß die jetzt elfjährige Netti und die siebenjährige Therese der Mutter bei solchen Arbeiten bereits zur Hand gehen mußten.
Für die Buben war gesorgt. Vater Elßler ließ seinen Zweitältesten, den Johann, im Konvikt von St. Stephan zum Chorsänger ausbilden; Haydn soll kurz vor seinem Tode die Referenz gegeben haben, und jeden Monat steuerte man aus den ererbten 6000 Gulden etwas für die Ausbildung bei. Ihren Ältesten, den Pepi, trieb es in die Heiligkeit, der wollte partout in ein Kloster eintreten. Wenn's halt sein soll, in Gottes Namen!
Blieb die Sorge um das Fortkommen der drei Töchter, und auch in

dieser Hinsicht wollte Vater Elßler Nägel mit Köpfen machen. Man tat ihnen etwas Gutes, wenn sie von vornherein die richtige Tanzausbildung in einem angesehenen Etablissement bekamen. Ein solches Talent, das nicht jedem Gumpendorfer Mäderl in die Wiege gelegt worden war, mußte gefördert werden, außerdem stand eine Geldspritze für die magere Haushaltskasse in Aussicht. Denn 20 Gulden pro Monat, hieß es, zahle drunten im Theater an der Wien der Ballettmeister Friedrich Horschelt jedem seiner kleinen Artistinnen und Artisten.

Die Sensation von Wien: das Horschelt-Kinderballett

Ganz Wien sprach von diesem Ballett, ein Geheimtip sozusagen, mit dem man Verwandte und Bekannte, Kongreß- und Geschäftsfreunde von auswärts überraschte. Ein Wiener Bonbon erster Güte, die Reiseberichte entzückter Besucher waren über Jahre hinweg voll davon. Natürlich huldigte man in der Kaiserstadt vor allem den beiden k.u.k. Hoftheatern »nächst dem Kärnthnerthore und nächst der Burg«, wer aber den kleinen Prickel nicht verachtete, wer Kindlich-Naives mit einem Schuß Champagner serviert bekommen wollte, der ging »das Horschelt-Kinderballett anschauen«.
Alle armen Weiber von Wien, die ein halbwegs gerade gewachsenes, von Angesicht nicht eben schiaches Töchterl oder Buberl z' Haus hatten, rissen sich darum, ihren Nachwuchs in diesem Ballett unterzubringen. Neben den Gulden, die die Kinder heimbrachten, gab es Süßigkeiten, Blumenbuketts und auch sonst noch mancherlei, wovon man in diesen Haushalten im allgemeinen nicht einmal zu träumen wagte.
Warum um alles in der Welt sollten ausgerechnet die Elßlers eine solche Gelegenheit ungenutzt vorübergehen lassen (wie sie später hartnäckig behaupten werden), wenn man drei so aufgeweckte, »danzwütige« Mäderln im Haus hatte.

Man stellt sie sich vor, wie sie von den Gumpendorfer Anhöhen herunter auf das dicht beim Markt liegende Theater an der Wien zustreben. Die aufgeschossene Therese, mit Beinen schon so lang wie Christbaumbredln, ganz beschützender »Grenadier« ihrer jüngsten Schwester, diesem fünfjährigen Tschapperl Fanni, das eigentlich noch mit dem Butterbrot der Blechmusi nachläuft. Jetzt hupft es neben den älteren Schwestern her, ja, auch die Netti ist dabei, soll sich von Horschelt anheuern lassen, sie, die immer im Schatten steht, die mitmacht, weil die anderen mitmachen. Bald wird auch die Tochter von Vater Elßlers jüngerem Bruder Alois, Cousine Hermine, dazustoßen, jedenfalls ist ihr Name der einzige, den die Elßlers später in bezug auf diese Ballett-Zugehörigkeit preisgeben werden.

Was wissen unsere vier Wiener Mäderln von der Welt des Theaters – vom Ballett? Natürlich wissen sie – nix.

Im Theater an der Wien spielte man neben Opern, Balletten und den schrecklich gestelzten Pantomimen hauptsächlich Spektakelstückln, von Friedrich Horschelt, dem »wirklichen Ballettmeister für alle Spektakelstücke und große Opern«, nur so aus den Brettern gestampft. Um diese Zeit, 1815, stand das Haus unter der sogenannten Kavaliers-Direktion des Grafen Palffy. Ein Jahrzehnt zuvor hatte auf dieser Bühne die Uraufführung von Beethovens *Fidelio* stattgefunden, und ein Jahrzehnt danach würde Johann Nestroy mit seinen frechen Couplets, mit dem Jux, den er dem Publikum macht, die Wände zum Erzittern bringen. Im Augenblick, wie gesagt, war das Horschelt-Kinderballett groß in Mode. Alles drängte ins Theater, um diese Fratzen, diese merkwürdigen Mini-Erwachsenen, auftreten zu sehen.

Ein bisserl Rot aufs Goscherl ...

Jedesmal vor dem abendlichen Auftritt gab es hinter der Bühne ein schreckliches Gedränge. Etwa fünfzig »Knäblein und Mägdelein«, im Alter zwischen sechs und zwölf Jahren, traten einander

gegenseitig auf die Füße, alles hing an Horschelts Lippen, der über sein junges Ballettcorps ein strenges Regiment führte. Ein Könner seines Fachs, duldete er keinerlei Nachlässigkeiten: Disziplin, Kinder, Disziplin! Der Mann aus Köln brachte in ungemein prächtiger Ausstattung eigene Ballettschöpfungen heraus, darunter *Aschenbrödel*, das bis in unsere Tage unter anderem als *Cinderella* von Serge Prokofjew populär geblieben ist.
In den Garderoben-Verschlägen kicherten, redeten, hüpften die Buben und Mäderln durcheinander; dazwischen hektische Mütter als unbezahlte Garderobieren, die ihren Kleinen beim Ankleiden und Schminken, beim Umziehen zwischen den Szenen halfen. Ein bisserl Rot aufs Goscherl, ein bisserl weißen Puder ins G'sichterl, das Harlekin-Kostüm, das Feen-Gwandl übergestreift, die Häsinnenohren aufgesetzt. Avanti, avanti, Kinder – los geht's, auf die Bühne! Horschelt an der Garderobentür, hinter ihm seine strammschenkelige bessere Hälfte, ebenfalls ausgebildete Tänzerin und die Stütze des Ensembles.
Jetzt hinaus, vor ein entzücktes Publikum, die Solo- und Quadrillentänzerinnen und -tänzer, angekündigt als: die kleine Agnes Schreiber, die kleine Louise Didier, die kleine Therese Heberle, die kleine Katherine Wirdisch, der kleine Anton Stuhlmüller und so weiter; Kinder, von denen die meisten den großen Erfolg bereits im Marschgepäck trugen. Dem Ensemble gehörten sogar die Töchter der berühmten Tragödin Sophie Schröder an: Auguste und Betty und ihre Schwester Wilhelmine, die später unter dem Namen Schröder-Devrient eine gefeierte Sängerin sein wird.
Das Publikum wiehert und schnalzt vor Vergnügen – der klane Franzl neben seiner Frau Mutter gerät ganz aus dem Häusl, weil ihm die herzigen Zwergerln so gut gefallen, und dem Galan in seiner Loge wird die Halskrause eng, wenn die blutjungen Häsinnen ihre Hupfer auslassen. Eine seltsame Kindergesellschaft da droben – ein paar Journalisten wiegen die Köpfe, und einer schreibt 1819 in der Wiener Zeitschrift für Literatur, Theater und Mode:

> Das wächst alles so heran, daß die Kinder auf einmal von der Bühne verschwunden sind, und schon langbeinige Heiducken und schlanke Hofdamen den Platz der liliputischen

Kämmerlinge aus *Aschenbrödel* und *Waldmädchen* einnehmen … Beynahe weiß das Publikum manchmahl seinem Staunen keinen Namen zu geben …
… bis sich aus der Masse wieder ganz kleine Kinderchen hervorwinden, die mit ihren neckischen Schrittchen und wundersam genauen Tänzen den freudigen Beyfall stürmisch hervorlocken …

Zu diesen »ganz kleinen Kinderchen« gehörte einige Jahre zuvor eben auch die fünfjährige Fanni, und sie dürfte zu diesem Zeitpunkt noch keinen allzu großen Ehrgeiz an den Tag gelegt haben. Vielleicht lachte man im Zuschauerraum ein wenig über die Klane, wenn sie im Eifer des Gefechts zwischen den Beinen der Älteren herumstolperte.

Wurde indessen die Frage gestellt: Spiegelein, Spiegelein an der Wand, wer ist die Schönste im ganzen Land? – so gebührte der »kleinen Angioletta Mayer« die Siegespalme. Es hieß, wenn sie die Quadrille wirbelte, warfen die Leute doppelt so viele Süßigkeiten und Blumensträuße auf die Bühne. Und sobald der Vorhang über der letzten Verbeugung der Kinder niederging, soll Fanni hinter den Buketterln der hübschen Angioletta hergewesen sein wie der Teufel hinter der armen Seel'. Das ist nicht von der Hand zu weisen, denn ihre Freude an allem Blühenden bewahrte sie sich auch als große Fanny Elßler. Noch hundertfünfzig Jahre später fand man zwischen den Seiten ihrer Gebetbücher getrocknete Blumen und Gräser.

Weniger wahrscheinlich klingt jene, in blumenreicher Sprache dargestellte Überlieferung, daß Fanni ihre Süßigkeiten an irgendwelche Garderobieren verschenkte. Wer's glaubt, wird selig! Im Elßler-Haushalt lagen gewiß die Zuckerl abgezählt in der Küchenschublade, und so dürfte es manche heiße Schlacht beim Verteilen all der Herrlichkeiten gegeben haben, denn schließlich wollten ja auch die Brüder von dem profitieren, was sich die Schwestern jeden Abend »erhüpften«. Die Elßlers hatten nichts zu verschenken, dazu waren ihrer zu viele, die die Hand aufhielten.

Ein erstes fernes Donnergrollen ...

Die Wiener Presse applaudierte dem Horschelt-Kinderballett lange Zeit beifällig, ohne Wenn und Aber: »... da tanzten die Kinder nach Herzenslust mit einer Präzision, die alles in Erstaunen setzt. Hier wird der Fleiß, den Herr Horschelt auf die Tanzübungen verwendet, offenkundig.«

Allmählich überspannte der ebenso engagierte wie ruhmsüchtige Horschelt den Bogen, und anstatt die einstudierten Stücke weiterhin »in die niedliche Form des Kinderballetts« zu bringen, mischte er Pfeffer in den Kuchen. Horschelt ließ seine Kinder häufig auch Nationaltänze bringen, die auf erste Kritik stießen, weil sie den Charakter »des Rohen« trügen und nicht geeignet seien, »den Schalk und die gute Laune, was eben an den Kindern sonst so entzückte, durchgucken zu lassen«.

Ein Rezensent der Wiener Theaterzeitschrift beklagte: »Da trippelten und tänzelten plötzlich nicht mehr jene unmündigen Kunstpüppchen über die Bühne, sondern offensichtlich im Galopp älter gewordene frühreife Ballerinen.« Auf seriöser Seite vermißte man die »naive Lieblichkeit«, fand statt dessen »eine Kunstfertigkeit und Zuversicht, die nahe an die Grenzen des Übermuths streifen ...«

Und schließlich glaubte man bei manchen dieser Kinder ein ungesundes Selbstbewußtsein, einen seltsamen Hochmut feststellen zu müssen:

> Die Knäblein und Mägdelein möchten wohl selbst kaum in ihre Waschstuben und ländliche Tanzboden zurückkehren wollen, nachdem sie einmahl Festungen erobert und Fürstentöchter gerettet haben; nun meinen sie, muß ja wenigstens *Macbeth* oder *Hamlet* die nächste Vorstellung seyn, zum Theil mag den Meister wohl die unaufhaltbar ... fortschreitende physische Entwicklung der Häuptlinge des Kinder-Vereins zu solchen Wagstücken verleiten.

Gewiß! Den Meister verleitete das! Denn gerade diese »fortschreitende Entwicklung« des Kinderballetts machte ja den »Ge-

1 Für ein paar Gulden am Abend »hupfn« lassen:
Fanny dargestellt als kleine Ballerina des k.u.k. Hofopernballetts, natürlich auf Spitze, obgleich der »Fußspitzentanz« erst viel später aufkam.

2 In Heldenverehrung für seinen Dienstherrn Joseph Haydn: Vater Johann (Florian) Elßler

3 Zahnloser Wachhund in Neapel: Mutter Therese Elßler, geborene Prinster, das »scheene Reserl« von Gumpendorf

4 Schloß Esterhazy

5 Modell gesessen bei Modemaler Agricola: Friedrich von Gentz ließ sich dieses Bildnis seiner Geliebten Fanny Elßler einiges kosten.

heimtip« aus. Horschelt hatte diesbezügliche Erwartungen vor allem seines Stammpublikums höher und höher geschraubt, ein Rückzug ins Rein-Kindliche war nicht mehr möglich, den hätten ihm die Leute verübelt.
Das Ganze geriet ihm auch irgendwie außer Kontrolle, da spielten plötzlich andere Dinge mit hinein, zu denen viele der Kinder die Bereitschaft mitbrachten.
Jeden Tag liefen ihm Mäderln und Buben nur so zu, alle rissen sich darum, bei ihm anzufangen, auch diejenigen, die später nicht mehr dabeigewesen sein wollten – wie die Elßler-Töchter.

Fürst Kaunitz, der Kinderschänder

Es spricht nicht dafür, den Hochadel jetzt noch zu blamieren.

Ältere Wienerin, 1984

Woran lag es, daß viele dieser zehn- bis zwölfjährigen (und womöglich jüngeren) Horschelt-Kinder von der Bühne herunter eine derart massive Erotik ausstrahlten?
Großäugig, durchsichtig zart, wie es ihre Elfenrollen verlangten, oder mit Babyspeck an Po und Hüften, Schwanenhalserl, Zuckergoscherl – schienen diese Mädchen ein Duftsekret zu verströmen, das dem Wolf im Zuschauerraum scharf in die Nüstern wehte. Das Sekret der verlorenen Unschuld.
Der Wolf hatte Kreide geschluckt, viel Kreide, aber so leicht war in diesen bigotten Zeiten an das Rotkäppchen nicht heranzukommen, denn wohlbehütet lag es allein in seinem Biedermeier-Bettchen. Hingegen ließ sich manches Arme-Leute-Kind vom Theater an der Wien auch nach der Vorstellung noch »anschauen«.
Nicht nur das Theater an der Wien, auch die k.u.k. Hoftheater (Oper und Schauspiel) standen unter Kavaliers-Direktion. Der Fürst und der Graf durften zur Abwechslung auch einmal Theaterdirektoren werden, sofern sie sich's leisten konnten und halbwegs etwas von dem Metier verstanden. Zwar leitete Graf Palffy sein Haus höchst achtbar. Um so unachtbarer ging es oft unter der aristokratischen Zuschauerschaft zu. Ein Kavalier war dem ande-

ren gern gefällig, eine Hand wäscht die andere, darin gab man sich zeitlos, und darin erwarb vor allem Fürst Alois Kaunitz-Rittberg traurige Verdienste.

Der nämlich machte sich in Unterhändler-Funktion an Mäderln vom Horschelt-Kinderballett heran, um sie an die Adressen seiner Freunderln zu vermitteln. Daß er den eigenen Gusto nach Kräften stillte, versteht sich; unzählige Kinder wurden so oder so die Beute des sauberen Kaunitz.

Allmählich sprach ganz Wien, wenn auch zunächst noch hinter vorgehaltener Hand, von dieser durchgesickerten Sache; man munkelte, daß die Mütter im Palais des Kaunitz Schlange stünden, um ihre Ballettratten an den Mann zu bringen. Abends, in seiner Theaterloge, konnte sich der Fürst vor Besuchern kaum retten.

Geh sag, kannst mir net des schwarzhaarige Pupperl, die Dritte von rechts, besorgen?

No, wann's weiter nix is ...

Kaunitz betrieb mit den Minderjährigen einen regelrechten Handel, es hieß, er habe sogar Billetts verteilt. Nach der Vorstellung, noch im durchgeschwitzten Bühnengwandl, wurde den betreffenden Mäderln zu verstehen gegeben, daß sie da und da abgeholt würden, in der Kutsch'n vom Grafen, vom Herrn Baron, vom Fürsten und so fort. Brachte selbige Kutsche so eine kleine Geliebte spät nachts oder erst in der Frühe z'Haus – die Kavaliere benutzten häufig Absteigequartiere, um das Rendezvous möglichst geheim zu halten –, klimperte ein schönes Stück Gulden im Tascherl, dagegen war der Monatslohn fürs »Danzn« ein Pappenstiel. Kann sein, daß manche der Mütter im Kaunitz-Palais schon vorab ein Handgeld einstrichen, jedenfalls hielten sie stille; die Karriere der Töchter wollten sie fördern, das Geld brauchten sie dringend, das stank nicht.

Geändert hat sich seither nicht viel, Kälbchen zur Fleischbeschau führen, Jungfernhäutchen verschachern, Handgeld für karrieresüchtige Mütter, das alles gehört zum Show-Busineßalltag unserer Tage. Hin und wieder erregt ein solcher Skandal die Gemüter, aber das verdunstet wie Hitzewölkchen.

Vielen der Kinder vom Horschelt-Ballett wurde auf beschriebene Weise ihre einst von den Journalisten so gelobte »naive Bangigkeit« ausgetrieben. Auf der Bühne, von der Bühne herab spielten sie ihr Spiel nun weiter, und so kam Frühreife über die Rampe.

Daß dieses Treiben jahrelang, zwar bekannt, aber ungestraft, andauern konnte, lag vor allem an der hohen Qualität und der großen Beliebtheit des Horschelt-Balletts, das inzwischen weit über die Grenzen der k.u.k. Monarchie hinaus berühmt geworden war. Hier einzuschreiten, hätte bedeutet, Wien um eine seiner zündendsten Attraktionen zu bringen; mit offener Kritik wäre man in sämtliche Fettnäpfchen getreten. Wie delikat diese Angelegenheit selbst für die Presse war, macht eine vorsichtig abgefaßte, aber doch aufschlußreiche Bemerkung wiederum in der Zeitschrift für Literatur, Theater und Mode Ende der zwanziger Jahre deutlich:

> ... Wie sich das alles noch gestalten soll, da die ersten Talente nach und nach ein anderes Terrain gewinnen müssen, das mag wohl in den sybillischen Büchern zu lesen seyn; wir schlagen darin nicht nach, denn wir mögen keine Steine auf uns werfen lassen.

Sibyllische Bücher brauchte man schon ein Jahr später, 1820/21, nicht mehr zu befragen. Der Skandal um den »Mädchenhandel« des Kaunitz hatte inzwischen so große Kreise gezogen, daß er auffliegen *mußte.* Kaiser Franz, bigott und sittenstreng, soll bereits längere Zeit von dieser Geschichte gewußt, aber die Untersuchung niedergeschlagen haben, da »höchste und allerhöchste« Kaunitz-Freunderln in den Skandal verwickelt schienen. Mittlerweile meldete sich die Presse nun schon ganz unverhohlen zu Wort, so daß die Kaiserin höchstselbst einschritt: Franz, mach dem Skandal a End', die Monarchie verliert sonst ihr G'sicht!

Also ging Fürst Alois Kaunitz-Rittberg doch noch als »rücksichtsloser Sittenstrolch« in die Kriminalgeschichte des Biedermeier ein. Die Polizei erstürmte sein Palais und fand Unzuchtsbeweise en gros.

Nach etlichem Hin und Her trat dann Ende 1821 das vom Kaiser erlassene Verbot des Horschelt-Balletts in Kraft. Aber im selben Atemzug soll Franz dem Chef der obersten Polizeihofstelle, Graf

Sedlnitzky, die Leviten gelesen haben, da dieser die Untersuchungen derart resolut und gründlich betrieben hatte, daß nicht einmal vor »allerhöchsten Persönlichkeiten« haltgemacht wurde.
Ballettmeister Friedrich Horschelt, schwer gekränkt und völlig unschuldig an den Machenschaften des Adels, verließ Wien Hals über Kopf in Richtung Bayern, wo ihm im Münchner Hof- und Nationaltheater eine weitere ruhmreiche Karriere beschieden sein sollte. Leidtragende bei seinem Abschied war die Kaiserstadt selbst, denn sie verlor ein ausgezeichnetes, epochemachendes Ballett.

Ach wie gut, daß niemand
weiß, daß ich Rumpel-
stilzchen heiß' ...

In den offiziell geführten Theaterlisten über die Zugehörigkeit zum Horschelt-Ballett waren die Namen der Elßler-Töchter nicht zu sichten. Das mag damit zusammenhängen, daß man sie zu jener Zeit noch keineswegs für herausragende Talente hielt, und sie deshalb unter »ferner liefen« rangierten (auch auf den Theaterzetteln wurden sie nicht angekündigt). Gelegenheitsartistinnen, über deren An- und Abwesenheit nicht extra Buch geführt wurde.
Nachdem der Skandal in der Öffentlichkeit publik geworden war, mußte sich die Theaterleitung dazu bequemen, nach den Namen sämtlicher Kinder zu fahnden, die von Anfang bis Ende im Horschelt-Ballett engagiert gewesen waren, um darüber für die Polizei eine Liste anzufertigen.
Aus dieser Liste, bis heute in den Gerichtsakten unter Verschluß gehalten, gehen auch die Namen der Elßlers hervor, das kann aus sicherer Quelle hier festgehalten werden.
Der Grund, weshalb Fanni ihre Horschelt-Zugehörigkeit zeitlebens bestritt, liegt auf der Hand. Diese Affäre war derart schmutzig, daß niemand, schon gar nicht eine spätere »Göttin«, in ihre Nähe kommen wollte. Auf der Höhe ihres Ruhmes hatten tüchti-

ge Verserlschreiber und Geschäftemacher eine Art Reinheits-Image um sie aufgebaut, hinter dem sich vieles wegstecken, zudecken ließ. Noch auf ihre alten Tage konnte es die »fromme Frau« in Rage bringen, wenn wieder einmal so ein Reporter »Fannys erste Tanzschritte im Horschelt-Kinderballett« ausgrub.
Bei Aufdeckung des Biedermeier-Skandals gehörten die Elßlers freilich längst nicht mehr zum Ensemble des Horschelt-Balletts. Therese und Fanni waren seit 1817 Schülerinnen des k.u.k. Hofopernballetts am Kärntnertortheater.
Selbst noch in unseren Tagen sind ältere Wiener der Meinung, daß man den Mädchenhandel von anno dazumal »mit äußerster Diskretion und Fingerspitzengefühl« behandeln sollte. Dabei geht der Blick in weite Fernen, als schauten der fromme Kaiser Franz und der gute Kaiser Franz Joseph auf sie herab.
Manche recht ausführlich informierte Personen möchten sich an dieser Geschichte die Finger nicht verbrennen. Inwiefern verbrennen, nach einhundertfünfundsechzig Jahren – das könnte wohl nur ein Wiener erklären …
Lieb Österreich, magst ruhig sein! Du darfst nicht nur alles essen, du darfst auch alles sagen. Stinktier bleibt Stinktier und wird den Geruch nicht los, auch wenn es in allerhöchsten Kreisen ausgebrütet wurde.

Endlich am Kärntnertortheater

Theater, o Theater du …

Ob die Eltern rechtzeitig Wind von den unsauberen Machenschaften hinter den Kulissen des Theaters an der Wien bekamen, und ob Kaunitz auch Fannis älteren Schwestern und Cousine Hermine unsittliche Anträge machte – wir wissen es nicht. Wie auch immer, die Ballettausbildung der Mädchen sollte, wie schon erwähnt, im Corps des Kärntnertortheaters fortgesetzt werden.
Das Haus befand sich etwa auf der Höhe des heutigen Hotel Sacher, damals eingezwängt von der Bastei und sehr engen Gassen. Ein kommodes Theater mit fünf Rängen, von dem man sagt, daß

es »die glückliche Bühne einer großen Zeit«, ja, »der Opernhimmel von Alt-Wien« gewesen sei.

Unsere Vorstadt-Kinder hatten nun einen weiteren Weg zum täglichen Training, zu den Proben und gelegentlichen abendlichen Auftritten zurückzulegen als in ihrer Horschelt-Zeit. Aber was machte ihnen das aus. Fanni zählte jetzt sieben Jahre, wie eh und je war sie Feuer und Flamme fürs Danzn. Daß ihr Tun in die Kinderarbeit marschierte, in die harte Maloche, wer nahm es schon wahr, am allerwenigsten sie selbst. Ihre ausgeprägte Musikalität, ihr Gestaltungsdrang brauchten ein Ventil, alles in dieser halben Portion verlangte unbewußt nach Entfaltung der verborgenen Kräfte.

Wenn es aber ums Ausleben von Gefühlen ging, war das zunächst noch ein Glück mit Einschränkungen. Denn Prinzipal des Ballettcorps am Kärntnertortheater war der Franzose und Choreograph Jean Aumer, ein verbissener Verfechter des klassizistischen Tanzes, einer, der jedes Aufkommen einer beschwingteren Stilrichtung im Keim erstickte. Die strenge Geometrie in Ausdruck und Bewegung dominierte, ein Korsett, das Gefühle weitgehend unterdrückte.

Arme Fanni! Seit frühester Kindheit daran gewöhnt, gerade in der Bewegung und vielleicht nur in ihr, Instinkte und Empfindungen auszuleben – das war ja die Hetz! –, mag sie nun manches Mal recht eingeschüchtert im Ballettsaal an der Stange gestanden und sich eingeengt, unverstanden gefühlt haben. Ein ernstes Kind, dicht an ihren »Grenadier« Therese gedrängt. Die Kindheit auf und davon.

Noch war die Epoche des romantischen Balletts nicht angebrochen, die den Tänzer im »Fußspitzentanz« zu Höhenflügen befähigen und seine Seele befreien sollte. Der Mond, als Symbol einer neuen Ära, entsandte von Italien her erste Silberstrahlen, aber auf dem Olymp der Romantik lag *La Sylphide,* der Luftgeist, noch in tiefem Schlaf.

Auf der Bühne ging es vorerst weiter »französisch« zu; man tanzte »maschinell, konventionell, eintönig, mit aufgesetzter Anmut«. Manche kleine Artistin verlor bei dieser Technik ihr natürliches Lächeln fürs ganze Leben; auch Fanni war davor nicht ganz gefeit. Unbestritten ging von der »Hohen Schule französischer Tanzkunst« auch viel Positives aus, sie gab Rückgrat, sie injizierte Muttermilch in Form von Disziplin, die hatte man dann ein Leben lang intus.

Aumer ließ seine Gruppe am Reck turnen und andere höchst wirksame Übungen exerzieren, wie sie zur damaligen Zeit in einem Ballettcorps noch nicht selbstverständlich waren. Manche dieser Übungen wird Fanni während ihrer ganzen Laufbahn beibehalten; von daher stammte ihre Vorliebe für Turngeräte, die sie mit der späteren Kaiserin Elisabeth teilte.

Nie überließ Aumer seine Figuren dem Zufall; jeder Schritt, jede Gebärde war genau berechnet und mußte exakt durchgeführt werden. Es schien ganz so, als führe Ludwig XIV., einst Ballerino von eigenen Gnaden, noch immer dieses barocke Tanztheater an. In Reifröcken, mit hohen Frisuren und Schminkpflästerchen im weißgepuderten Gesicht ließ das 18. Jahrhundert grüßen. Man tanzte »edel und voll Würde«, was einem Stelzen gleichkam.

Wann immer in diesen harten Lehrjahren die kleine Fanni das Korsett zu sprengen versuchte und auf Extratour ging, nahm Aumer seine talentierte Schülerin besonders hart ins Gebet:

Beinkreisen
Sprungschritt

Beinkreisen
Sprungschritt

Pirouette
Entrechat

und das Ganze von vorn ...

Mon dieu! Das trieb der Gumpendorferin die Flausen aus. Trotzdem: gegen die Strapazen einer Ballerina des 20. Jahrhunderts das reinste Kinderspiel.

Ein Anfang der kleinen Schritte

Seit Fannis Eintritt in das Hofopernballett waren vier Jahre vergangen. Man schrieb jetzt das Jahr 1821, und gerade hatte Polizeichef Graf Sedlnitzky das Horschelt-Ensemble auffliegen lassen. Die talentiertesten Schülerinnen und Schüler der Gruppe übernahm nun das Kärntnertortheater.
Manches bekannte Gesicht aus den ersten Ausbildungsjahren der Elßlers tauchte im Ballettsaal der Oper wieder auf. Eines davon gehörte dem »kleinen Anton Stuhlmüller«, inzwischen zu einem feschen, ehrgeizigen Siebzehnjährigen herangewachsen, der sich auf der Bühne bereits einige Lorbeeren verdient hatte. Es ist anzunehmen, daß er schon während der gemeinsamen Horschelt-Zeit mit den Elßler-Schwestern befreundet war.

Da schau her, der Toni!
Da schau her, die Fanni!

Servus!

Da schau her, die Heberle!
Was machst denn du bei uns im Hofdeatha?

Danza halt, was sonscht.

Therese Heberle, blutjung, wenn auch wesentlich älter als die elfjährige Fanni, trat ganz wie eine angehende Ballerina auf. Den gewissen Hüftschwung hatte sie drauf, Augen schmiß sie ins Publikum, und auf Anhieb wurde sie von der Presse als »engagiertes Mitglied« des Hofopernballetts gepriesen. Sie avancierte über Nacht zum Liebling der Wiener. Aber ihr rassiger Liebreiz mußte Federn lassen, sobald sie den Mund aufmachte. Franz Grillparzer, der »ein warmes Gefühl« für sie empfunden haben soll (für welche Schöne empfand er das nicht!), bedichtete die Heberle recht respektlos:

Freund Amor sag,
was ficht dich an?
Du sprichst ja wie ein Schwäberle?

Ob Adelung auch bebe,
nennst du die Rose Reserle
und Heberle die Hebe.

Fanni war eine der Jüngsten im Corps, das mochte sie hin und wieder ungeduldig werden lassen, und vielleicht sah sie sich an den Erfolgen der älteren Kolleginnen ein wenig leid. Zwar hatte sie Aumer schon als Neunjährige für kleine Ensembleauftritte vorgesehen, wie etwa in dem Ballett *Der Freyer und die Grazien;* inzwischen ist die Elfjährige eine keineswegs unbeachtete Elevin. Aber es muß noch viel Wasser die Wien hinunterfließen, ehe die Gazetten ihren Namen erwähnen und gar ins öffentliche Interesse rücken werden.
Diese Kinder vom Ballett hatten frühzeitig kämpfen gelernt, eines ist des anderen Konkurrent, da bleibt wenig Raum für Freundschaft. Man beäugt einander aus den Augenwinkeln, Gewehr bei Fuß. Und verbissen wetteifert man um die Gunst der Theatergewaltigen, um die Gunst des Publikums und der Presse.

Der Noten umblätternde Biedermeier-Franzl

Durch die Nacht voll Sternenglanz ...

Am 7. März 1821 stand Fannis Name auf dem Programm einer Wohltätigkeitsveranstaltung, die von der »Gesellschaft adeliger Damen zur Beförderung des Guten und Nützlichen« im Kärntnertortheater veranstaltet wurde. Viel pompöses Publikum war gekommen, wie jedes Jahr zur sogenannten Aschermittwochsakademie, an einem Tag, an dem sonst kein Theater spielte. Die adeligen Damen hatten für das bunt zugesammengewürfelte Programm wieder einmal die herzigsten Mäderln engagiert; die Leute sollten für den teuren Eintrittspreis auch einen optischen Anreiz haben, zumal alle diese jungen Geschöpfe hochtalentiert waren,

jedes eine kommende Berühmtheit. Die 16jährige Wilhelmine Schröder (einst Horschelt-Mitglied) sang zwei Mozart-Arien, die 17jährige Karoline Unger trug ein Gedicht vor, »Elßler die Jüngere« gab eine Tanzeinlage, und noch etliche andere Pralinés sollten der Veranstaltung den Glanz der Jugend verleihen.
Übrigens, der Klane, Dicke, Wunschelhaarige beim Klavier, das ist der junge Herr Schubert. Mit ihm werden die wenigsten aus dieser vornehmen Versammlung bekannt gewesen sein. Ein aufstrebendes Musikertalent von Lichtental draußen, ein Liederkomponist, no ja ... Stellt man ihn aber als Freunderl vom Grillparzer, von Schober und Bauernfeld, vom Herrn von Schwind vor, klingt das schon gschmackiger. Jede Woche kommen sie und andere Freunde im Gasthaus »Zur ungarischen Krone« auf der Seilerstätte zur »Schubertrunde« zusammen, aber das wissen nur ein paar Eingeweihte. Der große, stattliche Mensch neben ihm heißt Vogl, seines Zeichens Hofopernist, ein exzellenter Sänger. Heute abend wird er den von Freund Schubert vertonten »Erlkönig« zum ersten Mal vor großem Publikum singen. Am Klavier begleitet Anselm Hüttenbrenner, weil sich der Komponist »vor aner so noblen G'sellschaft« nicht selber spielen traut. Ein schüchterner Mensch ist er halt, der Schubert Franzl. Also steht er daneben und blättert die Noten der eigenen Werke um – sonst nix. Gegen Ende des Abends, als »fünfzehnte Nummer«, folgt noch sein »Gesang der Geister über den Wassern« nach Goethe, vorgetragen von »acht durchaus tüchtig geschulten Musikern«, denen es aber an Ausstrahlung fehlt, da kommt nichts über die Rampe.
»Wer aus der abgekämpften Masse des vornehmen Wohltätigkeitspublikums hätte bei so vorgerückter Stunde noch Sammlung für die Erhabenheit der Schubertschen Tondichtung gehabt?« fragt Schubert-Biograph Bernhard Paumgartner.
Kaner.
Beim Vortrag der kleinen Elßler hingegen hatte das Publikum noch kräftig die Patschhanderln gerührt. Eine reizende und dazu so begabte Elevin vom Hofopernballett zieht halt immer. Das war ganz etwas anderes als dieser kleine, gedrungene, gschamig herumstehende, Noten umblätternde Schubert Franzl, dem man als

einzigen Lichtblick am unscheinbaren Äußeren eine »schön gewölbte Stirn« zugestand.
Unter seinesgleichen soll er ein allzeit lustiger Bursch gewesen sein, was nur bedingt zutreffen mag, wie ja auch die Alt-Wiener-Mäderln, verewigt in Schunkelliedern und Porzellan, so permanent »dulli« nicht gewesen sein können. Und doch ist er mehr Biedermeier-Franzl als die Elßler jemals Biedermeier-Fanni sein wird. In Jubel und Melancholie, im Wahrenwollen des schönen Scheins verkörpert er »seine« Zeit wie selten einer. Sie nannten ihn Bruder Leichtfuß, weil er oft bis zum Morgengrauen vom Heurigen nicht heim fand. »Heimfinden«, was für ein Wort im Zusammenhang mit jenen zeitgemäßen Behausungen unbemittelter Biedermeier wie Schubert. Da ließ er sich lieber einen Saufbold heißen, und blieb zwischen aufg'steckten Buschen kleben, als daß er zugegeben hätte, wovor ihm so arg grauste: vor dem Heimfinden eben. Aber das merkt ja keiner, und im Verserl hört es sich an wie Dulliöh:

Durch die Nacht voll Sternenglanz
wackelt z'Haus der Schubert Franz
mit'm Herrn Schober und mit'm Schwind;
's is' a Räuscherl ja ka Sünd!
Und der Schubert in sei'm Spitz
red't sich immer mehr in d'Hitz,
schreit: Mit'm Weanerlied is' gar,
wann i' amol auffifahr! (Da lach'n s'n aus!)

Zeitweilig harmonierte er mit seinem Zimmergenossen Johann Mayrhofer, aber meistens wohnte er solo. »Es war eine düstere Gasse, Haus und Gemach haben die Macht der Zeit gefühlt, die Decke ziemlich gesenkt, das Licht von einem großen gegenüberstehenden Gebäude beschränkt, so war der Raum beschaffen ...«
Dem Franzl pochte bald schon eine seinerzeit unheilbare Krankheit, die Syphilis, im Blut. Ja, auch für ihn wird der Name Esterhazy eine tiefe, wenn auch makabre Bedeutung haben: Auf dem Gut des Grafen Johann Carl Esterhazy von Galantha, wo er eini-

ge Monate als Hausmusiker und Musiklehrer engagiert war, soll er sich bei »Stubenmädeleien« den tödlichen Keim geholt haben. Und geschwächt von dieser jahrelang an ihm zehrenden Seuche, geschwächt auch vom Trockenwohnen in Neubauten, von diesem ganzen lustvoll-elenden Biedermeierleben, brachte sein Körper nicht mehr genug Widerstandskraft gegen die Typhus-Epidemie auf. In der Wieden-Vorstadt stirbt er im Alter von einunddreißig Jahren.
Ob die Biedermeier-Fanni um den Biedermeier-Franzl wußte –, ob sie seine Anwesenheit in der Hektik jener Aschermittwoch-Wohltätigkeit überhaupt wahrnahm? Das ist kaum anzunehmen, wie ja auch an diesem Abend niemand ahnen konnte, daß der dikke Gschamige und die klane Kecke eines Tages als die künstlerischen Asse ihrer Heimatstadt gefeiert werden würden.
Am Aschermittwoch des Jahres 1821 freilich, war die Elfjährige schon bekannter in Wien als der Schubert Franzl. Sie wird das Leben, das Da-sein groß machen. Bei ihm ist es anders, sein Genius schöpft Ruhm und Ehre aus der Nachwelt.

Theaterzettel – Theaterzettel!

In den Bibliotheken und Musikinstitutionen Wiens liegen sie gebunden und wohlverwahrt in den Schränken, eine Brücke zum Damals: die Theaterzettel des Kärntnertortheaters, als es offiziell noch »K.u.k. Hoftheater nächst dem Kärnthnerthore« hieß. Sie wenigstens legen Zeugnis ab – jeder Theaterzettel ein verlorener, vergessener Tag; in ihnen zu blättern, die phantasievollen Namen alter Stücke, uralter Ballette nachzulesen, gleicht einem Abenteuer: *Die Fee und der Ritter*, *Paris oder der Triumph der Schönheit*, *Die Rose*, ... Ballette, die niemand mehr aufführt, die niemand mehr kennt; Theaterzettel, die auch Fannis erste kleine Schritte und Erfolge beim langen Marsch in den Weltruhm registrierten.
Sterne.
Sternschnuppen.

Erloschene Vulkane.
Was bedeutet es noch, ob ihre Namen groß oder klein angekündigt wurden, ob sie oben oder ganz unten standen. Wenn der Deckel zuklappt, sind alle gleich: vergilbtes, unendlich verletzbar gewordenes Papier, auf dem nur noch die Druckerschwärze leuchtet, frisch, möchte man meinen, wie am ersten Tag.
Ein paar Hupfer.
Ein paar Pirouetten.
Ein bisserl Hoffnung.
Ein bisserl Applaus.
Armbandln, Glitzergwandln.
Ein lediges Kind.
Weiterdanzn.
Abtreten.
In fetter Schnörkelschrift ist der Name eines der strahlendsten Sterne am Balletthimmel der zwanziger Jahre des 19. Jahrhunderts zu lesen: Dlle. (Amalie) Brugnoli.
Ein Name ohne Gesicht, und nicht seinetwegen holt man die alten Theaterzettel aus dem Staub. Es ist die andere, die immer wieder Auferstehung feiert, es ist »Elßler die Jüngere«, wie Fanni um die Zeit des umjubelten Brugnoli-Engagements angekündigt wurde. Zusammen mit Therese, »Elßler die Ältere«, trat Fanni noch hauptsächlich im Ensemble auf; hin und wieder ein Pas de deux mit der Schwester, bei der sich die Hosenrollen nun schon abzuzeichnen beginnen – der Grenadier wird bald auch Fannis Kavalier auf der Bühne sein. Anfangs ist Therese der Schwester bei der Vergabe der Rollen stets eine Nasenlänge voraus, das steht ihr dem Alter nach zu. Aber schon zieht Fanni nach, holt auf, und nun werden häufig beider Namen auf den Zetteln aufgeführt, wenn auch an vorletzter oder letzter Stelle. Je größer die Parts der Jüngeren werden, desto mehr tritt die Ältere in deren Schatten zurück. Im Purzeln der Namen, einmal stehen sie unten, einmal etwas weiter oben, glaubt man noch das Vibrieren im Kampf um Rollen, um Winzlings-Solos zu spüren –, steigt aus dem alten Papier der Geruch von Puder, Staub und abgetragenen Kostümen, Stallgeruch, an dem ein Komödiant den anderen erkennt.

Avanti, avanti! Raus auf die Bühne!
Die ersten Schritte hinaus in die Ungewißheit ...
Herzpumpern: Werd' ich auch nix verpatzen – wird's gehen?
Ja doch! – es schwebt, es schwingt, es hupft ...
Dann der Beifall, ein Bravo und noch eins, ein drittes – und so viele, daß niemand sie mehr zählt. Nicht für die kleine Elßler, noch nicht, die Bravos gelten allesamt der Brugnoli –
Große, große Brugnoli!
Du verneigst dich in weiter Pose,
sammelst die Blumensträuße ein ...
Aber hab noch Geduld, Fanni, für dich wird es weiße Kamelien und Zigarren aus purem Golde regnen.

Es geht aufwärts!

Endlich, im März 1823, ist es soweit, man beginnt von »Elßler der Jüngeren« in der Öffentlichkeit (bescheidene) Notiz zu nehmen. Mit anderen ausgesuchten Mitgliedern des Ballettcorps tanzt Fanni ein Nonett in dem Ballett: *Ismaels Grab oder die bezaubernden Instrumente* zur Musik des Grafen Gallenberg (einer ihrer späteren Liebhaber), und erstmals wird sie in Bäuerles Theaterzeitung namentlich erwähnt.
Was für ein Stolz!
Was für ein Ansporn!
Heimlaufen und den Eltern, der Nachbarschaft, der ganzen Welt die Nasen draufstoßen. Juchee ...
Für die erkrankte Demoiselle Rozier, eine erste Kraft, springt sie als »Rosine« in *Die Fee und der Ritter* ein, ganz so, wie Lieschen Müller sich das am Beginn einer großen Karriere vorstellt, und hat Glück, sie gefällt. Das Schönste daran: in dieser Rolle ist sie eine unmittelbare Partnerin der Brugnoli, die die Fee Viviane tanzt. Und Glück hat Fanni auch im nächsten und übernächsten Jahr, denn nun geht es aufwärts. Als erklärte Solotänzerin, die man jetzt als »Dlle. Elßler Fanny« ankündigt, ergattert sie in dem romantischen Ballett *Blaubart* wiederum eine Solorolle, die sie in

K. K. Hoftheater nächst dem Kärnthnerthore.

Zum Vortheile der Dlle. Brugnoli:

Der Blaubart.

Romantisches Ballet von Herrn Armand Vestris.

Musik von verschiedenen Meistern.

P e r s o n e n:

Abomelik, genannt der Blaubart, Raja	—	Hr. Gioja.
Isakabak, sein Vertrauter —	—	Hr Aichinger Valer,
Selim, Haupt eines indischen Stammes	—	Hr. Rozier.
Beda, Jakabaks Tochter —	—	Dlle. Elßler Fanny,
Ibrahim, ein reicher Kaufmann —	—	Hr Destefani.
Ismela, seine Tochter	—	Dlle. Brugnoli.
Irene, ihre Vertraute —	—	Mad. Gioja.

Wachen. Neger-Sklaven. Indier. Bajaderen.

T a n z e n d e P e r s o n e n: Herr Taglioni, Dlle. Heberle, Mad. Bretel, Dlles. Ramacini, Perceval und Elßler Therese.

Herr Rozier wird die Rolle des Selim geben, und mit Dlle. Brugnoli im ersten Acte ein neues Pas de deux zu tanzen die Ehre haben, dann werden gleichfalls im ersten Acte die Herren Pitro, Kohlnberg und Dlle. Elßler Fanny das komische Pas de trois auszuführen die Ehre haben.

V o r h e r:

W i t w e n - T r a u e r.

Komische Oper in einem Aufzuge. Musik von Generali.

F r e y b i l l e t e s i n d h e u t e u n g ü l t i g.

Zufolge höheren Auftrages wird die bestehende Theaterordnung, welche im Jahre 1800 auf allerhöchsten Befehl bekannt gemacht worden, insbesondere aber

die §. §. 17 und 18, wodurch die Wiederholung eines Gesang- oder Tanzstückes, da solche das Theaterpersonale ermüdet, und die Vorstellungen übermäßig verlängert,

der §. 19, wodurch das wiederholte Applaudiren, so wie das wiederholte Hervorrufen und Herausklatschen des Theaterpersonals, dann

der §. 20, wodurch das Pfeifen, Zischen, Stoßen mit den Stöcken und Füßen u. dgl. untersagt wird, hiermit in Erinnerung gebracht.

der ersten Reihe, neben Brugnoli und Rozier, etabliert. Die Wiener applaudieren: Da schau her, die Klane!
Allerdings mußte sie sich nun auch Kritik gefallenlassen, das bringt Bekanntwerden mit sich. Ihr Tanz im dritten Akt des *Blaubart* habe »nicht recht ansprechen wollen«, schreibt die Theaterzeitung. An einem anderen Abend im selben Stück bedauert die Presse den »Verlust eines sehr anziehenden indischen Charaktertanzes von dreyen (drei Tänzerinnen), unter welchen Fanny Elßler den Hauptpart mit Feuer und Gewandtheit tanzte«. Er war offenbar im nachhinein dem Rotstift zum Opfer gefallen.

Erste Begegnung mit Maria Taglioni

Anfang der zwanziger Jahre warfen für Fanni wieder einmal große Ereignisse ihre Schatten voraus. Man hatte den Mailänder Ballerino Philipp Taglioni ans Kärntnertortheater engagiert, Ablösung für den verdrängten Jean Aumer, dessen »Geometrie« ins Kreuzfeuer der Kritik geraten war.
Mit Taglioni kam seine Frau, eine zur Tänzerin ausgebildete, »verwachsene« Schwedin, und es kam Maria, die 1804 in Stockholm geborene, etwa 17jährige Tochter des Paares und gedrillte Schülerin ihres Vaters. Demgemäß fand also die erste Begegnung zwischen Maria und ihrer späteren größten Rivalin, Fanny Elßler, nicht erst im Paris der dreißiger Jahre statt, wie in den meisten Biographien vermerkt, sondern bereits ein Jahrzehnt früher, im Ballettsaal des Kärntnertortheaters. Ihrer beider Namen auf ein und demselben Theaterzettel angekündigt, sollte fünfzehn Jahre später nicht für Geld und gute Worte zu bewerkstelligen sein.
Im Wien der Jahre 1820/21 bis etwa 1824 werkelten die beiden Mädchen zumindest im Ballettsaal friedlich nebeneinander her; Therese durfte mit Maria hin und wieder im Ensemble tanzen.
Das Aussehen der Italienerin soll nicht gerade anziehend gewesen sein, ihre Arme und Beine »eine anatomische Merkwürdigkeit«, wie August Erhard berichtet, »ihr Leib kurz, die Brust schmal,

der Rücken leicht gewölbt ... ihr Gesicht war ebenfalls nicht regelmäßig, die lange spitze Nase entstellte es ...«

Ob diese und ähnliche Beschreibungen der Realität entsprechen, ist nicht auszumachen, denn auf zeitgenössischen Bildnissen gleichen sich diese Ballerinen mit ihren glatten Lärvchen, in ihrer unsäglichen Hübschheit wie ein Ei dem anderen. Wer vermutet da Buckel und spitze Nasen – Walze drüber, und alles wirkt glatt wie ein Brett.

Die Wiener Kritiker fanden den Neuzugang im Hofopernballett jedenfalls nicht übel. Im Gegenteil, sie lobten:

> Anmuth, Unbefangenheit und Regelmäßigkeit knüpfen selten ein so schönes Band, wie in den Leistungen dieser hoffnungsvollen jungen Tänzerin.

Alles, was Maria bisher erreicht hatte und noch erreichen würde, verdankte sie der Besessenheit ihres Vaters, der sie bis aufs Blut triezte, um in der Dünnen, Unscheinbaren, der »Buckligen«, jenen Funken zu entfachen, der zur Flamme werden sollte. Fanni hingegen, die in den Sog dieser Flamme geraten würde, ging ihren Weg allein, sie konnte nicht auf sach- und fachkundige Verwandtschaft zurückgreifen, sie hatte nur ihren beschützenden Grenadier Therese.

Mit Philipp Taglioni betrat ein Mann die Wiener Ballettszene, der auch die romantische Epoche »entzünden« und sie zu ihrer höchsten Blüte führen würde. Nicht daß er ein bemerkenswert guter Choreograph gewesen wäre; manche seiner Ballettschöpfungen wurden als »vom Inhalt her dürftiger Natur« bezeichnet. Was aber stellte dieser Zauberer mit seinen Figuren an! Er holte sie aus dem Reich der Märchen und Legenden, bald werden Luft-, Wald- und Wassergeister die Bühne bevölkern, werden die Wilis, jene vor der Hochzeit verstorbenen Bräute, noch einmal ins Leben zurückkehren, um ihre Beinahe-Ehemänner tanzend in den Tod zu treiben.

Philipp wird die Seele befreien und den Gefühlen Flügel wachsen lassen. Erlöster Aufschrei im Publikum: Herz ist Trumpf. Und die Schnupftücher gehen reihum.

Mit *La Sylphide* wird Philipp seiner Tochter Maria die Unsterblichkeit sichern. Denn Maria tanzt nicht nur die Rolle eines mit Libellenflügeln ausgestatteten, überirdischen Geschöpfes – sie *ist* die Sylphide. Niemand, auch nicht die Elßler, wird daran jemals rütteln können.

Um dem Ganzen eine schwebende Leichtigkeit zu geben, greift Philipp auf eine Technik aus dem alten Rußland zurück: er »erfindet« für seine Tochter und damit für das europäische Ballett den »Fußspitzentanz«. Im Sicherheben auf die gestreckte Fußspitze erweckt nun die Ballerina den Eindruck, als breiteten sich tatsächlich ihre Flügel aus und sie entschwebe in die Sphäre.

Noch bis Ende der zwanziger Jahre sollte der Spitzentanz Zukunftsmusik sein. Aber Philipp machte schon einen Anfang; er vertauschte Reifröcke und über die Bühne schleifende Schleppen mit schmucklosem weißem Musselin, der die Glieder ahnen ließ und sie doch züchtig verbarg, und setzte seinen Tänzerinnen Blumenkränze ins Haar. Er predigte die »Keuschheit der Gefühle«, so daß mancher Kritiker spottete: »Das ist gerade so, als gingen sie zur ersten Kommunion.«

Es kommt noch besser. Seufzer und Mondschein werden die Bühne erobern.

Maria war immerhin schon zwanzig, als ihr Philipp am Kärntnertortheater endlich grünes Licht für ihr eigentliches Debüt gab, das sie fortan für ausschließlich tragende Rollen qualifizieren sollte. Das Ballett hieß *Empfang der Nymphe am Hofe Terpsichores.* Ah's und Oh's aus dem Publikum: es erlebte zum ersten Mal eine ganz neue, gelöste Einstudierung mit den charakteristischen Merkmalen der kommenden romantischen Epoche. »Nymphe« Maria tanzte in einem knöchellangen weißen Rock und schaffte grandios den Durchbruch. Und als sie ihn schaffte, stand gewiß »Elßler die Jüngere« in den Kulissen, denn mit Sicherheit ist anzunehmen, daß sie bereits hier zu den interessiertesten Beobachtern der Taglionis gehörte. Wie oft schwelgte sie selbstvergessen in den Sprüngen und Pirouetten der Brugnoli, daß sie der Inspizient manches Mal an den Schultern packte und aus den Kulissen schob; jetzt tasten ihre flinken Augen Maria ab, kundschaften die Tricks von Vater Philipp aus. Diese Kleine hat für alles Optische eine Antenne, nichts kommt bei ihr um, sie ist ein enorm guter Kostverwerter – irgendwann kann aus allem ein Schuh für die eigenen winzig kleinen Füße werden, die sind noch im Wachsen. Und zäh studiert sie sämtliche großen Solopartien, nur warten muß sie lernen, immer wieder warten.

Man würde die Zwölf- und Vierzehnjährige überschätzen, wollte man Ahnungen in sie hineingeheimnissen und behaupten, sie habe zu diesem Zeitpunkt bereits erkannt, daß sie aus ähnlichem Holz wie die Taglionis geschnitzt sei. Im gschlamperten Wiener Rhythmus rinnt das Blut durch ihre Adern, nur auf der Bühne pumpert das Herzerl. Verliebt ist sie halt ins Danzn, eine gute Artistin will sie werden, nicht zuletzt deshalb, weil diese Arbeit ein gutes Stück Geld einbringt, schließlich muß sie zum Unterhalt der Familie beitragen.

Das Bürgermädel aus der Vorstadt glaubt nicht, den Taglionis ebenbürtig zu sein, sie will, wie die Erwachsene es einmal formuliert, »deutsch bleiben«.

So tanzt sie brav im Ensemble (der Entdecker steht schon parat), hamstert kleine Rollen und wieselt beim Finale hinter Maria Taglioni her wie seinerzeit hinter der kleinen Angioletta Mayer, um ein paar Blumensträußerln »abzustauben«.

Wegstecken.

Zudecken.

Das ganze Mieder wird in- und auswendig nach Veilchen duften.

Philipp Taglioni sollte im Oktober 1821 mit dem »von ihm selbst erfundenen« Ballett *Schweizer Milchmädchen* der kleinen Elßler ein Geschenk machen, ein unbewußtes Geschenk selbstverständlich, denn alles, was er schrieb, schrieb er für Maria. Nach der Erstaufführung lobte die Wiener Theaterzeitung:

> Der Gang dieses Balletts ist einfach und klar ... es bedarf keines Kommentars um bey der ersten Ansicht die Begebenheiten zu verstehen. Auch den Charakter der Hauptperson, des unbefangenen, in ländlicher Einfalt aufgewachsenen Schweizer Milchmädchens, das seine Täler und Berge noch nicht gegen städtischen Prunk, den Frieden der Natur noch nicht gegen die Blendwerke der feinen Welt vertauscht hat.

Beim Publikum fand das neue Ballett »günstige Aufnahme – es wird sich ohne Zweifel als Lieblingsstück auf dem Repertoire halten«.
Damit sollten die Kritiker recht behalten. Fanni drückte diese Unschuld vom Lande heftig an ihr Herz, eines Tages würde sie ihr den ersten Höhepunkt in ihrer Karriere bringen.

Heimkommen im Dunkeln und Daheimsein

Eine Überlieferung darüber, wer die Kinder nach ihrem langen Arbeitstag am Bühnenausgang erwartete, wer sie, häufig erst in der Dunkelheit, auf dem Heimweg in die Vorstadt begleitete, haben wir nicht.
In den paar Stunden zwischen Heimkommen und Schlafengehen hätten Fanni und Therese wieder zu unbeschwerten kleinen Mädchen werden dürfen, Zeit für die Holzpupperln, für den Malbogen, fürs Papiertheater.
Es wird wohl ein wenig Spielzeug im Elßler-Haushalt gegeben haben, nur kann man sich eine mit Puppen und Schaukelpferd spielende Fanni eigentlich gar nicht vorstellen.
Eine Fiedel, ein Spinett, eine Quetschn, die Waldhörner der Prinster-Onkel, das wohl – und sonntags holt Vater Elßler seinen Haydn vom Hausaltar.
Ist das nicht Kinderwelt genug?

Barbaja, der Entdecker *Er steckt selbst den Teufel in die Tasche ...!*

Das war Domenico Barbaja, wie er leibte und lebte; ein geckenhaft gekleideter Mensch, der trotz seiner Kurzatmigkeit erstaunlich behende vor und hinter der Bühne des Theaters herumläuft, seine Sänger und Dirigenten traktiert, Anlauf nimmt auf die Schar der Ballettratten, daß sie wie aufgescheuchte Hühner auseinan-

derstieben, der in Ecken und Ritzen schnüffelt, der das Gras wachsen hört.
Man konnte dem Pächter des Kärntnertortheaters alle möglichen kuriosen und unappetitlichen Eigenschaften nachsagen, beispielsweise, daß er fett war und fortwährend schwitzte, daß die Farben seiner Kleidung mit denen eines Papageis wetteiferten, daß er keinerlei Skrupel kannte und so weiter, aber seine Spürnase für Talente, für alles, womit Geld zu machen war, stellten nicht einmal seine ärgsten Neider und Feinde in Abrede. In seiner Heimat Italien sagten sie: Riesce in tutto ciò che intraprende. Ha veramente un punto più del diavolo – Ihm gelingt alles, was er unternimmt. Er steckt selbst den Teufel in die Tasche.
Erstaunlicherweise hatte er, der ehemalige Waffenschieber, es geschafft, die Kette der Kavaliers-Direktionen für einige Jahre zu unterbrechen, allein das schon ein Grund, weshalb ihm gewisse Wiener Kreise übelwollten. In Neapel war er durch allerhand dunkle Geschäfte in Spelunken und Spielhöllen – wo er zeitweise als Kellner arbeitete – zu einem schönen Batzen Geld gekommen. Daraufhin nahm er das San-Carlo-Teatro und die Königlichen Spielsäle in Pacht, wodurch er sein Vermögen noch verdoppeln konnte. Anfang der zwanziger Jahre muß ihm der Boden zu heiß geworden sein, denn Hals über Kopf »emigrierte« er nach Wien. Er brachte seine eigene Truppe mit, darunter der Komponist Gioacchino Rossini und dessen spätere Frau, die gefeierte Sängerin Isabella Colbran. Barbaja pachtete 1821 das Kärntnertortheater mit dem Ziel, die italienische Oper endgültig auch in Wien vorrangig zu etablieren. Und wie schon in Neapel, trieb er Rossini zu Höchstleistungen an. Avanti, Maestro! Bring deine Nummern, wir treten gegen die Deutschen an!
Sein Verhalten gegenüber Rossini, den er wie einen Leibeigenen behandelte und hielt, brachte ihm zwar den Ruf eines Tyrannen und Leut'schinders ein, aber solcherlei Anwürfe kratzten den dicken Impresario nicht, zumal der Gewaltakt reiche Früchte trug. In Wien brach das Rossini-Fieber aus, und als es zum offenen Musikerkrieg mit dem Deutschen Carl Maria von Weber kam, gewann Barbajas Zugpferd das Rennen. Weber, und damit

die deutsche Musik schlechthin, abgedrängt ans Katzentischchen; auf Jahre hinaus dominierten italienische Opern im Repertoire. Allerdings war es Barbajas Verdienst, Weber den Auftrag zu einer neuen Oper eigens für Wien zu geben. Somit kam 1823 dessen Werk *Euryanthe* am Kärntnertortheater zur Uraufführung. Der rotgesichtige Barbaja, dem seine Gegner schon lange prophezeiten, er werde einem »Herzkasperl« erliegen, führte an diesem Abend, putzmunter wie eh und je, seine neueste Entdeckung vor – die blutjunge, hochbegabte und bildschöne Henriette Sontag.
Natürlich waren nach des Italieners Machtübernahme auch die Tage des französischen Ballettmeisters Jean Aumer am Kärntnertortheater gezählt gewesen, und wiederum war es Barbajas Verdienst, Philipp Taglioni und seine Familie in die Kaiserstadt zu holen.

Wer ist das bambino, dort drüben?
Elßler, die Jüngere, Signor Barbaja.

Elßler, die Jüngere?
Si, Signor – Fanny Elßler.

Es gibt kleine Mädchen im Ballettsaal, die das Auge automatisch anziehen, in welcher Reihe sie auch stehen, in welcher Ecke sie auch trainieren. Barbajas Spürnase hatte Fanni sofort erschnüffelt, und in diesem Punkt stimmte er mit Aumer überein: dieses bambino mußte gefördert werden.
Er beobachtete ihre Kopfhaltung, ihr lebhaftes Mienenspiel, die Art, wie sie mitging und sich interessierte, wenn große Kolleginnen tanzten, ihre Figuren, die noch nicht ausgereift waren, aber doch schon enormes Eigenleben entwickelten. Hier wuchs eine Tänzerin heran, das spürte er im Bauch, die zu mehr befähigt war, als Arme und Beine zu schwenken. Ein seltenes Pflänzchen, das er dem klassizistischen Stumpfsinn entreißen würde, so wahr er Barbaja hieß.
Außerhalb des Ballettsaals, in Ruhestellung, mag der Zauber von ihr abgefallen sein. Ein Tschapperl, nicht mehr mondscheinblaß,

sondern käsig, und dann ihr schrecklicher Dialekt, der ja all diesen Ballettratten anhaftete. Halbe Analphabetinnen, kaum geregelten Schulunterricht gehabt, nichts anderes als Hupfen im Köpferl ...

Aber da war der fixe Blick, die Ernsthaftigkeit eines Haushaltsvorstands, der Eifer – und eine unbewußte Besessenheit. Etwas Elementares ging von diesem dünnen Kind aus, eine starke Aura, sobald sie zum Tanzschritt ansetzte. Mamma mia! Der Teint sah wahrhaftig nach Blutarmut aus, aber ein wenig Glut in die Eingeweide geschürt – Amore ... und der milchweiße Samt würde zu schimmerndem Alabaster werden. Ihr Haar, das tiefschwarz wirkte, wenn es im Tanz aufflog, war eigentlich mehr ein dunkles Brünett, es würde gut unter den neapolitanischen Mondschein passen ... Si, si, was er sah, gefiel ihm nicht schlecht, gefiel ihm sogar ausgezeichnet. Ein Püppchen unter diesen Theaterleuten, die im allgemeinen zur Korpulenz neigten. Besonders den Sängern und Sängerinnen saß ordentlich Speck auf den Rippen, und sie wollten ihn gar nicht loswerden, er schmierte die Stimme, hieß es, er verlieh eine heroische Ausstrahlung, das Ideal der Zeit.

Kernige Schenkel und wallende Brüste bekam man ebenso im Ballett zu sehen, das quoll mitunter aus dem wie wild geschnürten Mieder. Und hob so ein reizendes Kind das Röckerl, zeigte es dem Publikum an, daß es gut durch den Winter gekommen war.

Barbaja hatte nun inmitten des Fleischbergs, auf dem er selbst mit beträchtlichem Eigengewicht thronte, sein Schneeweißchen gefunden – ein schmales Figürchen, zwei winzige Füßchen. Sobald die Luft für ihn in Neapel wieder rein war, würde er aufbrechen – mit Schneeweißchen.

Vorläufig machte er am Kärntnertortheater von seinem Recht als Impresario Gebrauch und schob Fanni in die Nähe der Brugnoli, ja das hatte sie ihm zu verdanken. Sollte sie ruhig ein wenig Sternenhimmel-Atmosphäre schnuppern.

Das macht süchtig.

Das neapolitanische Abenteuer und seine Folgen

oder

Wie aus der klan' Fanni eine Fanny Elßler wurde und wie ein Kind ein Kind kriegt

Erster Aufbruch in die Welt

Ich freue mich der gesegneten Folgen auf mein ganzes Leben ...

Goethe in Italien

Mitte der zwanziger Jahre schlug es am Kärntnertortheater wie eine Bombe ein: Barbaja wollte die Pacht aufgeben und nach Neapel zurückkehren. Wie ein Lauffeuer verbreitete sich außerdem das Gerücht: Er nimmt die Elßlers mit!

Beides entsprach der Wahrheit. Der Impresario hatte tatsächlich die Absicht, Fanni und Therese ans Teatro San Carlo zu bringen, auf das er bald wieder Einfluß nehmen würde. Die Mädchen sollten den italienischen Tanzstil an der Quelle studieren, eine wichtige Ausbildung, die sie in ihrer beruflichen Laufbahn ein gutes Stück weiterbringen konnte.

Wieder mögen die Elßler-Eltern in der vertrauten Dunkelheit ihrer Schlafstube miteinander beratschlagt haben: Konnten sie es verantworten, ihre Töchter auf eine so weite Reise zu schicken? Allein? Fanni war gerade fünfzehn geworden, Therese siebzehn, im gefährlichsten Alter für den lauernden Wolf und Konsorten ... Mit dem Theatervolk, das da überall kreuchte und fleuchte, dem seltsamen Gelichter, das sich in und außerhalb der Kulissen wie Schlingpflanzen um die kleinen Ballerinen ringelte, no ja, damit hatte man sich abfinden müssen und so gut es ging »die Hand draufg'halten«. Aber im fernen Italien würden die Mäderln womöglich ganz und gar Freiwild sein. Andererseits wollten die Eltern ihr Weiterkommen nicht blockieren, ein großes Glück, daß der einflußreiche Impresario soviel Interesse zeigte – von den Einkünften, die in Aussicht standen, ganz zu schweigen. Alsdann, wenn's halt sein soll. In Gottes Namen.

Trotzdem, ganz so einfach war die Sache nicht; Anstand und Sittlichkeit mußten gewahrt werden. (Was würden die Nachbarn sagen?)

Barbaja kam den Elßlers in dieser Hinsicht entgegen. Er schlug vor, daß ein Familienmitglied die Schwestern begleitete, gewiß auf seine Kosten, denn die Elßlers hätten sich eine solche Ausgabe kaum leisten können. Also wurde für Mutter Resi ein Reisepaß

beschafft, und seltsamerweise geht aus den Paßanweisungen auch der Name von einem der Brüder hervor, obwohl dann effektiv nur Fanni, Therese und ihre Mutter nach Neapel reisten.
Also nahm Fanni Abschied von Wien, vom Kärntnertortheater. Natürlich wollte sie wiederkommen, aber dann würde sie nicht mehr dieselbe sein, nicht mehr die klane Fanni, vielmehr *Fanny Elßler.*
Alles war wie sonst bei ihrem vorläufig letzten Auftreten vor den Wienern, und niemand sah in ihrem Abgang ein besonderes Ereignis. Trotzdem Neid hinter den Kulissen, Getuschel: wer waß, was die in Neapel mit ihr anstell'n – die seh'n wir vielleicht nimmermehr wieder ...
Im Zuschauerraum die jungen Wienerinnen mit Blumen im Haar, über dem Dekolleté aufschimmernde Kälbchenhaut; hergeputzte Matronen, Kühlung fächelnd, aus Bonbonnieren naschend, transpirierende Dickleibigkeit in roten Samt gezwängt; Getigertes und Gepanthertes aus schmalen Augenschlitzen lächelnd, immer auf dem Sprung, immer auf der Suche nach Gelegenheiten – für nachher.
Sprungschritt.
Pirouette.
Bravorufe für die Primaballerina.
Von ihren Sitzen aufspringende Wölfe, die z'Haus wieder kräftig Kreide geschluckt hatten, um für die Mäderln vom Ballett gschmackig zu sein. Ja, es war alles wie sonst.
In einer der Logen vielleicht schon jetzt (und nicht erst in Neapel) ein Froschkönig für Fanni – einer, der zwar nie in den schönen Prinzen verwandelt werden würde, aber das hatte er gar nicht nötig: Prinz war er eh, und allerhöchste Herkunft geht vor Schönheit.

Neapel sehen ...

Am Ende der langen, beschwerlichen Reise blickte man auf Neapel. Welches Wunder! Welche Eindrücke stürmten auf die eben erst Angekommenen ein! In den quirligen Gassen der Altstadt lärmte und musizierte es den lieben langen Tag, die liebe lange Nacht hindurch. Stimmengewirr in einer ungemein melodischen Sprache, Gestikulation, die jedem Fremden anfangs als übertrieben, ja grotesk, erscheinen mußte. Gerüche, die selbst ihre nicht heiklen Gumpendorfer Nasen beleidigten, Farben, die den von soviel Licht geblendeten Augen weh taten.

Zum Hafen hinunter, um die tiefe Bläue von nah zu sehen – so schaut also das Meer aus! –, um die Brise einzuatmen, die einen schier umwarf, und zu der silbergrauen Silhouette des Vesuvs hinüberzublicken. Hoffentlich spuckt der net aus, solang' wir da sind …

Vielleicht stieg man gleich nach der Ankunft die terrassenförmigen Hügel hinauf, unter sich die von ewiger Sonne vergoldete Stadt. Wieviel fremdartiger, reizvoller, aufregender muß das alles auf die Reisenden von damals, auf Fanni und Therese, auf Mutter Resi gewirkt haben als auf uns Heutige, die wir obligatorisch die Welt »buchen«, uns Urlauber, Globetrotter nennen. Ob die Elßlers das Elend sahen, das für den Fremden einen Teil dieses Prikkels, dieser Schönheit ausmacht? Sie sahen es und sahen es nicht. Ihre Augen hatten viel soziales Elend in den Wiener Gassen gesehen, Armut gehörte zum Alltag.

Aber womöglich waren die Mädchen von der Reise noch viel zu erschöpft für Ausflüge und ruhten sich, wie ihre Mutter, im abgedunkelten Zimmer aus. Oder hatten sie gar keinen Blick für draußen – war ihre Welt selbst hier so eng gesteckt, nur bis zum Teatro San Carlo reichend, wo bald die Proben beginnen sollten?

Fanni war froh, ihren beschützenden Grenadier als Partnerin und Freundin bei sich zu haben; ein Leben lang würde sie auf engste verwandtschaftliche Bande, einziger Halt in ihrem unsteten Dasein, nicht verzichten können. Therese wuchs noch immer, doch sollte man die angeblich erreichte Körpergröße von 1,90 Meter nicht ohne weiteres akzeptieren: Zeitgenossen und Nachwelt neigten in allem, was die Elßlers betraf, zu unausrottbarer Übertreibung.

Ob nun beide Mädchen in Röcken oder Therese als Fannis hochaufgeschossener Kavalier beim Pas de deux, sie galten als unzertrennlich, und man nannte sie bald allgemein »die siamesischen Zwillinge des Tanzes«. Barbaja, nach einigen Tagen der Ruhe rühriger denn je, führte seine Wiener Entdeckungen dem Ballettmeister des Teatro San Carlo vor; der nickte beifällig, si, si, kein schlechter Fang, diese beiden. Hier nun vollzog sich Fannis Verwandlung. Zum ersten Mal ließ man sie alle Register ihrer mimischen Ausdrucksmöglichkeiten ziehen, zum ersten Mal tanzte sie Gefühl und Temperament auf ureigenste Weise. Und anfangs staunend, ja ungläubig, mag die in der französischen Schule Erzogene ihren großen italienischen Vorbildern zugesehen haben, wie sie ihrem Naturell folgend, das Mienenspiel, die Pantomime, zur reizenden, ganz und gar ungezwungenen Sprache des Tanzes machten. Fanni hatte zwar von der Brugnoli bereits in Wien einiges abgeschaut, aber hier in Neapel kam das Ensemble als genau darauf abgestimmter Rahmen hinzu; das waren die Gesten und Sprünge, die Blicke, der Übermut dieser Kinder unten am Hafen, das war die sengende Mittagshitze, die fächelnde Brise über dem Golf von Neapel.

Grando des lo manente – sei ganz du selbst! prägte man ihr ein.
Im Tanz »ganz sie selbst sein«, das bedeutete für Fanni, daß sie erst einmal von sich selbst *befreit* werden mußte, daß sie *Fanni* abstreifen mußte, den fixen Blick, die Ernsthaftigkeit eines Haushaltsvorstandes, um *Fanny* werden zu können.

Des Abenteuers erster Teil – Fanny Elßler wird geboren

Sobald du die Bühne betrittst, laß die Elßlersche hinter dir zurück, streife Fanni ab, verjage sie notfalls und bringe die andere, dir selbst unbegreifliche Wesenshälfte zum Klingen!
Laß sie stark werden, überhandnehmen, sei Dompteuse mit der unsichtbaren Peitsche, bluffe, und du wirst alles sein, was du sein willst: Mutter Erde, Göttin der Lüfte, Engel und Teufel.
Werde also (für ein paar Stunden am Tag) Fanny Elßler.

Zögernd nur mag sie ihrem untrüglichen Instinkt gefolgt sein, wie ein Kind, das zum ersten Mal ins Meer steigt und sich vor dem hohen Wellengang fürchtet. Aber das ging schnell vorüber, sie war mutig, sie war zäh, sie gab nicht nach und nicht auf, bis die Mimikerin in ihr, aus ihr geboren war. Nun besaß sie alles – das Korsett einer klassischen Ausbildung, das sie vor Schlampereien und Auswüchsen bewahren würde, gepaart mit der eben erweckten, ganz ans Licht geholten Ausstrahlung ihres am Italienischen geschulten mimischen Talents. Eine tanzende Schauspielerin wird sie fortan sein. Glückliche Fanny Elßler!

Zu Hause in Wien steckte die Pantomime noch in den Kinderschuhen, und selbst die mit Vergleichsmöglichkeiten nicht eben verwöhnte Presse nörgelte angesichts solcher Leistungen, das sei »mimische Darstellung lebender Marionetten«. Es traf auch keineswegs zu, daß man lediglich Italiener sein mußte, um ein guter Pantomime zu werden. So bescheinigte man Philipp Taglioni beispielsweise als Tänzer »Zierlichkeit des Ausdrucks und edlen Anstand« (was immer darunter verstanden wurde), zollte ihm hingegen nur lauen Beifall für seine Pantomime in dem 1826 auf die Bühne gebrachten Ballett *Der Flöte Zaubermacht*. Ein Kritiker: »Hr. Taglioni und seine Gattin gaben das Liebespaar und zeigten sich zum ersten Mahle als Pantoministen ... es läßt sich nur sagen, daß Beyde Befriedigendes leisteten ... ihr Tanz hingegen war ausgezeichnet.«

Nun, Fanny Elßler, die Königin des Ausdruckstanzes, würde

diese Marktlücke, wie wir heute sagen, nicht nur in Wien ausfüllen. »Noch nie waren die dramatischen Rollen in den Balletten zu solch beseeltem Ausdruck entwickelt worden wie durch Fanny Elßler«, sollten die Gazetten jubeln. Das neapolitanische Abenteuer würde sich also, zumindest was Fannys weitere Laufbahn anging, voll auszahlen.

Des Abenteuers zweiter Teil: Der Prinz und die Tänzerin

O mia bella Nàpoli ...

In Italien verging die Zeit wie im Flug, zwei Jahre sollten daraus werden. Fanny war mittlerweile sechzehn, ein Mädchen »mit kaum entwickelten Hüften und Brüsten«, woran sich später kaum etwas ändern würde, ein strahlender Page – Kindfrau, mit einem aufblühenden, alles überdeckenden Lächeln um den seltsam schmalen, nicht gerade schönen Mund. In ihrem Tanz züngelte bereits ein Feuerchen, das erste Funken, erste Lichtgarben aus den schwülstig-prunkvollen Kulissen in den Zuschauerraum des Teatro San Carlo sprühte.

Da waren sie wieder, die Wölfe, wie überall in der Welt dort anzutreffen, wo schöne Mädchen agieren. Ganz wie in Wien also, und doch mit dem Unterschied, daß ihre Bravorufe nun schon uneingeschränkt Fanny Elßler galten.

Endlich kam auch der Froschkönig richtig zum Zuge: Leopold Prinz (Fürst) von Salerno und beider Sizilien, Sohn Ferdinands I. von Neapel, Schwiegersohn des Kaisers von Österreich, mit dessen Tochter Maria Clementine er verheiratet war – arme Clementine. Seine hervorquellenden Augen, der eiförmige Kopf, gaben ihm tatsächlich das Aussehen eines Frosches: die schwellenden Lippen verrieten den Genußmenschen und anderes mehr.

»Ein als Schwiegersohn des Kaisers nicht leicht abzuweisender Gast, übler Schürzenjäger und Schuldenmacher, über dessen anstößiges Benehmen in der Öffentlichkeit die Polizei sich gezwungen sah ... zu berichten«, klagte Freiherr von Moll, der Erzieher

des jungen Napoleon-Sohnes, Herzog von Reichstadt, in sein Tagebuch. Und an diesem Punkt angelangt, treffen wir auf die Namen zweier Männer – Salerno, Reichstadt –, die mit dem Leben der Fanny Elßler auf merkwürdige, in manchem fast mysteriöse Weise in Verbindung gebracht werden sollten.
Eindeutig mag zunächst das Liebesverhältnis zwischen Fanny und Leopold von Salerno gewesen sein. Fest steht auch, daß der Fürst recht gut bekannt mit Barbaja war, durchaus möglich also, daß dieser ihm ein Zusammentreffen mit Fanny bereits in Wien ermöglicht hatte.
In Neapel wird nun der fette, skrupellose Impresario entschieden haben, daß die Zeit reif für Amore sei: wegen Fannys käsigem Teint, der zu Alabaster werden mußte.
Welche Rolle Mutter Resi, das einstige »scheene Reserl«, bei diesem neapolitanischen Abenteuer spielte? Formell war sie Anstandsdame, Anstandswauwau, der mit zahnlosem Maul auch nicht bellte. Die Wahrheit des Sprichworts, daß man eher einen Sack Flöhe hüten könne als junge Mädchen, holte sie nun ein.
Mutter Resi schien in dieser Rolle ebenso fehl und unnütz am Platze zu sein, wie in ähnlicher Situation vier Jahrzehnte zuvor die Mutter eines anderen genialen Kindes auf Gastspielreise im Ausland – wie Mutter Anna Maria Mozart im Paris des Jahres 1778, wohin sie ihren gerade flügge gewordenen Amadeus, das Wolferl, begleitete, und wo sie dann nicht allein an der Kälte ihres Zimmers gestorben ist.
Ja, da haben wir sie wieder, diese merkwürdige Schicksals-Parallele: Mozart – Elßler.
In der Eintönigkeit fremder vier Wände, auch sie häufig alleingelassen, die Töchter auf Probe, in der Vorstellung, sonstwo, und nicht überallhin durfte sie ihnen folgen, mag Mutter Resi einmal mehr, teils wehmütig, teils gottergeben, gefühlt haben, wie ihr das eigene Fleisch und Blut entglitt. Gestorben daran, wie Mutter Mozart, ist sie freilich nicht, da hatte die Elßlersche die robustere Natur.

Über die Romanze zwischen dem Fürsten von Salerno und der Tänzerin Fanny Elßler wurde viel geschrieben, und stets war in diesem Zusammenhang die Rede von Palmenhainen, mondscheinbeglänztem Meer und anderen stimulierenden Effekten. Versteht sich, daß der Prinz kein Frosch war, vielmehr ein stattlicher Mensch (was körperlich wohl zutraf), der eifrig schalmeite und minniglich buhlte – auf Knien, wenn's sein mußte, das Letzte erbettelnd. Noch 1984 gerät in Österreich mancher g'standene Elßler-Fan bei dem Gedanken in Harnisch, daß Leopold die Fünfzehn- oder Sechzehnjährige auf diese Weise »herumkriegte«. Denn ohne sein verführendes Balzen hätte sie's nimmermehr »getan«.

Abgesehen von den Requisiten – Mondschein, Pinien und Meer –, sah die Wirklichkeit nicht ganz anders aus? Mußte der Enkel Maria Theresias, »als Schwiegersohn des Kaisers ein nicht leicht abzuweisender Gast«, tatsächlich so sehr bitten, hatte er es nötig, diese kleine Tänzerin auf alle möglichen Arten »herumzukriegen«?

Wo stand man seinerzeit als Komödiant, Tänzer, Musikus?

Der Ruf in den Dörfern, wenn die Neuberin mit ihren Leuten anrückte: Nehmt die Wäsch' rein, Leut', d' Komödianten kommen! war noch lebendig, der gehörte zum festen Vokabular eines jeden Ortes, Schandmal fürs fahrende Volk.

Haydn in Bediensteten-Uniform. Mozart mit den Lakaien am Mittagstisch. Das hatte schon seine Ordnung. Und noch im 20. Jahrhundert legt man in der *Fledermaus* einem Stubenmäderl die Worte in den Mund: »Was unterscheidet ein Stubenmädel schon von einer Tänzerin – doch bloß die Hupfer.«

Eben.

Da machte man nicht viel Federlesens, da ließ man Hinschicken und Herzitieren – gib dem Fürsten, was des Fürsten ist! Diesem ungeschriebenen Gesetz beugten sich gewiß auch die Elßlers.

Als erwiesen galt also fürs erste, daß sie mit Leopold ein Verhältnis hatte, Fanny selbst posaunte das (seltsamerweise) in alle Welt,

und Tatsache war, daß sie in Neapel ihr erstes Kind unter dem Herzen trug. Als dessen Erzeuger ließ sie zeitlebens Leopold gelten, ein, wie wir noch hören werden, »präsumtiver« Vater, im Taufregister nicht eingetragen.
Daß die blutjunge Schwangere in ihrer Situation allein blieb, war die normale Folge solcher Verhältnisse: Prinz und Tänzerin, das geht nicht zusammen. Basta. Ein bewundernswerter Einzelfall, daß es ihrer Schwester Therese später glückt, mit dem Vater ihrer unehelich geborenen Kinder, Prinz Adalbert von Preußen, eine morganatische Ehe einzugehen.
»Wenn's halt sein soll!« mag Mutter Resi geseufzt haben, als Fanny ihr die Schwangerschaft offenbarte. Ledige und vor der Hochzeit gezeugte Kinder waren weder in ihrer noch in anderen Vorstadt-Familien eine Besonderheit. Erinnern wir uns: auch Fannys ältester Bruder, der »heilige Pepi«, war bereits vor der Hochzeit unterwegs gewesen, und ihre älteste Schwester Netti hatte 1823 als Neunzehnjährige ihre Tochter Josepha ledig z'Haus gebracht. Man nahm halt das Kreuz auf, gottergeben, versteht sich.

Addio Nàpoli – und ab ins erste Kindbett

Zum genau berechneten Zeitpunkt kehrten Mutter und Töchter nach Wien zurück. Und verstohlen zwischen zwei Engagements – bald schon sollten die Schwestern wieder in Wien auftreten – brachte Fanny am 4. Juni 1827 in ihrer Heimatstadt einen Sohn zur Welt, der auf den Namen Franz Robert (Franz) getauft wurde.
Wegstecken. Zudecken. Bei Verwandten mußte sie ihn aufwachsen lassen, und auch das durfte niemand wissen.
Von der Sechzehnjährigen im Kindbett, von ihren Ängsten – eine der herbsten wohl: ihre Gesundheit, ihr Aussehen zu verlieren und nimmermehr danzn, nimmermehr Geld damit verdienen zu können –, darüber steht in der Elßler-Literatur kein Sterbenswörtchen. Weshalb auch. Einer der üblichen Unfälle. Berufsrisi-

ko. Fünf Jahre später würde sie wieder, wie man das nannte, »reinfallen«. Eine Schande war das, aber eine alltägliche. Und offiziell durfte Fanny, nachdem »die Elßler« aus ihr geworden war, überhaupt keine Kinder haben, weder ledige noch eheliche. Was denn? Unsere »göttliche Fanny«, unsere Terpsichore, unser Zukkerpupperl, von einer ordinären Schwangerschaft gezwackt? Dieser engelsreine, kindliche Körper, dieses schimmernde Alabaster in Schweiß gebadet, nach Blut und Nachgeburt riechend? Unvorstellbar. Und obendrein im ledigen Kindbett. Undenkbar bei einer so frommen Frau, die vom vielen Kniagln (Knien) ihren Betstuhl in der Kapelle zu Notre Dame direkt abgenutzt haben soll. Das alles unvorstellbarer noch als ein »Heideröslein« komponierender Schubert mit der Syphilis im Leib.
Ins Taufregister eingetragener Pate von Fannys Sohn war jener Graf Gallenberg, dem Barbaja, ehe er mit den Elßler-Schwestern nach Neapel gegangen war, die Leitung des Kärntnertortheaters überlassen hatte. Die junge Mutter, nach der Geburt ihres Franz wieder schön und kindhaft schlank wie zuvor, wird bald mit dem Grafen, einem Ballettkomponisten, intim befreundet sein. Ein etwas merkwürdiges Verhältnis allerdings, wenn man den Tagebucheintragungen des Grafen Prokesch-Osten (Fannys späterem »Vertrauten«) Glauben schenken darf: »Graf Gallenberg ist ihr erklärter Liebhaber, der Mann ist aber impotent.«
Aber womöglich wollte der im Vertuschen geübte Prokesch mit dieser Bemerkung wieder einmal etwas verschleiern, etwas zudecken; jedenfalls hieß Fannys Bub mit zweitem Vornamen Robert, nach seinem Paten Graf Gallenberg.
Ob Leopold Prinz von Salerno für den »gemeinsamen« Sohn Alimente bezahlte, und wenn ja, in welcher Form, bleibt im dunkeln.
Die Elßler-Biographin Riki Raab, Tanzpädagogin und ehemalige Solotänzerin der Wiener Staatsoper, will aus einem Gespräch zwischen eingeweihten Personen herausgehört haben, »daß der Prinz seine Zahlungen (irgendwann) eingestellt habe«. Das würde bedeuten, daß Leopold die Vaterschaft, zumindest was die finanzielle Seite betraf, anerkannte. Möglich aber auch, daß er nur als

»Strohmann« aus der Kassa spendierte, um einen anderen zu dekken ...
Schieben wir die Aufzählung von Gerüchten, Mutmaßungen, Merkwürdigkeiten in dieser Vaterschaftsgeschichte noch ein wenig hinaus, bis ein anderer »möglicher« oder vielmehr »unmöglicher« Vata auftaucht. Und jeder mag sich dann selbst seinen Reim drauf machen.

Der lange Marsch in den Weltruhm beginnt in Berlin
oder
Das Porträt der unbekannten *Fanni*

Ein Sturz ins kalte Wasser und wieder Abschied von Wien

Brüderlein fein, Brüderlein fein,
zärtlich muß geschieden sein!
Brüderlein fein, Brüderlein fein,
's muß geschieden sein!
Denk manchmal an mich zurück,
Schimpf' nicht auf der Jugend Glück;
Brüderlein fein, Brüderlein fein,
schlag zum Abschied ein!

Aus Ferdinand Raimunds
Der Bauer als Millionär

Für die aus der Sonne Neapels zurückgekehrten Schwestern war das Leben im Wien des Jahres 1827 privat wie beruflich kein Honigschlecken. Am Kärntnertortheater dominierten stärker denn je ausländische Künstler, und um in der Kaiserstadt etwas zu gelten, mußte man entweder selber Ausländer sein oder im Ausland bereits größere Erfolge erzielt haben. Fannys wie Thereses beachtliche Leistungen in Neapel wurden offenbar übersehen, sie lagen ja auch eine Weile zurück; irgendwie hatte man die Schwestern abgeschrieben, es gab eh Tänzerinnen wie Sand am Meer.
Ein frustrierender Zustand, dem sie mit der Annahme eines Engagements in Berlin ein Ende setzen wollten: Gema halt zu de Preißn, damit wir dann z'Haus wieder Erfolg haben dürfen.
In Berlin lebte auch Bruder Johann, jetzt Chordirektor am dortigen Königlichen Hofoperntheater, mit Ehefrau Minna, und seiner Initiative war es wohl zu danken, daß der Gastspiel-Kontrakt mit den Schwestern zustande gekommen war.
Übrigens sollte es an der Berliner Oper ein Wiedersehen mit einem guten Bekannten, dem Solotänzer Pepi Stuhlmüller geben, junger Ehrgeizling, Mitte zwanzig, federndes »drittes Bein« großer Ballerinen.

Fahr'n ma Euer Gnaden ...

Wieder einmal war es soweit: die sperrigen Kostüme, die Hüte und Schuhe, der Krimskrams lagen in Körben und Truhen verstaut, ab ging die Post! Reisen im Biedermeier: das liest sich munter vom Blatt; man denkt an liebliche An- und Aussichten rechts und links vom Wegesrand, an die gemütliche Einkehr beim Wechseln der Pferde, biedermeierlich-romantische Filmkulisse. Doch wie beschwerlich, nicht selten lebensgefährlich, war die Realität. Je nach Reiseziel war man oft Tage, Wochen oder Monate auf dem Übel der Zeit, den holperigen, schlammigen Straßen unterwegs, und kein Mensch konnte voraussagen, ob die Achse hielt oder der Wagen mit den Fahrgästen zusammenbrechen würde. Hinzu kamen schlechte Witterungseinflüsse, Wegelagerer und so fort. Für dieses ständige Reisen, wie es den Elßlers zum Schicksal werden sollte, brauchte man vor allem gute Nerven und eine gußeiserne Gesundheit.

A Glitzergwandl – a Armbandl ...

Diese Stadt [Berlin] gefällt mir immer besser, je länger ich mich darin aufhalte ... Alles hat hier den Anstrich von Großartigkeit, Geistigkeit und Liberalität ... der Österreicher scheint im Auslande leicht ein Tölpel, der Preuße ein Großsprecher; zu Hause sind beide etwas anderes, wenn sie gleich einen kleinen Beigeschmack davon behalten mögen ...

Aus Franz Grillparzers Reisetagebuch, 1826

Mit dem Berliner Publikum wollte es zunächst nicht recht klappen. Zwar saß der König von Preußen mit Gemahlin im Theater und applaudierte den Wiener Bonbons, gewährte gnädig Audienz und ließ Geschenke austeilen: ein paar Juwelen immerhin, in ihrer Karriere wohl die ersten aus einer Majestäts-Schatulle. Dennoch hielt sich im allgemeinen die Begeisterung in Grenzen, es schien fast so, als habe man den Schwung verloren, den Anschluß verpaßt, und was Fanny betraf, das Selbstvertrauen im Kindbett gelassen.

Also zurück nach Wien, wo man die Schwestern freundlich-herablassend behandelte und Fanny am Kärntnertortheater auch wieder mit einigen Hauptpartien betraute – aber den zündenden Durchbruch schaffte sie nicht. Danach wieder Berlin – und erst dieser zweite Anlauf im Herbst 1830 brachte in den Berlinern die richtige Saite zum Klingen, sie klatschten sich warm, bekamen Geschmack an den Wienerinnen, und außerdem nahm nun Rahel Varnhagen, Berlins Literaten-Schlachtroß, die Schwestern unter ihre Fittiche, dazu angeregt von keinem Geringeren als Friedrich von Gentz, der zu diesem Zeitpunkt schon alle seine Beziehungen für die »siamesischen Zwillinge« spielen ließ – der Liebe wegen, doch davon später.

Auch am Berliner Hofoperntheater tanzte Fanny in dem Ballett *Die Fee und der Ritter* die Rolle der Fee Viviane, vor Jahren der große Brugnoli-Erfolg und nun bereits der ihre. Nach der Vorstellung ein überwältigender Applaus, erste Schritte vorwärts auf dem langen Marsch in den Weltruhm – hinauf zum Olymp ist es aber noch weit.

Ebenso großen Anklang fand ihr *Schweizer Milchmädchen*, ein Ballett, das Fanny schon als Elfjährige, wir erinnern uns, liebte und eifrig einstudierte. Die Varnhagen, mit der wieder einmal der Überschwang durchging, berichtete an Gentz nach Wien:

> Gestern aber – haben Sie je das Milchmädchen von ihr gesehen? – stieg die ganze Venus aus dem Meere. Wie eine große Sängerin ward sie applaudiert; Pas für Pas, nichts blieb unbeachtet bei dem großen Publikum. Und wie wußte sie zu danken! noch im ungeendigten Tanz!

Die kleinen Kolibris *... mit hundert Reizen parfümiert ...*

Inzwischen hatten sich natürlich auch die Gazetten der erfolgreichen Schwestern angenommen. Im Schwulst zeitgenössischer Formulierungen kommentiert »Oettingers ›Figaro‹«:

> Therese und Fanny Elßler [noch wird die Ältere zuerst genannt] sind anmutige Sylphiden, die wie kleine Kolibris durch die Luft flattern und dann langsam herunterschweben. Auf den Irisflügeln schaukeln sich die lieblichsten Grazien, die den Flügeln Schwungkraft geben. Der Tanz dieser Damen ist mit hundert Reizen parfümiert.

Und an Fanny das Kompliment:

> Ihre Bewegungen sind lustige Wellen, auf deren Rücken sich eine rundliche Gondel wiegt, und ihre Grazie ist Luna, deren magisches Licht diese Wellen vergoldet. Sie ist ein Etui aller weiblichen Reize, eine üppige Zentifolie, an der jedes Blättchen eine andere Schönheit ist ...

Man tut sich gütlich an Fannys »reizender Naivität« (wenn die wüßten!), und immer stärker beginnt sich nun das überragende Talent der jüngeren Elßler herauszukristallisieren, kommt ihre unvergleichliche Aura zum Tragen. Und damit wurde Therese endgültig ins zweite Glied verwiesen, aber sie scheint es zu verkraften, bleibt Fannys beschützender Grenadier, mit zweiundzwanzig Jahren endlich ausgewachsen.

»Anmut war ihr nicht gegeben«, urteilte ein Zeitgenosse über Fannys Schwester, »sie mußte auf sich achten, um nicht zu imposant zu wirken«. No ja, wenn man halt auf so großen Füßen daherkam, taugte man eher »für den akademischen, den majestätischen Tanz«, wie ein anderer Zeitgenosse glaubte feststellen zu müssen. Dagegen fiel Rahel Varnhagens Urteil schmeichelhafter aus, vielleicht deshalb, weil sie damit Fanny, die so sehr an ihrer Schwester hing, einen Gefallen tun wollte. Sie machte aus Therese gleich eine Siegesgöttin, ein Königskind, eine Muse. »Auch ihr wurde äußerst applaudiert, mit vollem Recht, das schöne Geschöpf ...«

Grillparzer, der grantelnde, jedoch in seinem Urteil meist treffsichere Spötter, wird sie eines Tages mit Prädikaten wie »tanzender Stephansturm« und »Straßburger Münster« belegen. No servus.

Die Tendenz in Wien: abwartend

Ob hingegen in Wien die Erfolge weiterhin so bescheiden blieben, wie etwa Alphonse Royer, der spätere Direktor der Pariser Grand Opéra, im Jahre 1831 berichtete, bleibt dahingestellt. Denn immerhin schrieb bereits im August 1830 die Wiener Zeitschrift für Literatur, Theater und Mode:

> Im *Blaubart* hatte Dlle. Fanny Elßler die Rolle der Ismela übernommen und sie errang, obschon sie durch die Erinnerung und das Talent ihrer Vorgängerin, der geschätzten Brugnoli, einen schweren Stand hatte, den lautesten Beyfall. Dlle. Fanny Elßler schreitet sichtlich und erfreulich der Vollendung entgegen, ihr Talent zeigt sich fortwährend ausgebildeter und sie hat als Tänzerin bereits eine Stufe errungen, welche sie den vorzüglichsten, uns bekanntgewordenen Tanzkünstlerinnen einreiht ... in dem wahrhaft stürmischen Beyfall, der ihre Leistung begleitete, erhielt sie den ehrenvollen Beweis, wie sehr sie sich in der Gunst des Publikums festgesetzt hat, welches ihrem Talent die vollste Würdigung angedeihen läßt.

Zugegeben, für Wien schritt sie Anfang der dreißiger Jahre erst »der Vollendung entgegen«. Aber ihre Landsleute witterten allmählich doch, was da, zwischen Kaiser- und Preußenstadt hin und her pendelnd, an bereits Vollendetem herangewachsen war.
In Berlin, wo die Invasion ausländischer Künstler mittlerweile als Beleidigung gegenüber »Deutschen Talenten aus jedem Kunstzweige« empfunden wurde, kam sie gerade recht, »die junge, hübsche Wienerin Demoiselle Fanny Elßler«, der es gelungen war, »einer Brugnoli in Neapel die Palme zu entreißen«.
Da mag Fanny amüsiert aufgelacht haben; mit einem Mal nahm man Notiz von ihren Erfolgen in Neapel! No ja, »die Palme entrissen« klang nicht schlecht – für den Anfang.
Maria Taglioni tauchte immer wieder in Wien und Berlin zu Gastspielen auf, natürlich! Teils gefürchtet, teils herbeigesehnt, ja, auch letzteres. Denn die Italienerin war längst zum Gradmesser der eigenen Leistung geworden, an ihr, mit ihr mußte sich messen, wer herausfinden wollte, wo er selber stand. Von Wien aus schreibt Fanny im Februar 1831 an ihre Berliner Schwägerin, die »liebe, herzensgute Minna«:

> ... Ende dieses Monats soll Herr Sammego samt seiner Frau Brugnoli kommen ... ich bin sehr begierig, ob Maria Taglioni kommt, und wie sie gefallen wird ...

Und weiter heißt es bezüglich ihres erneut geplanten Berliner Gastspiels:

> ... Ich wünsche von Herzen, daß sie [Maria] hin [nach Berlin] kommt, da man sie mit solcher Sehnsucht erwartet, und dann: weil es für unseren künftigen Aufenthalt sehr viel entscheiden würde ...

Wie lange war das nun her, seit Maria in ihrem weißen knöchellangen Kleid, den Blumenkranz im Haar, ihr Debüt am Kärntnertortheater gab – »Elßler, die Jüngere« in den Kulissen, Marias Veilchen ins Mieder hamsternd?
Wie lange das her war? Eine kleine Ewigkeit von sechs oder sieben Jahren. Und Fanny ist jetzt einundzwanzig.

Ein Brief an Goethe ...

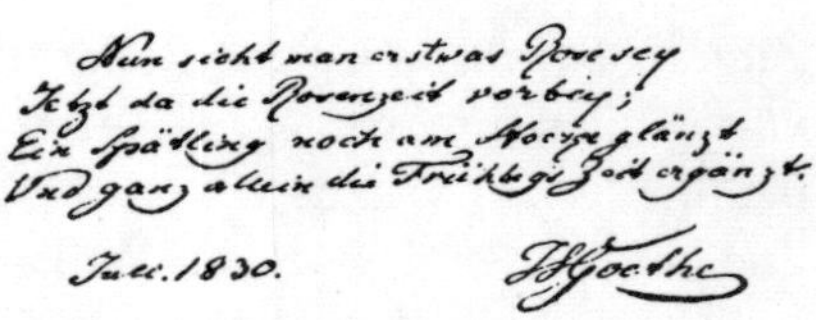

Nun sieht man erst was Rose sey,
Jetzt da die Rosenzeit vorbey,
Ein Spätlicht noch am Morgen glänzt
Und ganz allein die Frühlingszeit ergänzt.

Jan. 1830. *Goethe*

Nach Fannys Berliner Auftreten im Winter 1831/32 als Zoloë in Aubers Oper *Der Gott und die Bajadere*, berichtete Goethes Freund und musikalischer Berater, Carl Friedrich Zelter, nach Weimar:

> ... unser Gast Mlle. Elßler, die Bajadere, tanzt nicht bloß, sie spielt so vollkommen, wie ich seit der Vignano nichts gesehn habe. Das ganze Haus war zufrieden. Das Mädchen hat eine Fronte rings herum für tausend Augen. Die Teile ihres Gesichts sind ein Farbenklavier, mit bewundernswürdiger Anmut gespielt. Liebreiz, Biegsamkeit, ja Herzlichkeit und Schelmerei spielen durcheinander, von leiser Luft getragen.

> Das ließ sich alles eben heut bemerken, da eine andere junge hübsche Tänzerin, eine unsrer Besten, mit ihr zu zertieren hatte, um den Gott zu gewinnen, der die Liebste durch Eifersucht prüfen wollte, die dadurch in ihren Bewegungen immer weicher, züchtiger, ja weher wurde und unbewußt den Sieg gewann. Es will schon was sagen, die verderbte sperrbeinige Pariser Hampelmethode in sanfte Schlangenwindungen des schönen Körpers umzubilden und das Auge ohne Anstoß zu erlustigen.

Zelters schmeichelhaftes Urteil wird zu Fannys Ehren stets gern zitiert und kam wohl deshalb zu besonders hohem Ansehen, weil es an Goethe ging. Ob dieser jedoch in selbigen Wintertagen des Jahres 1832 an einer Tänzerin noch sonderliches Interesse nahm, ist fraglich. Die »greise Exzellenz« hatte anderes im Sinn, zum Beispiel mit seinem Gärtner Herzog die Bepflanzung des geliebten Gartens zu besprechen:

> ... das Bepflanzen der Malven, wo solches erforderlich, und besonders das Vermehren der schönblühenden ...

Noch einmal, in diesem Februar 1832, fährt er hinaus in den Garten am Stern; fix und fertig liegt der Gartenplan fürs ganze Jahr auf seinem Schreibtisch – vielleicht zusammen mit Zelters Brief aus dem fernen Berlin, in dem der Name Fanny Elßler erwähnt wird. Aber für Goethe kann aus allem nichts mehr werden, am 22. März, um die Mittagsstunde, schließen sich die Fensterläden an seinem Haus, Johann Wolfgang ist tot. Aber das Vermehren der Malven, »besonders der schönblühenden«, wird ausgeführt ... und so blühen sie, blühen sie alle Jahre.

Fanny und die Dichterlinge

Soll ich nicht an Feen glauben,
wenn der Zauber mich umflicht ...?

Kein Dichterfürst, aber zahlreiche Dichterlinge sind mittlerweile am Werk, dem aufgehenden Stern Fanny Elßler in ihrem Geschäftszweig »Huldigung« ein Konto einzurichten. Wer sich an die Fersen einer Berühmtheit heftet, deren Haus- und Hofdichter wird, tut ein gutes Werk an der eigenen Person, man profiliert sich solchermaßen und ist bald, ob Männlein oder Weiblein, ein bekannter Mensch.

Was nun die Individualität dieser Verserlwirtschaft anlangte, sah man das in Wien net so eng. Und brauchte man beispielsweise in Windeseile für irgendeine gerade in der Kaiserstadt auftretende Künstlerin ein Gedicht, kramte man halt in den Schubladen eines Dichters nach ein paar Zeilen Poesie, die dieser vielleicht für eine andere Schöne verfaßt, aber die Tribute paßten eh auf die meisten der Behuldigten, also brachte man's dar wie ein leicht abgeändertes Gwandl.

Im übrigen bedichtete jeder jeden, auf dem Bankl Hausgemachtes strampelte tapfer neben Professionellem her, und nicht zu knapp wurde selbstredend die Geliebte bedichtet, manchmal als Ersatz für die Hochzeit. So huldigte Grillparzer seiner von ihm sitzengelassenen Kathi:

Wo ich bin
fern und nah,
stehn zwei Augen da,
dunkelhell,
schimmernd wie Felsenquell,
schattenumkränzt.

Und nicht weniger schmachtend gerät ihm sein Tagebucheintrag über eine andere Biedermeier-Schöne, die blutjunge Heloise Höchner:

Wie schön sie war!
Die bräunlich-blonden Flechten
bedeckt vom Strohhut mit dem
breiten Rand, ging sie allein
– doch nein, zu ihrer Rechten
ging Unschuld, wie ein Kind
sie leitend an der Hand.

Wenn also jedes brave Wiener Mäderl in den Genuß solchen Überschwangs kommen konnte, ohne die Anstrengungen des Berühmtseins in Kauf nehmen zu müssen, dürften die Huldigungen an Fanny eine so ausgesuchte Besonderheit nicht gewesen sein.

Klappern gehört zum Handwerk, ein Verserlmacher war nicht schlechter als die bezahlten Beifallsspender und ihn gab's (meistens) kostenlos. Gleich nach ihrem großen Erfolg als Fee Viviane beeilten sich also die Herren Dichterlinge, dem steigenden Ruhm der Elßler Rechnung zu tragen und eines der ersten einschlägigen Produkte abzuschießen:

Soll ich nicht an Feen glauben,
Wenn der Zauber mich umflicht?
Wer den Wahn mir möchte rauben,
Schau' in Fanni's Angesicht!

Nicht schlecht gebrüllt, Löwe! – aber das ist noch gar nichts, denn nun läßt der Fanny-Enthusiast Manfred Dräxler in der Wiener Theaterzeitung ein vierstrophiges Gedicht vom Stapel, das mit den Zeilen endet:

So in leichten Kreisen schreitend
Und auf Melodien gleitend
Aus den Augen in die Herzen
Neigst du deine schöne, glatte
Stirn dem reifen Lorbeerblatte,
Das sie unter Lust und Schmerzen
Wohlverdienet überschattet.

Ist dies nun bereits der Höhepunkt ihrer Karriere, und war der Weg dorthin, vom fünften bis ins zweiundzwanzigste Lebensjahr, nicht lang genug? Nur Geduld noch, Fanny, net nachlassen – drah di, Weiberl, drah di! – ein Stückerl weiter hinauf mußt du schon noch drahn ...

Eine Göttin auf Erden

... Ich hatte viel Geld einzunehmen und das ist keine schlechte Mühe, nicht wahr?

Wie ernüchternd ist es doch, einer »auf Irisflügeln schaukelnden Grazie« auf Erden wiederzubegegnen. Denn Anfang der dreißiger Jahre, um die Zeit ihrer ersten Berliner Gastspiele, erleben wir Fanny nun auch aus ihren Briefen.

Nach Wien zurückgekehrt, wo sie jetzt mit den Eltern in der von ihrem Liebhaber eingerichteten Wohnung lebt, korrespondierte sie, wie in Auszügen bereits dargelegt, vor allem mit ihrer Berliner Schwägerin Minna. Fanny wollte über die Situation am dortigen Hoftheater, an das sie sporadisch engagiert war, auf dem Laufenden gehalten werden, und berichtete ihrerseits über berufliche und private Ereignisse in der Kaiserstadt. Nur wenig Handschriftliches aus jenen Tagen blieb erhalten – das wenige ist aufschlußreich genug.

An Minna, 24. Februar 1831:

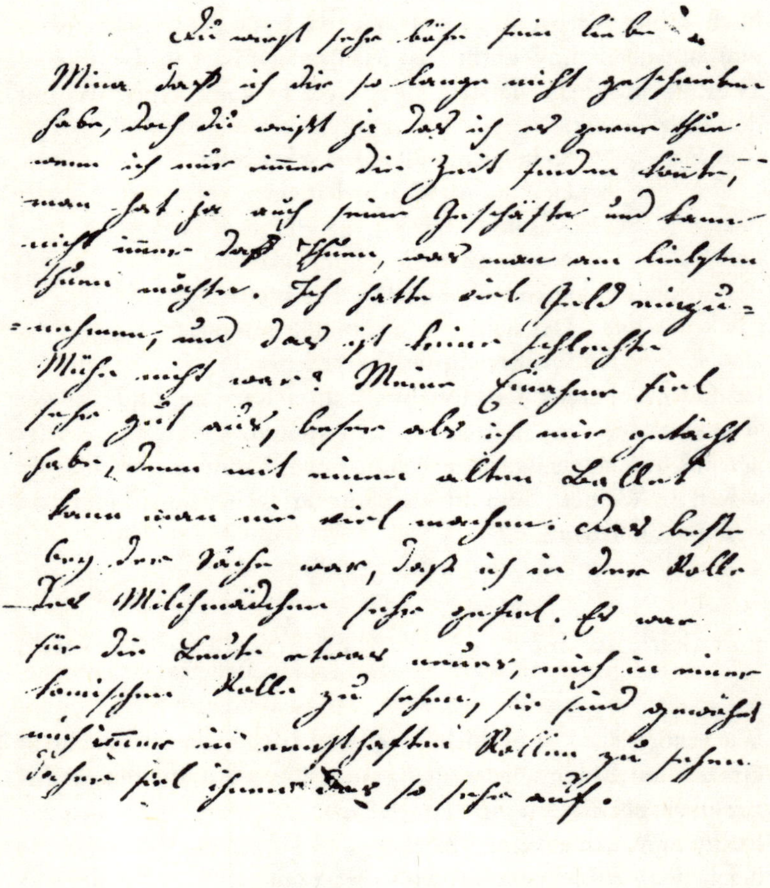

Du wirst sehr böse sein liebe gute Mina daß ich dir so lange nicht geschrieben habe, doch du weißt ja daß ich es gerne thün wenn ich nür immer die Zeit finden könte, man hat ja auch seine Geschäfte und kann nicht immer daß thun, was man am liebsten thun möchte. Ich hatte viel Geld einzünehmen, und das ist keine schlechte Mühe nicht war? Meine Einnahme fiel sehr güt aus, besser als ich mir gedacht habe, denn mit meinen alten Ballet kann man nie viel machen. das beste bey der Sache war, daß ich in der Rolle des Milchmädchen sehr gefiel. Es war für die Leute etwas neues, mich in einer komischen Rolle zü sehen, sie sind gewöhnt mich immer in ernsthaften Rollen zu sehen daher fiel ihnen das so sehr auf.

»... Du wirst sehr böse sein, liebe Minna, daß ich Dir so lange nicht geschrieben habe, doch Du weißt ja das ich es gern thu, wenn ich nur immer die Zeit finden könnte, man hat ja auch seine Geschäfte und kann nicht immer das thun, was man am liebsten thun möchte. Ich hatte viel Geld einzunehmen, und das ist keine schlechte Mühe nicht wahr? Meine Einnahme fiel sehr gut aus, besser als ich mir gedacht habe, denn mit einem alten Ballet kann man nie viel machen. Das beste bey der Sache war, daß ich in der Rolle des Milchmädchens sehr gefiel. Es war für die Leute etwas neues, mich in einer komischen Rolle zu sehn, sie sind gewöhnt, mich immer in ernsthaften Rollen zu sehn, daher fiel ihnen das so sehr auf ...«

Aus diesen Zeilen blickt uns die Zweiundzwanzigjährige zum ersten Mal so entgegen, wie Jakob Hyrtl sie im Jahre 1832 zeichnete – eines der wenigen realistisch wiedergebenden Porträts, wenn nicht das einzige in dieser Art.
Es sind die bäuerlich wirkenden Züge der Gumpendorferin, deren Vorfahren aus dem Schlesischen stammten, ein abwägender Blick, der den praktischen Hausverstand, den ausgeprägten Sinn aller Elßlers und Prinsters fürs Materielle kundtut. Ein schlichter gesunder Kern, den man für einen Augenblick von seiner Zuckerschicht befreite.
Da hat nun Rahel Varnhagen ihre »aus dem Meere entstiegene ganze Venus!« Nichts weiter scheint sie zu sein, als eine kleine Krämerseele, fixe Geschäftsfrau, über den Tisch gebeugt »Einnahmen« zählend, wie der Hausherr seinen Mietzins.
Das umjubelte *Milchmädchen* nennt sie ein altes Ballett (es hat ja tatsächlich seine zwölf Jahre auf dem Buckel), und realistisch, in solchen Dingen ein alter Hase, schätzt sie ab, daß man sich ranhalten mußte, wollte man aus dem alten Schinken noch ein Stück Geld herausschlagen. Eine unbegründete Besorgnis freilich, denn gerade dieses Ballett bleibt während ihrer fünfunddreißigjährigen Berufstätigkeit der große Renner.
In eigene Worte gefaßt, wird klein und mausgrau, was aus fremder Feder wie Morgenröte leuchtet. So degradiert sie ihr »Milch-

Fanny Elssler

mädchen«, diese »entzückende Grazie im kurzen Röckchen, mit den im Tanze aufflatternden Bändern«, zur bloßen Agierenden. Und macht Kassa.

Briefe solcher und ähnlicher Art (weit unbedarftere werden folgen) bedeuten nicht unbedingt einen Sturz aus den Wolken, selbt wenn sie einmal mehr an des Kaisers neue Kleider denken lassen, denn dies war ja ein Teil von »Fanni«, und sie hatte nie ein Bein von der Erde gebracht. Vielleicht hielt man so die Balance: zwei Hälften, so unterschiedlich sie sein mögen, ergeben ein Ganzes. Übrigens dürfte ihrem Bruder Johann und dessen herzensguter Minna die Kunde von Fannys netten Einnahmen nicht schlecht gefallen haben. Sollte die Kleine nur rechtzeitig mit dem Zählen beginnen und alles fein beisammenhalten. Denn eines durfte sie nie vergessen (Alptraum späterer Jahre!): sie hatte Familie.

Am originellsten lesen sich Fannys Briefe immer dann, wenn sie ihren handfesten Humor einfließen läßt, den sie zweifellos besaß, ehe er ihr zehn Jahre später zum ewigen Seufzer gerinnt. So heißt es in dem erwähnten Schreiben vom Februar an Minna zum Thema »Milchmädchen« weiter:

> ... Wenn du die Recencion darüber lesen willst (über die Wiener Aufführung, Anm.) so darfst du ja nur zu unserem gewießen Deichmann gehen, der hat ja (in Berlin) unsere Theaterzeitung, ich rathe dir aber viel Kölnerwasser mit zu nehmen, denn ich rieche es bis nach Wien, wenn er mit dir spricht ...

Der große Herr tritt auf

> *Da schau hin, Klane, da siehst ihn jetzt in Lebensgröß', wie er aus der Staatskarossn herausspitzt ...*
>
> *Damals beim Wiener Kongreß, 1815*

Beim Wiener Kongreß ist er uns bereits begegnet, der große Herr von Gentz, Metternichs graue Eminenz, seinerzeit schon ein gstandener Fünfziger, privat gebeutelt von Wein, Weib und Gesang, politisch aber von großen Zielen durchdrungen und einer der bedeutendsten Publizisten seiner Zeit.

Vierzehn Jahre sind darüber vergangen, man schreibt nun das Jahr 1829, und als er Fanny begegnet, nennt man ihn den alten Herrn Hofrat. Da ist sie neunzehn und steht am Anfang ihrer Karriere, er sechsundsechzig und fast am Ende seines Lebens. Mit ihm kommt für Fanny der Erfolg, kommt der Wohlstand, von dem alle Elßlers profitieren. Einen wie ihn wird sie nimmermehr kriegen.

Und so ist das im Grunde eine bittere Geschichte, denn weißt, Mäderl, die allerletzte Liab brennt halt am schiachstn …

Friedrich von Gentz und seine Tänzerin
oder
Der Weg eines europäischen Staatsmannes zum Operettenhelden

Zwei braune Pappkartons mit Namen Gentz

Was wird aus der Welt noch werden? ...

Metternich an Gentz, 15. März 1832

Im Depottrakt des Wiener Haus-, Hof- und Staatsarchivs für Handschriftliches stehen in einem der langen offenen Regale diese beiden Kartons, mit den Nummern 23 und 24 versehen. Sie sind staubig und riechen nach Staub wie ihr hundertfünfzig bis hundertachtzig Jahre alter Inhalt: der schriftliche Nachlaß des Staatsmannes und Publizisten Friedrich von Gentz, Ritter des Nordsternordens.

Was zwischen 1805 und 1832 die Welt bewegte, liegt in diesen Schachteln begraben; der große Macher von einst blickt uns aus seinen politischen Schriften, aus Briefwechsel mit »Verschiedenen«, aus seinen privaten Tagebüchern und Notizen entgegen. Hoffnungen, Drohungen, Betrachtungen über Gott und die Welt in vielerlei Handschriften dem Papier anvertraut, das vergilbt, an manchen Stellen rissig geworden ist. Gentzens Handschrift zu einem verwaschenen Tintenbraun geronnen, schwer zu entziffern, dagegen Metternichs Schriftzüge jung wie am ersten Tag und wie gestochen, wenn er in die lapidare, jedoch ewig gültige Klage verfällt:

> ... Was wird aus der Welt noch werden? Diese Frage haben Sie mich seit Jahren stellen gehört und heute antwortet die Welt in der einzig ihr bekannten Sprache – mittelst einem disharmonischen Getöse, einem wahren Chariquari ...

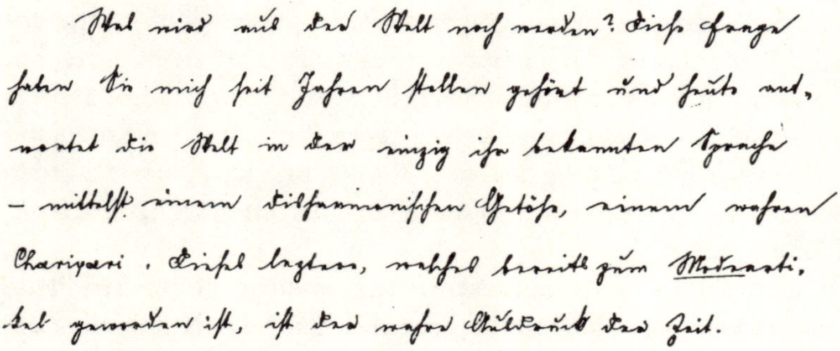

Was wird aus der Welt noch werden? Diese Frage haben Sie mich seit Jahren stellen gehört und heute antwortet die Welt in der einzig ihr bekannten Sprache – mittelst einem disharmonischen Getöse, einem wahren Chariqari. Dieses letztere, welches bereits zum Modeartikel geworden ist, ist der wahre Ausdruck der Zeit.

Als Metternich diese Zeilen schrieb, hatte Gentz nur noch einige Monate zu leben, doch er selbst ahnte (und fürchtete) den Tod schon lange zuvor, was aber niemand ernst nahm. So ging er rechtzeitig daran, seine Korrespondenzen zu ordnen und einen beträchtlichen Teil zu vernichten. Er wollte der Nachwelt keine Gelegenheit geben, in seinen politischen Schach- und Klimmzügen herumzuschnüffeln; sie sollte gerade soviel vorgesetzt bekommen, wie er für richtig hielt.
Die Tagebucheintragungen seiner letzten Jahre – 1829 bis 1832 – durchzieht *ein* Name: Bei Fanny um acht Uhr – um zwei Uhr bei Fanny – bis elf Uhr bei Fanny ...
Sein Nachlaß enthielt jedoch nicht einen einzigen ihrer Briefe an ihn, denn Gentz vernichtete auch sie. Und hätte er geahnt, daß gerade die aufschlußreichsten ihrer Billetts der Vernichtung entgingen und somit der Nachwelt in ihrer ganzen Unbedarftheit und Fehlerhaftigkeit erhalten blieben – der alte Herr Hofrat wäre gar nicht erfreut gewesen. Denn seine Eitelkeit als Mann und Liebhaber war mindestens ebensogroß wie seine Bedeutung als politischer Kopf und Publizist.
Aus der Liaison des ungleichen Paares sind vor allem Gentzens Briefe an Fanny und Schreiben von anderer Seite, ihre Person betreffend, erhalten geblieben. Das verstärkt den Eindruck, der eine Partner habe viel geredet und der andere viel geschwiegen (was tatsächlich zutraf). Fanny, die beschämende Einfalt. Gentz, ein Wiederkäuer gemeinsam verlebter Schäferstündchen, in Zweifel und Selbstzerfleischung verstrickt. Ja, auch er muß Federn lassen in dieser aus seinen Briefen reflektierenden Liebesbeziehung: seine Bedeutung zusammengeschrumpft zu einem Klumpen triefender Leidenschaft – so scheint es. Und wüßten wir nichts über ihn, nichts von seinen politischen Schriften, seiner, wie Golo Mann es ausdrückt, »Genialität im Kampf gegen Bonaparte, im Rufen und Warnen zur Erhaltung des europäischen Friedens« –, wir würden diesen Gentz als das abtun, was eben einen alten verliebten Gokkel ausmacht.
Und dennoch: selbst in dieser letzten, wenig ruhmreichen Phase seines einst so ruhm- und facettenreichen Lebens fasziniert der

brillante Stil dieser Liebesbriefe, fasziniert der Einfallsreichtum seiner Sprache, die Fähigkeit, große Gefühle mit Worten noch größer, noch tiefer, unsterblich zu machen. O ja, man glaubt ihm auch den Verführer via Feder!

Der alte Mann und das Mädchen

Die romantische Liebe bei Greisen nützt den Geist bald ab und führt das Ende herbei ...

Metternich an Prokesch zu Gentzens Tod

Wer zog da wen zu sich herab? – der alte Mann das junge Mädchen, indem er die Frechheit und den Mut besaß (Mut, für den er sich selbst bewunderte), diese herrliche Jugend zu umarmen – oder das junge Mädchen den »Greis«, weil sie ihn nach Stellung, Herkunft und Intellekt unter Niveau bediente?

Diese Frage wurde von Freund und Feind ebenso häufig gestellt wie von einer neutraleren Nachwelt. Und je nachdem, in welchem Lager man stand, hier Metternich und Co. – dort Elßler-Clan, lautete die Antwort verschieden. Das Verhältnis zwischen dem alten Hofrat und seiner Tänzerin war lange Zeit Stadtgespräch; Einigkeit herrschte in den Feudalkreisen, denen Gentz angehörte: Ein Skandal! Mit so einer Person a paar fesche Rendezvoutscherl, aber bittschön! – nur durften sie nicht in eine derart handfeste G'schicht' ausarten.

Auch Kaiser Franz wetterte über die Sittenlosigkeit des Staatssekretärs nicht erst seit dessen Liaison mit Fanny Elßler.

Fürst Metternich, Chef und Intimus, glaubte es wieder einmal ganz genau zu wissen:

> Gentz war ein Mensch, der dem Romantismus am entferntesten stand, aber dieser Romantismus bildete sich bei seiner Bekanntschaft mit Fanny Elßler bis zu einem hohen Grade aus ...

Er sah in Gentz einen zum Überschwang der Gefühle Verurteilten, und machte Fanny später für dessen raschen physischen Verfall verantwortlich:

> Sein wahres Leiden war eine gänzliche Erschöpfung seiner

Lebenskräfte. Das Öl war versiegt, und das Gleichnis paßt um so viel mehr auf den Fall, als die große Reizbarkeit seines Nervensystems seit mehr als 18 Monaten demselben Umstande zuzuschreiben ist ... Die romantische Liebe bei Greisen nützt den Geist bald ab und führt das Ende herbei ...

So lebte er alle Tage ...

Gehen wir zurück in den Herbst des Jahres 1829, wenige Monate vor Fannys Bekanntschaft mit Gentz.
Er war nun fünfundsechzig Jahre alt, hatte sich aber noch keineswegs zur Ruhe gesetzt. Zeitlebens als ein enorm fleißiger Arbeiter bekannt, »der ohne Ermüdung zwölf Stunden lang ununterbrochen am Schreibtisch sitzen konnte«, fungierte er nach wie vor als Metternichs Sekretär und Berater, kam täglich mit ihm zusammen und begleitete ihn auf diplomatischen Reisen nach Preßburg, Karlsbad und Königswart. Erst vor kurzem hatte ihn der Staatskanzler, dem eigenen Stil mißtrauend, mit der Redaktion seiner geheimen Privatmemoiren beauftragt, wußte er doch am besten, welches Juwel er gerade in dieser Hinsicht an Gentz hatte.
Friedrich von Gentz wurde am 2. Mai 1764 in Breslau geboren. Mit einundzwanzig Jahren trat er in den preußischen Staatsdienst ein und stieg rasch zum Kriegsrat auf. Von Berlin zog es ihn nach Wien, wo er ab 1802 der Österreichischen Geheimen Haus-, Hof- und Staatskanzlei angehörte. Bald galt er als einer der fähigsten und gefürchtetsten Publizisten deutscher Zunge; Zensor mit dem eisernen Besen, alles »Deutschtum« hochhaltend.
Kein Sprachschöpfer sei er gewesen, sagt Golo Mann in seiner Gentz-Biographie. »Er schrieb nicht besser als die besten Schriftsteller in einer Zeit, in der überall gut geschrieben wurde. Neu aber war, daß Gentz den staatsgelehrten Aufsatz, den Zeitungsartikel zur Kunst erhob.«
Regen Anteil nahm der Geheime Hofrat auch noch an den Pariser Ereignissen während der Julirevolution 1830, in deren Verlauf König Karl X. stürzte und der Bürgerkönig Louis Philippe den

Thron bestieg. Trotzdem: gemessen an seinen früheren politischen Aktivitäten war Gentzens Karriere so gut wie beendet.

Ein schöner Knabe tat's manchmal auch

Ich hielt mich hauptsächlich an die Weiber, die mir zeitlebens wohlwollten ...

Gentz an Rahel Varnhagen

Privat hatte Gentz ein wildes, ja ausschweifendes, ganz und gar unpreußisches Leben geführt. Er verkehrte in den Salons der allerhöchsten Aristokratenkreise, sein Talent als Gesellschafter, sein politischer Einfluß, den er über ganz Europa einsetzte, nutzte, ausweitete, öffnete ihm allerorten Tür und Tor. Charmanter Plauderer, der er war, hingen die Damen an seinen Lippen (er nannte sie stets nur »Weiber«, das Animalische damit unterstreichend). Seine Prosa, sein »vor Esprit sprühendes farbiges Deutsch und glasklares Französisch« entzückten. Und er hielt sich, wie er selbst sagte, hauptsächlich an die Weiber – ein schöner Knabe freilich tat hin und wieder dieselben Dienste.

Als er aus Berlin fortging, um in Wien sein Glück zu machen, hinterließ er, bekannt als Spieler, einen Haufen Schulden; dazu eine junge, hübsche, von ihm sitzengelassene Ehefrau, die sich deshalb die Augen rotweinte. Der Sensenmann im Haus soll Gentz den Scheidungsrichter erspart haben, weil seine Angetraute bald darauf starb.

Die Zahl der Geliebten, die beim Abschied das Tränenkrüglein benutzten, ist nicht mehr auszumachen. Längere Zeit war die Weimarer Dichterin Amalie Imhoff sein »Alles«. Und manchmal stellte sich ihm eine junge Dame vor, »die die Ehre hat, meine Tochter zu sein«.

Gentz brauchte Geld, viel Geld und noch mehr Geld, um seinen aufwendigen, von Zeitgenossen teils bespöttelten, teils beneideten Lebens- und Wohnstil aufrechterhalten zu können. Der Sammler kostbar gebundener Bücher, Schlemmer und Schlecker (ausgesuchte Süßigkeiten, teure Liköre) umgab sich mit allem erdenklichen Luxus. Der Staatsdienst als Kaiserlicher Rat brachte ihm jährlich 4000 Gulden ein, das reichte nicht vorne und nicht hinten. Als Kaiser Franz das Salär schließlich auf 8000 Gulden erhöhte und dazu einen Zuschuß von 6000 Gulden zur Begleichung von Schulden bewilligte, war dies auch nur der berühmte Tropfen auf den heißen Stein.

Also mußte zusätzlich Geld hereinkommen, und es kam herein. Gentz verkaufte Informationen und Dienste an alle möglichen befreundeten Gesandtschaften, schrieb Artikel und Aufsätze, stand mit den Hospodaren (ehemaliger Fürstentitel) der Walachei und der Moldau in Korrespondenz; das Bankhaus Rothschild und andere große Geldinstitute profitierten von seiner Feder und er von deren Gulden. In Abständen belohnte Kaiser Franz seine Verdienste mit weiteren Geldzuwendungen, obwohl er den Hofrat wegen seiner »g'schwollenen Preußenart«, hauptsächlich aber doch wegen dessen »liederlichem Lebenswandel«, nicht ausstehen konnte. Aus besagten Nebenquellen flossen Gentz regelrechte »Pensionen« zu, die der notorische Geldnötler hartnäckig anmahnte und eintrieb.

An der Teinfaltstraße, in einem der damals modernsten Wohnhäuser Wiens, unterhielt er im dritten Stock, mit Aussicht auf die Bastei, eine nobel und überladen ausstaffierte Wohnung. Außerdem gehörte ihm eine Villa im Vorort Weinhaus. Dort, in seinen Gärten, gab es exotische Vögel, und in seinen Gewächshäusern züchtete er botanische Seltenheiten; die weiße Kamelie sollte ihm ganz prächtig gedeihen, erlesenes Präsent für manches junge Blut, das sich auf den rechten Kitzel verstand.

Bei den Wiener Intellektuellen (und nicht nur bei ihnen) war er als erbarmungsloser Zensor verschrien, verhaßt; die Liberalen verachteten ihn. Wie übel nahm es Grillparzer, daß das vorläufige Verbot seines Dramas *König Ottokars Glück und Ende* auf Gentz' Konto ging. Das Manuskript verschwand dann einfach »im Dschungel von Verwaltungsvorgängen und Kompetenzunsicherheiten«. Erst zwei Jahre später, nachdem Kaiserin Karolina Augusta das Werk aus einer Schublade hervorgezogen und sich dafür stark gemacht hatte, kam es dann doch zur Uraufführung.

Grillparzer übte an Gentz die Rache des großen kleinen Mannes;

in seiner Autobiographie setzte er dessen Häuslichkeit ein ewiges, schwülstig-abstoßendes Denkmal. Und es ist nicht auszuschließen, daß sein anfänglich frostiges Urteil über Fanny demselben unverdauten Hader entsprungen ist. Ein einziges Mal suchte er den Hofrat in dessen Wohnung auf, um sie hinterher von Herzen zu denunzieren:

> Noch erinnere ich mich des widerlichen Eindrucks, den die Wohnung des Mannes auf mich machte. Der Fußboden des Wartesalons war mit gefütterten Teppichen belegt, so daß man bei jedem Schritte wie in einem Sumpf einsank und eine Art Seekrankheit bekam. Auf allen Tischen und Kommoden standen Glasglocken mit eingemachten Früchten, zum augenblicklichen Naschen für den sybaritischen Hausherrn, im Schlafzimmer endlich lag er selbst auf einem schneeweißen Bette im grauseidenen Schlafrocke. Ringsherum Inventionen und Bequemlichkeiten. Da waren bewegliche Arme, die Tinte und Feder bei Bedarf näher brachten, ein Schreibpult, das sich von selbst hin und her schob, ich glaube, daß selbst der Nachttopf allenfalls durch den Druck einer Feder, sich zum Gebrauch darreichte. Gentz empfing mich kalt aber höflich …

Aus der nicht minder bissigen Feder des Baron Andlow entstand ein Gentz »in gebeugter Haltung, mit unsicherem Gang, einer rötlichen Perücke und schwarzen Brillengläsern«. No ja, Neid und Mißgunst beißen halt zu wie die Filzläuse; man setzt sie dort an, wo der vielen verhaßte Hofrat am empfindlichsten reagiert, an seiner Achillesferse, der Eitelkeit.

In Wirklichkeit sah Gentz, von seinem Todesjahr einmal abgesehen, nicht übel aus, selbst im Alter genau der Typ Mann, den die Weiber nicht lange bitten lassen. Noch im vergangenen Jahr hatte die graziöse Gräfin Nadine Károlyi in dem munteren Mitsechziger heftige Leidenschaft erweckt, so heftig, daß er darüber seine Gefühle für Louise Schönburg vergaß, die sich darum grämte – wieder flossen reichlich Tränen. Jedenfalls vertraute Gentz »wie ein Jüngling« seinem Tagebuch an:

> Ich habe die letzten Wochen in einer Art Rausch zugebracht;

> das, was ich früher meine Saturnalien nannte, verdient nun erst recht diesen Namen. Die Liebe zu Nadine ... ist zu einer wirklichen Leidenschaft angewachsen ... Ich fühle mich so leicht, so heiter, so erfrischt, lebe so leichtsinnig der Gegenwart, genieße so ganz die schönen Tage, die mich umgeben, als gäbe es keine trübe Zukunft mehr für mich ...

Das Süßholzraspeln, das Schwelgen um schöne Frauen, hatte er nie verlernt, aber das plätschert so dahin, ist im Tiefsten nicht ernst gemeint. Vorübergehend muß er dann krank geworden sein, suchte Linderung und Erholung an den neu entdeckten Quellen von Ischl. Doch ist es eine glatte Übertreibung, wenn er seiner alten Berliner Freundin Rahel Varnhagen weismacht, daß er vor seiner Begegnung mit Fanny »jahrelange Enthaltsamkeit und Entsagung des gesellschaftlichen Lebens« geübt habe. So ein Schwindler! Aber natürlich trägt diese Behauptung nicht schlecht dazu bei, alle Welt über das Wunder staunen zu machen, das ihm im Winter des Jahres 1829 widerfahren war.

Friedrich und Fanny – Fanny und Friedrich

> *Veni, vidi, vici sagtest du.*
> *Und nahmst mich einfach bei der Hand,*
> *zogst mich hinüber in dein Land,*
> *hast als dein Opfer mich erkannt,*
> *hast mich dein Eigentum genannt,*
> *und mir ein Mal aufs Herz gebrannt;*
> *hast mich bekriegt,*
> *hast mich besiegt,*
> *hast mich gekriegt ...*
>
> *Aus dem Pluhar-Chanson von Stephan Sulke*

Das Schicksal wollte es, daß Gentz, eigentlich auf Betreiben eines Freundes, seit langem wieder eine Ballettaufführung im Kärntnertortheater besuchte. Man gab *Die Fee und der Ritter*, in der weiblichen Hauptrolle Fanny Elßler, die eben von ihrer, wie wir wissen, nicht sehr erfolgreichen ersten Berliner Gastspielreise zurückgekommen war. Ihre Erscheinung faszinierte Gentz sofort. Immer wieder führte er das Opernglas an die Augen, um sich Ein-

6 Metternichs rechte Hand, ein verliebter alter Gockel: Ritter von Gentz, um die Zeit seiner Liaison mit der blutjungen Tänzerin (ebenfalls von Agricola)

7 »Haben Sie Fanny je in der Rolle des ›Schweizer Milchmädchens‹ gesehen? Da stieg die Venus aus dem Meere ...« Aus Rahel Varnhagens Brief an Gentz

8 Das k.u.k. Hofoperntheater am Kärntnertor in Wien, in dem Fanny zuerst engagiert war.

9 Veni, vidi, vici: Mit der Cachucha, Fannys andalusischem »Feuertanz«, in den Weltruhm

zelheiten ihres Gesichts, ihres Körpers, ihres grazilen und doch kraftvollen Tanzes einzuprägen. Dieses Mädchen brachte eine unwahrscheinlich starke Aura über die Rampe: sein Interesse wuchs, als er sie bald darauf in dem Ballett *Der Berggeist* bewundern konnte. An seine verflossene Flamme, die Gräfin Fuchs, sollte er ein halbes Jahr später schreiben:

> Vorher machte ich ein zärtliches Frühstück mit einer Person, die heute zwanzig Jahre alt wird und die ohne ihr Zutun und fast ohne ihren Willen mich mit einem wirklichen Zaubernetze eingestrickt hat. Kommen Sie heute abends ins Ballett und sehen Sie, wie schön sie ist! Und doch vermag ihre Schönheit den Brand, den sie in mir entzündet, nicht zu erklären. Ein anderes Geheimnis muß dabei zu Grunde liegen. Mit natürlichen Dingen geht es nicht zu.

Bis zu diesem »zärtlichen Frühstück« verstrich allerdings noch geraume Zeit. Fanny soll in diesem Winter mit dem angeblich impotenten Grafen Gallenberg, Ballettkomponist und Pächter des Kärntnertortheaters, verbandelt gewesen sein. Verhältnis hin, Impotenz her, wenn der einflußreiche Hofrat ein Flugerl auf die Fanny hatte, bittschön, das ließ sich arrangieren …

Gallenberg war ein verheirateter Mann, seine Gattin jene Gräfin Giulietta Giucciardi, der Beethoven seine »Mondscheinsonate« gewidmet hatte, weshalb sie als seine mögliche »Unsterbliche Geliebte« betuschelt wurde. Sie trug das Gerücht wie einen Heiligenschein, paßte es doch ins romantische Getue der Zeit. Ihr Gatte, der Gallenberg, steckte hingegen in ganz unromantischen roten Zahlen, sein Kärntnertortheater kurz vor der Pleite. Das wußte ganz Wien, und das wußte vor allem Gentz. Was der aber absolut nicht brauchen konnte, war ein Postillon d'amour, der sich seine Vermittlerdienste mit barer Münze bezahlen ließ. Gentz befürchtete schon, wie er dem im Ausland weilenden Freund Prokesch brieflich klagte, wegen der Tänzerin »zum Hauptinteressenten eines Theaterskandals verdammt zu werden«. Schulden und Skandale hatte er selber.

Doch saß er abends im Theater, und da zog es ihn jetzt hin, sooft Fanny tanzte, überfiel ihn dieses närrische Herzpumpern, schlug sein Puls schneller, so daß er schließlich alle seine Bedenken über Bord warf, Gallenberg eine Depesche übersandte und ihn darin bat, ein Zusammentreffen mit der kleinen Elßler zu arrangieren. Am 26. Dezember 1829 notiert er ins Tagebuch:

> ... um 8 Uhr, trotz strenger Kälte, ließ ich mich ins Theater tragen (in der Sänfte, Anm.) und genoß durch zwei Stunden in der Gallenberg Loge das liebe Ballett und bewunderte Fanny ...

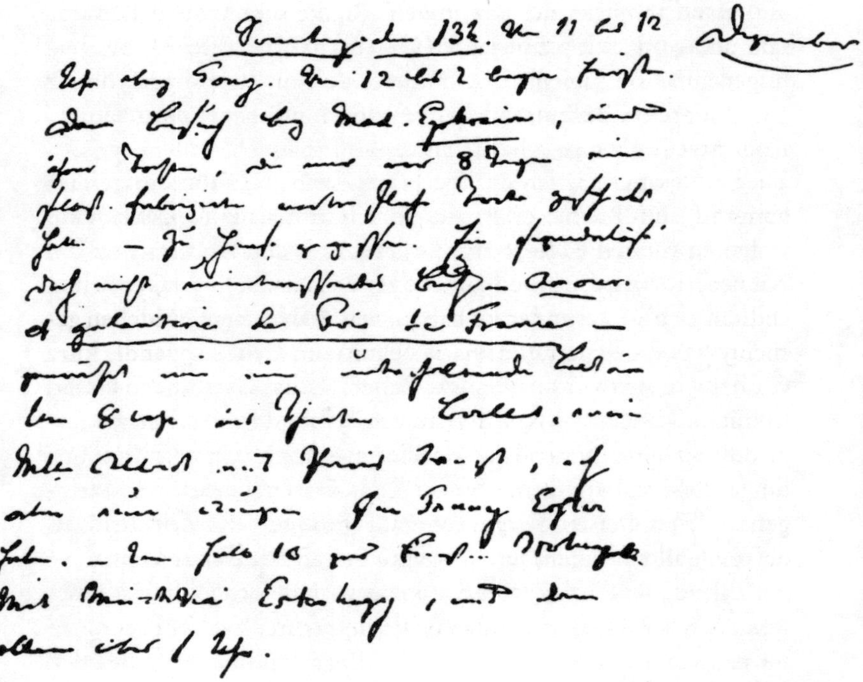

Aus dem Tagebuch von Gentz: „... ich aber nur Augen für Fanny Essler habe."
Staatsarchiv, Wien

Am Morgen desselben Tages hatte er ihr vier weiße Kamelien aus seinem Gewächshaus überbringen lassen. Und schon am Abend

trug sie eine davon im Haar. Fortan würde ihre Vorliebe für diese kostbaren Blüten sie zur »Cameliendame« machen –, jedoch gußeisern gesund, nie hustend, schwer arbeitend, das glatte Gegenteil also von Alexandre Dumas' späterer schwindsüchtiger »Kameliendame«, Marguerite Gautier.
Auf einer Soiree der Gräfin Gallenberg kam es endlich zur ersten persönlichen Begegnung. Und nun war Gentz maßlos enttäuscht! Was hatte er nicht alles in dieses 19jährige Ballettmädchen, in dieses »Wunderkind von Wien« hineingeheimnist! Wie sie da ging und stand inmitten der prächtigen, Ränke schmiedenden, amüsant und geistreich plaudernden Gesellschaft, war ihr Zauber verflogen, und sie schien nichts anderes zu sein als ein »gewöhnliches, hübsches Bürgermädchen«: stumm, unbeholfen, errötend.
Aber bereits ein paar Abende später »führte mich Gallenberg aufs Theater, wohin ich seit dreißig Jahren keinen Tritt mehr gesetzt hatte«. Damit meinte er seinen Besuch hinter die Kulissen. Und vielleicht eilten die Herren schnurstracks in den Übungsraum der Tänzerinnen (in Paris heißt er: Foyer de la danse), wo Gentz nun endlich glaubte gefunden zu haben, was er in diesem Mädchen gesucht, wovon er geträumt hatte. Fanny im Glitzergwandl, kurz vor dem Auftritt – Duftwasserl, Puder, Kulissenstaub, ein bisserl Rot aufs Goscherl, vom Zuschauerraum her die abgerissenen Töne des sich einstimmenden Orchesters, ein Schwarm Kolleginnen um sie herum – ihr Element, ihre Welt. Rasch will sie sich warmdanzn – Beinkreisen, Sprungschritt, Pirouette –, ganz Lächeln aus der Tiefe ihrer Augen, wie schön du bist, Schneeweißchen!
Sobald sie nur einen Zipfel Kulisse erwischt, sich Bühnenzauber umhängt, wird sie zu allem, was der Betrachter sich wünscht, daß sie sein soll:

Mutter Erde
Göttin der Lüfte
Engel
Teufel –
Fanny Elßler.

Gentz eilt zurück in seine Loge, sieht sie wieder tanzen, sieht, wie

das Scheinwerferlicht sie liebt. Und sie tut, was sie immer getan hat, immer tun wird: sie läßt sich lieben.
Nach der Vorstellung kehrte er hinter die Kulissen zurück, begierig darauf, sie noch eine Weile in dieser Atmosphäre zu halten, die ihn dazu animierte, »mich fast eine Stunde lang an Fanny zu ergötzen«. Alles Ernüchternde niedergebügelt, das »gewöhnliche Bürgermädchen«, die Fanni, weggesteckt unters Mieder: a Ruh gibst.
Im nächsten Jahrhundert wird man eine ähnliche Verwandlung an Marilyn Monroe erleben, einem Mädchen mit weißblonden Haaren, die eigentlich brünett sind; Geliebte der Kamera und des Scheinwerferlichts, das ihr die Beine verlängert, die Figur streckt, dem Gesicht kleine Lichter anhaucht, daß es wie von innen beleuchteter Alabaster schimmert – Diamonds Are a Girl's Best Friend ...
In den Wintertagen 1829/30 ist diese Verwandlung allein Gentzens Wunder, und es trägt seine Kamelien im Haar.
Veni, vidi, vici – dieses Wunder wird sein.
Das hieß aber nicht, daß er über seine jäh aufgeflammte Leidenschaft von Anfang an glücklich gewesen wäre. Wie sehr er dagegen ankämpfte, wie sehr er sich der trennenden Gegensätze bewußt war, geht aus seinen Zeilen, wiederum an Prokesch, hervor:

> Da muß der Teufel sein Spiel mit mir treiben (ich glaube nämlich im Ernst an den Teufel, fast mehr als ans Christentum) und mir eine verrückte Passion für eine stumme Tänzerin anhexen ... die zu meinen übrigen Verhältnissen wie die Faust aufs Auge paßt ...

Wer zog also wen zu sich herab?
Sah man im Lager Metternichs den Hofrat als das Opfer an, so empfanden die Elßler-Wohlgesinnten den enormen Altersunterschied als eine Zumutung für Fanny. Ihre spätere Busenfreundin, Betty Paoli, stellte noch Jahre danach die Gretchenfrage: Was war es nur, was Fanny an ihn fesselte?
Die Paoli, mit vollem Namen Barbara Elisabeth Glück, Lyrikerin, Journalistin und, wie Freund Grillparzer ihr bescheinigte: Pionier für die berufstätigen Frauen, diese Elisabeth muß in Lie-

besdingen eine rechte Betti gewesen sein, naiv genug, Gentz' Wirkung auf die blutjunge Freundin von Anfang an ausschließlich mit »Dankbarkeit und Sympathie« abzutun.

> ... daß sie ihn geliebt haben soll, in der Weise geliebt, wie er es erwähnte, ist geradezu undenkbar ...

Zunächst hatte Gentz etwas vorzuweisen, das besonders auf strebsame junge Mädchen Eindruck macht und ihre Leidenschaft stimuliert: die Vergangenheit des älteren Mannes. In diesem Fall auch nicht irgendeine, sondern eben seine: groß, wild, abenteuerlich, und, aus dem Blickwinkel der Kleinen betrachtet, geheimnisvoll.

Zum anderen hatte Fanny bereits als Fünfzehnjährige ihr Waterloo hinter sich gebracht, unter anderem mit einem wenn nicht alten, so doch wesentlich älteren Mann; nicht unerfahren mehr, das erste Kindbett, wie wir wissen, ausgestanden, war sie für die ungeschickt-feuchten Küsse eines pickeligen Jünglings verdorben.

Und Gentz, von seinen Bäderkuren mächtig auf Trab gebracht, wollte es noch einmal wissen. Alle Leidenschaften, alle Umarmungen eines 66jährigen Lebens brachte er mit ein, das Raffinement des Übersättigt-Unersättlichen, die Atemlosigkeit eines in Torschlußpanik durch die Nächte jagenden Lebemannes – das erste und das letzte Mal, alles in einem. Ein Ritter dazu, voll Einfühlungsvermögen, die kleinste reizbare Stelle am Körper der Frau ertastend, in ihren »Reizen schwelgend, bis man todmüde einschläft«. Als Dreingabe seine unübertreffliche Feder, die er der Liebe wegen »in rote Tinte« taucht. Bedarf es also zumindest in der ersten Zeit ihrer Beziehung noch der Frage, was Fanny an Friedrich fesselte?

Sie sei eine »wenig leidenschaftliche Natur«, glaubte Betty Paoli zu wissen, und: »Man kann nicht weniger emotionsbedürftig sein, als sie es ist, die sich von allem Heftigen, Stürmischen geradezu beängstigt fühlt.« Nun, ängstlich war Fanny sicher nie.

Anton Prokesch schilderte die junge Elßler ähnlich wie Betty es tat:

> Ein schlankes schönes Mädchen, fein und blaß im Gesichte, edel im Ausdruck und Haltung, höchst stille und ruhig ...

Aber der Mann in ihm muß den verräterischen Zug um ihre Lippe bemerkt haben, denn er fügte hinzu:

> ... dennoch nicht ohne Leidenschaft.

Die gute Betty hingegen, mit ihrer Meinung in bester Gesellschaft, ließ sich täuschen und teilte in ihren Memoiren mit:

> Die Leidenschaft, die von jeder hervorragenden Begabung unzertrennlich ist, bestätigte sich bei ihr (Fanny) ausschließlich auf dem Gebiete der Kunst.

Eine solche Feststellung klingt geradezu absurd, zumal doch auch die Reaktion des Weiberhelden Gentz, nachdem er Fanny endlich ins Bett bekommen hatte, eine andere Sprache spricht.
Ins Tagebuch am 9. Juny 1830:

> Um acht Uhr zu Fanny, bei der ich einen Abend verlebte, dem ich, soweit meine Erinnerungen reichen, an Süßigkeit nichts zu vergleichen weiß ...

Dann um Mitternacht gleich noch einen Brief an die Angebetete hinterher:

> Mit welchen Farben könnte ich den heutigen Abend schildern? Ich bin berauscht von der Seligkeit, die Du himmlisches Mädchen mich in Deinen Augen und an Deiner Brust in vollen Zügen trinken ließest ... wie kann ich Dir dies danken, meine Fanny. Mein! In dieser einzigen Silbe liegt mehr als der Himmel; und Du hast es geschrieben, und Dein Mund mit Deinen Augen haben es bekräftigt. Ich bin zu arm, und zu schwach, Dich zu belohnen; aber das, was Du mir getan hast, wird und muß Dir reichlich vergolten werden ...

Kein schlechtes Kompliment, selbst wenn man in Betracht zieht, daß Gentz die Trauben der Liebe allmählich höher hingen und sie ihm deshalb besonders süß schmeckten.
Gentz an Fanny zu ihrem 20. Geburtstag – 23. Juny 1830:

> Meine Einzig-Geliebte!
> Mit welcher Herzensbewegung ich Dir zu diesem Tag Glück wünsche wirst Du selbst fühlen, da Du längst begriffen hast, wie unendlich ich Dich liebe ... Sterben hat fortan keinen anderen Sinn für mich, als – eine Welt verlassen, worin Du atmest ...

Ins Tagebuch am 4. September 1830:

> Es war einer der Abende, deren himmlische Süßigkeit sich durch die trockenen Worte eines Tagebuches nicht schildern läßt ...

Ins Tagebuch am 8. September 1830:

> Dieser Abend, der um halb 12 endigte, kann nur mit rosenfarbenen Zügen bezeichnet werden. Das Glück, welches mir heute zu Teil ward, werde ich nie vergessen.

Ins Tagebuch am 10. September 1830:

> Wiederholung des vorgestrigen Genusses; mithin ein sehr vergnügter Abend.

Ins Tagebuch am 11. September 1830:

> Um halb 2 Uhr zu Fanny, mit welcher ich ein ernstes und wichtiges Gespräch hatte, das sogar in die Zukunft eingriff.

Dieses Gespräch könnte von seinen Heiratsabsichten, mit denen er sich wohl eine Weile trug, gehandelt haben. Bereits im Juli desselben Jahres mußte er mit Metternich wieder einmal auf Reisen gehen, der erste Abschied von Fanny, der er morgens noch ein Billett schickte:

> Die Postpferde bleiben lange aus. Es ist halb 7 Uhr. Alle meine Gedanken sind bei Dir, liebe Fanny. Warum muß ich Wien verlassen? Warum nicht noch einmal in dieses Auges Tiefe blicken? Leb wohl, Engel, und gedenke meiner!
> G.

Dieser kleinen Nachricht legte er folgendes Gedicht bei:

So scheid' ich denn mit stiller Klage
Von meiner Wünsche süßem Ziel,
Und scheid' ich auch auf wen'ge Tage,
Ach, wen'ge Tage sind zu viel!

Die Liebe zählet einst nach Stunden
Und nicht nach Jahren ihre Zeit;
Der Tag, der einsam ihr entschwunden,
Ist ihr ein langes ew'ges Leid.

Denn köstlich sind die Augenblicke,
Die nur ein Gott uns nimmt und gibt,

Oft führt die kurze Zeit zum Glücke,
Und nur die kurze Den, der liebt.

Drum scheid' ich auch mit schwerem Herzen
Von diesem vielgeliebten Ort,
Und nehme alle meine Schmerzen
Und jede Freude mit mir fort.

... zogst mich hinüber in dein Land ...

Neben dem Liebeserlebnis mit Gentz beeindruckte, imponierte Fanny, wie gesagt, natürlich auch der mächtige Mann. Kann sein, daß in diesem Punkt jedoch Betty Paolis weitere Vermutung zutraf, sie habe infolge »mangelhafter Erziehung« die intellektuelle Bedeutung ihres Liebhabers gar nicht ermessen können. Größe leitete sie wohl ab von Beziehungen, wie Gentz sie zur Großfinanz, zur hohen und höchsten Diplomatie, zur Aristokratie unterhielt – Bedeutung folgerte sie aus dem Respekt, den man ihr selbst in seiner Begleitung entgegenbrachte, im Salon der Fürstin Metternich beispielsweise – unglaublicher Aufstieg für eine Tänzerin aus Gumpendorf, die sie in den Augen der Wiener nach wie vor war. Gentz hatte sich in den Kopf gesetzt und erreicht, daß seine Geliebte a) halbwegs salonfähig, b) in seinen Kreisen empfangen wurde. Inzwischen war er ja auch ihr Lehrmeister geworden. Fannys harmonische Grundstimmung, die in einer »gleichmäßig ruhigen Heiterkeit Ausdruck fand« (Betty Paoli), entsprang dem stabilen Nervenkostüm der Unsensiblen; abermals ein Widerspruch zu ihrem Künstlertum, aber so war sie nun einmal beschaffen. Gentz beklagte in seinem Tagebuch ihr Desinteresse an ernsthafteren Dingen und schließlich an seinen Angelegenheiten, doch tat er's in Hörigkeit und als Kavalier, indem er ihr oberflächliches Wesen »leichtsinnige Heiterkeit« nannte. Fanny mag seine anspruchsvoller, problematischer und grüblerischer werdende Leidenschaft, nachdem der Lack von den Liebesnächten ab war, allmählich fad geworden sein, und an ihrem allmählich wieder überhand nehmenden Phlegma mag sie abgeperlt sein wie Wassertropfen. Den Alten begann das Zipperlein zu plagen, doch ließ ihr Naturell sie eine Menge ertragen – wegstecken, daran war sie von Kindheit an gewöhnt. Als aber in der Stunde der Wahrheit seine Altersbeschwerden, die Falten in seinem Gesicht und anderswo, sich nicht mehr wegstecken ließen, könnte Fanny tatsächlich nur noch abgeklärte Gefühle für ihn gehegt haben. Dankbarkeit vor allem, weil er daranging, sie »zu heben und zu fördern«.

»Bis dahin«, sagt die Paoli, »war sie nur bewundert, gefeiert und begehrt worden, die ihr dargebotenen Huldigungen hatten ihrem Talent, ihrer Schönheit gegolten – wer aber hätte sich jemals um ihren menschlichen Wert gekümmert ...«

Für Gentz war die Stunde der Wahrheit von Anfang an allgegenwärtig; er war zu gescheit, um nicht zu wissen, daß er nicht halten konnte, was ihm noch einmal, ein letztes Mal, beschieden. Andererseits steckte in seinem Bemühen um Fannys menschliche Werte, um ihre Bildung, ein gerüttelt Maß Eigennutz. Ein wenig emporheben zu sich wollte er die Geliebte, wußte er doch, daß man über das ungleiche Paar tuschelte, spöttelte, und die Eitelkeit saß bei Gentz, wie wir wissen, besonders tief.

Das Dummerl aus der Vorstadt

»Ich unterrichte sie im Französischen und Deutschen und erziehe sie wie ein geliebtes Kind«, teilt Gentz der Rahel Varnhagen mit. Zweifellos war die Zwanzigjährige ungebildet, unbelesen, was nicht wundernimmt bei einem Mädchen, das seit seinem fünften Lebensjahr dem Broterwerb nachging. Eine mittelmäßige Begabung, würde sie ihr Lebtag lang mit der Orthographie auf Kriegsfuß stehen. Sie mag von ihrem Vorstadtjargon heruntergekommen sein, aber wohl nicht genug, denn sie schreibt in vielem wie sie spricht. Selbst noch im Alter berichtet sie ihrem Enkel, daß sie eben vom »Preladn« (Prälaten) heimgekommen sei, und so weiter.

Es scheint durchaus plausibel, daß Gentz vor seinem Ende, das er herannahen fühlte, sämtliche, in seinem Besitz befindliche Briefe Fannys vernichtete. August Erhard stellte in seiner 1909 erschienenen Elßler-Biographie die Behauptung auf, daß keiner ihrer Liebesbriefe an Gentz mehr existiere. Gleich nach der Buchpremiere meldete Hermine Cloeter der Wiener »Neuen freien Presse«, daß sie sich an zwei Billetts Fanny Elßlers »an ihren Freund, den Freiherrn von Gentz«, erinnere, die 1896 in der Wiener Kongreßausstellung gezeigt worden waren. Sie fahndete danach und wurde in einem Fall bei einer Privatperson fündig. So konnte die »Neue freie Presse« am 30. November 1909 »mit gütiger Erlaubnis der Besitzerin« den folgenden Wortlaut eines Briefes abdrukken, den Fanny an den Geliebten nach Königswart gesandt hatte:

Wien den 1ten August (1830) um 9 Uhr Abends

Heute war ich schon um 6 Uhr auf, denn wir haben uns vorgenohmen heute eine Landbarty zu machen, und es geschah auch würklich. Wir fuhren so nach halb 7 Uhr von Wienweg und nach der Bril*, blieben da den ganzen Tag und jetzt sind wir gerade wieder zu Hauße gekommen. Ich hätte mich eigendlich solln gut underhalten, denn die Gegend ist himlisch, allein ich underhielt mich garnicht gut, ersten bekam ich Kopfschmerzen, und dan schon die Begierde wieder zu Hauße zu sein weil ich gewies wußte daß ich heute einen Brief von Dir erhalten werde, was auch würklich geschah. Sonst underhielt ich mich auf den Lande so gut nicht zum beschreiben, allein jetzt wenn ich an Dich denke was den doch so oft geschit wie nur möglich, so kan ich mich nicht gut underhalten. Wenn ich mir so denke, wenn nur Gentz auch bey mir wäre, der es leider nicht sein kann, da verget mir dan alle Lust mich zu underhalten. Wen ich mir so denke wie Du Dich nach mir sehnest wen ich Deine Briefe lese da versichere ich Dich, daß Du mir recht erbarmst, daß gerade Dich der Du so gut bist das Schicksahl so schwehr straft, allein nur Muth mein lieber Gentz, noch lebt ein Gott, noch leben wir ja alle zwey, und so lange das ist muß man nicht verzagen. Es werden wieder glückliche Tage kommen, die solln uns dan für die vielen lehren und unglücklichen Täge entschedigen, habe nur Muth mein lieber Gentz. Ich kan es Dir doch nicht verhellen daß mich das ein wenig von Dir verdrist das Du in jeden Deiner Briefe mir immer sagst daß mich Deine Briefe ermiden werden, oder gar daß ich sie entziffern muß, glaubst Du ich kan Deine Briefe nicht lesen? oder glaubst Du vielleicht gar daß sie mich belästigen? O nein Du irst Dich mein lieber Freund. Je trauriger sie sind desto mehr beweisen sie mir ja wie gut Du mir bist, und diese zwey sind sehr traurig. Du bist mir also sehr gut das freut mich unentlich, ich gehe Dir auch sehr ab so viel ich aus Deinen Briefen, und auch selbst von mir aus mutmaßen kan, denn ich denck mir da Du mir schon so sehr ab gest, wie muß nicht ich Dir ab gehen. Dein Brief N 2 ist heute wie gewöhnlich zu mir um 3 Uhr gebracht worden. ich bekam ihm zwar erst jetzt, weil ich nicht zu Hauße war. Appel komt alle Tage sich anfragen ob kein Brief für Dich da ist. Ich kan Dir zwar nicht viel schreiben, allein doch immer etwas. Heute habe ich Kopfschmerzen, sonst würde ich Dir mehr schreiben, das ich Dir gut bin, mehr braugst Du ja nicht zu wissen, und das ich Dich viel viel mal küsse und daß ich Deine

Fanny bin, adieu

Dieser Brief zeigt, daß Fannys Gefühle für Gentz in der Anfangszeit ihrer Beziehung weit über Sympathie hinausgingen. Zum anderen demaskiert er ihre Unbedarftheit, die an die Grenzen des Einfältigen streift. Peinlich nicht nur wegen der (verzeihlicheren) Rechtschreibfehler – es ist die Monotonie der Gedankengänge, die ständige Wiederholung von Sätzen, was das Ganze so tumb macht.

... ich hätte mich eigentlich solln gut underhalten ... allein ich underhielt mich gar nicht gut ... Sonst underhielt ich mich auf dem Lande so gut nicht zum beschreiben ... allein jetzt wen ich an dich denke ... so kan ich mich nicht gut un-

* Die Brühl bei Mödling in Niederösterreich

derhalten ... Wen ich so denke, wen nur Gentz bey mir wäre ... da verget mir dan alle Lust mich zu underhalten ..

Er ahnte nicht, was er ihr damit antat, als er sie bestürmte, ihn in Königswart nicht ohne Lebenszeichen zu lassen. Gern erfüllte sie seine Bitte nicht, denn sie kannte ihre Schwächen. »Ich weiß, Du schreibst nicht gern«, heißt es in einem seiner Billetts.

Nun könnte ein solchermaßen abgefaßter Liebesbrief selbst die heißesten Gefühle eines weit weniger gebildeten Mannes zum Erkalten bringen, vielleicht sogar abtöten – die von Gentz tötet er nicht. Im Gegenteil. Das publizistische Genie beantwortet diese Zeilen ganz ernsthaft, ganz inbrünstig, erleichtert:

> Königswart, Dienstag, den 3. August (1830) um 7 Uhr abends
>
> Du kannst Dir nicht vorstellen, meine Liebe, wie unendlich es mich freut, von Dir zu hören, daß Du meine Briefe ohne alle Schwierigkeit liesest. Diese Versicherung, die mich von einer meiner schwersten Sorgen befreit, wird Dich noch manche halbe Stunde mehr kosten; denn forthin werde ich Dich, soweit nur meine Zeit reicht, mit Briefen überschwemmen. Noch inniger hat mich gefreut und gerührt, was Du von Deinem Schreiben an mich sagst. Ich weiß, daß Du nicht gern schreibst; um so höheren Wert hat das Opfer, das Du mir bringst, und ich rechne es Dir an, wie ein unbezahlbares Geschenk. Ich höre, ich sehe, ich fühle Dich, bei jedem Worte von deiner teuren Hand. Du kannst mir sicher glauben, daß Du in Deinem Leben durch keine einem anderen Menschen erzeigte Wohltat wärmeren Dank verdienen wirst als durch deine Briefe an mich. Diese Wahrheit möge Dir stets vorschweben, wenn Du in einer stillen Abendstunde die Feder ergreifst.

Ein weiteres Fanni-Billett, diesmal vom 3. Juli 1830, wurde später noch irgendwo ausgegraben. Sein Inhalt lautet:

> Daß küssen erspahre mir bis heute Abends. Da will ich dich aber so küssen, daß ich deine Seele mit hinabtrinke. Adio.

Den lyrischen Inhalt nimmt man ihr nicht mehr ab, da wird sie sich mit fremden Federn geschmückt haben. Was an geborgter

Poesie greifbar ist, vor allem Gedichte, schreibt sie nun ab und überreicht es Gentz mit getrockneten Blumen.
Vielleicht fürchtete sich Gentz manchmal vor den Stunden des Alleinseins mit Fanny, in denen der Kulissenzauber von ihr abfiel wie ein zu Boden gleitender Mantel, vor dem Niemandsland, den Durststrecken zwischen zwei Begierden. Aber um Zauber aufzutanken, brauchte er ja nur ins Theater zu eilen und auf den Moment zu warten, da er sie wieder in Licht, Schönheit und Beifall schauen durfte. Und alles, was er zuvor als Mängel erkannt hatte, die Stummheit, die Einfalt, die leichtsinnige Heiterkeit, wurde in Tugend verkehrt – denn war es nicht Tugend, was sie bot? Auch fiel es ihm, wie er einmal schrieb, sicher nicht schwer, mit Fanny »gute Gespräche« zu führen, schließlich war sie ein ernstes, gewandtes und patentes Mädchen.
Aber wollte er sie denn »patent«? Wünschte er nicht insgeheim, dieselben Höhenflüge, die er in ihrer Kunst bewunderte, auf andere, geistige Bereiche übertragen zu sehen. Ein Mann wie er, wenn er so liebte, konnte sich auf die Dauer nicht mit Halbheiten zufriedengeben, er wollte die blaue Blume nicht nur an ihrem Ballerinengwandl, am Ballettschuh, in ihrem Haar erblühen sehen; aus dem Geist sollte sie kommen, aber von daher kam eben nur simple Natur. Und so pries er, als eine Art unbewußten Ersatz, diese Natur zum tausendsten Male an wie saures Bier:

> ... mich dünkt, ich hätte Dich nie schöner gesehen als gestern! Doch so habe ich oft schon gedacht, und ein Tag beschämt den anderen ...

Im Wiederkäuen von Huldigungen, auf unzählige Billetts geschrieben, ins Tagebuch lamentiert, Freunden und Bekannten vorgebetet, rückte er peu à peu in die Nähe jenes Operettenhelden, der im nächsten Jahrhundert als »Fanny seiner« auferstehen wird. Ein Gedanke, der dem Eitlen womöglich so unsympathisch nicht gewesen wäre; besser als »Fanny seiner« ein Evergreen zu bleiben, als in historischen Betrachtungen Grünspan anzusetzen oder gar in gewissen braunen Kartons zu vermodern.
Zu Lebzeiten freilich fand er in tiefster Herzensgrube sein Verhältnis mit dieser »stummen Tänzerin« unter seiner Würde, und

aus dem Zwiespalt heraus – hier Liebe, da Scham – gerieten seine Erklärungen Freunden gegenüber zu Rechtfertigungen.
An Prokesch am 7. Juli 1830:

> Wie, wenn alles vernünftig wäre! Gott bewahre uns! Alle Blüten des Genusses fielen plötzlich vom Baum des Lebens herab. Wer bei der Geliebten nicht ein Narr, im Kampfe nicht toll und unter Pedanten und Philistern nicht blödsinnig zu sein versteht, der kennt die Kunst des Lebens nicht …

Auch seiner in Berlin lebenden Schwester Lisette will er die unpassende Liaison erklären:

> Ihre (Fannys) Reize und Talente bezauberten mich anfangs auf dem Theater. Durch einen höchst sonderbaren Zustand von Umständen … machte ich ihre persönliche Bekanntschaft. In kurzer Zeit gewann ich sie lieb. Ich fand in ihr, was ich nimmermehr erwartet hätte – eine einfache, edle, zuverlässige, von aller Koketterie in einem fast unglaublichen Grade freie Person … Daß sie außer ihrer Schönheit Eigenschaften besitzen mußte, die einen vertrauten Umgang möglich machten, daß sie etwas anderes als eine gewöhnliche Tänzerin sein mußte, wirst Du Dir leicht vorstellen können …

Nur seinem Tagebuch vertraut er an, daß ihm »diese wonnigsüße Schelmerei, so ohne alle Tücke, kein Hauch von Koketterie« nicht geheuer schien. »Käme das Zauberlächeln nicht aus der Seele, dann wäre das ein Beweis mehr, daß die Weiber furchtbare Geschöpfe sind.«

Man ist galant, man macht Präsente – wenn es sein muß auf Pump

Gentz war nicht reich. Allerdings verfügte er über bedeutende Einkünfte, aber sein Leben in den vornehmsten Kreisen und seine sybaritischen Gewohnheiten ließen kein Sparen und Sammeln zu. Aus dem Gesagten geht hervor, daß Gentz durch keine Äußerlichkeiten, von denen nur allzu viele Frauen sich betören lassen, die Geliebte (Fanny) zu blenden vermochte.

Betty Paoli

Nun gut, Gentz war nicht reich und hatte Schulden, aber er hatte auch Kredit, und das war so gut wie Bares. Daß er Fanny mit Geschenken überhäufte, ihr die Wohnung in der Krugerstraße nicht nur einrichtete, sondern gewiß auch die Miete bezahlte und außerdem mit Geldzuwendungen nicht knauserig war, fällt in Bettys Betrachtungen unter den Tisch. Auch sie schien der Sucht aller Elßler-Fans verfallen, Fanny nur ja nicht in den Ruch des Profitdenkens zu bringen.

Im Januar 1830, also wenige Monate nach ihrer ersten Begegnung, notiert Gentz in sein Tagebuch:

> Besuch bei Gallenberg, dem ich meine Geschenke für Fanny Elßler zu ihrem bevorstehenden Benefiz bringe … dann zu Baron Rothschild, dem ich nach einer äußerst komischen Szene 100 Gulden Conventions-Münze für dieselbe Person abdinge …
>
> Tags darauf: Um halb zwei Uhr zu Linde gefahren, der mir vor einigen Tagen ein ungemein schönes Damenkleid angeboten hatte und mich jetzt durch die Leichtigkeit, womit er Credit mir gibt, zu einem dummen Streich verführt.

Gentz an Fanny am 30. März 1830

> Ich wollte mir schon vor acht Tagen die Freude machen, Ihnen, teuerste Freundin, die Kleinigkeiten, die dieser Carton enthält, zu überreichen; unser Freund riet mir von der guten Absicht ab. Da mir aber eine der geschmackvollsten Damen in Wien versichert hat, daß meine Sendung … nichtsweniger als unbrauchbar und folglich auch Ihnen nicht unangenehm

sein würde, so habe ich wieder Mut gefaßt. Sie könnten mich unendlich glücklich machen, wenn Sie, ohne alle weitere Danksagung, wogegen ich feierlich protestiere, auf einen kleinen Zettel mit Ihrer schönen Hand die Worte schreiben: Sie haben Recht gehabt. Sollten Sie mir eine so bescheidene Bitte abschlagen?

Laufend überreicht er der Geliebten »namhafte Geschenke«, einmal 100 Dukaten, ein anderes Mal 400 Friedrichsdor und so fort. Auf die Rückseite eines ihr gewidmeten Liebesgedichtes vermerkte er:

Perlschnur

300 fl	Ameublement für ...
50	Wohnung in Baden
1200 f	Kleid v. M.
2000 f	2 Pariser Kleider
950 f	-9. Juny 1832 außer 500 fl

Rothschild.

Der Name des Bankiers soll wohl besagen, daß er die noble Spendierhose wieder einmal auf Pump angezogen hatte.

Fannys erstes Heim

Es war einmal ein alter Mann,
der nahm ein junges Weibchen - -
ein schöner Wuchs, ein hold' Gesicht,
es fand sich ihresgleichen nicht.
Sie hatte nicht zuviel Verstand
und eine wunderschöne –
und eine wunderschöne –
und eine wunderschöne – Hand.

Aus der komischen Oper Das rote Käppchen, *1790, in Wiener Fassung*

Inzwischen hatte der alte Liebhaber auch die Bekanntschaft von Fannys Mutter und Schwestern gemacht. Er lud die Damen nach Weinhaus ein, begleitete sie ins Theater. Das erste eigene Heim in der Krugerstraße war bald fertig eingerichtet (als Adresse taucht später auch die Weihburggasse auf, doch wird in den meisten Überlieferungen die Krugerstraße genannt).

Gentz hatte für Ausstattungszwecke unter anderem beim Bankier Sina »eine Anweisung auf Berlin im Betrag von 600 Talern« besorgt. In einer Tapetenmanufaktur ließ er einen kostbaren Fußteppich anfertigen, einen zweiten, »den ihm die Gräfin Sagan geschenkt hatte«, verschenkte er an Fanny weiter. Im übrigen galt, wie gesagt, als abgemacht, daß die Eltern bei ihr in der Krugerstraße wohnen sollten. Da es Gallenberg nun endgültig an den Kragen ging – das Kärntnertortheater wurde zeitweilig geschlossen –, sah sich Gentz Fanny zuliebe gezwungen, »mit Eingaben an die Behörde nützlich zu sein«. Man fand rasch einen neuen, finanziell flüssigen Pächter, der es aber nicht leicht hatte. »Man arbeitet mit Händen und Füßen, Herrn Duport zu stürzen«, schrieb Fanny an ihre Schwägerin Minna, »weil er dem Publikum gar nichts neues gibt. Ich glaube aber, so es gelingt, so werden sie keinen besseren Direktor finden.«

Auch für Gentz brachen finanziell bessere Tage an. Rothschild hatte ihm eine Schuld erlassen, die schon erwähnte Gehaltserhöhung des Kaisers stand ins Haus. Obwohl er mit Fanny hin und wieder »ernste Gespräche« führte, hielt er doch alles Unangenehme von ihr fern, behelligte er sie nie mit seinen finanziellen Schwierigkeiten.

Der Liebhaber eines schönen jungen Mädchens mußte selbstverständlich über die entsprechenden Mittel verfügen, um sich den Spaß leisten zu können. Darüber führte man keine Debatten, der Kavalier genießt und schafft heran. Eintrag ins Tagebuch (als Belohnung): Von 9 Uhr bis 11 Uhr brachte ich zwei reizende, höchst gefährliche Stunden mit Fanny zu, von 11 bis 1 Uhr ruhte ich mich bei den lieben Prinzessinnen (von Kurland) aus.

Idylle zu dritt in der Krugerstraße: Fanny – Gentz – Prokesch?

Besucht ein Freund uns, ihr verwandt,
So was macht mir nicht heiß.
– Ich bin für Unterhaltung g'rad
nicht gar viel importirt,
Wenn nur mein' Frau kein Langweil' hat
und sich gut amüsirt ...

Aus dem Wiener Lied: Der Hausfreund

Ende Februar 1830 kehrte Major Anton Graf Prokesch-Osten von seiner Mission aus dem Orient zurück nach Wien. Und sofort festigte sich die bereits in Korrespondenzen begründete Freundschaft zwischen dem fünfunddreißigjährigen österreichischen Diplomaten und dem sechsundsechzigjährigen Hofrat aufs engste. In ihren politischen Ansichten glichen sie einander wie Brüder; beide schwärmten für Heinrich Heine, was in jenen Tagen der Ketzerei gleichkam und Gentz manche Gehässigkeit in seinen konservativen Kreisen eintrug. Die beiden Freunde trafen sich »im Entzücken« über Heines eben erst erschienenen Gedichte im »Buch der Lieder«. Nicht nur in Liebesbanden Zwiespalt suchend und findend, lehnte der Politiker Gentz diesen alle Ordnung in Frage stellenden Heine von Herzen ab, während der Publizist, der Poet in ihm, dessen Sprache nicht widerstehen konnte. »Ein Buch voll frecher Gotteslästerung und mehr als höllischen Hasses gegen alles Bestehende«, urteilte Gentz, »aber dem Witz dieses Menschen widerstehe wer kann, und daß er zu teuflischen Zwekken eine Menge unleugbarer Wahrheiten sagt, verkenne wer will.«

Interessant, die verästelten Freundschaften auf diesem Wiener Niveau rund um Fanny, das fügt sich wie von selber zusammen: Gentz – Prokesch – Metternich – Herzog von Reichstadt – Fürst von Salerno et cetera, eine Art Inzucht, wie man sie heutzutage beim Jet-set findet, kleine große Welt, jeder kennt jeden, ausbrechen gilt nicht. Und über all der Freunderlwirtschaft erhebt sich die herzliche Feindschaft des übelnehmenden, federzückenden Grillparzer.

Metternich hatte Prokesch »auf das freundlichste empfangen«. Sicher nicht allein um seiner schönen Augen und der Gabe willen,

recht plastisch über seine Erlebnisse im Orient zu erzählen. Gentz legte ein gutes Wort ein. Übrigens blieb auch Prokesch von der Borgeritis des Freundes nicht ungeschoren. »Leihe Gentz 1500 fl, speise bei ihm«, heißt es einmal in seinem Tagebuch.
Was Grillparzer betraf, so war ihm Gentz, wie bereits erwähnt, als Zensor seiner Werke in böser Erinnerung. Viel günstiger läßt sich auch seine Bekanntschaft mit Prokesch nicht beschreiben, diesmal sind Herzensangelegenheiten die Ursache des Haders. Denn Lotte Pichler, Grillparzers »geliebtes Lottchen«, hatte ihm, dem stets grantelnden, »mit dem Unglück kokettierenden« Franz, den schneidigen Prokesch vorgezogen und sich mit dem verlobt. Seither nannte Grillparzer ihn nur noch einen Emporkömmling (was er ja war), den »gegraften Gesandten«, den »westöstlichen Hanswursten«. Nachtragend wie ein Elefant, revanchierte er sich halt wieder einmal mit loser Zunge und spitzer Feder.
Prokesch heiratete Lottchen allerdings nicht. Er machte zunächst Karriere, ehelichte die Pianistin Irene Kiesewetter, ein schönes Mädchen mit schwacher Gesundheit, unter seinem Stand, was dem Fortkommen nicht gerade dienlich war. Schubert hatte Irene eine Kantate gewidmet. Für das entlobte Lottchen empfand Grillparzer eine der tiefsten Freuden, nämlich Schadenfreude. Dem »westöstlichen Hanswursten« blieb er gram.
Was aber verband *den* mit Fanny Elßler? War sie nebenbei auch das Herzerl von diesem jungen feschen Major?
Ihrem Liebhaber Gentz kam Prokesch nicht nur als gleichgesinnte Seele im endlosen Diskurs um Politik und Heine recht gelegen, ihm war er ebenso willkommen als zweiter Minnesänger. Denn aus allen seinen Briefen und Eintragungen geht hervor, wie geradezu süchtig er danach war, von anderer Seite Positives über die Geliebte zu hören. Gewisse Leute strichen dem Hofrat in dieser Hinsicht kräftig Honig um den Mund, um bei ihm dieses und jenes zu erreichen. Andere (wie Rahel Varnhagen) taten es aus Freundschaft.
Jedenfalls war Prokesch der rechte Mann an der zweiten Harfe. Er fand Fanny natürlich hinreißend und soll gleich folgendes Huldigungsgedicht auf sie verfaßt haben:

Dein Mund ist stumm, doch deine Blicke sprechen,
Es lebt das Wort auf deinen milden Wangen!
Beredtes Schweigen fühl' ich mich umfangen,
Und bald mein Herz in süße Wünsche brechen!
Welch sich'rer Sieg wird nicht der deine werden,
Wirst du als »Stumme« nächstens uns entzücken!

Fühlte er womöglich selbst, was er »im Auftrag« schrieb?
Ein seltsames Dreiecksverhältnis – »Dreigestirn« nannten es die Freunde –, eine merkwürdige Situation: In Fannys Wohnung, von Gentz bezahlt und ausgestattet, stand den beiden Männern ein Arbeitszimmer zur Verfügung, »das reizendste durch Blumen und Einrichtung, das man sich vorstellen kann« (Prokesch). Oft bis in die Nacht hinein rührte man sich nicht aus diesem Zimmer heraus – philosophierend, politisierend, über Fanny schwelgend. Nun lebten aber die Eltern mit in der Wohnung, kann sein, auch Kathi (Katti) Prinster, Fannys Cousine (sie soll seit 1823 eine Art Haushälterin im Elßler-Haushalt gewesen sein). So viele entgegengesetzte Temperamente, Interessen, in ein und derselben Wohnung; als Mittelpunkt Fanny, von einem ins andere Zimmer eilend, um es allen (auf unterschiedliche Weise) recht zu machen.
In seinem Tagebuch vermerkt Prokesch: »Fanny brachte uns abends zehn oder elf Uhr den Kaffee und wir lasen und sprachen, beseligt durch Vertrauen.«

Vertrauen – große Gefühle

Was aber, wenn diese hehre Fanny sich hin und wieder das Recht herausnahm, von ihrem Sockel herunterzusteigen, um ihren huldigenden Plaggeistern eins auszuwischen? Vielleicht war sie nur eine kokette klane Wienerin (manchmal), dem die kompakten Verhältnisse mit Grafen, Prinzen und alten Hofräten wie ein hausbackener Guglhupf im Magen lagen. Und vielleicht war dies ihre Art, sich ein wenig Jugend zurückzustehlen, die man ihr vor langer Zeit weggenommen hatte, wie die Holzpupperln, die Schaukelpferderln, und später die kleinen unschuldigen Vergnügungen junger Mäderln, das Drahn draußen beim Weinhauer, das erste Busserl jenseits des Froschkönig-Reiches. War sie nicht eine kerngesunde Gumpendorferin, die Tochter vom »scheenen Reserl«, das in seiner Jugend nix hat anbrennen lassen? Warum auch!

> I daug zu kaner Klosterfrau,
> gar koa Spur i waß ...

Stellen wir uns Fanny also vor (wagen wir es!), wie sie zwischen Tür und Angel die Liebkosungen des westöstlichen Hanswursten duldet, und gewiß nicht mit dem Seufzer: Wenn's halt sein soll! – vielmehr in dem Bewußtsein: Is' ja eh nix dabei ... und sovui guat is' aa ...

Während dieser Zeit in der Krugerstraße wurde auch schon kräftig der Zuckerguß angerührt, und es kamen Geschichten in Umlauf, die noch im zwanzigsten Jahrhundert die Zeitungs- und Illustriertenspalten füllten.

> ... Hier zeigt sie, daß sie nicht nur drei Minuten auf der großen Zehe stehen kann, sondern auch ein hausfrauliches Talent ist. Ihre reizende Art Salat anzurichten, entzückt ebenso wie ihre Geschicklichkeit, aus ein paar Restchen Stoff ein schickes Hütchen zu richten.

Ein anderer Rezensent läßt »Fannys herrliche Hände über den Stickrahmen fliegen und Blumen unter ihnen erblühen«.

Was war an Fannys hausfraulichen Aktivitäten wirklich dran?

Gerade während dieser Jahre – 1829 bis 1832 – arbeitete sie, wie wir wissen, sehr angestrengt an ihrer Karriere, die jetzt in Berlin und Wien einen ersten Höhepunkt erreicht hatte. Zwischen den beiden Städten hin und her pendelnd, mußte sie, wie gesagt, nebenher für die Eltern, den Geliebten, dessen Freund und für wen nicht alles da sein.

Da scheint es fraglich, ob für die Rolle der Salaterin, Kaffeemamsell und Modistin Zeit blieb. Aber so waren die Leute: ein paarmal Kaffee serviert (was Gentz und Prokesch hinausposaunten), ein

paarmal die Nadel durch den Stramin gezogen (was die Mutter stolz erwähnte), ein paarmal Salat angerichtet (der allen schmeckte) – und schon kochte »das liebe Mädchen« fortwährend Kaffee, stickte fortwährend und kam vom Grünzeug nicht mehr los. Alles, was Fanny tat, wir sagten es schon, reizte Zeitgenossen wie Nachwelt gleichermaßen zu Übertreibung.
Gentz soll Fanny übrigens »ein herrliches Französisch« beigebracht haben. Ein Basiswissen eher, denn ihre Beziehung zu Gentz dauerte ja nur zwei Jahre, in denen sie zweimal auf längerer Tournee unterwegs war. Allerdings lagen ihr Fremdsprachen wohl mehr als deutsche Orthographie, und später konnte sie sich ein ganz akzeptables Französisch aneignen.
Der praktische Sinn sagte ihr, daß es dem Fortkommen nützlich war, in den Büchern, die Gentz ihr in die Hand drückte, nicht nur zu blättern. Auf diese Weise weckte er in ihr ein Interesse für Literatur, ihr Deutsch wurde erträglicher.

Der erste lange Abschied

Ich habe einen schweren, einen herzzerreißenden Abschied von Fanny genommen ...

Gentz, Herbst 1830

Schon im Sommer hatte Gentz von dem Maler Agricola ein Porträt der Geliebten anfertigen lassen. Eine bezaubernde aquarellierte Zeichnung: die Zwanzigjährige in einem dekolletierten, hauchzarten Kleid mit tiefangesetzten Puffärmeln, die das Weiß ihrer schlanken Arme durchschimmern lassen. Das Haar in der Mitte gescheitelt und am Hinterkopf zu einer kleinen Krone aufgesteckt, zu beiden Seiten über den Ohren ein Blütengesteck. Gentz war es die 100 Gulden Conventionsmünze mehr als wert, und er saß Agricola nun auch für sein eigenes Porträt Modell.
Fannys Konterfei würde er brauchen können, denn Ende September brach sie ja zu ihrem zweiten Berliner Gastspiel auf, das, wie wir wissen, unter einem glücklicheren Stern stehen sollte als das erste.
In dem Ballett *Blaubart* absolvierte Fanny ihre wieder einmal für

Monate letzte Wiener Vorstellung; indessen eilte Gentz in das Vorzimmer des Fürsten Metternich, um dort Baron Brockhausen, den preußischen Legationssekretär, zu treffen, der ihm das versprochene Empfehlungsschreiben für Fanny übergab.
Am 18. September, um acht Uhr morgens, reiste sie mit Therese ab. Und Gentz, untröstlich, schrieb an Prokesch, der ebenfalls irgendwo unterwegs war:

> Ich habe einen schweren, herzzerreißenden Abschied von Fanny genommen. Welch abgeschmacktes Ding das Leben ist. Ein unbekanntes Etwas, das man Schicksal nennt, führt uns fast ohne unser Zutun die größte Glückseligkeit zu und stellt sie auf Strohhalme, so daß das leiseste Abendlüftchen sie verwehen kann. Eine dreimonatige Trennung ist freilich noch lange nicht der Tod, hat aber viel Ähnlichkeit damit.

Eilends sandte er ein Schreiben an Rahel Varnhagen nach Berlin. Man mußte die Gute mobilisieren, damit sie seine Kleine unter ihre Fittiche nahm, und außerdem war er begierig darauf zu hören, was sie von »seiner Tänzerin« hielt.

Hinter den Kulissen des Berliner Gastspiels

Ihnen darf und muß ich gestehen …

Gentz an Rahel Varnhagen

Wien, den 22. September 1830

> Sie haben lange, sehr lange nichts von mir gehört, meine vortreffliche Freundin; gleichwohl glaube ich steif und fest, daß es immer noch erlaubt ist, Sie mit diesem Namen zu nennen …
>
> … Ich weiß ferner, daß in Ihnen sich nichts Wesentliches geändert haben *kann,* und daß Sie heute noch *alle* die Eigenschaften besitzen *müssen,* die meinem früheren Umgange mit Ihnen einen so hohen Reiz verliehen. Ich wage es daher, Ihnen etwas von mir zu erzählen. Seitdem hat sich in mir eine große Revolution zugetragen; und von dieser will ich Ihnen Rechenschaft geben, so viel dies in den engen Schranken

eines Briefes geschehen kann. Ich befinde mich heute so wohl und habe ein so lebhaftes Gefühl von Wohlsein, wie es mir kaum in meinen besten Jahren zu Theil geworden ist. Eine Folge davon war unter andern, daß nicht nur mein Geist meine ganze jugendliche Frische, und mein Herz seine ganze ehemalige Empfänglichkeit wieder gewonnen, sondern daß selbst mein Äußeres sich auffallend verjüngt hat und alle meine körperlichen Kräfte mir wieder zu Gebot stehen. Es ist beinahe lächerlich, in meinen Jahren so von sich selbst zu sprechen. Meine Ihnen bekannte Furcht vor dem Tode ist daher auch, obwohl keineswegs verschwunden, doch so in den Schatten gestellt.

Ihnen darf und muß ich gestehen, was ich gegen Andre bloß nicht förmlich abläugne, daß ich seit dem vorigen Winter eine Leidenschaft von größerer Stärke als irgend eine meines frühern Lebens in meiner Brust trage, daß diese Leidenschaft zwar zufällig entstanden, nachher aber von mir vorsätzlich genährt und gepflegt worden ist.

Nach dieser langen Vorrede läßt er endlich die Katze aus dem Sack:

Sie werden erstaunen, vielleicht sogar erschrecken, wenn ich Ihnen sage, daß der Gegenstand dieser Leidenschaft ein neunzehnjähriges Mädchen, und noch obendrein eine Tänzerin ist.

Die Person befindet sich jetzt in *Berlin* – – – Wenn Sie sich anders noch um das Theater bekümmern, werden Sie vermuthlich von ihr hören. Ich habe aber den Wunsch, daß Sie sie ein- oder zweimal, wenn auch nur auf dem Theater, *sehen* möchten. Ich weiß von sonst her, daß Sie auf die äußere Gestalt der Menschen, und mit Recht, einen großen Werth legen. Es ist mir also nichts weniger als gleichgültig, ob und wie diese Fanny Ihnen gefällt? Und ich bitte Sie, mir gelegentlich etwas darüber zu schreiben …

Ich bewundre in diesem Augenblicke den Muth, der dazu gehörte, um Ihnen eine solche Reihe gewiß höchst unerwarteter Bekenntnisse abzulegen, um Ihnen zu sagen – daß ich

> mich verjüngt fühle – daß ich liebe – eine Tänzerin anbete – und daß ich mit *Heine* sympathisire! …

Oh, daß sie seine Geständnisse nur ja keinem Menschen anvertraute! Welche Heimlichkeiten um diese Liaison – mein Gott, Gentz!

> … Sie sind aber auch die einzige Person in der Welt, gegen welche ich das wagen würde; und, wenn dieser Brief nicht durch einen österreichischen Courier nach Berlin ginge, hätte ich es auch gegen Sie nicht gewagt. Fast alles, was er enthält, konnte nur im engsten Vertrauen geschrieben werden …
>
> Und: Sind Sie Ihrerseits *dieselbe* geblieben – so belohnen Sie mein Vertrauen mit einem – freundlichen oder strafenden – Brief, in der alten bekannten Manier …

Rahel, keine junge Frau mehr, verehrter Mittelpunkt der großen Berliner Gesellschaft, ließ sich nicht lumpen. Schließlich war man selber auch noch nicht jenseits von Gut und Böse – also verstand, ja billigte man!

Am 3. Oktober – »Sonntag Morgen 8 Uhr, Das schönste Sonn- und Mondwetter« – antwortet sie dem alten Schwerenöter:

> Der Himmel *hat* Sie gesegnet, sah ich völlig ein, als Fluten von Segen aus meinem Herzen für Sie strömten, nachdem ich Ihren paradiesischen Brief eben gelesen noch in Händen hielt. Ich fühle eine ewige Fortdauer, köstlicher *reiner Freund*, in dieser Übereinstimmung … Gutbestellte Herzen können immer verliebt sein, wollen es immer sein. Nur richtige Gegenstände dazu finden Sie selten: *daher* das Liebesunglück all …

Am Schluß ihres Briefes feuert sie den Freund förmlich an: »Nochmal Glück auf, zu unserer Frische!«

Da stieg die Venus aus
dem Meere!

Zur Genüge kennen wir Rahels vielzitierten Ausruf nach Fannys Berliner *Schweizer Milchmädchen*. Wie aber würde das junge

Mädchen, dieses Wiener Bonbon, von Nahem auf die preußische Literatin wirken? Ihrem Auftrag gemäß empfing Rahel die Tänzerin nach der Vorstellung in ihrem Salon, »und fürs erste lief das liebe Mädchen im Angesicht der ganzen und fremden Gesellschaft bei mir wie in einen Hafen ein; mit langen, lächelnden, zutrauensvollen Blicken (ich ließ sie neben mir sitzen), so nah gerückt wie ein erwartetes Kind bei seiner noch nicht gekannten Mutter ...«
Wie zwei Verschwörerinnen sahen sie einander in die Augen.
»Haben Sie Nachricht aus Wien, liebes Kind?«
Kleines vielsagendes Lächeln auf beiden Seiten.
»Ja, wohl! Recht oft.«
»Schreiben Sie auch?«
»Ja freilich, morgen gewiß – vielleicht noch heute.«
Rahel an Gentz:

> Ich bat, zu grüßen. Gibt's eine schönere Diplomatie? Beide, kommt's zum Krieg, haben wir nichts gesagt, und im Frieden blühen unsere Felder! Wir haben uns versprochen, uns wiederzusehen. Die schöne Schwester ist mir darin hinderlich: bloß weil ich mit zweien nicht so hantieren kann ...

Ja doch, die Kleine gefiel ihr gut, »behielt aber die weißen Handschuh an und war bis am Kinn bekleidet, also wußte ich von Hals und Händen nichts, das Köpfchen konnte ich auch nicht ganz beurteilen, weil sie es mit einer schönen Blondenhaube ... gekrönt hatte ...«
Natürlich folgte bald schon Fannys »Entblätterung«, und Rahel konnte die junge Schönheit nicht genug loben, auch ihren Anzug, den sie »einen persönlichen« nannte.

> ... und wie ich hinkomme, sitzt sie noch und bereitet der Schwester und sich mit höchsten Händen Ballaufsätze, von Blonden, Draht und Band ... als käme sie eben aus Paris; und intelligent wie nur der individuelle Charakter sie erfinden kann ... ich halte entsetzlich viel auf Anzug, aber gehe (selber) schlecht einher ...

Die alte Füchsin mag auf den ersten Blick gesehen haben, daß dieses Mädchen in allem, was der Instinkt einer Frau eingibt, unübertrefflich war. Von Kindheit an besaß Fanny ein todsicheres

Gespür für alles Optische, das allein machte schon die Hälfte ihres Genies aus; was Kleidung betraf, wußte sie genau einzuschätzen, wann weniger mehr war. Nie ein Schmuckstück zuviel.
Jedenfalls konnte Gentz mit dem Urteil der Berliner Freundin zufrieden sein und bedankte sich überschwenglich (wie sonst!) für das, was auf ihn »berauschend« (er unterstrich das Wort) gewirkt hatte. Nun, sie trägt fortan dick auf mit ihrem Lob, wenn sie zum Beispiel schreibt:

> Es wird für mich ganz finster in Berlin sein, wenn die Schwestern fort sind – mir gefällt hier kein Mensch! Und mit dem Theater ist's dann für mich aus ...

Man fragt sich manchmal, was diesen Romantikern, diesen unverbesserlich-liebenswürdigen Heuchlern in der Brust schlug, wenn sie ihr Herz Tag und Nacht auf den Lippen spazierenführten und aus der Feder fließen ließen. Übrigens: Fannys »landbardy-Brief« war vor kurzem erst geschrieben worden.

Den alten Hofrat packt die Angst

Ihr Urteil über mich, wird großen Eindruck auf sie machen.

Gentz an Rahel

Um den künstlerischen und gesellschaftlichen Erfolg seiner Fanny mußte er nun nicht mehr besorgt sein; ja, er glaubte sogar, daß man des Guten zuviel tat. Gingen die Preußen nicht geradezu barbarisch mit ihr um, lobten, bewunderten sie zwar, aber richteten sie »mit Vorstellungen und Proben in dieser Masse« zugrunde. Schon jetzt versetzte es ihm »Seelenstiche«, wenn er an die von Rahel in ihrem letzten Brief angedeuteten großen Engagementanträge dachte, die sein Mädchen von nun an häufiger noch aus Wien entführen würden. In welchem Licht würde sie ihn, den Alternden, künftig sehen? Da mußte Rahel ihm den Rücken stärken: zum einen Fannys Lehrmeisterin, zum anderen seine Fürsprecherin:

> ... Sie werden sie schüchtern und verlegen gefunden haben, wie es das Bewußtsein ihrer geringen Kultur, und der Re-

> spekt vor einer Frau, die ich ihr mehr als einmal wie ein fast wundervolles Wesen geschildert hatte, notwendig mit sich bringt. Vielleicht gelingt es Ihnen aber, sie zu apprivoisiren; und es würde mich unendlich freuen, wenn Sie ihr die Zunge lösen könnten. Ihr Urteil über mich wird großen Eindruck auf sie machen; und überdies können Sie mir einen wesentlichen Dienst leisten ...

Fannys Rückkehr nach Wien (Dezember 1830)

In der Krugerstraße war man währenddessen mit der weiteren Ausschmückung von Fannys Wohnung beschäftigt. Bei ihrer Rückkehr sollte alles in neuem Glanz erstrahlen. Gentz hatte wieder einmal kräftig Pensionen kassiert und Schulden gemacht; Vater Elßler, Kathi Prinster, die Handwerker und Lieferanten traten einander gegenseitig auf die Füße. Nur Mutter Resi konnte nicht viel ausrichten, sie kränkelte in letzter Zeit.

Am 14. Dezember kamen die Schwestern in Wien an. Gentz eilte mit gemischten Gefühlen zur Begrüßung; wie würde er die Geliebte wiederfinden, nach ihren rauschenden Erfolgen in der Fremde? Unbegründete Sorge: »Schöner denn je, so anspruchslos, kindlich bescheiden wie immer« stand sie vor ihm. Das jedenfalls berichtete er Freund Prokesch. Im Tagebuch der Vermerk:

> Ihre Freude war wirklich der meinigen gleich und erhöht durch das Vergnügen, welches die Verschönerung ihres Wohnzimmers machte.

Stellen wir uns Fanny beim Wiedersehen vor, wie sie über die Schulter des Geliebten hinweg rasche befriedigte Blicke über die Pracht gleiten läßt. Eine neue Tapete, ein neuer Fußteppich, ein neues, ausgesucht schönes (und teures) Möbel in der vielleicht einzigen noch freien Zimmerecke ... da schau her, brav, der Gentz ...!

Bekannte und Kollegen gaben sich in der Krugerstraße die Klinke in die Hand, wie immer, wenn die Schwestern von ihren Reisen zurückkehrten.

Dann endlich fand sich ein Abend, an dem die Liebenden alleinsein durften, und »besonnen«, wie Gentz im Tagebuch wiederkäute, zogen sie zunächst Bilanz:

Erster Abend –

Ohne Sinnenrausch, in voller Besonnenheit erkannten wir, was wir einander sind und unser Bund ward von neuem gefestigt ... In einem unvergeßlichen Gespräch teilten wir uns unsere Gefühle und Bekenntnisse über die vergangene Zeit und den gegenwärtigen Moment mit ...

Zweiter Abend –

... war weniger ätherisch als der gestrige, aber nicht weniger genußvoll ...

Dritter Abend –

Endlich, um halb acht, kam ich zu meiner Fanny, die mich in drei vertraulichen, äußerst süßen Stunden allen Kummer vergessen machte ...

Vierter »überglücklicher« Abend –

... ich werfe alle meine Sorgen hinter mich und fühle nur den Schmerz, daß diese Stunden nicht ewig dauern können ...

Die Weihnachtsfeier verbrachte Fanny im Familienkreis. Ob sie nach Eisenstadt reiste, um ihren Sohn, den mittlerweile dreijährigen Franzl, zu besuchen, oder ob er mit der Tant' nach Wien zur Mutter kommen durfte? Gentz hätte das sicher in seinem Tagebuch erwähnt. Er wußte von Fannys unehelichem Sohn, wie offenbar auch bei Außenstehenden in Wien durchgesickert war, daß Fanny, wie Prokesch es audrückte, »als Mädchen von vierzehn Jahren in Neapel zu einem Verhältnis mit dem Prinzen von Salerno veranlaßt worden war.«

Ein schönes Weihnachten, bei dem Gentz der Geliebten nicht von der Seite wich, so schön, daß er ausrief: »Gesundheit und Liebe verlaßt mich nicht, mit euch werde ich noch manche böse Stunde überstehen!« Er beschwor das Schicksal vergeblich, denn im anbrechenden Jahr 1831 sollte ihm vieles recht trübselig geraten. Gesundheitlich ging es ihm nicht mehr so gut, die Wirkung der Hochgefühle und Bäder ließ allmählich nach. Und ein seltsamer

Wandel in seinen Gefühlen für Fanny trat ein, was er zunächst nicht wahrhaben wollte.

Leise, ganz leise machte sich davon, was ihm noch einmal zum Jungbrunnen geworden war, verkam die Leidenschaft zum reinen Lippenbekenntnis – zu Tinte, im wahrsten Sinne des Wortes, denn er schrieb und schrieb an die Geliebte, begann sie mit seiner Melancholie zu traktieren:

An Fanny am 31. August 1831:

> Seit einiger Zeit, liebe Fanny, habe ich versuchen wollen, Dich etwas weniger zu lieben. Du würdest dabei nichts verloren haben, da das Übermaß meiner Liebe Dich wirklich mehr plagen als erfreuen muß. Ich aber bin bald inne geworden, daß jener Versuch nicht bloß ein eitler und törichter, sondern ein frevelhafter war, daß ich mir ebensogut hätte vornehmen können, mich nach und nach vom Essen und Trinken oder vom Atemholen zu entwöhnen; mit einem Worte, daß ich einen Selbstmord begangen hätte. Denn, da das Gefühl, welches mich an Dich bindet, das einzige ist, in welchem ich eigentlich noch lebe, so wäre der Wunsch, daß es weniger mächtig in mir sein möchte, ein unvernünftiger und gottloser Wunsch; und ich will zehnmal lieber an meiner Wunde als an einer trostlosen Genesung sterben. So lange Du mich nur mit Großmut erträgst und meine öfteren Klagen Dich nicht ermüden, soll alles beim Alten bleiben. Gott hat uns zu einander geführt; nur Er kann uns trennen!

Schon früher hatte er diese seltsame Leere in seinem Innern dem Tagebuch anvertraut:

> Um 7 Uhr fuhr ich ins Theater, wohnte in der Loge der Gräfin Gallenberg einem neuen Ballett *Der Zauberring* bei. Fanny glänzte nicht wenig; aber meine Lieblingsspeise widersteht mir – es war, als hätte ich Fanny nie geliebt.

In diesem zweiten Jahr ihrer Liebe muß ihm der Altersunterschied verstärkt zum Bewußtsein gekommen sein. Es ist anzunehmen, daß seine Aufenthalte im »reizenden Arbeitszimmer« mit der hin und wieder hereinspitzenden, Kaffee kredenzenden Fanny seltener wurden.

Noch liebt er sie, *will* er sie lieben, klammert sich trotzig an diese Liebe, das einzige, was ihm, außer trüben politischen Nachrichten und einem Haufen Schulden geblieben war.
In den Augen anderer stand er mehr und mehr als exzentrischer Liebhaber der kleinen Elßler da. Man hatte sein Thema Nummer eins bald satt und mied allmählich seine Gesellschaft. Selbst Prokesch, die zweite Harfe, verließ ihn, wenn auch aus beruflichen Gründen. Metternich schickte den fähigen Offizier mit dem höchst ehrenvollen Auftrag der Vermittlung zwischen der österreichischen und der päpstlichen Regierung nach Italien, wo eine Revolution ausgebrochen war. Das hatte Gentz gerade noch gefehlt:

> Sie waren der Einzige, der den ganzen Wert ihres (Fannys) Charakters erkannt hat, und der das Glück, welches mir der Umgang mit ihr gewährt, zu schätzen vermag.

Eine Zeitlang dachte Gentz, wie gesagt, an Heirat, was er in einem Brief an Rahel erwähnte. Doch baute er so viele Wenn und Aber ein, daß diese Absicht zur Farce wurde:

> Fanny hat in den verflossenen Jahren bewunderungswürdige Fortschritte in ihrer Kunst gemacht; sie ist heute die erste Tänzerin in Europa, es steht ihr eine weite glänzende Laufbahn bevor, sie wird mich lange lange überleben, und ich würde frevelhaft handeln, wenn ich in ihre Zukunft eingreifen wollte. So und nicht anders würde ich denken, wenn ich auch eine halbe Million besäße, sie ihr morgen verschreiben, sie übermorgen heiraten und vom Theater wegnehmen könnte …

Davon abgesehen, daß zum Heiraten zwei gehören – was wollte er mit der Ehe! Sein Potential an physischer Kraft war verbraucht, das Konto überzogen, er hatte die Rechnung (unter anderem) ohne seine Gastritis gemacht.
Metternich war Prokesch vor dessen Abreise nach Italien in den Ohren gelegen, daß Fanny den Alten betrüge. Da mag der Major ganz schön ins Schwitzen gekommen sein, nicht nur im Hinblick auf ihre angebliche Affäre (!) in Berlin. Und er beschwor den Für-

sten, eine solche Vermutung nur ja nicht im Beisein von Gentz auszusprechen. »Das würde er nicht überleben!«
Sommer und Herbst dieses so harmonisch begonnenen Jahres mögen für Fanny nicht eben heiter und angenehm verlaufen sein. Der Liebhaber wurde zum Plaggeist – zum Flehenden, der immer wieder bohrend anfragte, ob denn nicht doch »alles groß, alles Schicksal« gewesen sei.

> Du warst für mich geschaffen und fühlst es ... Daß das Schicksal sich in unserer Geburt verrechnete, war weder Deine noch meine Schuld. Aber trennen kann es uns nicht mehr und fiele die Welt zusammen ... Ich verlange keine Antwort von Dir; ich bitte Dich aber, dieses Billett mehr als einmal zu lesen.

Ob sie das Billett wirklich »mehrmals« las, oder es mit einem Achselzucken beiseite legte? Nichts war wie zuvor; und spürte er das Alter in den Knochen – sie spürte um so mehr ihre Jugend. Vielleicht war es sogar zu einem Streit gekommen, der ihm hinterher leid tat, denn ganz zerknirscht setzt er sich hin und schreibt wieder einmal an sie:

> Ich muß Dich im Laufe des Tages sehen, liebe Fanny, und sollte es noch so spät sein. – Du liebst die Erklärungen nicht; aber über den gestrigen Abend ist doch eine notwendig. Ein fremder Zeuge unseres gestrigen Gespräches würde uns leicht für zwei ungleichartige (Du verstehst das Wort?) Wesen gehalten und vielleicht gemeint haben, unsere Verbindung könnte von keiner langen Dauer sein. Und doch wird Dein Herz Dir, so wie das meinige mir, sagen, daß kein gewöhnliches, sondern ein wahres Zauberband zwischen uns zwei Ungleichartigen besteht.

Jetzt ist es ausgesprochen, wenn auch unter Beschwichtigungen: zwei ungleiche Wesen – »Du verstehst das Wort?«
Aber wollte die Zweiundzwanzigjährige noch verstehen? Ihr gingen ganz andere Gedanken im Kopf herum. »Danzn« natürlich! Und dann: Sie hatte bereits im Februar an ihren Kollegen Anton Stuhlmüller nach Berlin geschrieben und war nun, wie sie ihrer

Schwägerin mitteilte, »sehr begierig, ob er mir antworten wird«. Auch anderes will sie von Minna wissen:

> Wie steht es denn mit unserm Weißbier? Ich muß Dich wieder einmal darauf erinnern; denn da ich damals meinem Freund gesagt habe, daß es möglich ist eines zu bekommen, so läßt er mir jetzt keine Ruh. Auch soll es so gutes, weißes Honig geben bei Euch; das wünschte er auch zu haben. Also bitte ich Dich, liebe Minna, schreib mir etwas darüber. Ach wie sehr freuen wir uns schon, Dich bald in unsre Arme schließen zu können! Wir werden Dir schon recht viel Unterhaltung verschaffen, es soll Dir die Zeit nicht lang werden. Wärst Du nur hier.

Über den Gesundheitszustand des Geliebten berichtet sie Minna in der ihr eigenen trockenen Art:

> Gentz ist seit langer Zeit, ich kann sagen, seit ich zurückgekommen bin [nach Wien] immer unwohl ... Er ist, Du kannst seinen Schwestern versichern, nicht gefährlich krank, jedoch ist es ihm unangenehm. Sie dürfen aber gar nicht besorgt sein, kannst Du ihnen sagen ... Doch ist es höchste Zeit, ich werde vom Vater gejagt und muß jetzt schließen.

Zweite Reise nach Berlin (Winter 1831/32)

> *Hier – ist ihr Bild erstorben ...*
> *Gentz*

Im November brachen die Schwestern zu einem erneuten Gastspiel nach Preußen auf. Wie anders als beim ersten Mal mag dieser Abschied zwischen Fanny und Friedrich ausgefallen sein. Und wie vergnügt werden die Schwestern in Berlin mit Bruder und Schwägerin das Weihnachtsfest verlebt und im überfüllten Salon der Varnhagen oder sonstwo (vielleicht mit Stuhlmüller) das neue Jahr begossen haben.

Als sie im Frühjahr 1832 nach Wien zurückkehrten, war Gentz bereits ein schwer gezeichneter Mann. Der Zustand »einer wirklichen Gemütskrankheit, die empfindliche Fortschritte in mir macht«, hatte ihn erfaßt; doch nicht nur das Gemüt machte ihm

zu schaffen, »eine krankhafte Affektion ... wirkt ... feindselig auf fast alle Teile meines Körpers und gibt mir das Gefühl der Ohnmacht, von Trägheit, von unnatürlicher Neigung zum Schlaf, daß ich mich oft nicht entschließen kann, das Bette zu verlassen und irgendein Geschäft anzugreifen«.
Papperlapapp! mag Metternich gedacht haben. Sein Schreiben vom 15. März 1832 klang danach:

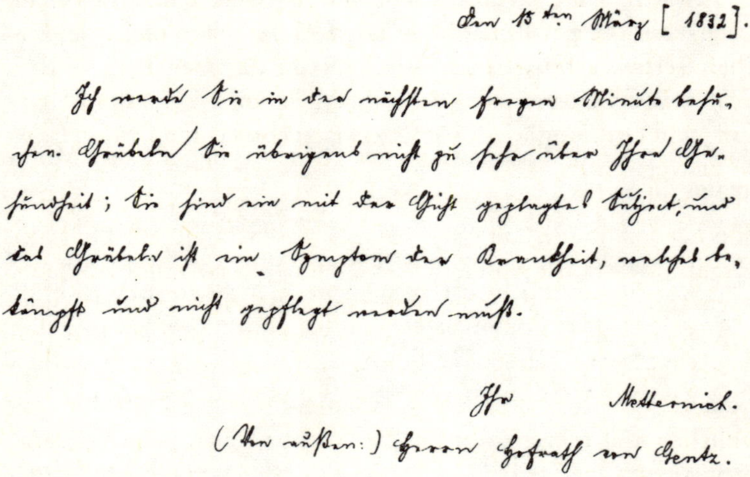

Den 15ten März [1832].

Ich werde Sie in der nächsten freyen Minute besuchen. Grübeln Sie übrigens nicht zu sehr über Ihre Gesundheit; Sie sind ein mit der Gicht geplagtes Subject, und das Grübeln ist ein Symptom der Krankheit, welches bekämpft und nicht gepflegt werden muß.

Ihr Metternich.

(Von außen:) Herrn Hofrath von Gentz.

Ähnlich dachten auch andere Eingeweihte über den »eingebildeten Kranken«; Prokesch sandte aus Italien lediglich politische Abhandlungen, kein Wort menschlicher Anteilnahme, keine Frage über den Gesundheitszustand des Freundes; das soll Gentz sehr verletzt haben.
Auch und vor allem im Bett funktionierte die Wiedersehens-Zeremonie mit Fanny nicht mehr wie sie sollte. Wes das Herz voll ist, des geht bekanntlich der Mund über: Gentz wurde seinem alten Freund, dem Grafen Münch, gegenüber geschwätzig.

> Das gute Kind trachtet mich aufzuheitern, aber alles ist umsonst. Hier (– er deutet auf sein Herz –) ist ihr Bild erstorben.

Doch nicht das Gefühl ist es, von daher liebte er sie wohl noch eine ganze Weile weiter, es ist die Unfähigkeit, seine Tänzerin körperlich zu lieben. Keine Rede mehr von der »himmlischen Süßigkeit der Abende«. Bei dem Achtundsechzigjährigen war jener Erschöpfungszustand eingetreten, den Metternich vorausgesagt hatte. Das Öl war versiegt. Und Fanny? Sie behandelte ihn in ihrer »gewohnten, unzerstörbaren, etwas leichtsinnigen Heiterkeit«, und »sucht mich zu überzeugen, daß ich mir meine Krankheit schwerer denke als sie ist.«

Er nennt sie seine »Wohltäterin«, was im Sinne der Beschwichtigungsversuche gewiß zutraf. – Trotz Melancholie und körperlichen Verfalls gehorchte ihm sein Verstand bis zuletzt.

Systematisch ging er zum Jahresanfang daran, die erwähnte Sichtung und Ordnung seiner Papiere vorzunehmen und Fannys Briefe zu vernichten. Uns Heutigen müssen die letzten Tage und Stunden im Leben der Menschen aus vergangenen Jahrhunderten wie ein Phänomen anmuten. Waren sie aus anderem Holz geschnitzt als wir, die wir in völliger Apathie, an blitzende Apparate angeschlossen, schon lange vor dem klinischen Tod dahinsterben? Sie *waren* aus anderem Holz: ein Mozart, der von Bett und Sessel aus rasch noch mit den Freunden das eben komponierte Requiem probiert; eine Frau Rat, Goethes Mutter, die wie vor dem üblichen Kaffeekränzchen in die Nachbarschaft schicken läßt, weil's jetzt »ans Sterben« gehe; ein Friedrich von Gentz schließlich, der kurz vor dem letzten Stündlein zur Feder greift, um seiner Haßliebe Heine nun doch den Kampf anzusagen. Nicht nur von großen Geistern ist diese Haltung angesichts des Sensenmanns überliefert. Und in den alten Chroniken heißt es fast heiter, selbstverständlich: Dann schloß er, schloß sie, die Augen für immer.

In Gentzens Fall war das der 9. Juli 1832 – Fanny an seinem Bett, und Friedrichs Blick: Habe ich nicht immer gesagt, daß ich sterbenskrank bin?

Alle Welt trauerte nun um den Vielgehaßten, der einen so »liederlichen Lebenswandel« geführt. Wie kaum ein anderer wußte Metternich, kleinlaut geworden, was er an Gentz verloren hatte.

Ich habe am Nachmittag des 8. mehr als eine Stunde bei ihm

zugebracht, und obgleich ich sein baldiges Ende bereits voraussah, so ahnte ich es dennoch nicht so nah ... Ein wahrer Genius ist mit dem Verewigten zu Grabe gegangen ...

Rahel Varnhagen mag ihrer gemeinsamen »Verschwörung um Fanny« gedacht haben. »... im übrigen glaube ich jetzt, wir werden nach dem Sterben voneinander wissen oder vielmehr zusammenfinden.«

Recht originell trauerte Bankier Salomon Rothschild um den Publizisten.

Das war ein Freund! – solchen bekomme ich nie wieder! Er hat mich große Summen gekostet, man glaubt nicht, wie große Summen ... dreimal soviel möcht ich geben, könnt ich ihn ins Leben zurückrufen.

... denn meine Seele ist zu sehr betrübt!

Gentz starb, in jeder Beziehung erschöpft, buchstäblich an Fanny. Er hinterließ nicht einmal genug Geld für sein Leichenbegräbnis. Metternich mußte es bezahlen. Fanny dachte im Alter ungern an Gentz zurück, redete nicht über ihn.

Zeitgenössischer Bericht

Anton Prokesch, von Metternich erst nach Gentz' Ableben aus Italien zurückberufen, betrauerte zugleich den Tod eines weiteren intimen Freundes, des Herzogs von Reichstadt, Napoleons unglücklichem Sohn. Der sollte wenige Tage nach Gentz, am 22. Juli, in Schloß Schönbrunn für immer die Augen schließen: Prokesch ins Tagebuch:

Totengeruch, wohin ich mich wende! – Ich ging zu Fanny Elßler, die mich umarmte.«

Totengeruch auch um sie, bald würde die Familie einen neuen Todesfall beklagen müssen.

An Fannys Stelle setzte ihre Schwester Therese die Todesnachricht an Gentz' Schwestern Lisette und Florentine auf.

Wien, 9ten Juny 1832

Ich habe es über (auf) mich genommen, Sie, meine hochver-

> ehrten Fräuleins! von unserem schmerzlichen, unvergeßlichen Verluste zu benachrichtigen, – den nicht allein Sie und die unglückliche Fanny! – und so viele seiner Freunde! – den die Welt erlitten hat! – Fanny hoffte noch immer, da sie sich diesen Verlust nicht als eine Möglichkeit vorstellen konnte, – weshalb sie auch der Schlag seines Verlustes so betäubend zu Boden drückt! – Diesen Morgen 9 Uhr führte ihn ein sanfter Schlummer in eine bessere Welt! ...

Fanny selbst steuerte nur wenige Zeilen bei:

> Gott! ich vermag es nicht meinen vielgeliebten Freundinnen, *Schwestern* noch ein paar tröstende Worte zu schreiben, denn meine Seele ist *zu sehr* betrübt. Gott gebe Ihnen, und mir die Kraft es zu ertragen. Fanny Elßler.

Familienverhältnisse
oder
Ein neuer Lebensabschnitt und wieder ein Drückeberger

Krankheit und Tod in der Krugerstraße

Ich bin ein altes Zimmer.
Einst war ich Kinderzimmer
und meine alte Freundin, die Kommode,
die war ganz neu und fühlte sich erhaben,
mit ihren Windeln stand sie hoch in Mode. – –
Und eines Morgens war ich nur noch Schweigen.
– Das war die Zeit, da war ich Sterbezimmer ...

Im Sommer 1832, während Gentz schon auf dem Sterbebett lag, mußten sich die Elßlers auch um die Gesundheit von Mutter Resi große Sorgen machen. Im März des vergangenen Jahres hatte Fanny bereits von einem Unwohlsein nach Berlin berichtet:

> ... Die gute Mutter ist heut viel besser; ich solls zwar nicht sagen, daß sie krank war, aber ich glaube Therese wird es Euch geschrieben haben.

Inzwischen war in Mutters Zustand eine wesentliche Verschlechterung eingetreten, und für die Töchter mag es nicht leicht gewesen sein, Beruf und Krankenpflege unter einen Hut zu bringen. Alle drei waren ans Kärntnertortheater verpflichtet, dazu die Berliner Gastspiele der beiden Jüngeren, und Fanny zusätzlich mit dem kränkelnden Liebhaber belastet. Vielleicht half Kathi Prinster um diese Zeit wieder im Haushalt mit, doch wird auch ihr die Pflege hin und wieder über den Kopf gewachsen sein, so daß man vielleicht fremde Hilfe in Anspruch nehmen mußte. Jedenfalls richtete Fanny am 18. Juni an einen Herrn von Draut folgende Zeilen:

> Haben Sie mich und meine kranke Mutter ganz vergessen, bester Herr von Draut, Sie haben mir doch versprochen, daß Sie meine kranke Mutter wieder besuchen werden. Ich hoffe, daß Sie Ihr Versprechen nicht bereuen, und erwarte Sie daher *bald*, (das heißt, wann es Ihnen möglich ist) bey meiner guten Mutter, die in den letzten Tagen sehr leidend war, zu sehen ... Nehmen Sie gütigst was ich hier bey lege für die glücklich überstandene Operation samt meinem *innigsten*

Dank, und verzeihen Sie, wenn ich es ungeschickt gemacht habe, es mit diesem Brief zu schicken.«

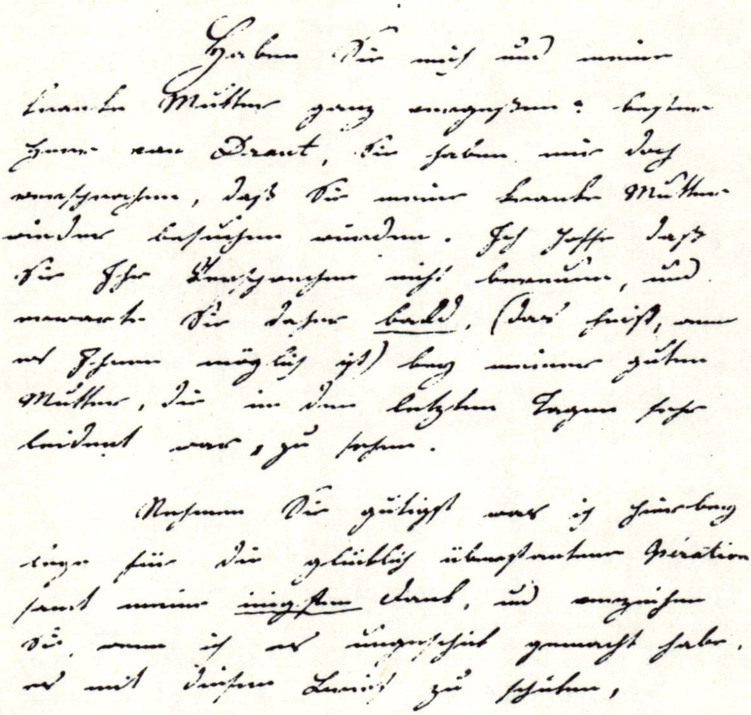
Haben Sie mich und meine kranke Mutter ganz vergessen? bester Herr von Draut, Sie haben mir doch versprochen, daß Sie meine kranke Mutter wieder besuchen würden. Ich hoffe daß Sie Ihr Versprechen nicht bereuen, und erwarte Sie daher bald (das heißt, wenn es Ihnen möglich ist) bey meiner guten Mutter, die in den letzten Tagen sehr leidend war, zu sehen.

Nehmen Sie gütigst was ich hierbey lege für die glücklich überstandene Operation samt meinen innigsten Dank, und verzeihen Sie, wenn ich es ungeschickt gemacht habe, es mit diesem Brief zu schicken,

Was wird sie diesem Herrn von Draut »bey gelegt« haben (wofür sie sich auch noch entschuldigt!), und welche Wohltat, die sie Operation nennt, mag er der Mutter bereitet haben? Offenbar hatte Draut die Kranke bereits zu Hause besucht, ihr Trost zugesprochen, vielleicht ein rasch wirkendes Medikament mitgebracht (war er Arzt?) und ihren Töchtern die Hände gedrückt.
Ein seltsamer, fast unterwürfiger Brief. Fanny unterzeichnet als »Ihre ergebenste Dienerin«, eine Floskel der Zeit, gewiß, aber vielleicht drückt sich darin das schlechte Gewissen aus, weil sie auf zu vielen Hochzeiten tanzt und für die Mutter kaum Zeit hat. Brauchte sie selber diesen Herrn von Draut als Beistand? »... haben Sie *mich* und meine kranke Mutter ganz vergessen ...?«

Schon einen Monat später, am 28. Juli 1832, starb Mutter Resi in der Krugerstraße – Gumpendorfs »scheen's Reserl«, der zahnlose, lahme und taube Wachhund aus vergangenen neapolitanischen Tagen, das luftige Wiener Blut, war still und sanft entschlafen.
Und nun ging es nicht mehr anders, eine der Töchter mußte ihren Beruf an den berühmten Nagel hängen, um dem verwitweten Vater den Haushalt zu führen. Daß die Wahl auf Netti fiel, muß nicht unbedingt damit zu tun gehabt haben, daß sie die Älteste war. Die Elßlers dachten praktisch; wer das meiste Geld heimbrachte, sollte eben weiterarbeiten. Als Mimikerin hatte Netti – sie wurde hauptsächlich für Pantomimen und ähnliche Stücke eingesetzt – keine Karriere gemacht wie ihre Schwestern. Das besagte denn auch, daß ihre »Einnahmen« eher bescheiden ausfielen. Außerdem eignete sie sich von den dreien wohl am besten zum Heimchen am Herd, und die Aussicht, bei ihrer unehelich geborenen Tochter daheimbleiben zu können, war verlockend.
Stellen wir uns Vater Elßler im Kreis seiner Töchter vor, Blutsverwandte, die eine merkwürdige Atmosphäre aus Kleinbürgertum und großer Welt verbreiten, so ein undefinierbares Gemisch, keiner paßt da recht zum anderen, abgesehen von Elßler und Netti, aber irgendwie ziehen sie doch an einem Strang.
Nach den Beerdigungsfeierlichkeiten für die Mutter sitzt Vater Elßler mit seinen Töchtern vielleicht noch ein wenig zusammen, so vertraut wie damals, als man noch in der Vorstadt lebte, nur daß eben die Resi abgeht. Johann und Minna sind bereits auf dem Weg nach Berlin, der »heilige« Pepi zu seinem Franziskanerkloster unterwegs, die Prinsters fast schon daheim in Eisenstadt. Vielleicht trägt Vater Elßler dieselbe Trauerkleidung wie zur Beerdigung seines geliebten Papa Haydn, so ein Gewand hält in Ewigkeit und man wird selber noch darin begraben. Ein dankbares Lächeln zu Netti hinüber. Irgendwann wird er mit ihr ins geliebte Eisenstadt ziehen, wo er dann, sooft er will, zum Schloß seiner früheren Dienstherren und ins Musikerhaus nach Obereisenstadt pilgern kann. Mittlerweile waren ja auch Haydns sterbliche Überreste (diesmal mit eigenem Kopf) zur endgültig letzten Ruhe in die Bergkirche überführt worden, dort wollte Elßler bei

ihm beten, und auf dem Heimweg am ehemaligen Haydn-Wohnhaus vorbeiwallfahrten, ausgebrannt und wieder renoviert, war es ein Stück kostbare Vergangenheit für den Elßler-Vater, wenn auch fremde Gesichter aus den Fenstern schauten. Ja, ja, seine Älteste wird ihn großartig bekochen, da läuft ihm schon jetzt das Wasser im Mund zusammen, und die Aufgabe seiner beiden Paradiesvögelchen wird es weiterhin sein, dafür zu sorgen, daß der Schornstein raucht.
Da saß seine Fanny mit am Tisch in ihrer Trauerrobe von elegantem Zuschnitt, ein schwarzes Kleid, wegen des traurigen Anlasses ohne den üblichen weißen Spitzeneinsatz. Schwarz trug sie auch ohne Trauer gern, weil es ihre Alabasterhaut besonders licht zur Geltung brachte. Reizende Fanny! Schneeweißchen und Rosenrot in einem. Das volle dunkle Haar wie stets in der Mitte des Kopfes gescheitelt und hinten zu einem Knoten geschlungen – oder trug sie es heute zu einem Mittelding aus Krone und Kranz geflochten? Jedenfalls, wie stets kein Schmuckstück zuviel, obgleich davon bereits reichlich in der mit Perlmutt eingelegten Schatulle lag.

Und die Moral von der Geschicht'?

I leb' wie Gott in Frankreich,
i iß und trink sehr fein,
I halt was auf's Soupécherl
und a guat's Glaserl Wein ...

Nur a Geld, nur a Geld
is' das Höchste auf der Welt ...

Strophe mit Refrain eines Alt-Wiener Liedes

Mochte für Nettis und Vater Elßlers Geschmack und Bedürfnisse die von Gentz eingerichtete Wohnung in der Krugerstraße um etliche Nummern zu groß geraten sein, auf Therese traf das nicht zu, denn für ihre »majestätische Erscheinung« konnte der Rahmen nicht aufwendig genug sein. Mit Straußenfedern am Hut, ausladenden Umhängen über den fast streng wirkenden Roben rauschte sie durch die Räume. Therese soll die intelligenteste der drei Schwestern gewesen sein, manche ihrer Zeitgenossen sahen in ihr gar eine Intellektuelle, bei ihrer geringen Bildung eigentlich unwahrscheinlich, aber sie nahm rasch auf, war interessiert an allem. Eines Tages würde sie eine fabelhafte Freifrau abgeben, dazu ernannt in ihrer morganatischen Ehe mit einem preußischen Prinzen. Therese jedenfalls wußte mit ihren Pfunden auch dort zu wuchern, wo die berühmtere, begehrtere Schwester zuweilen die ihren zu verschleudern beliebte: im Bett.

Welche Rolle mochten nun die Elßler-Eltern im Haushalt ihrer Fanny in der Krugerstraße gespielt haben? Und wie vertrug es sich mit ihren Moralbegriffen, in einer Wohnung zu leben, deren Miete – und wohl auch sonstiges – der Liebhaber ihrer Tochter bestritt (noch konnte Fanny diesen Luxus nicht selbst finanzieren).

Biedermeiermoral war auf jeder Gesellschaftsebene eine doppelbödige Moral. Mußten die beiden Alten als Alibi herhalten, um einen »sauberen Lebenswandel« zu demonstrieren (wie seinerzeit der Wachhund in Neapel)? Krämerseelen oder nicht, an einem, sehr nützlichen, Grundsatz hielt die Elßler-Prinster-Sippe fest: leben und leben lassen. In Zeiten, die manch einen Hungers krepieren ließen, schlug man nicht nach jeder Fliege, man ließ sie am Leben, wenn das dem Wohl der Familie diente. Und man schnitzte sich selber einen Herrgott, der diese Einstellung teilte, der ein Auge zudrückte.

Was Gentz betraf, war er ein großer Herr, ein politischer Kopf, und es mag Vater Elßler, im Umgang mit »Köpfen«, wie wir wissen, nicht unerfahren, geschmeichelt haben, in so nahe Tuchfühlung mit dem Geist der Zeit zu kommen. Das deckte manches zu, was den Elßlers an dieser Geschichte nicht gefiel. Und außerdem, eine Tänzerin, was hatte die zu erwarten? Zudem machte es ihnen Fannys angeborene Diskretion sicher leicht, eine Wohnung mit ihr zu teilen, obwohl »im reizenden Arbeitszimmer« stets Herrenbesuche verweilten.

Und der Sommer is ganga ...

Alles in allem war der Wiener Sommer des Jahres 1832 einer der traurigsten gewesen. Gentz und die Mutter auf dem Friedhof, der Haushalt in allmählicher Auflösung begriffen, einen neuen Lebensabschnitt vor Augen, der wiederum in die Fremde führte. Irgendwann, irgendwo wollte sie in Wien ein neues Heim gründen, aber es würde nicht mehr Gentz' Handschrift tragen. Die Schwestern wußten, daß sie im Herbst wieder in Berlin sein würden, und atmeten auf.

Diesmal waren es vorrangig private Gründe, die Fanny Preußen entgegenfiebern ließen. Denn dort erwartete sie der neue Mann, Pepi Stuhlmüller, ja, kein anderer, ihr »drittes Bein«, nicht nur auf der Bühne. Es ist anzunehmen, daß das Techtelmechtel mit dem schneidigen Solotänzer und einstigem Jugendfreund bereits während ihres letzten Berliner Gastspiels in vollem Gang war, begossen und besiegelt zum Jahresausklang 1831, just an jenem Silvesterabend, den der schon vom Tode gezeichnete Gentz, bei Fannys Eltern kurz hereinschauend und wehmütige Blicke im bewußten Arbeitszimmer um sich werfend, einsam in Wien verbrachte. Kann man Fanny die Fahnenflucht verdenken? Der Lack vom alten Hofrat war längst ab, und sie eine Schönheit, nicht zu beschreiben, von einundzwanzig Jahren!

Immer wieder sah man den Pepi Stuhlmüller in Fannys Kinderjahren und frühester Jugend kurz auftauchen und verschwinden. Der Vierzehnjährige kassierte bereits eine Jahresgage von 1000 fl, eine Menge Geld seinerzeit. Mit zweiundzwanzig Jahren trat er als Partner von Maria Taglioni auf, das war eine Auszeichnung und mehr Referenz noch als die große Gage. Trotzdem wurden auch sein Name, sein Talent mehr oder weniger untergebuttert, er geriet in Vergessenheit, ein Schicksal, das er mit den meisten seiner Kollegen teilte, sofern sie nicht zugleich Ballettmeister oder Ballettkomponisten waren. Im 19. Jahrhundert hatten nun einmal Tüllröckchen und Fußspitzentanz den Siegeszug angetreten, hatten die großen Ballerinen – eine Taglioni, Grisi, Cerrito, Grahn

und Elßler – die Ballerinos ins zweite Glied verwiesen, zu ihren Steigbügelhaltern und Dienstmännern, zu ihrem dritten Bein degradiert. »La Danse« war weiblichen Geschlechts; für die Männer hatte es sich ausgegöttert bis hinein ins 20. Jahrhundert. Einer der populärsten Tänzer, die den »göttlichen« Ballerinen wieder den Rang streitig machten (ohne sie je wieder vom Olymp verdrängen zu können), war der Russe Vaslaw Nijinsky, von dem eingangs bereits die Rede war. Zwar hatten die Pariser nach der Uraufführung seines ihm auf den Leib geschriebenen *Nachmittag eines Fauns* wieder einen Skandal, weil manche Zuschauer in sittlicher Entrüstung kreischten, aber sie hatten auch wieder einen »Gott«. Für Stuhlmüller und seine Generation kam diese Renaissance der Tänzer natürlich viel zu spät.
Im Herbst 1832, nach Fannys erneuter Rückkehr ans Berliner Hoftheater, spielten die beiden wieder »Ballerina und Dienstmann«. Stuhlmüller durfte dem Liebling der Berliner den Arm reichen, ihn hochheben, stützen, tragen, herumdrehen – und alles jubelte: Fanny!

Die Flucht nach London

Veni, vidi, vici sagtest du.
Hast etwas Zeit mit mir verbracht,
bald hast du's anders dir bedacht
und mich dabei nur ausgelacht,
dann hast du Schluß mit mir gemacht;
hast mich gelenkt,
hast mich gekränkt,
hast mich ertränkt.

Es ist nicht anzunehmen, daß es Pepi Stuhlmüllers Revanche war, der Geliebten ein Kind zu machen; es passierte eben, und wieder zahlte sie die Zeche.
Als Fanny von ihrem neuen Freund schwanger war, lag Gentz erst ein Dreivierteljahr unterm Rasen; mit Mutterfreuden war sie gesegnet, die alles andere als Freuden gewesen sein dürften. Abermals Flucht vor den scharfen Augen der Umwelt, ehe der Bauch unübersehbar werden würde, abermals Bedrohung der hart erarbeiteten, gerade erst gefestigten Existenz.

Gemeinsam mit Therese reiste die Schwangere nach London. Offiziell zu einem Gastspiel, dem die Schwestern gleich nach der Ankunft mit einigen Auftritten nachkamen. Doch bald darauf ging Fanny auf Tauchstation, nur Bruder Johann und die Schwägerin Minna wußten über ihren Zustand Bescheid. Der Ruhm, die schwelgerischen Huldigungen einer in sie vernarrten Männerwelt – Schall und Rauch. »Die schönste Tänzerin ihrer Zeit« wieder einmal in Schwierigkeiten allein gelassen, die sie in der Fremde austrug. Stuhlmüllers Kind, am 26. Oktober 1833 in London geboren, ließ sie auf die Vornamen Theresia Anna taufen. Familienname: Elßler – wie sonst! Mit allem, was die Erde hergab, sollte diese Frau überschüttet werden, aber die Namen der Väter fürs Taufregister waren nicht aufzutreiben.
Fanny brachte danach kein Kind mehr zur Welt, was nicht unbedingt heißen muß, daß sie nie mehr schwanger geworden wäre. Auch im vorigen Jahrhundert blieb es das Geheimnis der Frauen, wie oft sie es gewesen, ohne daß sie nach neun Monaten Leben schenkten. In den Gassen der Vorstadt hörten schon die Kinder davon tuscheln, wenn die Hereingefallenen mit verheulten Augen und verhuschten Blicken herumliefen. Ja, ja, es hat wieder gschnackelt und kaner will's g'wesen sei!
Im Diamantengrund wohnte die Engelmacherin, und ihr ist ein langes Wiener Verserl gewidmet worden, in dem es unter anderem heißt:

Die alte Engelmacherin vom Diamantengrund
Die gibt's heut nimmermehr.
So manchem Mäderl, das in Not war
Und vor Angst und Scham halbtot war,
Hat gerettet sie die Ehr',
Sie hat an Floh gemacht aus jedem Elefanten
Und erwarb viel Sympathie,
Weil: hat man heut auch keine Sorgen,
Hat man sie vielleicht schon morgen
Und an Ausweg wußt' nur sie.
Ihre Kundinnen, die waren niemals skeptisch
Sie blieben ihr ein ganzes Leben treu,

Und war ihr Werkzeug einmal nicht ganz antiseptisch,
Dann machte sie statt einem Engerl zwei. – –

Die alte Engelmacherin vom Diamantengrund
Hat jeder g'kannt am Grund,
Sogar die Polizei.
Ja, aber auch ein Polizeirat
Ist ein Mensch und is' verheirat',
Deshalb fand er nix dabei.
Jedoch es gibt im Leben immer wieder Neider
Die Ärzte hab'n ihr Handwerk abgestellt.
Die machen jetzt genau dasselbe, aber leider
Verlangen's dafür zehnmal soviel Geld.
Die alte Engelmacherin vom Diamantengrund
Hat das net lang ertrag'n
Und sie is' nach ein paar Jahr'n
Leider selbst ein Engerl word'n
Und dann hab'n die andern Engerln sie derschlag'n! Hallo!

Fanny muß nach ihrer Niederkunft noch eine ganze Weile in London geblieben sein, wohl um ihrem Baby, das sie hier »in Kost« gab, nahe sein zu können. Aus früheren Elßler-Biographien geht hervor, daß die kleine Theresia (Resi) in London bei dem englischen Historikerehepaar Grote regelrecht aufgewachsen sei. Nach Angaben jüngeren Datums lernte Fanny die Grotes hingegen erst 1838, also fünf Jahre nach der Geburt ihrer Tochter, kennen. Sie und Harriet Grote sollen sofort engen Kontakt zueinander gefunden haben, was Fanny bewog, die dann siebenjährige Resi der Engländerin ein paar Jahre anzuvertrauen. Eine seltsame Pflegestelle für ein Baby, falls Mrs. Grote tatsächlich so exzentrisch gewesen sein sollte, wie Ivor Guest sie in seinem Buch »Fanny Elßler« (englische Ausgabe) schildert. Ein verrücktes Huhn, in Londoner wie Pariser Bohemekreisen bestens bekannt, Mäzen junger Künstler. Ein Freund der Grotes soll auf einer Party bei ihrem Anblick ausgerufen haben: »Jetzt kenne ich die Bedeutung des Wortes grotesk!« Harriet war in greller Aufmachung, mit einem riesigen pinkfarbenen Turban auf dem Kopf er-

schienen. Ein anderer Bekannter des Ehepaares äußerte angeblich: Ich mag *ihn*, er ist so damenhaft, ich mag *sie*, sie ist ein perfekter Gentleman.
Doch wieder einmal will die Technik unsere Phantasie Lügen strafen. Es gibt ein Standfoto von den beiden: Harriet nun als Matrone, Aufguß einer grämlich dreinschauenden Queen Victoria im Witwenstand, George, steifer, backenbärtiger Professorentyp; beide in düster-korrekter Kleidung, wie den Dickensschen Romanen entsprungen. Dahin alle pinkfarbene Tollheit, ja eigentlich unvorstellbar. Sollte Harriet je ein Papagei gewesen sein, auf ihr Kostkind, die Elßler-Resi, färbte das nicht ab. Auch von ihr gibt es Fotografien, die ein nettes junges Mädchen zeigen, hochgeschlossen bis zum Hals, die dünne Lippe etwas verzogen, bieder in die Linse äugend.

Ein Schatten holt Fanny ein

Apropos Drückeberger Pepi Stuhlmüller: er starb im Alter von siebenundsechzig Jahren und kein Hahn würde mehr nach ihm krähen, wäre er nicht Fannys folgenträchtige Liaison gewesen. Sie hatte nach dem ausgestandenen Malheur Besseres zu tun, als ihm nachzutrauern, denn nun sollte es für sie vor allem beruflich erst richtig spannend werden: Paris kam in Sichtweite. Und damit geriet sie zunächst wieder einmal in den Sog einer Legende, holte der Schatten des jungen Herzogs von Reichstadt sie ein, den sie nie mehr loswerden sollte.

Die Story von Franz Napoleon
oder
Wer ist der Vata vom Elßler-Buam?

Wenn der Nachkommenschaft ein Froschkönig zu häßlich ist und sie sich an seiner Statt den bösen Buben von Schönbrunn wünschen möcht' ...

... daß der Napoleonide der Vater ihres Sohnes sei ...

Aus den privaten Aufzeichnungen der Schwiegerenkeltochter Fanny Elßlers

Vor mir liegen die Bildnisse der berühmten Tänzerin Fanny Elßler, ihres Sohnes, Franz Elßler, der mein Schwiegervater war, des Prinzen von Salerno und des Herzogs von Reichstadt, Napoleons Sohn.

Welcher der beiden Letztgenannten war nur der Vater von Fannys Sohn?

Das Bild des Prinzen von Salerno zeigt nicht die geringste Ähnlichkeit weder mit Franz Elßler noch mit dessen Nachkommen.

Der Prinz von Salerno, welcher der Welt gegenüber als der präsumtive Vater von Fannys Sohn galt, war ein ausgesprochen unschöner Mann. Im besonderen weist der Kopf eine abnorme Form auf und müßte sich doch irgendwie auf einen der Nachkommen vererbt haben. Diese haben und hatten aber ... normale, ja schöne Schädelformen.

Fanny, der man schon in ihrer frühen Jugend einen ganz hervorragenden Schönheitssinn nachsagte, sollte diesen Mann geliebt haben? Unmöglich! –

Hingegen spricht so vieles für die immer wieder auftauchende Legende, wie man diese Annahme nennt, einer Liebe zwischen diesen beiden schönen Menschen, dem Sohn Napoleons und Fanny, wie auch dafür, daß der Napoleonide der Vater ihres Sohnes sei ...

(Sophie Madirazza-Elßler, Witwe des Elßler-Enkels)

In ihren privaten Aufzeichnungen, die für dieses Buch erstmals aus Familienbesitz zur Einsicht freigegeben wurden, spricht Fannys 1966 verstorbene Schwiegerenkeltochter Zweifel und Vermutungen aus, die auch von anderen Elßler-Nachkommen und angeheirateten Familienmitgliedern geteilt wurden und werden. So-

phies erster Ehemann, Dr. jur. Franz Elßler, der Enkel Fannys, starb 1899 im Alter von fünfunddreißig Jahren an Tuberkulose. Seine junge Witwe ging eine zweite Ehe mit dem Kurarzt Dr. Madirazza ein und verwitwete wiederum sehr bald. Die 1870 in Graz Geborene kehrte daraufhin in ihre Heimatstadt zurück, wo sie, eine hochgeachtete und stadtbekannte Persönlichkeit, im Alter von 96 Jahren starb. Die Grazer Zeitungen schrieben, man habe Sophie Madirazza-Elßler die von ihr jahrelang in der Grazer Meiselstraße geführte Trafik »verliehen«, und zwar für die besonderen Verdienste ihres Sohnes Willy Elßler (Fannys Urenkel), die dieser sich unter der Regierung Dollfuß als Flugkapitän und »Regierungsflieger« erworben habe. Er stürzte mit seinem Flugzeug ab und wurde unter viel Presserummel zu Grabe getragen.
Kehren wir zu Sophie Elßlers Zweifel an der Vaterschaft des Fürsten von Salerno zurück: Bis zum heutigen Tage hält sich hartnäckig das Gerücht, der Napoleon-Sohn und Fanny Elßler wären einander in frühester Jugend in Wien oder Neapel begegnet und hätten sogar ein Kind, Franz Robert, miteinander gehabt. Schauen wir ihn uns also an, diesen ungestümen, verlogenen, unglückseligen Buben von Schönbrunn …

Getauft als ein König von Rom

Ich habe niemand – niemand.
Berede dich, ich wär' ein Waisenkind,
Das du am Thron mitleidig aufgelesen.
Ich weiß ja nicht, was
Vater heißt –
ich bin –
Ein Königssohn –

Don Carlos

Erinnern wir uns an den »Kleinen König von Rom« zur Zeit des Wiener Kongresses. Am 20. März 1811 in Frankreich geboren, er war also ein Jahr jünger als Fanny, hatte man ihm – pralles Baby mit geschwungener Lippe und Kahlkopf – statt des ihr von der Patin gestifteten Golddukatens die Königswürde ins Wickelkissen geknotet.

Sein Vater ließ ihn nach der eigenen erzwungenen Abdankung rasch noch zum Napoleon II. ausrufen. Jedoch umsonst. Die Mächtigen des Wiener Kongresses sprachen dem Dreikäsehoch sämtliche Würden und Titel ab. Man brachte ihn aus Frankreich nach Wien an den Hof seines Großvaters Kaiser Franz. Nun fünfjährig, hatte er schon so gut wie alles verloren: Kaiserkrone, Königswürde, Vaterland, Mutter und Vater. Verloren vor allem den Vater, der auf Sankt Helena nach dem politischen Tod bald auch dem jämmerlichen privaten Tod ins Auge blicken mußte.
Mutter Marie Louise, Ex-Kaiserin der Franzosen, Großherzogin von Österreich, wurde von ihrem Vater ins norditalienische Parma abgeschoben, wo sie immerhin gut dreißig Jahre lang regieren durfte. Seinen Enkel Franz Napoleon behielt der kaiserliche Großvater bei sich in Wien, denn der Bub sollte das erhalten, was Bonaparte am wenigsten für seinen Sohn wünschte: eine österreichische Erziehung.
Aber ganz so titelnackert wollte der Opa seinen Enkel nun doch nicht in Schönbrunn herumlaufen lassen, also machte man ihn zum Herzog von Reichstadt, und als solcher ließ es sich nicht schlecht leben im »Exil«, wie die Bonapartisten das Wiener Domizil ihres »jungen Adlers« nannten. Als schlichter Herzog von Reichstadt sollte der Prinz dann auch sterben, in seinem zweiundzwanzigsten Jahr, unrühmlich an der Schwindsucht.
Dies ist die kurze Geschichte des Franz Napoleon Herzog von Reichstadt und doch nicht die ganze. Denn neben dem mageren Titel stand dem Unglückswurm wie jedem Menschen zwischen Anfang und Ende ein bisserl Schicksal zu, das wenigstens konnte ihm niemand streitig machen.

Das bisserl Schicksal dazwischen

Wie verheißungsvoll begann doch dieses Leben! Bonaparte hatte sich von seiner ersten Kaiserin Josephine scheiden lassen, damit er bei den echten Kaisers, den Habsburgern, einheiraten konnte.

Ungeduldig wie in allem, ritt er dem Brautzug entgegen und nahm die Hochzeitsnacht vorweg, um mit Marie Louise seinen Nachfolger auf Frankreichs Thron zu zeugen.
In der Kirche Notre Dame richtete man dem »Kleinen König von Rom« eine der glanzvollsten Taufen aus, die Paris je gesehen hatte; alle Glocken der Stadt läuteten für ihn. Der Täufling trug ein Kleidchen aus kostbarsten Spitzen, zwischen denen der Großkordon der Ehrenlegion hervorlugte. Bonaparte, über das Taufkissen geneigt, nutzte die Stunde für einen pathetischen Ausruf:

> Wie beneide ich meinen Sohn! Ruhm wartet auf ihn, den ich erst erringen mußte. Wenn ich Philipp bin, dann wird er Alexander – um die Welt zu ergreifen, braucht er nur die Arme auszustrecken!

In Wirklichkeit sollte »die Welt« diesem Sohn recht eng gesteckt werden: Schloß Schönbrunn – die Hofburg – und wieder zurück; ein paar Reisen dazwischen, das war's dann.
Eine Zeitlang duldete man die französischen Gouvernanten des jungen Herzogs am Wiener Hof. Doch als sie Metternich zuviel von Frankreichs einstiger Glorie und den großen Taten des alten Napoleon schnabelten, verfrachtete er die Damen kurzerhand in ihre Heimat zurück. An ihrer Stelle übernahmen nun österreichische Vollblutoffiziere Franz Napoleons Erziehung, darunter Moritz Graf Dietrichstein und Johann Freiherr von Moll. Ihre Aufgabe sollte es sein, das Franzosenkind »auf österreichisch« umzumodeln. Seltsamerweise ließ man Franz Napoleon – nennen wir ihn der Einfachheit halber beim Vornamen – trotzdem die Schlachtpläne seines Vaters »studieren« und dessen Werke lesen. Wie sein Vater Kaiser der Franzosen zu werden, hätte dem Buben nicht schlecht gefallen. Doch wachten Metternichs scharfe Augen über ihm, damit die Bäume nicht in den Himmel wuchsen. Ein neuer Bonapartismus in Europa – no servus! Lieber akzeptierte man nach der Pariser Julirevolution den »Bürgerkönig« Louis Philippe auf Frankreichs Thron. Der stellte nix an, den konnte man unter Umständen für eigene – österreichische – Ziele ködern, er war das kleinere Übel, sozusagen. Franz Napoleon sah in Metternich seines Vaters und seinen unversöhnlichen Widersacher.

Hin- und hergerissen zwischen Vaterlandsliebe und Pflichtgefühl gegenüber Österreich und seinem Großvater, dazu in den Schatten der übermächtigen Vaterfigur abgedrängt, fiel er von einer Identitätskrise in die andere. Die Bonapartisten waren von ihrem »jungen Aar«, ihrem »Napoleon II.« maßlos enttäuscht. Jetzt, in der Julirevolution, wäre ihrer Meinung nach die Chance für ihn dagewesen, nach der Kaiserkrone Frankreichs zu greifen.

Aber was wollten sie von ihm, einem zwar außergewöhnlich intelligenten und ungestümen, aber unschlüssigen, unwissenden, noch nicht ausgereiften Zwanzigjährigen. Weit weg von Frankreich und den maßgeblichen Bonapartisten, stand er unter der Fuchtel entgegengesetzter politischer Strömungen, umgeben von Leuten, die ihm einmal zurieten – selbst Opa Franz beurteilte die Thronbesteigung seines Enkels zeitweise positiv – und einmal abrieten, ihn aber vorrangig in Schach hielten. Was blieb, war der Traum.

Trotzdem: auch wenn ihm das Schicksal die großen Taten versagte, taugte er doch zur Unsterblichkeit – einer Unsterblichkeit, der die Nachwelt einen niemals welkenden Kranz aus Dichtung und Wahrheit flocht. Und irgendwo in diesem Kranz leuchtet eine von Fannys weißen Kamelien – ob nur ein künstliches Gebilde ohne Duft, eines, das sich in nichts auflöst, sobald man daran rührt, oder eine Blume, die neues Blühen hervorbrachte – wer weiß es?

Fanny und Franz Napoleon?

Man behauptet auch, Reichstadt habe ein Verhältnis mit der schönen Tänzerin Fanny Elßler gehabt. Der Herzog hat sie nie gesprochen. Das Gerede entstand, weil man seinen Jäger einige Male in das Haus, das Fanny bewohnte, treten sah. Der Jäger kam aber, um mir, der ich mit Herrn von Gentz ein Lese- und Arbeitszimmer in Fannys Wohnung hatte und häufig dort zu finden war, ein Briefchen vom Herzog zu bringen oder mich aufzusuchen. Was sein Gemüt, sein Denken beschäftigte, ließ keinen Raum für andere als flüchtige Eindrücke des schönen Geschlechts.

Anton Graf Prokesch-Osten

Kehren wir ein letztes Mal in die Krugerstraße zurück, als dort im »reizenden Arbeitszimmer« die Herren Gentz und Prokesch häufig anzutreffen waren und tatsächlich von Zeit zu Zeit ein Bote des Herzogs von Reichstadt erschien, um in dessen Auftrag Billetts abzugeben. Diese, so Prokesch, seien für ihn und nur für ihn bestimmt gewesen.

Der Major hatte den zwanzigjährigen Franz Napoleon an der Grazer Hoftafel kennen- und auf Anhieb schätzen gelernt. Zuneigung und Vertrauen auf beiden Seiten. Der junge Mann befand sich im Augenblick wieder in einem schweren inneren Konflikt, da durfte Prokesch Beistand leisten; diesmal nicht als Minnesänger wie bei Gentz, sondern als Seelentröster.

Vor kurzem nämlich war der österreichische General Adam Graf Neipperg gestorben, und man hatte Franz Napoleon hinterbracht, daß dieser mit seiner Mutter in Parma verheiratet gewesen war. Das allein hätte für ihren Sohn keine Hiobsbotschaft bedeutet, da er den General stets schätzte, in gewisser Weise sogar verehrte. Das Schlimme an der Geschichte war hingegen die gleichzeitige Hinterbringung, Marie Louise habe bereits vor dieser Eheschließung, also noch zu Lebzeiten und als Frau des verbannten, nun verstorbenen Vaters, zwei Kinder mit dem Grafen gehabt. Franz Napoleon sah darin einen Verrat am Vater und an sich selbst.

Eines Tages bat Prokesch seinen älteren Freund Gentz um Vermittlung bei Metternich. »Geh, leg a gut's Wort für mich ein, Friedrich, ich wär' gern der offizielle Berater vom Franzl.«
Gentz sprach auch gleich mit dem Fürsten darüber, aber der winkte ab. »Die beiden zusammen würden die Welt über den Haufen werfen.«
Wußte er doch zu genau, daß der schneidige Major den Flausen seines jungen Freundes nicht ablehnend genug gegenüberstand, um sie ihm auszutreiben.

Gemunkel in der Kruger-straße

Daß Prokesch gar so eifrig betonte, die Billetts des jungen Herzogs an Fannys Adresse seien an ihn und nicht an sie gerichtet gewesen, sieht die Elßler-Nachkommenschaft als Teil eines Komplotts an – denn: der Sohn Bonapartes durfte keine Liebesbeziehung haben, aus der womöglich ein Kind hervorgegangen war; das paßte nicht ins Konzept der »heiligen Allianz«.
Sophie Elßler-Madirazza: »Prokesch, der von allem wußte, war er doch mit dem jungen Aar sehr befreundet, mußte natürlich auch schweigen, mußte aus politischen Gründen die vielfach durchgesickerten Begebenheiten bestreiten ...«
Was aber veranlaßte Franz Napoleon, seine Botschaften an den Freund in Fannys Wohnung zu senden? Von mancher Seite wurde als Grund vermutet, daß man »vor Metternichs Spitzeln sicher sein wollte«. Ein unwahrscheinlicher Grund, denn diese Spitzel waren ja über die häufige Anwesenheit des Majors im Liebesnest seines Freundes Gentz genauestens unterrichtet.
Wie auch immer – daß der Leibjäger des jungen Herzogs, den man erkannte, weil er dessen Farben trug, mit Billetts vor ihrer Wohnungstür erschien, kompromittierte Fanny. Man munkelte, sie habe neulich einigen ihrer Bekannten zugeflüstert, sie möchten beim Verlassen des Hauses den zweiten Aufgang benutzen, weil gleich der Herzog von Reichstadt zu Besuch käme und nicht gese-

hen werden wolle. Alle Dementis halfen nichts. Die Klatschsucht der Nachbarschaft hatte neuen Zunder bekommen: Da schau her, der scheene junge Herzog und sei Pupperl, die Fanny ...

Ein schöner Mensch, der Franz Napoleon

Auguste Bartélemy, damals ein berühmter französischer Dichter und glühender Bonapartist, war 1828 nach Wien gekommen, um sein in Paris verfaßtes Epos »Napoleon in Aegypten« dem jetzt siebzehnjährigen Sohn Bonapartes persönlich zu überreichen. Aber da kam er bei dessen Erzieher, Graf Dietrichstein, schlecht an, und unverrichteter Dinge mußte er aus der Wiener Hofburg abziehen. Schon befürchtete der wackere Poet, sein Idol niemals zu Gesicht zu bekommen, als er es eines Abends in der Hofoper die Kaiserloge betreten sah. Ein schöner Mensch, der Franzl Napoleon, 1,86 Meter groß, blond, schmalbrüstig, schlank bis mager, ein Gesicht von beinahe weiblicher Schönheit und Anziehungskraft, mit den vollen Lippen und dem porzellanblauen Blick Marie Louises. Zugegeben, dieser Prinz sah nicht aus, wie es Bartélemy, eingedenk seiner politischen Sendung, erhofft hatte – zu wenig Einsamkeit, zu wenig Verbannten-Aura um ihn. Aber dem konnte man nachhelfen, wozu war man Dichter.
Eilends kehrte er nach Paris zurück und verfaßte über den unglücklichen Kaisersohn seine berühmte Tirade, in der es unter anderem hieß:

> Still! – In der Nachbarloge ging die Tür.
> Geheimnisvoll aus ihres dunklen Raumes Tiefe
> Schimmert ein Antlitz – eine bleiche Wohlgestalt.
> Sie gleicht, von düstrem Rahmen eng umfangen,
> Den Bildern Rembrandts, wo auf schwarzem Grunde
> Des blassen Fleisches Schönheit reglos lebt.
> Schauspieler, Volk, der Kaiser selbst, versanken. – Ich glaubte mich allein. Ich rief: »Er ist's!« Er war's –

Nach diesem enthusiastischen Einstieg kam der Dämpfer: Bonapartisten, alle herhören:

> ... Und doch! Ich weiß nicht – Bangen quält die Seele
> indes ich dieses Antlitz, seine Blässe deute.
> Mir ist's, als paare seinem Leben sich der Tod – –
> Seht ihr sie nicht, die sonderbare Farbe,
> zernagt ein Wurm, so früh schon eingedrungen
> durch zarte Haut, die kaum gereifte Frucht? – –

In Paris wie in Wien sorgte dieses Gedicht, das den Prinzen in den letzten Strophen zur offenen Rebellion aufforderte, für helle Aufregung. Wie würde er selbst es aufnehmen? Zweifellos mögen Emotionen in ihm hochgespült worden sein – vor allem aber fühlte er sich gekränkt wegen des Wurms, »der so früh schon eingedrungen in die kaum gereifte Frucht ...«. Zwar machte sich die todbringende Krankheit bereits in Erkältungsanfällen und einem merkwürdigen Husten bemerkbar, aber um jene Zeit wirkte er noch gesund und frisch; so erlebten ihn auch die Wiener, wenn seine »hübsche, geschmeidig leichte Gestalt« auf dem Pferderükken an ihnen vorüberjagte. Und Erzieher Moll notierte ins Tagebuch: »An der Spitze seiner Truppe reitend, sah man seine Augen glänzen.«

Was die Herren seiner Umgebung nicht bemerkten oder nicht bemerken wollten: diese schönen Augen glänzten nicht nur in Begeisterung, sie glänzten manchmal schon im Fieber.

Gentz begegnete dem jungen Herzog zum ersten Mal in Preßburg und schrieb an Prokesch über dieses Zusammentreffen:

> ... ich hatte auf einem Ball das längst gewünschte Vergnügen, mich mit dem Herzog von Reichstadt bekannt zu machen ... Wie unendlich mir sein Äußeres, seine Stimme, seine Manieren gefielen, kann ich Ihnen kaum beschreiben ... Die Weiber hofieren ihn ...

Der böse Bube von Schönbrunn

Genug der Lobhudeleien um den edlen Franzl Napoleon! Was immer im Folgenden noch an langatmig-geschwollenen Beteuerungen über seine »Heiligkeit« gesagt wird – Papier ist geduldig. Sein Erzieher Graf Dietrichstein, der schärfer hinsah, und in diesem Punkt wohl auch ehrlicher war als Prokesch, schildert bereits den Fünfjährigen als »bizarren, zwiespältigen Charakter« und bestätigt dem Heranwachsenden »Starrsinn, ein gutes Gedächtnis und Frühreife«. In Dietrichsteins Bericht an Marie Louise:

> Die Neigung zum Bösen, die Sucht zu lügen ... haben mich schon zu Beginn gewundert ... Nichts ist bezaubernder, als seine Erscheinung und sein Diskurs, wenn er liebenswürdig sein will: aber es ist zu wenig Kindliches in ihm, und er ist offenbar zu klug für sein Alter, nicht in Ansicht der Kenntnisse, sondern zum Schaden seines Charakters, der an Biegsamkeit nicht gewinnt ... Das Gemeine dominiert stets bei ihm ...

Ein junger Mensch also, der's faustdick hinter den Ohren hatte; kein Wunder, daß seiner schillernden Persönlichkeit kein Mensch auf den Grund gekommen ist. Dazu bilderbuchschön, von den »Weibern hofiert«, höchsten Anspruch und herrischen Willen vom Vater ererbt, in gesteigerter Lebenslust aufflackernd, wie bei Lungenkranken häufig.

Da fällt es von Herzen schwer, daran zu glauben, dieses Früchterl habe seinem Gusto aus eigenem Antrieb Zügel angelegt, ja sogar eine Art Keuschheitsgelübde abgelegt, wie Prokesch es der Nachwelt weismachen will:

> ... Gemeine Zotenreißer und boshafte Menschen haben gewagt, die Reinheit des Prinzen zu betasten und vorzugeben, er habe sich mit Weibern verdorben. Diese Verleumdung beweist die Niederträchtigkeit oder Gemeinheit derer, die Sie aussprachen. Außer mit den Gräfinnen Karolyi und Almassy war er keinem Weibe mit dem Wunsche von Liebe genaht,

> und seine Unschuld, ebensosehr der Mangel an Gelegenheit, verhinderten ein Vergehen mit diesen beiden.

Weder Mangel an Gelegenheit noch blauäugige Unschuld dürften der Wahrheit entsprechen. Trug auch Fanny zu dick auf, tat sie des Guten zuviel, um noch glaubwürdig zu wirken, wenn sie erklärte, sie habe Franz Napoleon nie anderswo als von der Bühne aus, in seiner Loge, gesehen? Sie sollen einander niemals von Angesicht zu Angesicht gegenübergestanden haben? Er, von dem ganz Wien sprach, »auf dem Theater kein Unbekannter«, und sie, zwar als Tänzerin noch nicht so berühmt wie in späteren Jahren, aber schon eine anerkannte und gefeierte Wiener Schönheit? Merkwürdig auch deshalb, weil die wichtigsten *seiner* Freunde und Bekannten (Prokesch, Gentz) zugleich die *ihren* waren.

Wie der böse Bube verkuppelt wurde

> *Er ist, ohne ein Weib berührt zu haben, ins Grab gesunken.*
>
> *Prokesch*

Was tun, wenn in dem »zwanzigjährigen Jüngling«, wie Major Prokesch geschwollen berichtet, »die Natur mit Macht erwachte«?

Dem flotten Prokesch, der, wie wir wissen, selber kein Kostverächter war, soll nun um seinen jungen Freund wegen der zarten Regungen »bang« geworden sein,

> so daß ich im letzten Winter mehrmals daran dachte, wie vorteilhaft für sein Gemüt eine derartige Bindung wäre ... Ein Verhältnis dieser Art hätte ihm vielleicht das Leben gerettet, denn es hätte ihn abgewendet von dem Brüten über seine Herkunft und Vergangenheit, es hätte seiner Seele neue Lebenskraft gegeben.

Prokesch beratschlagte also mit dem Grafen Dietrichstein, wie man dem Prinzen eine solche »Bindung«, respektive »ein Verhältnis solcher Art« (welcher Art denn, da er doch Osterlamperl bleiben sollte?), zuschanzen könnte.

Im Volksmund nannte man das schlicht »Kuppelei« und schob sie dem verhaßten Metternich in die Schuhe. Nicht zur seelischen Erbauung des Prinzen habe ihm der Staatskanzler »Weiber zuführen lassen«, vielmehr in der Absicht, seiner von der schleichenden Schwindsucht angeschlagenen Gesundheit durch »Fleischeslust« den Rest zu geben. Es ging das Gerücht, daß der Herzog von Reichstadt durch sein bloßes Dasein die Ruhe des alten Europa bedrohe, »was ihn daran hindern wird, zu leben«.

Historisch belegt ist, daß die Wahl zunächst auf Therese Peche, eine Hofschauspielerin, fiel, die bereits auf der Bühne Franz Napoleons Aufmerksamkeit erregt hatte. Prokesch: »Sie gefiel ihm, mir war das angenehm. Ich kannte sie gar nicht, aber als Künstlerin schien sie mir Schwung zu haben ... Sie war eine jugendliche, schöne Gestalt, und ihr Ruf unangetastet.«

Als gschlampertes Verhältnis des Napoleon-Sohnes mag sie dann aber den Ansprüchen der hohen Herren doch nicht genügt haben – vielleicht war sie zu keß, nicht verschwiegen wie eine Elßler? Und so klagte Prokesch: »Demoiselle Peche war nicht so, wie ich sie mir dachte.«

Franz Napoleon hatte die Peche im Dezember 1831 in Begleitung des stadtbekannten Schürzenjägers Gustav Graf Neipperg, einem angeheirateten Verwandten aus der zweiten Ehe seiner Mutter, besucht. Doch sei er, auch was seine Beziehung zu den Gräfinnen Nadine Károlyi und Louise Almássy betraf, »rein« geblieben, frohlockte Prokesch. Ganz recht, selbige Nadine war es, die auch dem alten Gentz zu einem »tagelangen Rauschzustand« verhelfen sollte. So blieb halt alles in der Familie.

Prokesch:

> Im Januar (1832) fiel der junge Herzog in die Krankheit, aus der er nicht wieder aufstand. Er ist, ohne ein Weib berührt zu haben, in die Gruft gesunken.

Mein Gott, Franzl! So herb wird dein Schicksal nun doch net gewesen sein, daß du ohne ein Reserl, ein Fannerl, ein Nadinerl umarmt zu haben, in die (Kapuziner-)Gruft gesunken bist ...?

10 Komponist Auber gratulierte:
Fanny in ihrer Erfolgsrolle als Fenella

11 La Sylphide: Diese Rolle sollte aber
die Domäne von Fannys großer
Rivalin Maria Taglioni bleiben.

12 Gib dem Fürsten, was des Fürsten ist: »Froschkönig« Fürst von Salerno, Fannys »erster Einkäufer«

13 Napoleons Sohn, der Herzog von Reichstadt: War er der Vater von Fannys unehelichem Sohn?

14 Die siamesischen Zwillinge des Tanzes: Fanny und Therese Elßler, beide gleich edel, gleich unbedeutend lieblich, gleich »kropfert«

15 Drückeberger Nummer zwei: Anton Stuhlmüller, Vater von Fannys Tochter Resi

16 Auf Kostplätzen herumgeschoben: Fanny Elßlers Tochter Therese, genannt Resi

17 Die Elßlers: Mutter und Tochter

Gleich zwei böse Buben mit Kurs auf Fannys Unschuld?

Aus den weiteren Aufzeichnungen von Sophie Madirazza-Elßler:
Es lag zweifellos im Interesse der Habsburger, daß der Sohn Napoleons keine Nachkommen, insbesondere keine männlichen, habe.
Wie mir mein Mann, Fannys Enkel, erzählte, hatte man seiner Großmutter aus Kreisen des Kaiserlichen Hofes eine große Summe angeboten, die sie jedoch mit der Begründung zurückwies, sie könne ihren Sohn selbst erhalten.
War das Schweigegeld?
Und warum wurde sie, solange sie lebte, zu jedem Hofball und anderen gesellschaftlichen Veranstaltungen des Kaiserlichen Hofes eingeladen? Soll das etwa der Dank für ihr Schweigen gewesen sein?

Weit mehr als Gustav Graf Neipperg oder irgendein anderer, sollte der Onkel Franz Napoleons, Leopold Fürst von Salerno, »übler Schuldenmacher und Schürzenjäger«, einen nachteiligen Einfluß auf den Heranwachsenden nehmen.
Da haben wir ihn also wieder, unseren »Froschkönig«, mutmaßlicher Vata von Fannys Sohn und, wie wir gleich erleben werden, Kumpan des Vata-Kandidaten? Nummer zwei, das mutet schon seltsam an. Erzieher Graf Dietrichstein sah in Leopold »den Ursprung des kommenden Unglücks für den Prinzen«, da dieser die ohnehin rege Phantasie seines Zöglings noch angeheizt habe, »so daß er die Emanzipation herbeisehnte, um in die Praxis umzusetzen, was man ihm zu verbergen bemüht ist«.
Dietrichstein wandte bei Franz Napoleon einen Trick an, um hinter Leopolds verderbliche Einflüsterungen zu kommen:

> ... ich muß auch überhören, was ich erfahre, und sehr vorsichtig sein, sobald der Prinz von Zeit zu Zeit Einzelheiten dieses unmoralischen und unpolitischen Kurses ... mir anvertraut. Ich höre ihn mit gleichgültiger Miene an, denn dies ist das Mittel, ihn vertrauensselig zu machen ...

Ein sauberes Gespann, diese beiden: der überreife Leopold, Fannys »erster Einkäufer«, und der frühreife Franzl Napoleon. Gemeinsam besuchte man das Theater, gemeinsam unternahm man einige Reisen. Und sogar an der kaiserlichen Tafel, unter den Augen des gütigen, aber streng-frommen Großvaters, sah Dietrichstein die beiden miteinander tuscheln.

»Man macht sich keine Vorstellung davon, was der Prinz bei Tisch vor und nach dem Theater ... jetzt durch den Fürsten Leopold erfährt.«

Treffpunkt Neapel?

Warum hatte Fanny ihren Sohn Franz getauft? Damals war es Sitte, daß Söhne nach den Vätern, und Töchter nach den Müttern benannt wurden. Prinz Salerno hieß (aber) Leopold ...
Und warum brach sie immer in Tränen aus, wenn man ihr vom Herzog sprach?

Sophie Elßler-Madirazza

Theoretisch hätte es durchaus möglich sein können, daß Franz Napoleon, wie Elßler-Angehörige annehmen, während Fannys Engagement am Teatro San Carlo ebenfalls kurze Zeit bei seinem Onkel in Neapel weilte, und Leopold die beiden jungen Leute einander, sofern nicht bereits in Wien hinter den Kulissen geschehen, vorgestellt hatte.

Nun bleibt es jedem unbenommen, die Geschichte entweder achselzuckend auf sich beruhen zu lassen oder ihr etliche Stelldicheins zwischen Fanny und Franz Napoleon anzuhängen, deren zu Fleisch und Blut gewordene Folgen dann aus angeblich politischen Gründen dem guten Onkel Leopold als einer Art Strohmann untergeschoben werden mußten. Fanny, so heißt es, wollte das Geheimnis um die wahre Vaterschaft »mit ins Grab« nehmen. Aber wieso Geheimnis, da sie doch wissen ließ, der fürstliche Poldi sei der Vata? Aber vielleicht waren weder er noch Franzl Napoleon im Spiel, ja es ist dieser Fanny zuzutrauen, daß sie, wenn sie nur wollte, einen ganz anderen Trumpf aus dem Geheimniskrämerkistl hervorholen könnte, der gefoppten Verwandtschaft zurufend: April, April – der Gärtner is der Vata!

Einzige Tatsache bleibt, daß sie ihr erstes Kind im Oktober 1826 zur Welt brachte. Zum Zeitpunkt der Zeugung zählte Franz Napoleon fünfzehn Jahre. Er soll, wie gesagt, frühreif gewesen sein.
Lassen wir noch einmal im Nachfolgenden Sophie Madirazza-Elßler mit einem weiteren Argument zur möglichen Vaterschaft des Napoleon-Sohnes zu Worte kommen:

> Der Herzog von Reichstadt starb an Lungenschwindsucht in Schönbrunn. Der Sohn von Fanny, Franz Robert, der allerdings durch Freitod endete, war (ebenso) lungenleidend. Dessen Enkel, mein Gatte, ist im fünfunddreißigsten Lebensjahr an Tbc gestorben. Unsere Tochter Elfriede erlag auch dieser tückischen Krankheit. Bei unserem Sohn kam die vererbte Veranlagung nicht zum Ausbruch, wahrscheinlich infolge seines frühen Todes durch Flugzeugabsturz. Allein diese Tatsachen – es würde zu weit führen, wollte ich alle Tbc-Fälle aus der direkten weiblichen Linie von Fannys Sohn aufzählen – bekräftigen hinlänglich eine merkwürdige Parallele zum Krankheitsbild des Herzogs.
>
> Ausdrücklich betont werden muß, daß weder Fanny noch irgend jemand in ihrer Verwandtschaft lungenkrank gewesen ist.

Franz Napoleon war um die Zwanzig, als die tödliche Krankheit akut zum Ausbruch kam. In den vorangegangenen Jahren hatte niemand den gelegentlich auftretenden Schwäche- und Fiebersymptomen Bedeutung zugemessen, am wenigsten er selbst. Als er im Juni 1831, ein Jahr vor seinem Tod, den Militärdienst antrat, verfiel er während der Befehligung seiner Truppe in nicht mehr zu überhörende Hustenanfälle; seine Stimme klang heiser, Ermüdungserscheinungen und Erhitzungen nahmen in den folgenden Monaten zu.
Sein Erzieher Freiherr von Moll vermerkte im Tagebuch: »Man mußte diese Beweise insgeheim beobachten, denn der Prinz beharrte darauf, seine Schwäche dem Mangel an körperlichen Übungen ... zuzuschreiben.«
Jeden Gedanken an eine Erkrankung der Lungen wies er, nun schon zeitweilig bettlägerig, weit von sich. Die Ärzte gingen in

Schloß Schönbrunn ein und aus, versuchten mit eiskalten (!) Bädern, mit allen möglichen Quacksalbereien dem angeblichen Leiden im Magen, an der Leber, im Unterleib, beizukommen, unterstützt von den Beteuerungen des Kranken, daß es ihm dort und nirgends sonst fehle.

Ein tödlicher Irrtum. Am Sonntag, dem 22. Juli 1832, wurde Freiherr von Moll in das Sterbezimmer gerufen, wo Franz Napoleon bereits die letzte Ölung empfangen hatte. Nach tagelanger innerer Unruhe und dem Gekreische: Ich gehe unter, ich gehe unter! wurde er jetzt sanft und still. Dann am Nachmittag: »Der Prinz warf den Kopf hin und her, ohne die sonst im Sterben gewöhnlichen Zuckungen – der Atem stockte ... er war tot.«

Die Autopsie ergab, daß der rechte Lungenflügel total zerstört und die Schleimhäute der Speiseröhre zerfressen waren, dagegen wurde die Leber, eines der ursprünglich angenommenen Übel, in einwandfreiem Zustand vorgefunden. Franz Napoleon war an der Lungenschwindsucht gestorben, den Keim dazu soll er von seiner Mutter geerbt haben.

Sophie Elßlers Bemerkung, in Fannys direkter Linie habe es diese Krankheit nicht gegeben, trifft insofern nicht zu, als der Überlieferung nach auch deren Schwester Therese an Tuberkulose verschied. Wie wir wissen, war diese Krankheit die Geißel der damaligen Zeit und bis weit ins 20. Jahrhundert.

So werden die Vermutungen der Sophie Madirazza-Elßler wohl Vermutungen bleiben, obwohl wir auf einiges stießen, aus dem ein Schuh werden könnte – der wem paßt? Eines ist sicher: ihrer beider Legende wird Fanny Elßler und Franz Napoleon für alle Zeit verbinden. Und auf Sophies Frage, weshalb die Schwiegergroßmutter stets in Tränen ausbrach, wenn man über den Herzog zu ihr sprach, würde sie selbst in ihrer deftigen Wiener Art vielleicht eine Antwort wie diese geben: Weil i an Zorn kriegt hab, und weil i ihn nimmermehr hör'n kann, den Schaß. Basta.

Paris, wir kommen!
oder
Rivalität mit Maria Taglioni, ein Opernskandal und der Einzug in den Olymp

Vorgeschichte und Verhandlungen – Véron: Elßler-Entdecker Nummer zwei

Haben Sie Herrn Véron jemals gesehen? Im Café de Paris ist sie Ihnen gewiß manchmal aufgefallen, diese feiste, karikierte Figur mit dem schief eingedrückten Hut auf dem Kopfe, welcher in einer ungeheuren weißen Krawatte, deren Vatermörder bis über die Ohren reichen, ganz vergraben ist, so daß das rote lebenslustige Gesicht mit den kleinen blitzenden Äuglein nur wenig zum Vorschein kommt ...

August Lewald in einem Brief an Heinrich Heine

Kein schmeichelhaftes Bild, das der Feuilletonist Lewald von »docteur Véron«, dem Direktor der Pariser Grand Opéra, zeichnete. Vom Äußeren und seiner schillernden Persönlichkeit her könnte er ein Gegenstück zu dem italienischen Impresario Barbaja abgegeben haben, so waren sie nun einmal beschaffen, diese Drahtzieher in der Ballettszene, die auch eine Fanny Elßler in die große Karriere hievten.

Véron war der Sohn eines Papierhändlers, nacheinander Arzt, Geschäftsmann, unter anderem Millionenverdiener an einem Malzpräparat, Zeitungsverleger, Operndirektor. Die Julirevolution hatte seinesgleichen aus dem nun befreiten Bürgertum emporgeschwemmt, darüber rümpfte der Adel die Nase, versteht sich. Heine nannte ihn »den Gott des Materialismus«. Ein zweiter Froschkönig in Fannys Leben? Wohl kaum. Wenn auch in diesem Zusammenhang eine Legende entstand, der man noch im 20. Jahrhundert aufsaß. So verkündete Ludwig Salomon im Juni 1910 in der Zeitschrift »Bühne und Welt«:

> ... auch Dr. Véron war von der Künstlerin so entzückt, daß er ihr seine Hand anbot; die Ehe, die sie mit ihm schloß, war jedoch nicht glücklich, und wurde bald wieder getrennt. Die Tochter, die dem kurzen Bund entsproß, heiratete später den Hauptmann Viktor von Webenau ...

Purer Unsinn. Vérons Verdienst war es einzig, die Schwestern an die Grand Opéra geholt zu haben.

Nach seinen eigenen Worten hatte er die beiden zum ersten Mal 1834 im Londoner Covent Garden tanzen gesehen:

> Demoiselle Fanny Elßler gefiel mir besonders durch ihre reizende geistreiche, ausdrucksvolle Physiognomie und durch ihr Talent als Tänzerin, das einer gewissen Individualität nicht entbehrte.

Therese schildert er als »weniger einnehmend ... sie war größer als die Schwester ...«, wieder einer, den ihre Länge störte.

Véron informierte sich rasch über die finanzielle Situation der Schwestern. »Beide Künstlerinnen erhielten in London nur geringe Einnahmen, und außerdem zahlte das große Theater sehr unregelmäßig ...« Da kam nun er, Véron, daher und trat auf wie Gott in Frankreich. 40.000 Francs habe er den Elßlers geboten, erzählte er überall herum, »und ich suchte ihnen eine gute Meinung von der Geschäftsführung der Pariser Opéra beizubringen ...«.

Therese, die Kühle, Abwägende, biß nicht recht an; vielleicht glaubte sie, die Grand Opéra sei eine Nummer zu groß. Jedenfalls wurde Véron allmählich nervös, denn »Therese widerstand meinen Engagementsanträgen für sich und ihre Schwester, die sie beherrschte ...«.

Doch letztlich wußte er, wie man solche Vögelchen fing. Er lud sie ein »in die gute Gesellschaft des Clarendon Hotels« und notierte später: »Das Diner machte dem Wirt alle Ehre, und beim Dessert stellte man ein silbernes Präsentierbrett auf den Tisch, worauf Schmuck und Brillanten für etwa 200.000 Francs beisammenlagen.«

Kurzum, Véron spielte den Weihnachtsmann, sollten die Mädchen gleich einen Vorgeschmack von ihrem künftigen Pariser Leben bekommen ... Aber dann wurde ihm die Halskrause doch ein wenig eng, als sie zugriffen. Für welches Kleinod würden sie sich entscheiden? Die alte Pokerseele darf aufatmen: »Das Brett wurde zugleich mit Obst herumgereicht, und die beiden Demoisellen wollten doch nur zwei der bescheidensten Stücke annehmen, die kaum 6000 bis 8000 Francs wert waren ...«

Erst am Tag seiner Abreise von London kam Véron ans Ziel: die Schwestern unterzeichneten den Vertrag, »nachdem die von De-

moiselle Therese geforderte Bestimmung aufgenommen war, daß der dreijährige Contract auf Wunsch nach den ersten fünfzehn Monaten gelöst werden dürfe«.
Es war also Therese, die bei Vertragsabschlüssen das letzte Wort hatte, die mehr vom »G'schäft« verstand, als ihre Schwester. Aber man könnte Fanny zutrauen, daß sie diesen Anschein aufrechthielt, weil es für sie so bequemer war. Jedenfalls ist Paris perfekt – Paris, wir kommen!

Ein prahlender Direktor und eine aufgewärmte Legende

Das Honorar von 40.000 Francs jährlich stellte sich hinterher als schamlose Übertreibung heraus. In Wirklichkeit betrugen die Einnahmen, einschließlich Benefizvorstellungen, nicht einmal die Hälfte dieses Betrages. Und auch der Wert des Schmucks und der Brillanten auf dem Obsttablett in angeblicher Höhe von 200.000 Francs nichts als protzige Flunkerei. Aber das gehörte eben zu Vérons Geschäftspraktiken: Die Welt wollte betrogen sein; je großartiger und kostspieliger er die Elßlers ankündigte, desto größer die Neugierde, desto voller das Haus.
Der rührige Opernchef vermarktete nicht nur Prahlereien über fette Honorare und die fabelhaften Kostüme, welche ihn, wie er verbreiten ließ, für das Debüt der Elßlers 83.000 Francs kosten würden. Noch ehe die Schwestern einen Fuß auf französischen Boden gesetzt hatten, glaubten die Pariser bereits zu wissen, daß Fanny die Geliebte ihres »jungen Aar«, ihres »Kleinen Königs von Rom«, gewesen sei. Und war sie es nicht, sie mußte! Véron reicherte die vermeintliche Romanze mit Nationalgewürzen an, rührte kräftig um, wärmte auf. Ein gefundenes Fressen für die vielen Bonapartisten im Lande, denen es gelingen sollte, ihren toten Franzosenkaiser von St. Helena nach Paris zu holen, um ihn im Invalidendom beizusetzen.
Wie die meisten Pariser Berichterstatter nutzte nun auch Charles

Maurice für sein Blatt die Stunde, ließ flugs Patriotisches aus der Feder fließen:

> Als Fanny Elßler noch im Theater an der Wien auftrat, wollte man wissen, daß sie einen der französischen Nation teuren Prinzen interessierte, der in der Blüte seines Alters zum größten Schmerz unserer Zeit dahingerafft wurde. Begründet oder nicht, ist dieses Gerücht jedenfalls geeignet, das Wohlwollen und die Neugier zugunsten der Demoiselle Elßler zu erregen. Wäre es auch nur, um einen Vorwand zu süßen Erinnerungen zu finden: einen Gedanken, an den sich so viele grausam enttäuschte Hoffnungen knüpfen; man wird diese Gelegenheit ergreifen, man wird herbeikommen, um zu klatschen und um nachzudenken.

Der Boden war also bereitet für die »Siamesischen Zwillinge des Tanzes«, die Saat konnte sprießen, und ganz Paris wartete gespannt, welche Pflänzchen daraus entstehen würden.

Die Pariser Journalisten: Gewehr bei Fuß

Beim Regieren der Grand Opéra stand Véron Monsieur Auguste als seine rechte Hand zur Seite, ein bärenstarker Mann, den alle Welt nur beim Vornamen nannte und der mit Adlerblicken über die Pariser Claque (bezahlte Beifallsspender) wachte.
Mochte Véron, wie behauptet wurde, von Musik nicht allzuviel verstehen, von dem was »ankam«, verstand er um so mehr.
Schon als er 1831 das Haus übernahm, setzte er auf die neuen romantischen Opern, pomphaft ausgestattet, gespickt mit Balletteinlagen, einem sogenannten »bunten« und einem »weißen« Akt, Handlungsballett und klassischer Tanz im Wechsel. Der Erfolg gab ihm wieder einmal recht: die Kasse klingelte wie nie zuvor, denn gerade das Ballett wurde zum bevorzugten Genre des Pariser Publikums. Als ehemaliger Zeitungsverleger verstand er es außerdem, die Presse geschickt für seine Zwecke einzuspannen – eine Handvoll wirklich fähiger Kunstkritiker, mancher von ihnen

ein Dichter, allesamt Essayisten, die den Pariser Journalismus groß machten. Ihre in schillerndem Facettenschliff daherkommenden Kritiken bedeuteten Palmwedel, Siegespalme oder Dolchstoß nicht nur an der Pariser Oper; welches Urteil sie auch über einen Künstler fällten, es wurde sein Markenzeichen in ganz Europa.
Ihre Feder wurde zum Pfeil, dessen Gift manchmal schnell, manchmal schleichend wirkte, nicht anders als heute. Wie immer das Urteil des Kunstkritikers über einen Debütanten, eine Debütantin ausfiel, er, seiner Profilierung gewiß, war auf jeden Fall der Gewinner. Eine Drehung um hundert Grad bedeutete nichts Außergewöhnliches; das hatte mitunter sein Gutes, weil es manchem Außenseiter, mancher neuen Stilrichtung rascher als anderswo zum Durchbruch verhalf, davon sollte auch Fanny profitieren.
Lassen wir also die wichtigsten Pariser Journalisten Revue passieren, ehe die Schlacht beginnt. Allen voran Théophile Gautier, untrennbar mit der Epoche des romantischen Balletts, das seine Feder in Paris mitgebären half, verbunden; dann Jules Janin (»Journal des Debats«), Charles Maurice (»Courrier des Théâtres«), Barbey d'Aurevilly und Gérard de Nerval, beide für verschiedene Blätter schreibend, und etliche weniger bekannte Leute.

Maria Taglioni – die große Favoritin

Wir haben das Wunder gesehen ...!
Pariser Zeitungshymne auf die Taglioni

Als Fanny und Therese im Sommer 1834 in Paris eintrafen, saßen am Hofe Terpsichores die Taglionis auf dem Thron. Maria Alleinherrscherin über die romantische Szene, Musengöttin in »Trikot, Tüll und Tarlatan«. Zu ihrer Rechten Vater Philipp, zu ihrer Linken Bruder Paul, jeder im Dreigestirn ein As, gemeinsam eine unschlagbare Festung.
Sie hatten geglaubt, ihren harten, zähen Kampf endgültig hinter sich gebracht zu haben: weich und schmeichlerisch umhüllte sie der Hermelin, den Paris um ihre Schultern gebreitet hatte. Waren

sie nicht Sieger über den klassizistischen Tanzstil, trug der Wind nicht das »Viva Maria!« bis in den letzten Winkel der Großen Oper und hinaus auf die Straße?
Was sich bereits während ihres Wiener Engagements in den zwanziger Jahren abgezeichnet hatte, war vollbracht:

> Keine geometrischen Figuren mehr, keine gemacht wollüstigen Stellungen, keine sogenannten lasziven Szenen mit Augenspiel und Lächeln, keine spitzen Ellbogen, keine weggestreckten kleinen Finger mehr ...

Unter Vérons Direktion kam am 21. November 1831 Giacomo Meyerbeers Große Oper *Robert der Teufel* zur Uraufführung. Sie enthielt ein aufwendiges Nonnenballett; Maria, in der ihr auf den Leib geschriebenen Rolle einer Äbtissin, nahm Paris im Sturm. Die keuschen Silhouetten in fließenden Gewändern, in weißem schmucklosem Musselin, anfangs als Kommunionkleider bespöttelt – wir erinnern uns an Wien! –, jetzt sind sie ihr Markenzeichen.
Im Jahr darauf – Unsterblichkeit für Maria Taglioni! Ihr Vater übernimmt die Choreographie von *La Sylphide* mit ihr in der Titelrolle: ein Werk, das als das erste große romantische Ballett schlechthin bezeichnet wird und bis in unsere Tage im Repertoire großer Opernhäuser steht.

Die Handlung spielt in Schottland

La Sylphide: Ein junger Bauer will heiraten, alles ist für die Hochzeit vorbereitet. Da begegnet ihm der Luftgeist Sylphide, und er verliebt sich unsterblich in dieses überirdische Wesen. Wie aber sollen die beiden es anstellen, daß Sylphide mit ihrem jungen Mann auf Erden leben kann? Die Zauberin Madge weiß – scheinbar – Rat. Sie schenkt einen Schleier, der Sylphide angeblich an die Erde binden wird. Doch kaum hat diese den Schleier berührt, als ihre Flügel verbrennen und sie sterbend zu Boden sinkt. Allein und verzweifelt bleibt der junge Bauer zurück; seine sitzengelassene Braut nimmt einen anderen.

Das Publikum hält den Atem an: In eine Tüllwolke gehüllt, am Rücken die durchsichtigen Libellenflügel, erhebt sich die weiße Ballerina, La Sylphide, »sur la pointe« – auf Spitze. Damit ist der optische Eindruck von Schwerelosigkeit optimal gelungen, Philipp hat für Europa die uralte Technik der Georgier neu entdeckt. Bald wird es keine Schläppchen mehr geben, vorne notdürftig ausgestopft, um sich für ein paar Sekunden auf Spitze halten zu können – der Atlasschuh mit verstärkter Einlage ist im Kommen.

Trotzdem eine Tortur für die Füße der Anfängerinnen; Generationen kleiner Ballerinen werden fortan – in einer immer anspruchsvoller, immer brillanter werdenden Technik des Spitzentanzes – die Qualen blutender Zehen erleiden.

Die Vorherrschaft an der Pariser Grand Opéra schien für die Taglionis auf Jahre hinaus gesichert. Maria, Mitte dreißig, ist nicht mehr taufrisch, und man sieht es. Doch selbst noch aus diesem Manko, ebenso wie aus körperlichen Mängeln, verstanden ihre Anhänger, die Taglionisten, dem Idol einen Lorbeerkranz zu winden:

> Daß eine Tänzerin von dreißig Jahren eine Revolution im Tanze hervorrufen konnte, ist schon erstaunlich, daß diese große Revolutionärin schlecht gewachsen, sogar bucklig war, ohne Schönheit, ohne einen der äußeren Vorzüge, die den Erfolg sichern, das grenzt ans Wunder, wir haben dieses Wunder gesehen!

Théophile Gautier, seit Jahr und Tag Marias Haus- und Hofdichter, schoß nach jedem ihrer Auftritte eine neue Hymne ab. Sieg auf der ganzen Linie, es konnte nichts mehr danebengehen. Und wie hatte Gottvater befohlen? Am siebten Tage sollst du ruhen! Statt dessen die Ruhe vor dem erneuten Sturm – Fanny Elßler war im Antanzen.

Maria wußte sehr gut, daß sie diesen Schachzug den gezielten Überlegungen Vérons, dieser Kanaille, verdankte. Dem Direktor waren ihre Extravaganzen, ihre Allüren schon lange ein Dorn im Auge. Unausgeglichen, mürrisch und hochfahrend, tyrannisierte sie das Ensemble; ständig schraubte sie ihre Honorarforderungen in die Höhe. Und wer geglaubt hatte, die Ehe mit dem Grafen Gilbert de Voisins wirke glättend auf ihr Gemüt – Fehlanzeige. Dieser Herr war ein Verschwender, und als Maria sich aus diesem und anderen Gründen von ihm trennte, oder er sie satt hatte, wurde es erst richtig schlimm, sie überflutete ihre Umgebung mit Tränen und Wutanfällen.

Nun setzte ihr Véron als Warnschuß diese *bambina* aus Wien vor die Nase. Natürlich kannte sie Fanny von der Kaiserstadt und Berlin her, wem wäre sie nicht aufgefallen, die Kleine mit dem großen Talent, mit den alles verschlingenden Augen, das zähe Kätzchen, dessen Atem Maria heiß im Nacken zu spüren glaubte. Glaub du nur nicht, *bambina*, ich hätte damals nicht bemerkt, was du hinter meinem Rücken getrieben, daß du meine Buketts aufgesammelt hast! Bist du diesmal gekommen, um das gleiche mit meinen Erfolgen zu tun? Hüte dich – mein Thron ist kein Blumensträußchen ...

Bühne frei – die Elßler kommt!

Ich bin Prinzessin zu den Träumen,
ich tanze Gedanken aus Licht,
und wo deine Wünsche wie Feuer stehen,
dort findest du mich!

Am 15. September 1834 gab Fanny in der Grand Opéra ihr Debüt. Sie tanzte die Fee Alcine in dem Shakespeare nachempfundenen Handlungsballett *Sturm.*

Die Logen, die Ränge, das Parterre gesteckt voll. Alle waren gekommen, um Wiens Liebling (der sie zu diesem Zeitpunkt noch nicht eigentlich war), um die gefeierte Fenella, das liebliche *Schweizer Milchmädchen* gegen *La Sylphide* antreten zu sehen.

Wie üblich saß man lange vor Beginn in den Logen, heute erwartungsvoller als sonst. Die Pariser Ballett-Enthusiasten aus der Aristokratie beehrten durch geschlossene Anwesenheit – der Herzog mit seiner Herzogin, der Marquis mit seiner Marquise, Graf L., diesmal solo, Baron und Baronin D., schon lange getrennt von Tisch und Bett, aber in ihrer Loge vereint lächelnd – und so fort. Die Dandys und kleinen Sünderinnen von Paris hat-

ten Posten bezogen, desgleichen die Hauskater mit ihren Matronen, und natürlich waren die Wölfe angetreten, denen wieder einmal die Kreide nur so aus dem Maul blitzte – Getigertes und Gepanthertes aus schmalen Augenschlitzen lächelnd, immer auf dem Sprung, immer auf der Suche nach Gelegenheiten – für nachher. Große Abendtoiletten, tiefe, mit breiten Spitzenvolants besetzte Dekolletés, phantasievoll-üppige Kunstblumen im Haar, derzeit die große Mode. Und über allem der Duft von Rosen und Zuckerbäckereien.
Dort drüben, in einer der Parterrelogen, würde sie etliche Jahre später die Blicke der Herren auf sich ziehen, Dumas' »Kameliendame« Marguerite Gautier, das reizende Oval ihres Profils leicht zur Seite geneigt, gezuckerte Rosinen knabbernd, in kandierte Veilchen hüstelnd.

»... Marguerite lachte laut, als wir die Loge betraten, ich hätte sie lieber traurig gesehen ...«

Auch an diesem Abend, an dem Wiens »Kameliendame« zum ersten Mal in Paris ihre Haut zu Markte trug, lachte und schäkerte eine herausgeputzte Halbwelt, verlangten die kleinen Kokotten nach ihrem Konfekt, das die Kavaliere aus der Passage de l'Opéra bezogen. Hinter dem Sessel jeder Schönen ein reicher Galan, und abgedrängt ins Zwielicht ihre Anstandsdamen, meist abgetakelte Prostituierte.
Überall wurde bereits debattiert: Würde Fanny Maria das Wasser reichen können? Die Taglionisten schüttelten wichtigtuerisch die Köpfe und drehten ihre Daumen, wie eigens für diesen Zweck poliert, nach unten. Die Neutralen zuckten mit den Achseln und lehnten genüßlich im Plüsch; sie hatten nichts zu verlieren, höchstens, wer weiß, ein Idol zu gewinnen.
Scharfäugig, die Feder gezückt, den Bogen gespannt, für den der Pfeil schon präpariert war, saß die Garde der Journalisten auf

ihren Plätzen, bereit, das Paradiesvögelchen entweder abzuschießen oder seine Farben zu tragen. Und schon zündelte im Hinterhalt ein Feuerwerk brillanter Einfälle.

Zahlreicher noch als sonst drängten die Kavaliere heute ins Foyer de la danse wo sich »Les Rats«, die Elevinnen und jüngeren Mitglieder des Ballettcorps, gemeinsam mit den Solistinnen an der Stange für ihren Auftritt warmtanzten. Man wollte einen Blick auf die Elßler erhaschen, aber die ließ sich nicht sehen. Den Zylinder lässig in der Rechten, lehnten die Galane mit an der Stange oder saßen dicht an dicht mit ihren Ballettratten in einer verschwiegenen Ecke. Ein rascher Griff ans Mieder, unter den Tüll, das kleine Geräusch eines aufspringenden Etuis, das Aufblitzen eines Schmuckstücks – man ist galant, man macht Präsente ... Mancher Hingerissene lief seiner Ballerina bis fast auf die Bühne nach, um ihr rasch noch einen Kuß auf die Schulter zu schmatzen. Solche Zustände hinter den Kulissen brachten den ganzen Berufsstand in Verruf; lange, bis hinein ins 20. Jahrhundert, mußte er auf Wiederherstellung seiner Ehre warten. Den Pariser Damen übrigens, wenn sie ein Auge auf den einen oder anderen Ballerino geworfen hatten, stand das Foyer de la danse nicht zur Verfügung. Das wurmte sie.

Am heutigen Abend freilich hatte niemand einen rechten Gusto auf die zweite Wahl. Kam sie immer noch nicht aus ihrer Garderobe? Sie kam *nicht*. Also zurück in die Loge, höchste Zeit, gleich mußte die Vorstellung beginnen.

Der erste und zweite Akt gingen vorüber, ohne jemanden vom Stuhl zu reißen; wenig Resonanz für die Pariser Erstaufführung des *Sturm*. Im Publikum machte sich allmählich eine nervöse Stimmung breit. Man nahm die Operngläser vor die Augen – mon dieu! wo blieb sie?

Als sich der Vorhang über dem dritten Akt hob, ging ein Raunen durch die Reihen – sie war da. Fanny hingestreckt auf ihr Lager, als wollte sie sich einen Herzschlag lang ausruhen von der Hetze des Tages, vom Lampenfieber, von der abergläubischen Beklemmnis, weil einer der Bühnenarbeiter zum Zeichen des Ouvertürenbeginns, dem ihr Auftritt folgte, anstatt mit dem rechten, mit dem linken Fuß aufgestampft hatte.

Aber zum Nachdenken war keine Zeit mehr – Mäderl, es gilt! – erinnere dich an die neapoletanische Losung:

> Sobald du die Bühne betrittst, laß die Elßlerische hinter dir zurück, streife Fanni ab, verjage sie notfalls – sei Dompteuse mit der unsichtbaren Peitsche, bluffe, und du wirst alles sein, was du sein willst …

Schon erhob sie sich, jetzt ganz Fee Alcine, ganz Lächeln aus der Tiefe ihrer Augen, die den Bannstrahl über das Publikum auswarfen wie der Fischer seine Netze über den See. Geht's nur her, Leut', ich krieg' euch! Ein paar Schritte, spielerisch in den Tanz hinüberleitend, dann beginnt, was Charles Maurice mit den Worten beschreibt:

> … nur wer sie sieht, kann sich eine richtige Vorstellung von ihr machen … von ihrem Tanz, der aus kleinen, schnellen, korrekten, dichten Schritten besteht, die die Bretter fressen und die ebenso anmutig wie kräftig sind. Sie tanzt mit dem ganzen Körper, von den Spitzen der Haare bis zu den Zehen …

Ein Sprungschritt und noch einer; sie erhebt sich auf Spitze, und ihre Zehen »scheinen ohne Ermüdung um die Bühne zu wandern, ohne daß die Tänzerin etwas von ihrer weichen Wollust verlöre …«.

Reizender Fuß, mit dem gestreckten, hohen, durchtrainierten Rist! Eine Pirouette, die zweite, dritte, mit jeder Drehung dreht sich die Kugel im Roulette um die Gunst des Publikums mit.

Dann verklingt die Musik, Fannys Tanz ist zu Ende – und die Kugel? Wo blieb sie stehen? Flitzen die polierten Daumen nach unten oder nach oben?

Sieg! – nicht über die Taglioni (noch nicht), trotzdem Sieg! Als der Beifall aufrauschte, bewegte auch Maria die Hände. Jawohl, sie war in die Höhle der jungen Löwin gekommen, um sich Gewißheit über den Stand der Dinge zu verschaffen; Feigheit war ihre Sache nicht. Ein Lächeln soll um ihre Lippen gespielt haben – das gefährliche Glitzern der Augen unter gesenkten Lidern verborgen. Kanaille!

Mehr als der übliche Beifall für Fanny, die sich zuletzt allein an der Rampe verbeugte und die ersten Geschenke und Blumen der Pariser aufsammelte. Jules Janin (»Journal des Debats«) wetterte über »dieses gräßliche und undankbare Parterre«, das sich »mit neugieriger und plumper Miene nach Demoiselle Taglioni umsah, während es Demoiselle Elßler beklatschte ...«. Tatsächlich hätte man zwei Paar Hände und zwei Paar Augen gebraucht, jeweils eins vorne und eins hinten, um gleichzeitig die »Fee Alcine« auf der Bühne und »La Sylphide« in ihrer Loge zu feiern.

Wer Kunstverstand besaß, erkannte bereits an diesem Abend, daß es von nun an zwei Ballettköniginnen, zwei Musengöttinnen an der Pariser Oper geben würde. Selten sah man die Berichterstatter so guter Dinge: auf zum Duell mit der Feder! Jules Janin mag schon jetzt durch den Kopf gegangen sein, was die Pariser morgen im »Journal des Debats« lesen würden:

> Endlich haben wir sie gesehen. Erlaßt es mir, euch von dem neuen Ballett zu sprechen. Nur von ihr will ich reden, von ihr ganz allein; von ihr, der lieblichen Fanny Elßler. Wenn ich euch sagte, daß sie in einem Feenpalaste erscheint, glänzend von Gold, Kristall und Edelsteinen, was kümmert's euch? Ihr habt mehr als einen Palast von Gold, mehr als das sinnreichste, bewunderungswürdigste Ballett: ihr habt eine große, unnachahmliche Tänzerin.

Versteht sich, daß auch Charles Maurice seine Notiz für die morgige Ausgabe des »Courrier des Théâtres« bereits im Hinterkopf hatte. »Das Vergnügen wurde Begeisterung«, schrieb er, »als Demoiselle Elßler in ihrer eigensten Weise tanzte ... der Spitzentanz spielt dabei eine große Rolle ... man könnte keinen größeren Gegensatz zu der mit Recht so geschätzten Demoiselle Taglioni finden, deren Tanz (wie es in der Kunstsprache heißt) ganz balloniert ist«.

Und noch einmal Jules Janin:

> Welche Stellungen! Ist sie in der Luft, oder hält sie sich auf den Füßen? Man weiß es nicht. Sie tanzt, aber das sind so feine Schritte, das ist ein so richtiger Tanz, das sind zwei so bewegliche kleine Füße, daß man sich fragt, ob sie wirklich tanzt oder ob sie unbeweglich ist. Fanny Elßler tanzt nicht,

sie spielt, sie ist schön, sie ist groß, sie ist gut gebaut. Es ist eine ganz neue Tänzerin, die in nichts der Taglioni gleicht; zum Glück für alle beide!

Lässig, die Löwenmähne wie stets à la Bohème zerzaust, strebte Théophile Gautier dem Foyer zu, grinsend, seine Hymne für den »Figaro« bereits skizziert; ja, er wird morgen opfern – auf dem Altar der Wienerin:

> Fräulein Taglioni ist eine christliche Tänzerin, wenn man einen solchen Ausdruck bei einer vom Katholizismus verpönten Kunst gebrauchen darf: im durchsichtigen Gewölke von weißem Musselin, worein sie sich so gern hüllt, schwebt sie wie ein Geist daher, gleicht sie einem seligen Wesen, das mit seinen rosigen Füßen kaum die Spitzen der himmlischen Blumen umbiegt. Fanny Elßler hingegen ist eine ganz heidnische Tänzerin; sie erinnert an die Muse Terpsichore mit ihrem Tamburin und ihrer bis zur Hüfte offenen, mit goldenen Spangen geschürzten Tunika. Wenn sie sich kühn in die Hüften zurückbäumt, trunken und halbtot vor Wollust ihre Arme nach rückwärts wirft, so glaubt man, eine der schönen Figuren aus Herkulanum und Pompeji zu sehen, wie sie sich vom schwarzen Hintergrund weiß abheben und mit klingendem Krotalon ihre Schritte machen …

Wie geschickt er doch vorging, der schlaue Gautier, indem er Name und Vorzüge seiner Noch-Favoritin an den Anfang setzt, um dann sein Loblied auf die Elßler anzustimmen. Aber bald wird auch er sich entscheiden müssen, welche Farbe sein Banner tragen soll: Rosarot, wie das Trikot der Taglioni, oder Weiß, wie die Kamelien der Elßler …

Nun, man hatte genau registriert, daß Maria in ihrer Loge »aus allen Kräften« klatschte. Und die Gazetten versprachen ihren Lesern, daß Demoiselle Elßler ihrerseits »morgen abend diese Anerkennung zurückgeben wird«. Das war anzunehmen, und gewiß klatschte auch sie der Taglioni »aus voller Kraft« Beifall – das gefährliche Glitzern der Augen unter gesenkten Lidern verborgen. Luada, windigs!

Privatleben in der Rue Laffitte

Nach diesem Tempel zu urteilen, mußte die Göttin, die hier gewohnt hatte, schön gewesen sein; und sicher waren es ihre Priester, die den Altar so schön geschmückt hatten.

»Die Kameliendame«, Alexandre Dumas

Die Elßlers hatten in der Rue Laffitte ein komfortables Appartement bezogen; ausgerechnet in dieser Straße, in der eines Tages ein großer, gelber Zettel angeschlagen sein würde, der Alexandre Dumas, den Jüngeren, zu seinem berühmten Roman »Die Kameliendame« animieren sollte. Als Ausgangspunkt dieser bittersüßen Geschichte wird von der auf dem Zettel angekündigten Versteigerung von Möbeln und Luxusgegenständen in einer Wohnung nur ein paar Ecken weiter erzählt. Dort, inmitten all der kostbaren Dinge des Lebens, ist vor kurzem Marguerite Gautier, die schönste der Pariser Lebedamen, an Tuberkulose gestorben – blutjung und nicht mehr so schön wie zuvor, dafür hoch verschuldet ...

> Am folgenden Tag ging ich zu dem bezeichneten Haus in der Rue d'Antin. Der Hausmeister sagte mir, daß die Wohnung offen sei. Die Frau, die in diesen prunkvollen Räumen gewohnt hatte, war tot. So konnten nun auch die tugendhaftesten Frauen ohne Zögern ihre Zimmer betreten ...

Adieu, ihr weißen Kamelien, ihr kandierten Veilchen ... nie mehr das reizende Oval ihres Profils in der Parterreloge der Opéra ... Was ahnen wir von den Tragödien, die sich in unseren Wohnungen einst abgespielt haben. Hätten wir nicht unsere Dichter, die Begebenheiten und Menschen aus ferner Zeit zu Unsterblichkeit verhelfen, wir wüßten nichts.

Gewiß waren die Wände von Fannys Boudoir mit Seide tapeziert, gab es Mobiliar aus Rosenhölzern, bemaltes Porzellan, Lampen, die sanftes Licht verbreiteten, kostbare Fußteppiche – ganz ähnlich, wie Dumas diesen Raum in seiner »Kameliendame« beschreibt, weil das eben dem gehobenen Zeitgeschmack entsprach. Auch für Fanny wurden täglich riesige Blumensträuße abgegeben, stets ein paar weiße Kamelien darunter, denn ihr Faible für diese kostbaren Blüten hatte sich bei den Kavalieren herumgesprochen. Wir erinnern uns, daß sie einst Gentz' Kameliendame gewesen, und so dürfte sie auch in Paris diese charmante Mode eingeführt haben, die Marguerite Gautier (in Wirklichkeit hieß sie Alphonsine Duplessis) später auf wesentlich auffälligere Art übernahm. Diese Vorliebe war aber wohl Fannys einzige Gemeinsamkeit mit Marguerite. Zwar verdankte auch sie der Schönheit sehr viel, doch erwuchs ihr Ruhm aus Arbeit, und ihren Luxus bezahlte sie, zumindest den größten Teil, aus dem eigenen Portemonnaie.

> ... Der Bezug des Fauteuils war etwas abgenutzt, ein Hinweis darauf, daß die Frau, die hier gewohnt hatte, wohl einen großen Teil ihrer Zeit auf seinen weichen Kissen sitzend verbracht hatte ...

Auch hierin unterschied sich Fanny von Marguerite. Denn falls es ein solches Möbel in der Elßler-Wohnung gab, dürfte seine Abnutzung nicht allzu groß gewesen sein. Man war ständig unterwegs, auf Proben, zu Besorgungen, in der Vorstellung, auf Bällen und Empfängen. War sie zu Hause, setzte Fanny ihre Turnübungen fort, das hatte sie aus ihrer harten Anfangszeit bei Ballettmeister Aumer intus, daran hielt sie eisern fest.

Trug der Salon in der Rue Laffitte die Modefarben Weiß, Kirschrot und Gold? Jedenfalls hielten sich ständig irgendwelche Leute darin auf, die als Freunde antraten, in Wahrheit aber doch nur ein Geschäft aus dem Talent der Schwestern herausschlagen wollten. Anfangs mag eine fließende Konversation ohne Dolmetscher nicht möglich gewesen sein. Niemand in ihrer unmittelbaren Umgebung brauchte die Hand vor den Mund zu nehmen, falls er über die Elßlers herziehen wollte, wußte man doch, daß die Schwestern den Redewendungen dieser raffiniertesten aller Sprachen nicht folgen konnten. Fanny hatte bei Gentz zwar nicht jenes im Blätterwald gepriesene »herrliche« Französisch gelernt, aber es wird für den Anfang zumindest im Alltag ausgereicht haben. Nach und nach wurde sie in Wort und Schrift sattelfester, jedoch setzten meist andere Geschäftsbriefe und ähnliches für sie auf, und sie schrieb die Konzepte in einer für sie charakteristi-

schen Vermengung von Kurrent- und Lateinschrift einfach ab. Manchmal erledigte sie nicht einmal die Reinschrift selbst, setzte nur ihre Unterschrift darunter, oder andere unterschrieben mit ihrem Namen. In der Wiener Stadtbibliothek existieren etliche solcher Elßler-Schreiben, für deren Authentizität in bezug auf Fannys Hand- und Unterschrift keine Gewähr gegeben wird. Mit allem, was dieses Leben betraf, ist man recht sorglos umgegangen. Wie mag die französische Sprache aus Fannys Mund geklungen haben? Mühsam hatte sie den breiten Vorstadt-Jargon abgelegt, was dadurch erschwert worden war, daß sie häufig bis ständig in Begleitung irgendeines Familienmitgliedes reiste. Doch die immer zahlreicher hereinbrechenden Verehrer kümmerte es wenig, ob Fanny sich geschickt und gewählt auszudrücken verstand, welcher Jargon ihr anhaftete. Das schrumpfte zur Nebensächlichkeit, da jedermann ja doch nur in ihre herrlichen Augen blickte, von der vollendeten Linie ihrer Schultern träumte, den Schwanenhals, die kleinen Hände bewunderte. Sogar die unschöne Lippe über dem weiß Gott nicht attraktiven Kinn muß unter ihrem Lächeln zum köstlichen roten Mohn aufgeblüht sein. Nur das interessierte, denn einen zweiten Gentz, dem es in den Sinn gekommen wäre, »sie geistig zu heben und zu fördern«, sollte es nicht mehr geben. Zeitweilig war die Harmonie in der Rue Laffitte getrübt, eine gespannte, eifersuchtsträchtige Atmosphäre machte sich breit, als nämlich Fannys Dolmetscher und Stütze, der Marquis La Valette, zu einer Art ständigem Mitbewohner zu werden drohte. Die Anwesenheit dieses, wie er vorgab, nicht unvermögenden, geschniegelten Lebemannes soll Therese irritiert haben. Sie versuchte ihre Vorrangstellung auch im Privatleben der Schwester zu behaupten, ein dominierender Zug, den Véron schon bei seinen ersten Verhandlungen mit Therese bemerkt haben will: »Therese widerstand meinen Engagementsanträgen für sich und ihre Schwester, die sie beherrschte ...«
In der knappbemessenen Freizeit schwänzelte Félix La Valette um »chérie Fanny« herum und nahm sie total in Beschlag. Therese mag sich – wieder einmal – als drittes Rad am Wagen, als »drittes Bein« gefühlt haben. Seine Einmischung in geschäftliche Transak-

tionen paßte ihr noch weniger. Aber sie war klug genug, um einzusehen, daß er als ihrer beider Dolmetscher, Agent und Mädchen für alles der Karriere nützen konnte. Der Marquis – es gab in Paris eine Reihe von Leuten, die ihm diesen Titel absprachen – verfügte über blendende Beziehungen zur Großfinanz, einige Zeit soll er selbst im Bankwesen tätig gewesen sein. Er kannte Gott und die Welt, und Gott und die Welt kannten ihn. Seine Verbindungen zum internationalen Theater und zur Presse waren unbezahlbar; außerdem besaß er Cleverneß im Umgang mit den Halsabschneidern von Agenten und Theaterdirektoren, was konnte den Wienerinnen Besseres passieren! Félix La Valette handelte nach und nach sämtliche Tourneeverträge der Schwestern aus; denn während ihres Pariser Engagements traten sie wieder sporadisch in Wien, Berlin und London auf.
Trotz ihres gesunden Profitdenkens konnte Therese die Abneigung gegenüber dem Marquis nicht verbergen. Sollte sich dieser Dandy aus ihrem Privatleben gefälligst heraushalten – sollte er, Exgeliebter der im Augenblick sehr gefragten Schauspielerin Pauline Duvernay, zum Teufel und seiner Großmutter fahren … Ein ebenso unchristlicher wie fürs erste unerfüllbarer Wunsch. Denn Félix war genau der Typ Mann, auf den Fanny »abfuhr«. Eine Mischung aus Glücksrittertum und Agentenmasche, verpackt in penetrant männliche Ausstrahlung. Ein Froschkönig würde künftig nicht mehr so ohne weiteres ins Bettchen der Terpsichore hüpfen dürfen …
In diese Pariser Zeit soll manches andere, nebenher mitgenommene Abenteuer gefallen sein, jung und begehrt wie sie war, doch irgendwie schaffte sie es immer, daß davon kaum etwas in die Öffentlichkeit drang.
Fanny war keine jener Heroinen, die der Welt stolzerhobenen Hauptes ihr jeweiliges gschlampertes Verhältnis in Jetzt-erst-recht-Manier präsentieren. Sie war eine Elßler, und einer Elßler saß das Versteckspiel in den Knochen, wie man es in der Vorstadt schon mit der Muttermilch einsog. Nach außen hin bildete die Familie eine Front: Wegstecken. Zudecken.
Davon abgesehen: welcher Mann in Fannys Pariser Jahren (und

auch später) hätte zum Herzeigen, zum Repräsentieren getaugt? Auch La Valette war kein Lord Nelson, und einen Gentz, wie gesagt, würde sie nimmermehr finden. Es war das alte Lied vom Berühmtwerden und Berühmtsein. Was diese Mädchen nicht gleich zu Anfang ihrer Karriere an Land ziehen – wie in unseren Tagen die Loren ihren Ponti –, fangen sie später nicht mehr ein. Männer, die selber gut im Geschäft und bedeutend genug sind, kehren nach der Schlacht auf dem blanken Parkett meist lieber zu einer ausgeglicheneren Seele heim. Dem armen berühmten Mädchen bleiben meist nur die Parasiten, die kleinen Fische fürs Hausaquarium, deren schillerndes Schuppenkleid alles verspricht und nur eines hält – und manchmal nicht einmal das.
La Valette, der Frauenkenner, war so ein kleiner, wenn auch nützlicher Fisch (a bisserl nützlich mußte aner der Fanny schon sein). Und zwischen Champagnerschlucken – chérie Fanny, mon amour! – lehrte er sie, was die in Liebesdingen weiß Gott Erfahrene vielleicht doch noch nicht wußte. Zugegeben, ihre Vorliebe für kleine Fische erwies sich als Schönheitsfehler im praktischen Hausverstand. Da kam wohl das Naturell ihrer Wiener Vorfahren zum Durchbruch: leben und leben lassen, weil's a Hetz is! So groß war der finanzielle Schaden im übrigen aber nicht, denn in den kommenden fetten Jahren würde zuviel Geld und Gold hereinkommen, als daß ein paar Aquariumfische das Becken leersaufen könnten. Wenn's darauf ankam, leitete Fanny das Wasser einfach in andere Kanäle um, und die kleinen Fische zappelten auf dem Trockenen.
Trotz zahlreicher Amouren und zweier lediger »Bankerten«, wie so was in Wien hieß, bewahrte sie ihren Ruf wie selten eine ihrer ebenso berühmten und lebenslustigen Kolleginnen. Dieses erstaunliche Geschöpf, von Kindesbeinen an von allem möglichen, das Theater wie Motten das Licht umschwirrenden Gelichter umgeben, stieg, aus welchem Sumpf auch immer, trockenen Fußes hervor. Frau Saubermann war längst kein Tschapperl mehr, eher ein gerissenes kleines Luder. Was sich partout nicht wegstecken ließ, wurde, geschmackvoll verpackt und mit einem Mascherl versehen, diesen Dummköpfen von Zeitgenossen auf eine Weise prä-

sentiert, daß ihnen der stärkste Tobak wie Honiglikör hinunterging.

Fanny und Maria – Rivalitäten und Taglionisten-Hetze

... etwas tiefer die beiden Elßlers ...
»Journal des Debats«

Trotz des vielversprechenden Debüts verlief das erste Pariser Jahr beruflich nicht besonders erfolgreich. Fannys neues Ballett *Die Insel der Piraten* bekam mäßige Kritiken, das war bitter, obwohl sie sich selber nichts vorzuwerfen hatte. Mehr denn je zog sie alle Register ihres Könnens, reizte ihre mimischen Möglichkeiten aus, perfektionierte sie. Das brachte Lob ein, aber was half es! Wurde ein Stück schlecht aufgenommen, war auch der eigene Erfolg nur die Hälfte wert.
Hinzu kam, daß täglich neue Zeitungsberichte in die Rue Laffitte flatterten, die den Stempel der Taglionisten-Hetze trugen. »Eine Tänzerin ist so viel wert wie die andere, wenn Dem. Taglioni nicht tanzt«, tönte es zum Beispiel. Und plötzlich stieß Jules Janin, bei Fannys Debüt Feuer und Flamme für sie, wieder ins Taglionisten-Horn: »Ganz oben Demoiselle Taglioni, etwas tiefer die beiden Elßlers«, verkündete er. »Fast« neben den Wienerinnen ließ er eine unbedeutende französische Tänzerin rangieren, »... dann kommt das Heer der unbekannten Ballerinen, Mädchen ohne Ruhm, aber nicht ohne Reiz ...«
Die Taglionis lagen inzwischen keineswegs auf der faulen Haut. Im September 1835 wollten sie zum Schlag gegen die Elßler ausholen: *La Sylphide* würde eine Wiederaufführung erleben. Und natürlich taten die Taglionisten alles, um dieses Ereignis zum Tagesgespräch von Paris für ihr Idol werden zu lassen.
Am Tag der Premiere plünderten sie sämtliche Blumenläden der Innenstadt, im Theater »glichen gewisse Logen und Seitenbalkons von Anbeginn des Abends einem Arsenal von Blumen, die auf ein gegebenes Zeichen hin auf die Bühne geschleudert wurden«.

Am Morgen darauf jubelten, wie konnte es anders sein, die Gazetten: »Das Talent Maria Taglionis kennt keine Grenzen!«
Das war ein Dämpfer für die Elßlers, und weit und breit kein auch nur annähernd so zugkräftiges, erfolgreiches Ballett wie *La Sylphide* in Aussicht. An spielfreien Abenden hing man in der Wohnung herum, nicht einmal La Valettes Kabinettstückchen im Bett konnten chérie Fannys trübe Stimmung aufhellen. Und eine weitere Hiobsbotschaft erreichte sie: Véron war als Pächter der Grand Opéra ausgestiegen und hatte die Leitung an seinen Mitarbeiter Dupochel weitergegeben. Mit ihm, einem außerordentlich ernsten und spröden Mann, »konnten« es die Schwestern von Anfang an nicht besonders. Es war kein Geheimnis, daß er, im Gegensatz zu seinem Vorgänger, fürs Ballett nicht unbedingt ein Faible hatte. Aber auch er war natürlich gewiefter Geschäftsmann genug, um die aufwendig inszenierten Ballette und Tanzeinlagen, die ja den Kassenerfolg Vérons hauptsächlich ausgemacht hatten, dem Repertoire zu erhalten.
Aber erst einmal ging Dupochel seiner Neigung nach, eine »reinrassige« Oper auf den Spielplan zu bringen. Und so mußte das vieldiskutierte Meyerbeer-Werk *Die Hugenotten* ohne großangelegte Tanzszenen auskommen. Das Balletcorps sah prompt seine Felle davonschwimmen.
Doch die Sorge war unbegründet. Nachdem Dupochel einem auserwählten Kreis »wirklich sachverständiger Opernfreunde« diesen Brocken hingeworfen hatte – Seht her, ich kann's! –, ging er zur Tagesordnung respektive zum Geschmack der Allgemeinheit über; das Ballett blieb. Noch während die Elßlers in Berlin ein Gastspiel absolvierten, faßte er den Entschluß, ein neues, trendorientiertes Ballett einzustudieren, das die Pariser an den Ursprung der Romantik, an die Quelle ihrer neuerdings ins Kraut schießenden Sehnsüchte führen sollte: ins Land der Spanier. Olé!
Das Ballett hieß *Der hinkende Teufel*, eine vom Handlungsablauf her ziemlich verwickelte Geschichte um einen jungen vornehmen Studenten, dem drei ebenfalls junge und schöne Frauen wie verrückt nachstellen:

Da ist einmal die Witwe Dorotea, zum anderen die Tänzerin Florinde und als dritte im Wettstreit das arme Mädchen »aus dem Volk« namens Paquita. Jede buhlt nun auf Teufel-komm-raus um die Gunst des begüterten Jünglings. Schließlich erscheint der (hinkende) Teufel leibhaftig und versucht, die Bemühungen der drei Schönen zu vereiteln, was ihm aber nur bei zweien gelingt. Am Ende kommt es, wie es in solchen Fällen kommen muß: die Kleine aus dem Volk macht das Rennen, sie hat den prächtigen Fisch an der Angel.

Dupochel sah Fanny für die Rolle der Tänzerin Florinde vor. Ein Ausbund von Temperament, versucht sie den jungen Mann in verschiedenen Verkleidungen zu becircen, unter anderem mit einem brandneu einstudierten spanischen Volkstanz, der ihr besonders zu liegen schien.

Fanny war begeistert und stürzte sich sofort nach ihrer Rückkehr aus Preußen mit Feuereifer in die Arbeit. Beobachter mochten schon während der Proben bemerkt haben, daß sie ihre vor dem Berliner Gastspiel etwas gedämpfte Spontaneität wiedergewonnen hatte. Der elektrisierende Funke sprang auf die Partner, auf das gesamte Ensemble über. »Alle tanzten, als hätten sie selber den Teufel im Leib.«

Dieses Handlungsballett forderte vor allem wieder das mimische Können der Solisten heraus, denn im komplizierten Verwechslungsspiel mußten dem Publikum oft schwer verständliche Zusammenhänge durch Gestik und Ausdruck verständlich gemacht werden.

Ob man zu diesem Zeitpunkt bereits voraussah, welche Bedeutung dieses Ballett für die Elßler haben würde, wissen wir nicht. Dupochel rieb sich jedenfalls schon jetzt die Hände; die ersten Vorstellungen waren ausverkauft, alles wartete gespannt auf dieses aktuelle, weil dem Zeitgeschmack entsprechende Stück.

Die Cachucha – und eine Göttin wird geboren

Für mich soll's rote Rosen regnen –
mir sollten sämtliche Wunder begegnen – –
Ich will, ich will!
Ich will alles oder – nichts.

Refrain aus einem Knef-Chanson

Am 1. Juni 1836 fand die Uraufführung des *Hinkenden Teufel* statt. Diesmal war die Reihe an den Elßleristen, in der Grand Opéra für genügend Vorrat an Blumen, Huldigungsgedichten und Beifallsspendern zu sorgen. Wieder war die Spannung groß, wenn auch nicht mehr ganz so fiebernd wie bei ihrem Debüt. Man kannte sie inzwischen, schätzte ihre Qualitäten, liebte sie mit der ruhiger gewordenen Leidenschaft eines jungen Ehemannes.
Herzpumpern. Lampenfieber.
Es gilt wieder, Mäderl, sei Fanny Elßler!
Drah di, Weiberl, drah di ...
Und da fegte sie auch schon über die Bühne, als ginge es um Leben und Tod – die leibhaftige Versuchung, Engel und Teufel aus Fleisch und Blut, nicht nur für ihren Studenten Don Zambulo.
Charles Maurice sprang vom Sitz hoch. Mon dieu!

> ... diese Verrenkungen, diese Bewegungen des Kreuzes ... diese herausfordernden, schlangenartigen Gebärden! Dieser Mund, der Küsse anlockt, dieser ganze bebende, zuckende, sich windende Körper im Rhythmus einer hinreißenden Musik ...

Im dritten Akt dann die Offenbarung: Florinde versucht ein letztes Mal den Widerspenstigen zu bestricken. Sie erscheint diesmal

> in einem rosaseidenen, mit breiten, schwarzen Spitzenvolants besetzten, spanischen Rock, der unten mit Blei beschwert, an den Hüften eng anliegt. Ihre Wespentaille ist kühn geschweift, und auf ihrem Leibchen blitzt als Schmuck ein mit Diamanten besetztes Stäbchen; ihr Bein, blank wie Marmor, scheint durch das zarte Netz ihrer Seidenstrümpfe, und ihr Füßchen lauert nur auf das Zeichen der Musik, um anzufangen ...

Théophile Gautier nimmt dieses Bild in sich auf, und so wird er es weitergeben – alle Welt soll es sehen!

... wie reizend sie ist mit ihrem großen Kamm, der Rose über dem Ohr, ihrem flammenden Auge und ihrem funkelnden Lächeln ...

Im immer rasanter werdenden Rhythmus hebt und senkt sie die Arme, in ihren Händen »zittern die Kastagnetten aus Ebenholz« – Fanny Elßler tanzt den Tanz der Tänze, den spanischen Feuertanz, die Cachucha!

... nun schnellt sie vor, aus den Kastagnetten ertönt das helle Geplauder, ganze Büschel von Rhythmen scheint sie aus ihren Händen zu schütteln. Wie sie sich windet, wie sie sich biegt – welches Feuer, welche Wonne, welche Glut!

Gautier, Janin, d'Aurevilly, Nerval und alle übrigen aus der Journalistengarde verharren wie verzaubert. Und Gautier, ja er weiß es, von heute an wird er die Farben der Elßler, die Farbe der weißen Kamelie tragen, von heute an wird dieser Tänzerin aus Wien die Welt gehören. Die letzten Takte der Cachucha verklingen; sie biegt den Oberkörper, an dem sich das Leibchen über dem Brustansatz ein wenig öffnet, nach rückwärts, berührt mit den Schultern fast die Bretter, und Gautier sieht ihre Hand, »von der man meinen möchte – oh, welch reizende Gebärde –, daß Fanny mit ihr, die am leuchtenden Band der Rampe entlangstreift, die ganze Begeisterung des Hauses aufsammelt ...«.

Dieses Haus rast. Dieses Haus bringt der Elßler stehend Ovationen. Es regnet rote Rosen und weiße Kamelien: Ich will – ich will, alles oder nichts! Und alles, alles gehört nun ihr.

Lorbeerkränze, Buketts, Hymnen und Sonette flattern zu Dutzenden auf die Bühne, sie watet förmlich darin, an ein Aufsammeln ist nicht mehr zu denken.

»Sie hat Höllenaugen!« ruft Barbey d'Aurevilly in den rasenden Applaus. Aufgerissene Münder, die sich heiser schreien, hochgeworfene Arme, Hüte, Blumen, Kränze – und auf der Bühne die Ballerina noch einmal in Cachucha-Pose: sie steht mit dem Rükken zum Zuschauerraum, das lächelnde Gesicht kokett über die Schulter geneigt, linke Hand an der Hüfte, rechter Arm etwas angewinkelt und über den Kopf geschwungen. Alles jubelt. »Vivat, Fanny!«

Diese grotesk anmutende Szene und Stimmung gibt eine Allegorie von »Fannys Furore« im »Theater-Catechismus« wieder.
Direktor Dupochel, Monsieur Auguste, La Valette und der aus dem Zuschauerraum herbeigeeilte Véron umarmen einander hinter der Bühne. Therese hat verweinte Augen, das ist er – Fannys Olymp! Endlich!
Bis in den Morgen hinein dauerte das Gedränge im Foyer an. Dupochel und Monsieur Auguste, geschäftig eine Gasse durch die von Corpsmitgliedern durchsetzte beste Gesellschaft bahnend, stolzierten umher, als hätten sie selber die Cachucha getanzt. Alles scharte, drängte sich um Fanny, die noch nicht abgeschminkt in ihrem spanischen Kostüm erschienen war, im Haar den Kamm, ein wenig welk schon die Rose hinterm Ohr, die süße, bald weltberühmte Nackenlinie von Spitzen und Goldborten umschmeichelt. Auf wie vielen Bällen und Empfängen wird sie fortan der einmalige Mittelpunkt sein! – den Körper des »entzückendsten Jünglings der Welt« (Gautier) von schwarzem Samt, von weißer Atlasseide umflossen, den Fächer aus Straußenfedern schwingend.

> ... in ihren Händen hält sie das Zepter der Schönheit. Wenn sie erscheint, entsteht im Saal ein leidenschaftliches Erschauern, das schmeichelhafter ist als aller Beifall der Welt, denn es gilt dem Weibe, nicht der Schauspielerin ...

Unter den Gratulanten sah man auch Victor Hugo, Alexandre Dumas Sohn, Alfred de Musset, die großen Schriftsteller der französischen Romantik, und selbstverständlich war Komponist Daniel François Auber gekommen. Er hatte öfter Gelegenheit gehabt, die Elßler als Fenella, der Titelrolle seiner so erfolgreichen Oper *Die Stumme von Portici*, zu bewundern. Ausgezeichnet!
Jetzt drückte er der frischgebackenen Musengöttin überschwenglich die Hände.
Wie stets war Therese, hochbeinig die ganze Gesellschaft überblickend, dicht an ihrer Seite – und La Valette mit Besitzermiene bei Fuß, das war die große Stunde seines Lebens ...
Vollzählig angetreten ist natürlich die Garde der Journalisten; und Gautier, endgültig ins Lager der Elßleristen desertiert, mag

seine neue Galionsfigur ebenso entzückt wie prüfend angesehen haben, als er elegant an den Sockel gelehnt in kleinen Schlucken den Schampus schlürfte. In gewisser Weise wird sie nun auch sein Geschöpf sein, denn was wäre eine Fanny Elßler ohne einen Théophile Gautier, der ihren Triumph in Worte kleidet, die bis in die Nachwelt reichen. Er will diese Fanny in den Griff bekommen, er taxiert sie:

> Sie ist deutsch durch ihr Lächeln, durch ihre weiße Haut, den Schnitt ihres Gesichtes, die Klarheit ihrer Stirne, und sie ist Spanierin durch ihr Haar, ihre kleinen Füße, ihre schmalen zierlichen Hände und die etwas kühne Biegung ihres Kreuzes ...

Noch ein Schluck aus dem Champagnerglas und ein leises Bedauern: Warum entschied sie sich nicht für eines »der einander bekämpfenden Temperamente«? Wie gut stünde das ihrer Schönheit zu Gesicht. Fanny war hübsch, gewiß,

> aber es fehlt ihr an Rasse, sie schwankt eben zwischen deutsch und spanisch. Und dieselbe Unentschiedenheit ist im Charakter des Geschlechts bemerkbar; ihre Hüften sind wenig entwickelt, ihre Brust zeigt nicht mehr Entwicklung als der antike Hermaphrodit. Sie ist ein reizendes Weib und der entzückendste Jüngling der Welt ...

Den Vogel im Cachucha-Fieber dieses Abends schoß Barbey d'Aurevilly ab. Was er auf einen Zettel kritzelte, wäre eines verliebten, von tausend Zweifeln gequälten Gockels wie Friedrich von Gentz würdig gewesen:

> Heimgekehrt, Feuer gemacht. An die Arbeit gesetzt, mein Feuilleton über Fanny, die Tänzerin, geschrieben, mit jenem Ungestüm, das mich überfällt, wenn ich mir selbst entgehen will. – Ich liebe Fanny so sehr, daß ich selbst für sie lüge, was übrigens nicht viel heißen will. – Also habe ich auf ihren Altären die Taglioni geopfert. – Wie Orest, töte ich für Hermione. – Erkläre, wer mag, diese Verderbtheit, die den Verstand so schön auf beide Wangen ohrfeigt!
>
> *Fannys Unschönstes ist der Mund* – und gerade *den* ziehe ich

bei ihr allem, was sie Gutes hat, vor. Und dennoch bin ich kein Barbar.

Ein Barbar war d'Aurevilly nicht, vielmehr ein Menschenkenner, der dem Sitz der Persönlichkeit, dem Sitz der Leidenschaften dort auf die Spur kam, wo er zu finden ist, im Animalischen, dort wo's menschelt und nicht nach Veilchen riecht, wo die kleinen und größeren Sünden stecken, die uns der Herrgott nebenher zugesteht (und vorgibt, sie kämen vom Teufel) als Würze des Lebens, für die er uns freilich oft teuer genug bezahlen läßt, denn zu verschenken hat er nix, der Herrgott. Wie herrlich, wie ganz und gar glaubwürdig stünde Fanny Elßler heute vor uns, hätten ihre Zeitgenossen dieses »Unschönste« an ihr entdeckt und gewürdigt. Statt dessen kleisterten sie ihr diese Lippe mit Zuckerwatte zu, setzten dafür den Augen ein paar zusätzliche Lichter auf, wenn nur die Guggerln recht liab blitzten. Der »Barbar« hingegen stellt die ganze Person vor uns hin, und damit gelingt ihm, daß wir ewigen Skeptiker, wir den zeitgenössischen Lobhudeleien Mißtrauenden plötzlich aufhorchen. Wenn d'Aurevilly in der Elßler die schiachgoscherte Fanni entdeckte und sie durchschaute, aber trotzdem ihr »Sklave« blieb, wie unwiderstehlich muß ihre Aura gewesen sein.

Die Uraufführung des *Hinkenden Teufel* brachte dem klassischen internationalen Tanz eine entscheidende Bereicherung. Unter dem Einfluß Fannys, der »Spanierin des Nordens«, kam nun der stilisierte, der veredelte Volks- und Charaktertanz auf die Bühne. In alle großen Opern und großen Ballette baute man ihn künftig ein, dafür ist der spätere *Schwanensee* eines der berühmtesten Beispiele. Nacheinander treten die Anwärterinnen auf die Hand des Prinzen in den Nationaltänzen ihrer Heimat Italien, Spanien, Polen, Ungarn und Rußland auf. Fanny machte dieses Genre bühnenreif, das war ihre Revolution. Und unbeschreiblich der Jubel, wenn sie ihre Cachucha, Mazurka, Polka, Tarantella, ihren Bolero auf die Bretter legte. Diese Volkstänze zu beherrschen, wurde für die Ballerinen und Ballerinos der Zukunft ein absolutes Muß.

Mit dem *Hinkenden Teufel* war in Fannys Karriere etwas Entscheidendes passiert: sie hatte sich freigetanzt von den Sylphiden und Holdinnen à la Maria Taglioni, sie hatte zu ihrem ureigensten Stil gefunden. Natürlich würde sie weiterhin die Bräute der Lüfte, die Sylphiden geben, und eines Tages mit Bravour die Titelrolle in *Giselle* tanzen, aber das Beste in ihrer Kunst war über die Mondscheinkulisse hinausgewachsen – diese Terpsichore würde ihr Reich nicht von den Wolken aus, sondern auf Erden regieren. Und schon war das geflügelte Wort geboren:

Die Taglioni tanzt Luft,
die Elßler tanzt Feuer und Erde!

Ein Mythos mit Mascherl – oder die Dame ohne Unterleib

Sie lebte hier
und sie lachte
und jeder Kerl dachte
DAS SCHÖNSTE GESICHT IN DER GANZEN STADT
und ein anderer dachte
SO EIN GESICHT GIBT DOCH WAS HER.

Sie blieb sich fremd,
wenn sie in den
Spiegel schaute,
blieb der Spiegel leer,
sie sah es, aber sie
reagierte nicht mehr.
nicht mehr.

Wolf Wondratschek

Wie bereits angesprochen, haben Zeitgenossen und wiederkäuende Nachwelt die Persönlichkeit der Elßler oft bis zur Unkenntlichkeit verzeichnet. Schon zu Lebzeiten wird sie im Zuckerguß erstickt, eingemauert – nicht ohne Selbstverschulden. Gleichermaßen als Göttin wie als Naturkind gefeiert, läßt man das Naturkind nur gelten, wenn es »ästhetisch« Füßchen vor Füßchen setzt. Eine »Darstellerin irdischer Leidenschaften« rühmt man sie – wie das?, wenn ihr der Schuß Vulgarität, die animalische Ausstrahlung abgeschminkt und das Allzumenschliche von der Nase abwärts wegretuschiert worden ist? Eigentlich ist sie der Antityp ihrer Zeit, aber weil sie so groß geworden ist und den Ruhm man-

cher Stadt trägt, paßt man sie den Moralbegriffen an, eine Angepaßte ist sie, auf dem Papier.
Seit sie die Cachucha aus der Taufe hob, schwärmte alle Welt von der »weichen Wollust ihres Tanzes«, von »diesem Mund, der Küsse anlockt – diesem bebenden, zuckenden, sich windenden Körper«! – und im selben Atemzug frohlocken die Gazetten:

> Es ist die Anständigkeit, mit welcher die Elßler tanzt und dem Auge des Beschauers so unendlich wohltut ... das mögen auch die Frauen, die im allgemeinen Tänzerinnen nicht sehr schätzen.

Das heißt mit anderen (unseren) Worten: ein jugendfreies Vergnügen. Ebenso wie im Privatleben gibt sich Fanny auch im Beruflichen viel Mühe mit der Verpackung dessen, was an ihr als unschicklich empfunden werden könnte und dem Image abträglich wäre. Das Mascherl ist meist großmächtig, daß es den schalmeienden Elßleristen die Sicht auf den Unterbau versperrt, als hätten sie ein Brett vor'm Kopferl. Gautier nennt diese Verpackung »Frische«, mit der, wie er durchblicken läßt, verbrämt werden soll, daß der Stoff von Fannys »primitiven« Volkstänzen im Grunde nur eines ausdrückt: »... das Begehren mit all seinen Koketterien, den angreifenden Mann und das sich lässig verteidigende Weib.« Demoiselle Saubermann ficht das nicht an, denn zwar hat sie gewagt, »zuerst die kecke Cachucha auf diese züchtige Bühne zu bringen, aber ohne ihr etwas von ihrer ursprünglichen Frische zu nehmen«.
Im Showbusineß unserer Tage käme sie mit ihren Tricks nicht durch, da müßte sie Farbe bekennen, ob sie nun Strümpfe oder nur die Strapse trägt. Damals mimte sie ungestraft alles durcheinander: in Paris die »heidnische Tänzerin«, in Wien die Dame ohne Unterleib, später die »fromme Frau«, Wohltäterin der Witwen und Waisen, Bekehrerin der Neger, Schutzpatronin der Sklaven und so weiter – ganz wie es den Herren Poeten und deren Redakteuren, wie es den Geschäftemachern, der Moral Wiens (und ihr selber) ins Konzept paßte.

Paris im Cachucha-Fieber

Die Firma »Zum Tempel des Geschmacks« verkaufte einen durchsichtigen Stoff mit leichtem Futter für Ball- und Soiree-Toiletten, hergestellt durch ein neues Verfahren, den man »Elßlerine« taufte. Nun erst war die richtige Ruhmeshöhe in Paris erreicht.

Aus: »Fanny Elßler«, Erhard/Necker

Die Tage und Wochen nach Fannys Einzug in den Olymp dürften ihrer Rivalin Maria nicht gut bekommen sein. Mit Groll und Unbehagen im Herzen verfolgte sie die neue Entwicklung des Tanztheaters und den sofort einsetzenden Elßler-Kult. Sogar ihr Haus- und Hofpoet Gautier war also ins feindliche Lager übergewechselt. Kanaille!

Überall auf den Straßen von Paris pfiff und summte man die zündende Melodie der Cachucha. In Scharen eilten Maler und Bildhauer herbei, um die Berühmte, Begehrte in Kostüm und Cachucha-Pose in Öl, in Bronze, Stein und Marmor zu verewigen. Im selben Atelier, in dem die Büste des Herzogs von Orléans entstand, wurde zur gleichen Zeit auch die von Fanny angefertigt. Man konnte sie aber auch billiger haben, nämlich in den Zuckerbäckereien als Marzipanfigur, um sie entweder auf den Hausaltar zu stellen oder sie samt süßer Haut und Cachucha-Pose aufzuessen.

War noch im Jahr zuvor der »Sylphiden-Turban« à la Taglioni kreiert worden, jetzt galten der Elßler-Hut, das Elßler-Samtbarett als letzter Modeschrei. Man trank aus Tassen, speiste von Tellern, die mit dem Konterfei Fannys oder gleich beider Schwestern dekoriert waren. Neuerdings qualmten Monsieur und Madame aus »Fannys Bein«, einer unsäglich plump-kitschigen Zigarettenspitze in Elfenbein. Und »Fannys Elfenhand« machte in Porzellan und Marmor ebenfalls Furore.

Der Platz an der Sonne

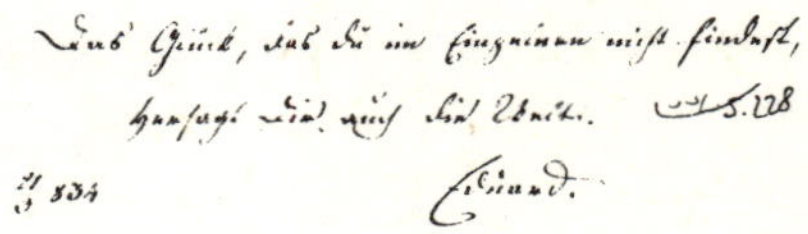

Recht seltsam war es um diesen neuen größten Ruhm bestellt, den sie so zäh erkämpft hatte. Endlich saß sie auf dem Olymp, aber die Freude schien nicht bis ins Herz zu dringen. Und die Sonne ging nicht anders als sonst auf und unter. Man fragt sich, wer »Eduard« war, der ihr ins Herz schauen durfte und schon einige Monate vor ihrem Pariser Engagement in einem Billett prophezeite:

Das Glück, das du im Einzelnen nicht findest,
versagt *dir* auch die Welt.

Vielleicht sollte man ausreißen, Gastspiele geben, wieder amal z'Haus gehen nach Wien.

La Valette steckte schon mitten in den Vertragsverhandlungen; jetzt sei der Zeitpunkt da, drängte er, das Cachucha-Fieber in klingende Münze umzuwandeln. Und recht hatte er, aus ganz Europa kamen Angebote.

Zunächst wurden die Schwestern nach Schloß Trianon eingeladen, um vor dem Bürgerkönig Louis Philippes und seiner Gemahlin Maria Amelie aufzutreten. Eine hohe Ehre! Der ansonsten knauserige König soll über seinen Schatten gesprungen sein und die Schwestern reich beschenkt haben. Im August 1836 führte sie ein Gastspiel nach Bordeaux. Die Elßlers traten in einem Programm auf, das sie für sämtliche Kurztourneen zusammengestellt hatten. Es enthielt unter anderem Szenen aus den Balletten und Opern *Schweizer Milchmädchen, La fille mal gardée, Die Stumme von Portici, Die Nachtwandlerin, Aschenbrödel, Der Liebestrank* – und als Zugabe selbstverständlich immer wieder die Cachucha.

Außerhalb der Taglioni-Meile brauchte sich Fanny keine Enthaltsamkeit in bezug auf *La Sylphide* und andere von Maria geradezu gepachtete Rollen aufzuerlegen. Insgesamt 26 Vorstellungen gab man in Bordeaux; sie brachten dem dortigen Theater die für Pro-

vinzverhältnisse »unerhörte Summe« von 65.000 Francs ein, und von diesem fetten Happen profitierten alle Beteiligten.
Dann passierte das Unglück: Auf dem Weg nach Orléans brach um fünf Uhr früh die Achse des Reisewagens, und die Pferde scheuten. Alle Insassen mußten eine lange Wegstrecke bis zum nächsten Ort auf Schusters Rappen zurücklegen. Das Wetter war feucht und Fanny, die Gußeiserne, erkältete sich diesmal. Da lag sie nun in der Rue Laffitte, ihr erstes Darniederliegen seit dem letzten Kindbett. Wenn sie damals relativ leicht und zwischen zwei Engagements entbunden hatte, diese Erkältung warf sie um. Sie mußte zur Ader gelassen werden, der Arzt verordnete strengste Bettruhe, ans Auftreten war lange nicht zu denken. Inzwischen nutzte Maria die Abwesenheit ihrer Rivalin aus, um an ihre frühere Alleinherrschaft wieder anzuknüpfen. Brühwarm trugen La Valette, Therese und mancher weniger wohlwollende »Freund« diese Tratschereien und Sticheleien ans Krankenbett, was sie nicht gesünder machte. Und an ihre Luxusherberge gefesselt, glaubte sie sich schon übergangen, vergessen, das Publikum vergaß ja so rasch. Drah di, Weiberl, drah di – sonst bist hin!
Kaum genesen, wusch sie sich den Schweiß vom Körper, schlüpfte ins Glitzergwandl, nahm den Gürtel der Terpsichore um, schwang die unsichtbare Peitsche: The show must go on – Paris hatte seine göttliche Fanny wieder.

Die Heimkehr der verlorenen Töchter

Des steht in die Stern', Buaberl ...

Am 11. Juli 1837 brachte die Wiener Theaterzeitung folgende Meldung:

> Die beiden Dem. Fanni und Therese Elßler sind am 9. dieses Monats aus Paris hier angekommen, um einige Wochen bei ihrer Familie zu verbringen. Bis Ende Juli begeben sie sich wieder nach Paris, wo sie neuerdings einen Contract auf vier Jahre abgeschlossen haben.

Ja, es stimmte. Wiens verlorene Töchter waren für kurze Zeit

heimgekehrt, vorerst, wie das Blatt richtig vermeldete, in den Kreis der Familie. Die Elßlers, die Prinsters eilten aus ihren Vorstädten und aus Eisenstadt herbei: Hamkommen sind's, ihre Berühmtheiten, und gleich fühlte man ihnen kräftig auf den Zahn – wie stand's mit den Einnahmen? Aus Vater Elßlers verhuschter Bescheidenheit und Rührung, als er die Töchter umarmte, mag Stolz aufgeblüht sein. Vielleicht hatte man fürs Wiedersehen auch den Franzl, Fannys jetzt zehnjährigen Sohn, aus dem Eisenstädter Versteck in die Kaiserstadt geholt, oder sie fuhr selber zu ihm. Wie war ihr zumute, als sie den Buben an die Brillantbrosche drückte, den sündhaft teuren Hut auf'm Kopf, die Augen voll Tränen? Versündigen wird sie sich an ihrem Franzl, anlügen wird (muß?) sie ihn nach Strich und Faden, wenn es um seine Herkunft geht. Vielleicht haben ihm Verwandte schon seine »fürstliche« Abstammung gesteckt.
Dei Vata is a Prinz, Bua!
Waas, a Prinz? Dann steh i ja direkt nebn de Esterhazys ...
Ja, Buaberl, direkt daneben.
Und wia haßt mei Vata? Wer is eahm?
Des steht in de Stern, Buaberl, des waß bloß der Himmelvata und dei Muatterl ...

Veni, vidi, vici – auch in Wien

Ein wahrer Festabend wurde von den Wiener Ballettfreunden gefeiert ...

Wiener Presse

Wie die Wiener Blätter weiter vermeldeten, waren im Kärntnertortheater sechs Elßler-»Debüts« angesetzt worden:

> ... sie beginnen Montags, den 17., mit dem Ballett *Sylphide;* auch *Nina* wird neu in Szene gehen und Dem. Elßler die Titelrolle geben.

K. K. Hoftheater nächst dem Kärnthnerthore.

Montag den 31. July 1837:

(21ste Vorstellung im deutschen Abonnement.)

Vorletzter Auftritt der Dllen. Therese und Fanny Elßler,

ersten Tänzerinnen der großen Oper in Paris,

im Abonnement.

Sylphide.

Feenballet in zwei Abtheilungen, erfunden von Hrn. Balletmeister Ph. Taglioni

Personen.

Sylphide	Dlle. Fanny Elßler.
James Reuben, ein schottischer Bauer . .	Hr. Crombé.
Anna Reuben, dessen Mutter . .	Dlle Greiner.
Effie, deren Nichte, James Braut . .	Dlle. Louise Groll.
Gurn, ein schottischer Bauer, in Effie'n verliebt .	Hr. Campilli.
Die alte Madge, eine Zauberinn . .	Mad. Campilli.
Eine Hexe	Dlle. Angioletta Kröpfel.

Sylphiden. Schottische Bauern und Bäuerinnen.

Pas de trois, ausgeführt von Herrn Crombé und den Dlles. Louise Groll und Filippini.

Pas de trois, ausgeführt von den Dlles. Angioletta Mayer, Scribani und Filippini.

Neues Pas de deux aus dem Ballete: La tempête, ausgeführt von den Dlles. Therese und Fanny Elßler.

Tanzende Personen:

Herr Laville und die Dlles. Angioletta Mayer, Scribani und Filippini.

Das Programm ist an der Kasse um 3 kr. C. M. zu bekommen.

Dieses Ballet wird mit den Dllen. Elßler zum letzten Mahle ausgeführt.

Hierauf:

Ouverture.

Scene und Arie aus der Oper: Torquato Tasso, von Donizetti, vorgetragen von Herrn Schober, im Costume.

Zum Schlusse:

Divertissement zur Oper: Die Ballnacht.

Ungarisches pas de deux, ausgeführt von Herrn Stöckl und Dlle. Angioletta Mayer.

Polonaise.

La Cachucha, spanischer Nationaltanz, ausgeführt von Dlle. Fanny Elßler.

Galoppade.

Freybillete und freyer Eintritt sind heute ungültig.

Mad. Stöckl-Heinefetter ist unpäßlich. Mad. Mink ist krank.

Der Anfang ist um 7 Uhr.

Die Schwestern brachten ihre Kostüme auf Hochglanz, einige Zeit nahmen die Proben in Anspruch. Das Wiener Publikum wartete gespannt darauf, was denn dran war an dem Ruf, der Fanny Elßler aus Paris voranging. Nach wie vor schien es ihr Schicksal zu sein, in ihrer Heimatstadt »Debüts« zu geben, die nach Bewährung verlangten.

Bereits am ersten Abend war die Stimmung so gut, daß die Theaterzeitung berichten konnte:

> Ein langanhaltender Beifallssturm begrüßte die beiden beliebten Künstlerinnen bei ihrem ersten Auftreten, und der Enthusiasmus dauerte für die ganze übrige Darstellung fort.

Am 18. Juli ließ dasselbe Blatt verlauten:

> Ein wahrer Festabend wurde von den Wiener Ballettfreunden gefeiert: Es ist bekannt, mit welchem Enthusiasmus man die beiden Schwestern, seitdem sie von uns geschieden waren, in Berlin, Paris, London aufgenommen hatte, mit welchem Entzücken die Journalisten dieser Städte von ihren Talenten sprachen; ja wie sogar eines der renommiertesten Blätter den kühnen Ausspruch that, daß Fanny Elßlers Mienenspiel das Einzige sey, das die Stimme der Malibran ersetzen könne. Es ist unstreitig eine merkwürdige, schwerlich mehr zu wiederholende Erscheinung, daß es in Paris, dem classischen Boden der Tanzkunst zwei deutschen Künstlerinnen gelang, solche Sensation zu erregen.

Komplimente auch in der Zeitschrift für Literatur, Theater und Mode:

> Es war der schönste Sieg, den jemals angeborenes Talent über althergebrachte Vorurtheile davon trug, ähnlich demjenigen, dessen Erinnerung wir in den Namen einer Sontag, eines Thalberg bewahren.

Daß die Elßlers Landsmänninnen waren, gereichte Wien zur Ehre, das hatten die hiesigen Journalisten denn doch rasch kapiert, und Paris mit Komplimenten überschüttend, strichen sie die Bedeutung dieses »Wiener Sieges« noch heraus:

> Wo versteht man es besser, den Tanz zu beurteilen, als in Paris, der Stadt, die das Beste und Trefflichste dieses Fachs seit jeher zu sehen gewohnt war ...

Allerdings war Taglionis *Sylphide* in Wien nicht besonders beliebt. Man nörgelte daran herum, und außerdem mag den Schwestern aufgestoßen sein, daß es die hiesigen Kritiker nicht lassen konnten, sich ihnen gegenüber als betuliche Talent-Beobachter aufzuspielen:

> Sie sind, seit wir sie nicht sahen, dem Wesen ihrer Kunst nach, nicht anders, aber in Vielem, was sich auf die Virtuosität der Ausführung, auf eine höhere Ausbildung bezieht, bedeutend besser geworden. Bei Dem. Fanni fanden wir noch immer dieselbe bezaubernde Anmuth des mimischen Ausdrucks ... dieselbe Leichtigkeit und Gewandtheit der Bewegungen, durch welche uns schon in früherer Zeit ihr Talent so lieb und werth geworden war. Was aber die eigentliche Bravour des Tanzes betrifft, so sind die großen Fortschritte nicht zu verkennen ...

Auch Thereses Leistung wurde freundlich aufgenommen, sie habe »in derselben Beziehung viel an Ausbildung gewonnen«, aber: was wäre sie ohne Fanny!

> Man muß eben nur beide zusammen tanzen sehen, um sich von dem Ensemble, von der Harmonie, welche die Pariser Zeitungen nicht genug rühmen können, einen deutlichen Begriff zu machen.

Der Rezensent, ein Herr Adam, kommt nun auf die »Anständigkeit« des Elßlerschen Tanzes zu sprechen – alsdann, Wiener Leut', bringt's eure Buam und Madln mit ins Deatha – Fannys Danz is koscher!

Aber die große Stunde, das große Ballettereignis sollte erst noch kommen. Fünf Tage nach ihrem Debüt trat Fanny mit der Cachucha auf. Endlich! Man hatte Wunderdinge über ihren Feuertanz gehört. »Spanische Glut und prickelndes Kastagnetten-Geknatter« versprachen die Gazetten bereits im voraus. Die Darbietung selbst sollte dann alle Erwartungen übertreffen, das ging unter die Haut, und einer der »kühlsten und skeptischsten Wiener Kritiker« geriet ins Staunen:

> Ich bin noch niemals Zeuge einer solchen Aufregung gewesen, wie sie diesmal sich des Publikums bemächtigte. Für diesen beispiellosen Erfolg ist der Ausdruck »Enthusiasmus« zu wenig. So etwas, ich muß es gestehen, habe ich noch nie erlebt.

Spätestens nach diesem Triumph mußte selbst dem sturlsten Wiener Journalisten aufgegangen sein, daß es hier kein »sich entwik-

kelndes« Talent mehr zu beobachten und wohlwollend zu erwähnen gab, daß hier ausgewachsene Profis am Werk waren.
Nun hatte auch die Kaiserstadt ihr Cachucha-Fieber, und sie bekam ihre Elßler-Hüte, Elßler-Handschuhe, Elßler-Fächer, Elßler-Statuetten und so fort. Jeder Straßenmusikant spielte die Melodie auf der Fiedel, jedes Werkl hatte sie auf der Walzn. Die Kundschaft drahte dazu und schrie: Olé!

Triste Rückkehr nach Paris und der Besuch Grillparzers

Am 12. August, Abends 7 Uhr, reiste Fanny Elßler mittels Eilpost nach Paris, wo sie am 22. ankam.

Wiener Zeitungsbericht

Nichts Nennenswertes hatte sich während ihrer Abwesenheit ereignet; in der Grand Opéra, in der Rue Laffitte, bei Freund und Feind, ging alles seinen gewohnten Gang. Lediglich das taufrische Gerücht kursierte, Maria bereite eine Tournee nach Rußland vor – Rubelchen einkassieren. No ja, Reisende soll man nicht aufhalten, so hatte es schon in Großvater Elßlers Jugend im Schlesischen Kieslingswalde geheißen. Je eher Maria ging, desto besser für Fanny!
Die Schwestern waren in ein Paris zurückgekehrt, wie es ihr großer Landsmann in seinem Reisetagebuch beschreiben sollte; so und nicht viel anders erlebten sie das Straßenbild alle Tage – Grillparzer auf Frankreichtour am 10. April 1836:

> In Paris angekommen. Der erste Eindruck keineswegs ein angenehmer. Die alten Straßen düster, schmutzig, erinnern sehr an die ähnlichen in Neapel. Unmittelbar vor der Stadt war der Kot so tief und so in Klumpen, daß man über geakkertes Feld zu fahren glaubte ...

Auf der Suche nach einem Quartier – »überall besetzt« – findet er schließlich in der Rue Richelieu im Hotel de l'Europe ein »eigentliches Dachstübchen«. Hernach wandert er durch die Straßen, am Triumphbogen Napoleons vorüber, und bemängelt: »Eine steinerne Bärenmütze ist nicht um ein Haar künstlerischer als der marmorne Hosenträger des Andreas Hofer in Innsbruck.«

Auf gut wienerisch vor sich hin grantelnd, erreicht er schließlich den Boulevard des Italiens,

> ... und nun sah ich denn, was man mit dem Namen Paris eigentlich für ein Ding bezeichnen will. Graben und Kohlmarkt (in Wien) hundertmal aneinander gestückt und zwanzigmal in die Weite gedehnt und zehnfach bevölkert und tausendfach verschönert würden ungefähr ein Bild dieser Boulevards geben ...!

Irgendwann treibt es ihn ins Théâtre Français und irgendwann in die Grand Opéra zu einer Ballettaufführung mit den Elßler-Schwestern. Vielleicht hatte er ausgerechnet an diesem Abend nicht so gut gegessen, wie er allgemein im Tagebuch vermerkte. Oder er war einer von jenen Kindern und Narren, die vor des Kaisers neuen Kleidern stehen und ausrufen: »Der hat ja gar nichts an!«
Ein paar Gwandln sah er tatsächlich, ein paar »sehr gefällige« sogar. Was er dann aber, zurückgekehrt ins Dachstübchen, aufschreibt, fällt im Ganzen nicht eben schmeichelhaft für die Schwestern aus:

> Endlich die beiden Schwestern Elßler, um derentwillen ich eigentlich diesmal ins Theater gegangen war. Therese, ein tanzender Straßburger Münster oder St.-Stephans-Turm, konnte mir hier so wenig gefallen als in Wien, obschon sie bewunderungswürdige Sachen macht und so viel Grazie hat, als die Umstände erlauben. Fanny, bei weitem niedlicher als sie, obgleich auch ein wenig aus dem Frakturalphabet, scheint sich im Tanze sehr gebessert zu haben. Im Spiele habe ich, verglichen mit ihrer Leistung in *Fee und Ritter,* eher das Gegenteil gefunden. Es ist ein immerwährendes Wiederkauen derselben Bonbons, ein Küssen und Hinneigen und Beugen in allen Nuancen, das dem Freunde der Wirklichkeit auch in der Nachahmung immer wieder gefällt. Auch Fanny hat nicht das Ätherische, Luftige, das mir den Tanz allein zum Genusse macht. Ein tanzender Körper mit Begierden statt Seele und Leidenschaften. Übrigens unendlich viel Gutes. Die Füße mehr Kraft als Elastizität. Arme und Hände oft

wirklich graziös. Die Büste ohne Geschmeidigkeit. Das Ganze sich zum Derben hinneigend. Vielleicht zeigt nichts mehr den Verfall der schönen Tanzkunst in Paris als der ungeheure Beifall, den ich übrigens meinen Landsmänninnen von Herzen gönne.

Wie gesagt, den alten Grantlhuber plagten an diesem Abend womöglich die Wind'; obendrein war Fanny die Freundin seines Widersachers und Zensoren Gentz gewesen, vielleicht gar das Gspusi vom »ostwestlichen Hanswursten«, dem Prokesch.

Zum anderen gehörte es bei g'standenen Individualisten (gestern wie heute) zum guten Ton, nicht alles gut und schön zu finden, was die Allgemeinheit schön und gut findet. Wo käme man da hin! Ein bisserl Unterscheidung von der breiten Masse möcht' schon sein; das sagte sich – nicht nur in Fannys Fall – auch Heinrich Heine.

Im übrigen wird behauptet, Grillparzer sei ohnehin eingefleischter Taglionist gewesen; und seine Hymne an Fanny zu ihrem letzten Auftreten viele Jahre später soll er ursprünglich für Jenny Lind verfaßt haben. Eine dieser »passend« gemachten Lobhudeleien also ...?

Wer hat Angst vor Pussycat?

Im Oktober 1837 lieferte Fanny in der Pariser Ballett-Uraufführung von *Die verwandelte Katze* eine ihrer bislang reifsten und mimisch originellsten Leistungen ab. In dieser Rolle zeigte sie, wie umwerfend komisch sie sein konnte.

Die Handlung: Ein junger Mann hat sein Herz an Katzen verloren und beschäftigt sich den lieben langen Tag mit nichts anderem mehr. Das gefällt der chinesischen Prinzessin, die ihn von Herzen liebt, gar nicht, und sie beschließt, ihn durch ein Täuschungsmanöver von seiner Katzenvernarrtheit zu heilen. Auch sie sei in Wirklichkeit eine Katze, macht sie dem Geliebten weis, die durch bösen Zauber in ein menschliches Wesen verwandelt worden sei;

in ihrem Äußeren Frau, aber mit den Gebärden und Gewohnheiten einer Katze. Und sie übertreibt so sehr, piesackt, nervt den jungen Mann auf »kätzisch«, daß er schließlich nichts sehnlicher wünscht, als daß sie ein Mensch und keine verwandelte Katze sei. Diesen Gefallen tut sie ihm gern. Und wenn sie nicht gestorben sind, lieben sie sich noch heute ...

Die Pariser Gazetten bestätigten Fanny, daß die Zuschauer teilweise vergaßen, einer Ballettaufführung beizuwohnen. »Sie sahen das Stück, in dem es eine reizende Schauspielerin gab.«

Wieder waren Legendenmacher am Werk, die in Umlauf brachten, Fanny hege eine »unüberwindliche Abneigung« gegen Katzen. »Allein schon deren Miauen genügt, um ihre Zehen weit fortlaufen zu lassen!«

Das möchte man als puren Unsinn abtun. Fanny wuchs, wie wir wissen, in den Gassen der Wiener Vorstadt auf, wo Mensch und Tier auf engstem Raum beisammen lebten. Da gab es auch Katzen genug, denn wie wäre man sonst der Mäuseplage Herr geworden, die überall in den Ritzen des alten Gemäuers nistete. »Fannys Zehen« hätten von morgens bis abends vor allem Miauenden davonlaufen müssen. Mit solchen Legenden wollte man offenbar ihre Leistung hochspielen: Mon dieu – welche Selbstüberwindung! Sie spielt mit Bravour ein Kätzchen, obwohl sie sich doch so sehr fürchtet.

Die Herausforderung

Woran es nur lag, daß sich Fanny in Paris, bei aller Anerkennung, allem Luxus und ständig ausverkauften Vorstellungen, immer ungemütlicher fühlte? Vielleicht traf das Sprichwort zu: Wenn es dem Esel zu wohl wird, geht er aufs Eis!

Tatsache war, daß die Sticheleien und Gehässigkeiten der Taglionisten nicht aufhörten, obwohl die Elßler fest auf dem Olymp saß. Maria war schon eine Weile außer Landes, aber der Kalte Krieg ging weiter. Die Taglionisten hatten ihrem Idol versprochen, das Rivalitäts-Süppchen zwar auf Sparflamme, aber am Kö-

cheln zu halten; Maria mußte im Gespräch bleiben, wie rasch wurden in diesem Metier selbst die Großen vergessen, das hatte ja auch Fanny während ihrer Krankheit zu spüren bekommen.
Maria würde unterdessen in St. Petersburg fleißig Rubelchen, Juwelen und Pelze einsammeln; die Großzügigkeit im zaristischen Reich machte die argen Strapazen der Reise wett. Niemand auf der Welt huldigte den Leistungen und Reizen einer großen Ballerina glühender als die russischen Fürsten, darüber gab es phantastische Geschichten.
Nur ein wenig Geduld, chérie Fanny, eines Tages wird es auch für dich heißen: Rußland, ich komme!
Im Augenblick mußte ihr Paris genügen, aber das hatte viel von seinem Glanz verloren, war Alltag geworden, wie seinerzeit der alte Gentz. Fanny muß gespürt haben, daß der Höhepunkt ihrer Pariser Karriere ohnehin überschritten war – welche Steigerung konnte man noch erwarten nach dem Triumph im *Hinkenden Teufel*, nach der Geburtsstunde der Cachucha?
Therese mag sie ausgescholten haben: I waß net, was di zwickt, jetzt wo d' Maria weg is …
Lust und Frust sprachen sich in der engen Welt des Theaters rasch herum: Dupochel redete ihr ins Gewissen. Er hatte ein »Attentat« auf sie vor, wollte sie frisch und unternehmungslustig sehen. Schon lange war er auf der Suche nach einem neuen zugkräftigen Ballett, aber die wuchsen nicht auf den Bäumen, derzeit gab es nur Normalkost. Warum nicht das Interesse der Pariser mit einer Pikanterie neu anheizen? Er schlug Fanny also vor, *La Sylphide* zu übernehmen – Marias Heiligtum an der Pariser Opéra, ihr da ins Gehege zu kommen, hatte bisher noch keine andere Ballerina gewagt.
Natürlich brachte auch Fanny hundert Einwände vor, aber Dupochel hielt mit Einflüsterungen dagegen: Was Maria nicht weiß, macht sie nicht heiß – Väterchen Rußland ist weit …
Das schon, aber die Taglionisten, Gewehr bei Fuß, waren um so näher. Trotzdem sagte Fanny zu, das Unternehmen reizte sie denn doch zu sehr. Die Proben begannen, die Aufführung ging wie geplant über die Bühne, und gottlob – in der Grand Opéra gab

es keine nennenswerten Zwischenfälle! Wohl knurrten die Taglionisten, aber sie bissen nicht zu, noch nicht.
Kann sein, daß sie diesen Tabu-Bruch als einmalige Entgleisung ansahen; die Presse erwähnte zwar Fannys Leistung lobend, mehr auch nicht. *La Sylphide* war nun einmal Marias Domäne, und darin sollte sie, wie gesagt, unerreicht bleiben. Die Taglionisten wachten weiter – und legten vorsorglich ein frisches Scheit Holz ins Feuer.
Als ihr Dupochel als nächstes die Taglioni-Rolle in *Tochter der Donau* antrug, nahm Fanny, bedenkenlos geworden, sofort an. Und damit hatte sie es endlich geschafft: die Volksseele kochte über.

Taglionisten gegen Elßleristen – Schlägerei in der Opéra

Ein unerhörter Skandal hat die Oper entehrt und die anständigen Leute entsetzt ...

Pariser Presse

Am 23. Oktober 1838 vermeldeten sämtliche Gazetten in riesigen Schlagzeilen, daß tags zuvor, während der Aufführung der *Tochter der Donau* ein unerhörter Skandal die Oper entehrt habe. Das Parterre sei in eine Arena verwandelt worden, »in der zwei Stunden lang Beifall, Pfiffe und Faustschläge mit gleichem Eifer ausgeteilt wurden«. Bereits während des ersten Aktes störten Pfiffe und das Rasseln von Schlüsselbunden den Handlungsablauf. Fanny wurde nervös: Rußland ist doch net so weit!
In den ersten Reihen sprangen Zuschauer auf und protestierten nach hinten gegen die Randalierer; andere applaudierten der Elßler, wohl um sie bei der Stange zu halten; schließlich saß man auf den teuersten Plätzen und wollte retten, was zu retten war.
Hinter der Bühne trommelte Monsieur Auguste seine Leute zusammen, Ordnungshüter und bezahlte Beifallsspender, die Claqueure, »organisiert wie ein Regiment Nationalgardisten«. Bei weiteren Störungen sollten sie ein- und durchgreifen; jemand muß auch die Polizei verständigt haben.
Der zweite Akt begann. Wieder Pfiffe, wieder Schlüsselgerassel;

derbes Gelächter, Gegackere, Geschnatter, als befände man sich auf einem Hühnerhof gleich neben dem Ententeich. Das war zuviel! Monsieur Augustens Mannen traten in Aktion – packten einige Störenfriede beim Schlafittchen und beförderten sie unsanft aus dem Zuschauerraum, hinaus auf die Gänge, ins Foyer, wo sie gleich von Polizisten und »Munizipalwachen« in Empfang genommen wurden. Das Gerangel, die Prügelei gingen jetzt erst richtig los.

Inzwischen waren sich auch im Zuschauerraum Taglionisten und Elßleristen in die Haare geraten. Die Elßleristen hatten dabei eine Sonderaufgabe zu erfüllen, sie nahmen die demonstrativ Unparteiischen aufs Korn. Die Wiener Tageszeitung berichtete:

> Ein Zuschauer kehrte der Bühne den Rücken und vertiefte sich in eine Broschüre, wahrscheinlich um anzudeuten, daß er sich nicht viel aus Fanny Elßler mache; er wurde jämmerlich durchgebleut. Ein anderer, der ihm zu Hilfe eilte, erlitt das gleiche Schicksal. Ein junger dekorierter Mann war Zielscheibe schrecklicher Gewalttätigkeiten. Und ein Siebzigjähriger erhielt einen Faustschlag aufs Auge, daß er blutete ...

Das war wie ein Fußballmatch in den achtziger Jahren des 20. Jahrhunderts.

Während des Tumults – »eine Bartholomäusnacht in der Grand Opéra, wie sie die Annalen dieses Kunstinstituts nicht kannten« – schrien Damen in großer Abendtoilette gellend auf, Blumensträuße wurden zertrampelt, manches kostbare Schmuckstück ging verloren; die entsetzte Weiblichkeit floh mit offenem Haar, aus dem sich Kämme und Nadeln gelöst hatten, teils, um den Schlägen auszuweichen, teils, »um die Ohren nicht mit Infamien zu beflecken, die diese greulichen Individuen an Außenstehende richteten«.

Eine Woche lang war die »Theaterschlacht« Tagesgespräch. In die Zeitungsredaktionen drängten Dutzende von Augenzeugen und angeblich Dabeigewesenen, jeder tischte seine möglichst blutrünstige Version auf; die Journalisten molken fleißig und servierten das Resultat ihren Lesern zum Frühstück.

Théophile Gautier wußte es wieder einmal besser, er glaubte nicht an eine Auseinandersetzung zwischen »ehrenwerten Bürgern«. In einer glänzenden Satire brachte er nun seine Version von den Ereignissen unter die Leute:

> Man spricht nur von weißhaarigen Greisen, ehrenwerten Kaufleuten, vierstöckigen Hausherrn, die von der elenden Claque zerrissen, gerädert, erschlagen, wie Leopardenfelle getigert und gefleckt worden wären. Die Spalten sind mit Briefen von Getöteten gefüllt. Der Rummel spielte sich jedoch zwischen den Claqueuren und den Skandalmachern ab. Die Schläger wollten die Pfeifer vor die Tür setzen, und diesmal hatten sie zufällig recht. Irgendein aufs Geratewohl ausgesandtes Kopfstück wird sich auf das ehrbare Auge oder die unparteiische Nase eines zahlenden Besuchers verirrt haben. Das war gewiß ein Unglück, aber doch nicht danach beschaffen, »hundert ächzende Berge von Toten und Sterbenden an den Ufern aufzutürmen«, wie Bréboeuf sich ausdrückte.

Katzenjammer – und die Geburtsstunde der »Tarantella«

Während der Tumulte im Zuschauerraum und in den Gängen der Grand Opéra dürften Fanny und Therese in ihre Garderoben geflüchtet sein und das Corps de ballet im Foyer de la danse Zuflucht gesucht haben. In Abständen sah man einen völlig aufgelösten Dupochel hierhin und dorthin eilen, um in abgerissenen Sätzen über die jüngsten Ereignisse zu berichten. Mon dieu! Die Welt der Oper geriet aus den Fugen! La Valette und etliche Kavaliere waren um die Elßlers geschart, ihre obligatorischen Zylinder ramponiert.

Schon einige Tage später, die Wogen waren noch nicht geglättet, trat Fanny wieder auf – jetzt erst recht! –, enthusiastisch beklatscht von den Elßleristen und allen, die ihr wohlwollten.

Die Taglionisten gaben vorerst Ruhe, knurrten aber hinter vorgehaltener Hand, die Elßler solle es nicht noch einmal wagen, in Pa-

ris Marias Territorium zu betanzen. Da durften sie beruhigt sein – Fanny hatte genug davon. Aus St. Petersburg kam indessen die Nachricht, man habe Maria für ihre Leistung in dem neueinstudierten Ballett *Gitana* eine weitere Siegestrophäe (wohl in Form eines Juwels) an die ohnehin reich dekorierte Brust geheftet. Es handelte sich um dasselbe Ballett, das in Paris unter dem Titel *Gipsy* von Fanny getanzt wurde. Beide Ballerinen waren in der Hauptrolle außerordentlich erfolgreich, doch sollte die Wienerin ihre Rivalin Taglioni später in Rußland sogar noch übertrumpfen.
Noch einmal gelang es ihr in einer anderen Erstaufführung, der Balletpantomime *Die Tarantel,* das Pariser Publikum zu Beifallsstürmen hinzureißen: Heftig leidet die Heldin mit, als ihr Geliebter von der Tarantel gestochen wird, und legt zusammen mit ihm einen Tanz im 6/8-Takt auf die Bretter, der als »Tarantella« künftig untrennbar mit ihrem Ruhm, ihrem Namen, verbunden sein wird.
Umjubelte Vorstellungen, Rosen, Kamelien, Diamanten – da capo, da capo …
Trotzdem: Häme und Bösartigkeiten von seiten der Neider und Taglionisten nach dem Theaterskandal saßen als Stachel in Fleisch und Seele. Fanny fühlte sich plötzlich schrecklich müde, eine typische Reaktion, wenn sie glaubte ihre Felle wegschwimmen zu sehen. In solchen Situationen mag sie jedesmal Bilanz gezogen haben. Jetzt war sie achtundzwanzig – und nix wia danzn …
Vor allem Therese bekam in letzter Zeit ihr Fett ab; man nahm sich ihr gegenüber kein Blatt mehr vor den Mund, die Presse ging geradezu beleidigend mit ihr um.

> Demoiselle Therese Elßler ist stets nur durch ihren Namen geschützt gewesen, denn ihr Talent ist unbedeutend; sie war jederzeit nur Gehilfe ihrer Schwester und in Fannys guten Tagen beklatschte man auch Therese …

Ein neuer Mann und neue Dimensionen

Ach, wäre ich diesem Menschen doch nie begegnet ...!

Stoßseufzer aus Fannys Tagebuch

Obgleich also das Barometer über den Pariser Tagen zur Zeit auf wolkig und veränderlich bis trübe zeigte, schien es Fanny wenig zu interessieren, als La Valette mit der Neuigkeit in die Rue Laffitte kam, er habe soeben ein Gespräch mit einem Mister Stephen Price und dessen Agenten Henry Wikoff gehabt, aus dem eindeutig hervorgegangen sei, daß Price, der zum Management des New Yorker Park Theatre gehöre, die Elßlers nach drüben engagieren wolle.

Fanny, vielleicht ausnahmsweise im Fauteuil sitzend, mag gegrinst und Therese ausgerufen haben: »Mit'm Schiff 'nüberfahrn und obsaufn, des fehlat grad no!«

Und überhaupt: Wie stellte dieser Mister Price sich das vor? Waren sie etwa dahergelaufene »Girls«, die man mir nix dir nix wegengagieren konnte? Ihr Vertrag mit der Grand Opéra lief noch zwei Jahre, und außerdem, wer kannte sie schon in Amerika – bei de Neger!

Die beiden »Misters« entpuppten sich jedoch als außerordentlich hartnäckige Burschen, clevere Geschäftsleute, die ihr Handwerk nicht weniger verstanden als Barbaja, Véron, Dupochel und Konsorten. Price hatte übrigens allen Grund, die Schwestern nach New York zu locken. Das Park Theatre stand kurz vor der Pleite, und mit den Elßler-Girls auf den Plakaten – ihr Ruhm, versicherte Price eifrig, sei bereits über den großen Teich gedrungen – glaubte man, den finanziellen Engpaß zu überwinden, die Chose wieder flottmachen zu können.

Um an ihr hochkarätiges Bein heranzukommen, mußte zunächst Fannys Ohr für Prices Pläne erheischt werden. Man beschmuste La Valette nach Kräften, half womöglich mit einer fetten Vermittlerprovision nach, und schließlich kam der Termin doch zustande.

Mochte Fanny zuerst störrisch reagiert haben, jetzt, bei dieser ersten Begegnung zwischen ihr, Therese, Price und Wikoff, war sie

die Liebenswürdigkeit in Person, was sie nicht hinderte, den gesunden Hausverstand durchblicken zu lassen. Ein bisserl Erfahrung im Aushandeln von Verträgen hatte sie inzwischen, wenn auch La Valette und Therese wie immer das Geschäftliche zum effektiven Abschluß brachten.
Ob Fanny bereits ein Flugerl auf Henry Wikoff hatte?
Da stand er vor ihr im Salon, Amerikaner, siebenundzwanzig Jahre alt, modisch, aber nicht geckenhaft gekleidet. A Gigerl war er net, kaner, von dem die Wiener sagten:

... im Knopfloch a Roserl,
a recht a weits Hoserl,
a ganz a kurz Rockerl,
im Aug a Monokerl, --
halt d' Arm weg wia Flügel:
segns, des is a Gigerl!

Eine Lithographie zeigt ihn vielmehr als Mann von Welt und gefälligem Äußeren, einem schmalen Durchschnittsgesicht mit geschwungenem Mund und intelligenten Augen, die Rechte in Feldherrnpose unter den Rock geschoben. Ein Sunnyboy für die Ladies. Fannys Lippe mag unmerklich gezuckt haben: No, wia guat, daß neamand waß, daß i Rumpelstilzchen haß ...
Fürs Aquarium schien er eine Nummer zu groß, das war gut so, denn man mußte ihm zutrauen können, daß er unter Umständen als Agent ihre Angelegenheiten drüben, in der neuen Welt, zu vertreten wußte.
Wikoff war bereits in London als Theateragent und Impresario tätig gewesen – mit Erfolg, wie Price einwarf, obwohl er den jungen Mann erst vor kurzem kennengelernt hatte und daher von dessen Fähigkeiten nicht allzuviel Ahnung haben konnte. Schließlich wurde vereinbart, daß Wikoff die Elßlers als deren »Administrator« begleiten sollte, sofern das New Yorker Gastspiel zustande käme.
Und von Fannys Schönheit beeindruckt, mag der Amerikaner schon zu diesem Zeitpunkt mit dem Gedanken gespielt haben, das Nützliche mit dem Angenehmen zu verbinden.
Dupochel wurde eingeweiht, denn schließlich mußte er den erfor-

derlichen Urlaub bewilligen. Der sträubte sich zunächst mit Händen und Füßen; im Sommer einige Wochen nach Wien, Berlin oder London, dagegen war nichts einzuwenden, aber gleich in die USA! Obendrein blieb Maria noch einige Zeit in Rußland, die besten Pferde im Stall außer Landes! Und wer garantierte ihm, daß Fanny jenseits des Ozeans nichts zustieß? Ihre Fürsprecher wandten ein, daß doch auch Marias Bruder, Paul Taglioni, mit seiner Frau im Jahre 1839 New York und Philadelphia besucht hätte. Waren die etwa nicht pünktlich und heil wieder zurückgekommen?
Sie waren. Also ließ Dupochel sich breitschlagen – sechs Monate Urlaub für die beiden Elßlers, aber keinen Tag länger.
Der Vertrag mit dem Park Theatre kam also unter Dach und Fach; Mitunterzeichner des Kontrakts waren Henry Wikoff als Prices Agent und La Valette als Zeuge.
Price reiste ab, verstarb aber einige Zeit später ganz unerwartet; daraus entstanden neue Unsicherheiten, der Vertrag drohte zu platzen. Auch Therese wurde wankelmütig; sie hatte ihrer Schwester gestanden, daß sie doch nicht nach New York mitkäme. War es wirklich nur die Angst vor der Schiffsreise? Oder war sie es einfach leid, als siamesischer Zwilling, schlimmer noch, als Fannys »Gehilfe« durch die Gegend zu tanzen? Vielleicht war sie unter der äußeren Kühle verletzbarer als man annahm. Die Aussicht auf ein eigenes Leben, und sei es nur für ein halbes Jahr, mag verlockend gewesen sein, trotzdem fiel die Trennung nach so vielen bedeutsamen Jahren des Miteinanders nicht leicht. Aber vielleicht hielten sie bereits Liebesbande in Europa fest, die so stark waren, daß sie ihren Einfluß auf Fanny dafür opferte.
Um den fetten Brocken des New Yorker Gastspiels nicht buchstäblich ins Wasser fallen zu lassen, redete Therese ihrer Schwester zu: »Sei ka Tschapperl, in a paar Woch'n bist eh wieder z'ruck und alles is beim oidn ...«
Als von New York die Nachricht kam, man wolle einen neuen Vertrag aufsetzen, war Fanny einverstanden. In diesem zweiten Kontrakt verlegte man ihre Auftritte im Park Theatre auf einen etwas späteren Zeitpunkt, Mai 1840, so daß sie zuvor noch in Lon-

don gastieren konnte. Außerdem soll eine zusätzliche Klausel eingebaut worden sein, die dem Park Theatre eine empfindliche Geldbuße auferlegte, falls es gewisse Konditionen nicht einhielt.

Die neue Frau in Fannys Leben

Nachdem Therese als Begleitung ausfiel, heuerten die Elßlers ihre Cousine Kathi Prinster an, Tochter von Onkel Anton, dem Hornbläser aus Eisenstadt. Kathi hatte viele Jahre den Elßlerschen Haushalt mitgeführt, man kannte und vertraute einander. Fanny ging somit von der einen in die andere be-herrschende Hand über.

»Die gute Katti« würde zwar beim Pas de deux nichts ausrichten, dafür aber um so trefflicher für das leibliche und seelische – respektive religiöse – Wohl der ihr Anvertrauten sorgen. Sie war von schlichtem Wesen, doch keineswegs harmloser Natur, geistig nicht unflexibel, praktisch, fromm bis bigott. Sie sollte nicht unwesentlich dazu beitragen, daß Fannys Anlagen zur echten Weltbürgerin nie die Überhand bekamen, vielleicht sogar verkümmern mußten.

Wer unter Kathis Fittichen segelte, genoß den Vorteil, daß ihre hieb- und stichfeste Ehrbarkeit alles scheinbar Sündige überstrahlte. Sollte sie ein lediges Kind gehabt haben, steckte sie's weg unter den Heiligenschein. Wie nützlich ihre biedere Ausstrahlung war, sollte man spätestens in New York erfahren, wo die Begleitung »dieses Herrn W.« (Wikoff) von Presse und Frauenvereinen anfangs mißtrauisch beäugt wurde. »Warum nennt sie sich Fanny Elßler? Ist sie nicht Mrs. W.?« hetzte ein Blatt. Aber da kannten die Amerikaner diese »deutsche Fanny« schlecht. Sie warf aus sanften Augen ihre bewährten Lichtgarben über die Yankees, großmächtig das Mascherl, im Schlepptau die Prinster als Anstandsdame – da konnte einfach nichts schiefgehen.

Therese wird der Cousine die nötigen Instruktionen gegeben und sie über Fannys »leichtsinnige Ader in punkto Mannsbilder« informiert haben. Vor allem eins: Hab acht auf die Einnahmen!

No, in dieser Hinsicht waren Kathi die Eigenschaften eines, um mit Théophile Gautier zu sprechen, »vierstöckigen Hausherrn« gegeben. Ein mißtrauischer Seitenblick zu Henry Wikoff: Aha, wieder so aner. Ich werd' die Augen offenhalten, Bürscherl!

Abschied von Paris und ein Lippenbekenntnis

Am 30. Januar 1840 verabschiedete sich Fanny mit einer Benefizvorstellung von den Parisern. Es war mehr ein bunter Abend, in dessen Verlauf u. a. die Comédie Française einige Szenen aufführte: sie selbst tanzte ihren Part aus dem alten Ballett *Nina oder Der Wahnsinn der Liebe,* als Zugabe die »Smolenska«, einen der auf sie zugeschnittenen Charaktertänze. Schaut sie euch an, Elßleristen! – überschüttet sie noch einmal mit Blumen und Kränzen und hausgemachten Verserln, wer weiß, was die Zukunft bringt. Gautier soll ihr mit inbrünstigen Worten zugesichert haben, daß er während ihrer Abwesenheit das Fähnlein der weißen Kamelie aufrechthalten wolle. Ein Lippenbekenntnis, denn schon blinzelten er und seine Kollegen nach der schlanken jungen Dänenschönheit Lucile Grahn, die im Moment noch in kleineren Solopartien zu sehen war, aber schon jetzt (hinter dem Rücken der Elßler) als deren »Ersatz« gepriesen wurde.
Von Italien her nahm ein weiteres großes Talent Kurs auf Paris: Carlotta Grisi, der sogar Heinrich Heine in Überschwang huldigte:

> Wenn man sie sieht, so vergißt man, daß die Taglioni in Rußland, die Elßler in Amerika ist, man vergißt Amerika und Rußland selbst, ja die ganze Erde …

So waren diese Leute eben, und so war man selber. Jeder nutzte jeden aus. Adieu, Fanny!

Der amerikanische Traum
oder
Diamonds Are a Girl's Best Friend …

Aufbruch in den amerikanischen Traum

Nicht nur allein des Vaterlandes Sonne,
Bestrahlte die Triumphe Deiner Kunst;
Nicht nur Europa fühlte hohe Wonne,
Es wirkte noch weit mächtiger die Gunst
Terpsichorens. In einer fremden Zone,
Weit überm Meer entflammtest Du die Brunst:
Dort, wo der Mammon wirkt mit mächt'gen Armen,
Gelang's Dir, auch die Herzen zu erwarmen.

Erste Strophe eines Huldigungsgedichts an Fanny Elßler

Am 15. April 1840 kletterten sie im Hafen von Bristol aus dem Dampfboot, um auf die »Great Western«, eines der fortschrittlichsten und bequemsten Schiffe der Nordamerika-Linie umzusteigen, das sie nach New York bringen sollte. In Fannys Begleitung befanden sich Kathi Prinster, Henry Wikoff, der Solotänzer und Mimiker James Silvain, und, als Ersatz für Therese, Solotänzerin Dlle. Arraline. Hinter ihnen her schleppten die Träger Reisekörbe und -truhen, Hutschachteln und Kassetten, in denen mit Müh und Not all die aufwendigen Bühnenkostüme, eine Batterie von Pariser Hutkreationen, Straßen- und Abendtoiletten und die kleinen Dinge für den täglichen Gebrauch Platz gefunden hatten. Aufregender als in den bisher obligatorisch betanzten europäischen Städten würde es wohl werden. Aufregender? Nun ja, wer wußte genau, wie es drüben zuging. Fanny war es vor allem wichtig, die Auftritte im Park Theatre zügig zu absolvieren, um rechtzeitig zum Urlaubsende, Anfang August, wieder in Paris zu sein. Beim Abschied in Wien und Eisenstadt hatte Kathi den Ihrigen versprechen müssen, sie über alle Ereignisse »bei de Wüüdn« (bei den Wilden) auf dem laufenden zu halten. Ein Jahr später würde Anton Bäuerle diese für den Hausgebrauch bestimmten Berichte unter dem Titel »Fanny Elßlers Kunstreise in Amerika« in seiner Wiener Theaterzeitung abdrucken. Kathis naive Schilderungen, vor Herausgabe sorgsam ausgewählt und von der Familie zensiert, vom Redakteur stilistisch geglättet, geben zumindest die

vordergründigen Eindrücke der Reise wieder – den beispiellosen Personenkult, der Fanny nun, bei der Abfahrt in Bristol, jenseits des Ozeans erwartete.
Kathi erleben wir als eine der ersten Touristinnen Amerikas – treuherzig staunende, Weihrauch sprengende, Dollars anpeilende Biedermeierin inmitten einer exotischen Welt, deren Einwohner aus ihren Hauswolken auf sie herab Gold spucken und Old Europe zujubeln.

Kathis erster Bericht nach Hause über die »Wasserfahrt« nach New York

Nicht ohne Herzklopfen betraten wir den schwimmenden Palast, die Great Western. Als nach zwei Stunden das Gepäck heraufgeschafft worden war, wurde mit einem Kanonenschuß das Signal zur Abfahrt gegeben. Die Great Western bewegte sich vom Ankerplatz, und vom freudigen Schreck fühlte sich die Reisegesellschaft durchzuckt. Die Bekannten auf dem im Hafen zurückgebliebenen Dampfboot, das uns nach Bristol gebracht hatte, nahmen die Hüte ab und schrien ein dreimaliges »Hurrah« zu uns herüber. In Gottes Namen, stammelten unsere Lippen ... Fanny und ich gaben uns die Hände.

Ob das feine Passagierschiff von insgesamt einundsiebzig Metern Länge, ausgestattet mit Segel und Schaufelrad, in seinem Unterdeck auch Auswandererfracht geladen hatte, vermeldet Kathi nicht. Hauptsächlich auf amerikanischen Handelsschiffen war das üblich.
1840 gilt als das Jahr einer erneuten großen Auswanderungswelle insbesondere aus Deutschland, England und Frankreich. Die Franzosen blieben meist in New York hängen, wo sich die Gebildeten als Lehrer, Ärzte, Advokaten und Architekten niederließen; ehemalige Kellner und Köche eröffneten Feinschmeckerlokale, die großen Zulauf fanden.
Französische Lebensart galt in New Yorker Emporkömmlingskreisen – Bankmanager, Industrielle – als äußerst erstrebenswert,

und wenn auch die Oberhäupter der mächtigen Familienclans vor lauter Busineß keine Zeit für Bildung fanden, ihre Frauen, Töchter und Söhne hatten sie um so mehr; französische Haus- und Tanzlehrer, Gouvernanten und Zofen wurden mit offenen Armen aufgenommen.
Die Bedingungen der Überfahrt waren für mittellose Auswanderer, zusammengepfercht wie das liebe Vieh, auf dünn ausgestreuter, stinkender Holzwolle lagernd, schlicht unmenschlich. In den Häfen von Liverpool, London, Bristol, Le Havre und Bremen nahmen Frachter, die nach Europa Tabak, Baumwolle und Getreide brachten, für die Rückfahrt Passagiere auf, ja die Schiffsgesellschaften stritten sich häufig sogar um ihre Aufnahme – bei wenig Aufwand ein zusätzliches Geschäft.
Nicht selten brachen auf hoher See die Cholera, die Blattern oder Typhus aus, aber die Überlebenden besaßen etwas, was sie inmitten des Elends aufrechthielt, eine Losung, die jeder in des anderen Blicken wiederfand: Ich habe einen Traum.
Der Traum des deutschen, englischen, irischen Siedlers handelte vom gelobten Land, in dem ein hart arbeitender Mann, anders als im ausbeutenden Europa, die Früchte ernten durfte, die er säte. Sein Haus bauen, sein Stück Land bestellen, einen kleinen Handwerksbetrieb eröffnen, und über allem die reine Luft, die unendliche Weite des Himmels – das war es.
Am Anfang des amerikanischen Traums stand jedoch die Bewährungsprobe der Überfahrt, eine Art natürlicher Auslese, nur die Stärksten überlebten. Wer das einigermaßen gesund an Leib und Seele überstanden hatte, bekam seine Chance, den Traum eines Tages in seine ureigenste Wirklichkeit umzusetzen. Manch einer saß auf der urindurchtränkten Holzwolle und buk im Traum schon weit größere Brötchen – Männer aus demselben Holz geschnitzt wie ein John Jacob Astor, der seine paar Dollars in der ausgebeulten Tasche als Grundkapital für ein 20-Millionen-Dollar-Vermögen einsetzte.

Sturm auf See

... So kämpft es an gegen die Winde, die es heimwärts treiben möchten, strebt wieder hinaus auf die Uferlosigkeit der aufgepeitschten See ...

Aus: »Moby Dick« von Herman Melville

Die illustren Passagiere auf der Great Western reisten selbstverständlich komfortabel, aber auch für sie verlief die Fahrt in diesen Apriltagen des Jahres 1840 nicht ohne gefährliche Zwischenfälle; gegen Naturgewalten kann bekanntlich auch der Luxus nichts ausrichten. Nachdem dichter Nebel aufgekommen war, schafften es Kapitän Hosken und seine Leute gerade noch, einer Eisschollenkette auszuweichen; den ganzen Tag und die ganze Nacht über tuteten Warnsignale, damit bei der schlechten Sicht ein Zusammenstoß mit anderen Schiffen vermieden werden konnte. Dann peitschte ein fürchterlicher Sturm die See, der die als stabil und sicher geltende Great Western in eine unkontrolliert umherschaukelnde Nußschale zu verwandeln schien, was im Speisesaal Katastrophenstimmung hervorrief.
»Beim Souper«, berichtet Kathi, »wurde Geschirr auf den Boden geschleudert, die Tischgesellschaft hatte nicht genug Hände, um alles festzuhalten.«
Fanny behielt trotzdem ihre gute Laune. Scherben bringen Glück, mag sie gedacht haben. Glück, ja, das brauchten auch die First-class-Passagiere auf so einer Ozeanreise. Selbst hartgesottene Seeleute vertrauten nicht allein dem technischen Fortschritt, der bald anstelle des Schaufelrades die Schiffsschraube bringen sollte – ohne Gottes Hilfe ging gar nichts, well! Und so trommelte Kapitän Hosken nach überstandener Gefahr seine Passagiere zum Gebet zusammen, »in das wir«, so Kathi, »dankbaren Herzens einstimmten«. Schon in den ersten Tagen wurde sie zusehends spitznasiger und grüngesichtiger, denn die Seekrankheit hatte sie ebenso erwischt wie Wikoff und die beiden »Artisten«, James Silvain und Dlle. Arraline. Nur Fanny, die zähe Katz', blieb verschont, und geradezu unanständig gesund, eilte sie zwischen den

stöhnenden Bettlägerigen hin und her, um Samariterdienste zu leisten.
Endlich, nach achtzehntägiger Fahrt, kam der Hafen von New York in Sicht; wenig später kündigten drei Kanonenschüsse die Ankunft der Great Western an.
Ehe Fanny das Schiff verließ, schlug Kapitän Hosken noch einmal die Hacken vor seinem berühmten Gast zusammen. Er überreichte der »schönsten Tänzerin Europas« eine von seinen Leuten mit etwas nasser, schlammiger Erde gefüllte Schale und bat sie, ihre Hand daraufzulegen. »Fanny war entzückt wie ein Kind, weil sie auf diese Weise symbolisch als erster Passagier amerikanischen Boden berühren durfte.«

Welcome Fanny Elßler in den USA!

In weiter Ferne jenseits der Flut
stehn liebliche Fluren in
prangendem Grün.
So offenbarte sich Israel einst
am Jordan das gelobte Land.

Gesang des alten Matrosen aus »Moby Dick«

Die Boys von der »New York Herald« und der »New York Sun« hatten fix reagiert. Beide Blätter waren fünf und sieben Jahre alt (die »New York Times« sollte erst zehn Jahre später entstehen), ihre Drucktechnik steckte noch in den Kinderschuhen. Trotzdem Ehrensache, daß die gerade in ihrem Hotel am Broadway Eingetroffenen druckfrische Zeitungsausgaben mit seitenlangen Elßler-Berichten vorfanden.
Fanny und ihre Crew waren verblüfft; ein solches Interesse hatten sie hier in New York nicht erwartet.
Aus Kathis Reisebericht, 4. Mai 1840:

> Der Himmel sei gepriesen, gestern sind wir glücklich in der Neuen Welt angekommen. Meine Feder vermag die Pracht der Natur, die Frische der Vegetation nicht zu beschreiben. Unmöglich ist es auch, einen Begriff von jener Sensation zu geben, welche Fanny bei ihrem Erscheinen in New York hervorrief. Jeden ihrer Schritte verfolgt eine Schar Neugieriger

und Kunstenthusiasten. Der »Herald« unterhält sogar einen eigenen Reporter, welcher der »Terpsichore Europas«, sobald sie die Wohnung im zweiten Stockwerk des »American Hotels« verläßt, nicht von der Seite weicht, um in der nächsten Nummer über jeden Schritt haarklein berichten zu können. Noch nie soll es hier so etwas gegeben haben.

Um es vorwegzunehmen: Auch niemals danach würde sich in der amerikanischen Geschichte des Showbusineß ein ähnlicher jahrelanger Triumphzug durch die Staaten wiederholen. Fannys Erfolge in den USA sollten viele andere europäische Tänzerinnen und Tänzer über den großen Teich locken. Sie gaben den klassischen Tanz, die Domäne Europas, an einheimische Artisten und Tänzer weiter, und so wurde ein neuer Berufsstand geschaffen, denn zuvor hatte es in Amerika kein eigentliches Tanztheater gegeben.

Zumindest am Anfang ihrer Tournee profitierte das Showbusineß von der Kunst Fanny Elßlers, ihr Vorbild animierte zur Nachahmung, und es gelang ihr als erster, das nur an derbe, primitive Kost gewöhnte Publikum der Pionierstädte für den klassischen Tanz, die veredelte Folklore zu interessieren. Mit Fug und Recht kann sie als Vorreiterin des hundert Jahre später in Hollywood einsetzenden Starkults gelten – ob ihr das immer zur Ehre gereichte, steht auf einem anderen Blatt. Denn was als Ballettereignis begann, sank, es muß gesagt werden, zuletzt zum Tingeln herab.

Uns Heutigen sind diese Bilder vertraut: eine von der Reportermeute gejagte Garbo, eine umzingelte Dietrich, eine verfolgte Taylor und eine Monroe, flankiert von Leibwächtern, die ihr den Weg durch eine grölende, grapschende Menge bahnen, den roten Mund zu einem törichten kleinen Lächeln geöffnet, mit einem Piepsstimmchen ansetzend: »... happy birthday, Mister President, happy birthday to you ...« Und noch ein anderes Dokument des erbarmungslosen Starkults ging um die Welt: »Brischitt«, ohnmächtig über die Köpfe hinweggetragen, Goldhaarmähne auf Halbmast.

Dennoch waren diese und ähnliche Ereignisse in den fünfziger und sechziger Jahren unseres Jahrhunderts nur ein Abglanz jener Massenhysterie, die Fannys »Kunstreise« im kaum von Kultur

18 Komplizierte Charaktere: Enkel Franz Elßler mit seiner Frau Sophie und den Kindern Frieda und Wilhelm

19 Wer denkt da an Buckel und spitze Nasen: die angeblich verwachsene Maria Taglioni mit den späteren Rivalinnen Elßler und Cerrito

20 In Cachucha-Pose: Allegorie auf »Fannys Furore«

21 Silbergraues Kleid mit weißen Ornamenten, Schärpe und Kopfschleier karminrot

22 Weißer Rock mit gelb-rot-grüner Stickerei. Leibchen rot-blau. Schal blau. Feder gelb

23 Königin Johanna: Weißer Rock mit gelb-schwarzer Ornamentik. Zitronengelbes Leibchen

24 Herzogin: Ziegelrotes Kleid mit weiß-blauer Stickerei

beleckten Young America Mitte des 19. Jahrhunderts auslöste. Und clever wußte sie die Stunde zu nutzen, entwickelt Busineß-Feeling, die kleinen grauen Zellen arbeiten rasch, und sie weiß auch jetzt genau, was beim Publikum ankommt. Diese Amerikaner wollen sie »danzn« sehen, nadürli, des aa ... Aber vor allem wollen sie das, was man »the perfect show« nennt, und darauf versteht sich die Fanny wie keine zweite ihres Metiers.
Vierspännig fährt sie über den Broadway, sollen die Yankees Mund und Augen aufreißen. Winters steigt sie um auf einen schneeweißen Schlitten, in einen schneeweißen Pelz gehüllt, beim keep smiling die schneeweißen Beißerln zeigend. That's Fanny's!

New York, New York – 1840

Grab your honies, don't let them fall,
Shake your hoofs, and balance all,
Faster, faster and swing the partners
Until they kick the ceiling ... if any.

Umfaßt eure Schönen, laßt sie nicht los,
Tummelt euch und laßt sie sich wiegen,
Schneller, schneller, schwenkt eure Mädchen,
Bis zur Decke laßt sie fliegen ... so es eine gibt.

Yankeelied

Anders als in der Quäkerstadt Philadelphia, wo man die jungen Mädchen und Frauen zwingt, in Sack und Asche zu gehen, anders als im puritanischen Washington – oder in Boston, wo die »feinen« alteingesessenen kultivierteren Familien Nordamerikas wohnen, anders als irgendwo sonst in den Staaten, lebt man im New York der Neureichen weltmännisch locker.
Das ist eine grellbunte Stadt, in der die Sonnenschirme der Ladies in allen Regenbogenfarben leuchten; man trägt Straußenfedern auf blauen und bonbonrosa Hüten, ausladende Capes mit farblich abstechendem Futter, und der Gentleman entschließt sich mitunter für Gagerlgelbes. New York, kein Pflaster für Zimperliche, hier muß einer zeigen, was an ihm dran ist.
Die größte Stadt der Vereinigten Staaten zählte jetzt rund 530 000

Einwohner. Mit Ausnahme des Broadway waren die Straßen eng und verwinkelt, gesäumt von farbigen Holzhäusern im Cottage-Stil und mehrstöckigen Backsteinbauten, an denen der Stolz eines jeden New Yorkers, die bis zu 20 Personen fassenden Omnibusse, vorüberpolterten.
Die Wallstreet, Bank- und Geschäftszentrum, wie etliche palastähnliche Gebäude, existierten bereits und verliehen der Stadt einen Hauch von Großartigkeit. Den breiten Broadway entlang gab es schon eine Menge Amüsieretablissements jeder Größenordnung, jeden Geschmacks. Konzertveranstaltungen, Bälle, wichtige Einweihungsfeiern in Sälen, die tausend und mehr Personen faßten, blieben dem Manager, dem mit der Industrialisierung neu geschaffenen Typ des New Yorker Geschäftsmanns vorbehalten.
Die Theater hingegen, in ihrer Bedeutung im allgemeinen eher dem Varieté und dem Circus gleichgestellt, blieben vorerst der Spaß fürs Volk. Hier traten immerhin schon erste einheimische Shakespeare-Darsteller wie Edwin Forrest auf, vom Publikum beklatscht und hofiert.
Wer auf sich hielt und genug Money gemacht hatte, um das auch zeigen zu können, wohnte am Park Place, am St. John's Park, am Bowling Green, kurzum, im gepflegten Grünen. Einwanderer, die fürs erste von der Hand in den Mund lebten, mußten zusammen mit Schwarzen unten am Hudson hausen.
Die City, wie gesagt, wirkte recht imposant, abgesehen vom Straßenschmutz (den es ja auch in Paris, London und Wien haufenweise gab), und abgesehen von der hiesigen »Müllabfuhr«. In New York wie in anderen amerikanischen Städten ließ man täglich ganze Schweineherden durch die Straßen laufen, damit sie den überall herumliegenden Abfall wegfraßen. Ihr behagliches Grunzen vermischte sich mit dem Geschrei der fliegenden Händler, der Lumpensammler, Stuhl- und Kesselflicker, und mit dem Gegröle der Kinder, wenn sie einer Chaise mit zurückgeschlagenem Verdeck, einer flotten »clarence« (einem Vierspänner), hinterhersprangen.
Solche Zustände amüsierten Charles Dickens, der um dieselbe

Zeit wie Fanny (1841) in den Staaten weilte, und ironisch vermerkte er in seinem Reisetagebuch:

> Es sind republikanische Schweine. Sie laufen überall herum, wo es ihnen paßt, mischen sich als Gleichberechtigte unter die beste Gesellschaft. Mehr noch, man läßt ihnen den Vortritt ... Niemand kümmert sich um sie, füttert oder jagt sie, niemand versucht, sie anzuzeigen ...

In Kathis Reisebericht kommen New Yorker Schweine natürlich nicht vor, zumindest nicht in den veröffentlichten Passagen. Nun, die Elßler-Truppe hatte anderes im Kopf als Schweine, denn in ein paar Tagen sollte Fannys Debüt im Park Theatre über die Bühne gehen.

> New York, 6. Mai 1840
> Am gestrigen Tag waren einige Straßen gedrängt mit Menschen gefüllt, daß sich die Pferde durch diese Massen kaum Bahn brechen konnten. Fanny glaubte, es habe sich ein Unfall ereignet, bis sie, zu ihrer freudigen Überraschung, den Grund erfuhr. New York besitzt außer dem Parktheater noch viele andere Schauspiel-Lokale, auf deren Anschlagzetteln der Name Elßler beinahe in schuhlangen Buchstaben geschrieben war. Der übrige Text, den man uns übersetzte, brachte dann die Lösung des Rätsels, denn er lautete:

Da bei dem unerhörten Andrang im Park Theatre zum Gastspiel der berühmten

F A N N Y E L S S L E R

die übrigen Bühnen verwaist sind, möchten diejenigen, die keinen Platz mehr finden, sich gefälligst daran erinnern, daß auch noch ein anderes Theater in New York existiert. Bei uns erwartet Sie eine ebenso interessante Vorstellung.

Die Direktion

Ein raffinierter Reklametrick der Veranstalter! Denn angelockt von dem in Riesenlettern erscheinenden Namen ELSSLER, glaubten die Leute zunächst, sie werde auch in dem jeweils anderen Theater auftreten. Stellte sich der Irrtum heraus, standen sie bereits an der Kasse und viele lösten nun doch ein Theaterbillett. Auf diese Weise machten sämtliche New Yorker Bühnen ihren Schnitt – und Fanny konnte die Reklame nur recht sein.

Die Yankees und ihr Amüsement

Yan-kee Doo-dle, keep it up
Yan-kee Doo-dle dan-dy,

Mind the mu-sic and the step,
And with the girls be hand-y.

Yankee Doodle, Refrain

Vornehm ging es in den New Yorker Theatern freilich nicht zu, wenn auch nicht mehr ganz so ungezwungen wie in den dreißiger Jahren. Aus jenen Tagen stammte die im »Herald« veröffentlichte Geschichte, der zufolge ein Mann im Theater seinen Hut neben sich auf den Boden legte, »worauf ihn drei Leute dahinter als Spucknapf benutzten«.

Es soll vorgekommen sein, daß eine Lady in der Theaterloge nebenbei ihr Baby stillte und ihm so die holde Kunst schon mit der Muttermilch einflößte, und daß in den Parterrelogen Männer ohne Rock, mit hochgekrempelten Hemdsärmeln saßen, aus dem Hals mächtig nach Whisky und Zwiebeln stinkend.

»Bei jeder Gelegenheit«, berichtete die englische Globetrotterin und Spottdrossel Mrs. Trollope, »werden die Leute von nationaler Begeisterung erfaßt und singen den ›Yankee Doodle‹, als ob ihre Bürgerehre davon abhinge.«

Großer Beliebtheit erfreuten sich Lustspiele mit primitiven Späßen, und Shakespeare ging nur, wenn Jongleure, Akrobaten, Tierdressuren eingebaut waren. So verdankte *Richard III.* seinen Erfolg einem Pferd, das über die Bühne marschierte. Da tönte es aus dem Zuschauerraum: He, Boys, laßt es noch mal marschieren und noch mal – hurra!

Noch in den dreißiger Jahren hatten überwiegend aus England herübergekommene Künstler das klassische Feld beherrscht. Doch um die Zeit von Fannys Gastspiel traten, wie gesagt, bereits mit großem Erfolg einheimische Schauspieler auf, an der Spitze jener Edwin Forrest, dessen Vorstellung sie einmal besuchen sollte.

Das New Yorker Debüt der weißen Ahnfrau

Sah ein Knab ein Rös-lein stehn,
Rös-lein auf der Hei-den,
war so jung und morgenschön,
lief er schnell, es nah zu sehn,
sah's mit vie-len Freu-den.

Rös-lein, Rös-lein,
Rös-lein rot,
Rös-lein auf der Hei-den ...

Wie es der verstorbene Price seinerzeit in Paris vorausgesehen hatte, wurde das Elßler-Gastspiel ein voller Kassenerfolg. Beim Debüt mit dem Ballett *Tarantel* stellte man in den Gängen des ohnehin 2500 Plätze fassenden Park Theatre zusätzlich Stühle auf. Schon bei Beginn der Vorstellung sprangen viele Leute von ihren Sitzen hoch, gestikulierten und gaben zum Handlungsablauf, der sie sichtlich amüsierte, ihren Senf dazu. Verdamm mi'! Was da über die Rampe kam, das merkte der Blinde mit'm Krückstock, hatte nichts mit dem üblichen Country-Doodledumdei oder mit Artistenspäßen oder einem der dick aufgetragenen Melodramen zu tun! Und Fanny – what a nice girl! Das war kein strammschenkeliger Saloon-Darling, keine grellgeschminkte Artistin, der man als Kompliment oder Aufforderung zum Tanz einen Klaps aufs Hinterteil verpaßte, wie etwa Molly-Sue, die morgen abend im Jongleur-Duo auftreten würde. Ab mit ihr in die Heia, und hinterher: Gut' Nacht Marie, das Geld liegt auf'm Fenster!

Miß Elßler kam aus einer ganz anderen Ecke, die kam vom anderen Stern, und sie brachte obendrein etwas mit, was in diesem von Weißen besetzten, von Weißen beherrschten Land als Symbol galt: einen käsigen Teint! – je käsiger, desto mehr Meilen legte man zwischen sich und die Nigger.
Welcome, Fanny! riefen die New Yorker schon nach dem ersten Akt und schwenkten ihre Hüte, »until they kick the ceiling – if any! – Bis zur Decke laßt sie fliegen, so es eine gibt!«
Das war doch mal was extra Feines, was Edles – old Europe, in das man eintauchen durfte wie in ein tiefes, klares Gewässer, um den Schweiß des sich rackernden, dem Mammon nachstiefelnden Young-America abzuwaschen. Illusion von der alten Heimat, die mancher Yankee noch aus der Kindheit in ganz anderer, armseliger Erinnerung hatte, aber Erinnerung verklärt.
Heimat, süße Heimat, die meisten kannten sie ja doch nur vom Hörensagen, aus den Erzählungen der Alten. Und weitgereiste Gentlemen bekamen Stielaugen und leckten sich die Lippen: das war Paris, wie man es von Zeit zu Zeit auf Europareisen erlebte.
Nach dem Finale mag Fanny von der Bühne herab ihr neues Publikum genauer in Augenschein genommen haben, ein zwangloser Haufen, darunter einige Abendtoiletten, was aber wirklich zählte: diese Yankee-Doodle-Boys waren auf ihre mit James Silvain getanzte »Tarantella« und auf die »Cracovienne«, einen polnischen Volkstanz, voll abgefahren. Fix schätzte sie ein: Das waren nicht die üblichen kreideschluckenden Wölfe, das war Wolf pur – bei denen braucht's a Dompteuse, a Queen of Hearts und a weiße Ahnfrau. No, die Fanny wird's schon richten.

Sogar ein Graf war dabei!

In geradezu dramatischem Sound verkündete anderntags ein New Yorker Blatt:

> Niemals hat das Park-Theatre eine solche Feierlichkeit gesehen. Der enge schmutzige Saal schien die Spuren eines wunderbaren Staunens zu tragen. Die Sitze ächzten unter ihrer

ungewohnten Last, und die Sicherheit der überfüllten Galerien wurde von manch furchtsamem Gemüt bezweifelt. Miß Elßler hat bewirkt, was vor ihr kein Ereignis, keine dramatische Kraft zuwege brachte, nicht einmal Mme. Malibran, deren Wiege in den Vereinigten Staaten stand ...

Besondere Beachtung räumte man der ungewöhnlichen Zusammensetzung des Publikums ein:

> ... In Mme. Malibrans bester Zeit ist die weibliche Aristokratie von New York niemals so weit Volk geworden, daß sie sich bis in die letzten Reihen der zweiten Galerie wagte. Miß Elßler hat dieses Wunder bewirkt. Als mächtige Zauberin hat sie ... die wildeste Ziererei vermenschlicht, und durch sie wurde der Teil des Theaters, der bisher nur durch den Namen »Hölle« gebrandmarkt wurde, ins Eden verwandelt ... Das der volkstümlichen Mütze und dem demokratischen kurzen Rock reservierte Parterre hatte sich gehäutet; seine Lumpen waren durch die fashionablesten Fracks ersetzt – wir haben dort einen Grafen und zwei Geschäftsträger gesehen ...

Tumult-Serenaden

> *Dir ist das selt'ne, schöne Glück gelungen,*
> *Im Mondenschein beim Elfentanz zu lauschen,*
> *Den sie auf Wiesengrund, bei Bachesrauschen*
> *Und leisem Zauberhornes-Ton geschlungen ...*
>
> *Huldigung an Fanny*

Kein Abend ging vorüber, an dem nicht irgendein Verein, Club oder sonstiger Interessenkreis New Yorks vor Fannys Hotel ihr zu Ehren ein Ständchen brachte. Draußen vor dem Portal balgten sich die miteinander rivalisierenden Initiatoren um den besten Standplatz, und manches Instrument landete auf den Köpfen der Musiker, Sänger und Zuhörer. Den größten Ärger sollte es geben, als gegen ein Uhr morgens mehrere tausend Deutsche mit großem Orchester vor dem American Hotel Aufstellung nahmen, und plötzlich, wie aus dem Boden gestampft, ein »pöbelhafter Haufen« die eben zur Serenade ansetzenden Musiker förmlich rammte, ihre Notenpulte umwarf und sie mit Fackeln anzuzünden versuchte.

Das soll die Revanche für einen angeblich von den Deutschen erschossenen Amerikaner gewesen sein. Im Schmelztiegel New York trugen die deutschen, englischen, irischen Einwanderer ständig Kämpfe mit den seit Generationen ansässigen Amerikanern aus, die ihre Vorherrschaft wenn nötig mit Faust und Waffe durchsetzten.
Man kann sich die Aufregung von Fanny, Kathi und Wikoff oben in den Zimmern vorstellen. »Die zünden uns 's Haus überm Kopf an!« mag die Prinster altjüngferlich gejammert haben.
Einige Abende später fand die Serenade der Deutschen dann doch statt. In einer Versammlung hatten die Vertreter der deutschen Kolonie beschlossen: »Wir bieten dieser Bande von Randalierern die Stirn.«
Diesmal sollen es etwa zweitausend Leute gewesen sein, die vor dem Hotel zusammenströmten, viele bewaffnet, einen Wall um die Musiker bildend, um sie vor »feindlichen« Angriffen zu schützen. Dann ging es los: die Melodien der»Cachucha« und der »Cracovienne« erklangen, worauf ein Straußwalzer folgte, und Fanny soll vom Fenster aus zu den Takten ihres »Feuertanzes« fleißig die Kastagnetten betätigt haben.
Diesmal verhielt man sich im feindlichen Lager ruhig, zu weiteren Tumulten kam es nicht.
»Vivat, Fanny! Vivat, Vaterland!« schrien ihre Landsleute, ehe sie im Morgengrauen endlich abzogen.
Hinter den Kulissen gingen Wikoff und Kathi, einander mit Adleraugen beobachtend, ihrem Fulltime-Job nach, die fetten Honorare einzubringen, zu verteilen, anzulegen. Fanny ließ beiden offenbar freie Hand.
Pro En-suite-Vorstellung kassierte man fünfhundert Dollar oder dreitausend Francs; die Summen würden im weiteren Verlauf der Amerika-Tournee bis auf zwölfhundert Dollar hochklettern. Ein Benefiz brachte zwei- bis drei- und sogar viertausend Dollar ein; das waren Gagen, wie sie bisher in Nordamerika noch kein Künstler kassiert hatte.
Schon in den ersten Wochen ihres New Yorker Aufenthaltes trafen zahlreiche Gastspiel-Angebote aus anderen Großstädten ein. Fannys Ruhm und kommerzieller Erfolg, von den Zeitungen in

Windeseile im Land verbreitet, animierte sämtliche Veranstalter halbwegs intakter Theater, dieses europäische Chicken, das offenbar goldene Eier legte, ins eigene, vom Pleitegeier umkreiste Nest zu locken. Um ihr Ziel zu erreichen, boten sie über Kurier Höchstgagen an, und das Risiko war nicht groß, denn man durfte fest einplanen – siehe Park Theatre! –, daß mit den Elßler-Auftritten die Investitionen doppelt und dreifach wieder hereinkamen.
Fanny war zu diesem Zeitpunkt noch ziemlich ratlos.
Sollte sie – sollte sie nicht? Das Gewissen mahnte, daß man unbedingt im August wieder in Europa eintreffen mußte – Paris wartete nicht gern auf seine Terpsichore. Schade: grad' jetzt, wo's G'schäft so gut anlief, sowas findet man nimmermehr im Leben.
Was manst du, Katti?
I man aa ...
Sicher ist, daß auch Wikoff, diesmal in schöner Eintracht mit der Prinster, zum Bleiben riet. Und so faßten sie gemeinsam den Entschluß, ihren Abreisetermin in Richtung Heimat vorerst zu ignorieren und die lukrative Einladung nach Washington anzunehmen.
Wikoff setzte ein Schreiben an die Pariser Operndirektion auf, in dem Fanny um die Verlängerung ihres Urlaubs bat.
Vor dem Gastspiel in Washington mögen Wikoff und Fanny in eine stille Ecke verschwunden sein, denn ein paar Abschiedsworte an die New Yorker waren fällig. Der smarte Henry fungierte natürlich auch in solchen Dingen, ähnlich wie andere ihrer Liebhaber, als Lehrmeister. G'schäft und Plaisir gingen sozusagen Hand in Hand.
Bei dieser vorläufig letzten Vorstellung im Park Theatre glich die Bühne wieder einem Blumenmeer: »Dear Fanny« in Kränzen watend, die mit ihren beschrifteten Bändern an eine Beerdigung erinnerten. In die Bravo- und Hurrarufe hinein, setzte sie zu ihrer kleinen einstudierten Rede an: So »häby« sei sie in ihrer Mitte gewesen, versicherte sie den guten Leuten – und: »... that I am very sorry to go away, but I will certainly come again.«
Solche und ähnliche Sätze brachten der Gefeierten (besonders in der Heimat) den Ruf ein, sie habe in den USA »Reden in fließendem Englisch, Französisch und Spanisch gehalten«.

Philadelphia – im Land der Quäker und Puritaner

The father gives his kind command,
The mother joins, approves,
And children, all attention, stand
Then each, obedient, moves.

Der Vater befiehlt mit Güte, die Mutter stimmt zu,
Die Kinder stehen achtungsvoll dabei,
Dann gehen alle an ihre Arbeit.

Quäkerlied

Wieder einmal mußten die Kostüme und Bühnenrequisiten eingepackt werden, und ab ging die Post durch eine wilde, noch abenteuerliche Landschaft. »Young America« nahm sie auf.

Bevor die Elßler-Truppe nach Washington weiterreiste – einige vom Park Theatre entliehene Artistinnen kamen zur Verstärkung des Ensembles mit –, sollte ein kurzes Gastspiel in Philadelphia eingeschoben werden.

Als man in New York davon erfuhr, wurde Wikoff auf die Besonderheiten in den Quäker- und Puritanerstädten aufmerksam gemacht, man warnte ihn geradezu vor dem religiösen Fanatismus und den engstirnigen Moralbegrifen der dortigen Bewohner und Obrigkeiten. Fanny mochte nicht recht daran glauben, die Offerte des Walnutstreet-Theatres in Philadelphia hatte besonders blumig (und lukrativ) geklungen. Aber sie schaltete schnell – wieder einmal hieß die Devise »wegstecken«. Kathi und Demoiselle Arraline ließen sämtliche Rocksäume der Kostüme bis zum Geht-nicht-mehr heraus oder verlängerten sie mit Borten und Rüschen; alles Dekolletierte bekam eine Drapierung bis zum Hals, ein Jammer um Fannys berühmte Nackenlinie, ums süße alabasterfarbene Fleisch. Aus den geplanten Ballettszenen wurde jede irgendwie gewagt erscheinende Stelle entweder herausgestrichen oder geändert.

Solchermaßen glaubte man sich auf puritanische Lebensart eingestellt und für alle Eventualitäten gewappnet. Doch grau ist alle Theorie. Als sie aus dem lebenslustigen New York in Philadelphia ankamen, fiel ihnen die Decke auf den Kopf. Die dunkelgestrichenen Häuser wirkten ebenso ernst und streng wie die Leute auf den geradlinig-schmucklosen Straßen. Ab neun Uhr abends, versicherte der Hotelbesitzer mit einer Miene, als wolle er ihnen etwas Gutes tun, ließe sich kein Mensch mehr auf den unbeleuchteten Gassen blicken, da sei es dann absolut still. No servus. – Erstaunlich, daß es in dieser zugeknöpften Stadt überhaupt ein Theater gab. Die Stimmung der Truppe sank in diesen ersten Stunden auf den Nullpunkt, während die Außentemperaturen höher kletterten und Philadelphia in einen Brutkessel verwandelten.

Um so größer war die Überraschung, als endlich der zuständige Theatermensch erschien und eine Abordnung der Stadt mitbrachte, die Fanny und ihre Leute überaus freundlich willkommen hieß.

Wie auf einen geheimen Wink hin, lief draußen nach Ankunft der Stadtväter eine immer größer werdende Schar Neugieriger zusammen. Drinnen spitzten die Honoratioren vorsichtig aus Sack und Asche: das also war die weltberühmte Tänzerin Fanny Elßler! Was sie sahen, mag ihren Augen, stumpfgeschaut an den braunen Kutten ihrer Quäkerfrauen, wohlgetan haben. Die Verpackung war jedoch züchtig, das Mascherl dezent, und gerade das machte die Verführung legitim. Noch während sich mancher brave Stadt- und Familienvater mit geröteten Wänglein und gesenktem Blick auf gut quäkerisch »Sünden fürchtete«, saß er bereits – bauz! – mittendrin im Garten seiner Lüste.

Zugegeben, man hatte diese Vertreterin des leichtfertigen Theatergewerbes unbesehen eingekauft, und zwar in der Hoffnung – Moral hin, Teufelswerk her –, daß ihr Name während der brutheißen Saurengurkenzeit die Geschäfte der Stadt belebe. Profitdenken und Bigotterie, das ging gut zusammen, nicht nur bei den realistisch denkenden Quäkern und Puritanern. Die Philadelphier galten im übrigen als große Reformisten, von hier aus hatten die Gewerkschaften an der Einführung des Zehnstunden-Arbeitstages gewirkt, von hier aus sollten die ersten Frauenrechtlerinnen ihre Parolen ins Land hinaustragen.

Was diese europäische Tänzerin betraf: Erhöre, oh Himmel, die Gebete der Stadt! Auch hier hatte man seinen selbstgeschnitzten

Herrgott, der über einen Ausrutscher hinwegsah, wenn es den Bürgern nützte. Und der Himmel erhörte: Fanny kam, tanzte und siegte. Die Kassen klingelten. Halleluja.
Aus Kathis Reisebericht, Philadelphia, Juli 1840

> Beim Debüt *Schweizer Milchmädchen* drängte alles ins Schauspielhaus, ungeachtet der großen Hitze, und jene Personen, die keinen Platz mehr fanden, blieben auf der Straße vor dem Theater stehen, um die Musik zu hören und sie nach der Vorstellung herauskommen zu sehen. Die Journale drücken ihr Erstaunen aus über die sonst so kühlen Quäker, deren Eisrinde bei Fannys Auftritten völlig auftaut.
> Überhaupt dürfte sie den Theaterunternehmungen wieder auf die Beine helfen. Man behauptet, daß schon ihr Gang Gold wert sei, ihr Tanz aber könne mit Geld nicht aufgewogen werden.

Ein Rezensent schrieb einmal, die Geld-Aristokratie von New York sei über »Fannys Fuß« zur kunstsinnigen Hautevolee geworden. Wie aber geschah erst dem quäkerischen, pedantischen, spießbürgerlichen Philadelphia! Es veranstaltete für Fanny Serenaden wie die New Yorker, und wedelte mit in Herzform gewundenen Kränzen. Wenig später verbreitete das »gelehrte« Boston »ästhetische Abhandlungen« über die göttliche Fanny.
Von einem verliebten Quäker wird berichtet, er habe James Silvain bestürmt, ihm einen ihrer Ballettschuhe zu beschaffen, koste es was es wolle. Fannys Tanzpartner soll ihn zu Dlle. Arraline geschickt haben, ob sie seinen Wunsch erfüllte, ist nicht bekannt. Wahrheit und Legende sitzen, wie wir wissen, in diesem Künstlerleben so dicht aufeinander, daß es manchmal unmöglich erscheint, sie voneinander zu trennen.
Nach ihrem Debüt in Philadelphia wagte gar ein Zeitungsschreiberling die sanfte Klage, der Göttlichen Fuß sei so sehr vermummt gewesen, daß man nur die Schuhspitzen habe »genießen« können. No, Mahlzeit! Alles in allem traf wohl der »Prosa-Aufsatz« einer Spottdrossel namens Dr. Joh. Nep. Berger alias »Sternau« ins Schwarze, der 1841 in den »Wiener Sonntagsblättern« er-

schien. Er nimmt u. a. den Yankee als »täppischen Jonathan« auf die Schippe:

> Kaum daß die Weisheit von Jahrhunderten mühsam die Köpfe zurecht gerichtet hat, verdreht sie der leichtfertige Fuß einer Tänzerin mit einem einzigen Pas. Da saßen sie, die guten, derben Yankees in ihren Flausröcken, mit ihren langweiligen, flanellfaden Gesichtern, in Baumwoll-Magazinen und dumpfen Schreibstuben. Seit der Unabhängigkeitserklärung der Union hatten sie nicht menschlich gelacht, sondern nur mercantilisch-sauer, oder höchstens prozentselig geschmunzelt – man legte sich um neun Uhr abends schlafen. Da schwamm Fanny Elßler den Ocean hinüber, um, der glücklichste Auswanderer der Neuzeit, in Amerika zu finden, was Colombo daselbst vergeblich suchte – Gold.
> … Sie küßte amerikanische Erde, tanzte, lächelte – und der täppische Jonathan machte Gedichte, wand Kränze, verträumte die Geldkrise und verliebte sich in die göttliche Fanny…

Der »Fanitismus« auf puritanisch

My Author and Disposer, what thou bidst
Unargued I obey; so God ordains.
God is thy law, thou mine; to know no more
Is woman's happiest knowledge and her praise.

Du bist mein Schöpfer. Du bist mein Gebieter: was Du auch befiehlst, ich gehorche ohne Murren; so ist Gottes Wille.
Gott ist Dein Gesetz, Du bist das meinige. Nichts anderes zu wissen, ist der Frau schönste Zier und größtes Lob.

Hymne auf das Familienoberhaupt aus dem »Catechismus« der Quäker- und Puritanerfamilien

Woran lag es, daß Fanny im Quäker- und Puritanerland nicht nur die Herzen der Männer eroberte, sondern auch die ihrer Frauen, und gleichermaßen Begeisterung, ja Hysterie bei den sich allmählich im Lande formierenden Frauenvereinen auslöste?

Ganz einfach. Hier kamen ihr die schlichten Wesenszüge *Fannis* zustatten. Im Grunde war sie eine der ihren, kein Treibhausgewächs wie Maria Taglioni, vielmehr verwurzelt im Kleinbürgertum. Weil diese Amerikanerinnen das spürten, durften sie es getrost wagen, in ihrem beginnenden Kampf um mehr Freiheit für die Frau (von Emanzipation war erst viel später die Rede) eine Tänzerin als Vorbild zu deklarieren.
Man hielt sie für ausgesprochen emanzipiert, andererseits verkörperte sie im tristen Alltag der Pionierstädte wiederum den Antityp, die Gegenwelt schlechthin. Nicht jeder erlebte sie auf der Bühne, man kannte sie meist nur vom Hörensagen, aber allein schon an sie zu denken, über sie mit anderen Frauen zu diskutieren, erlöste diese Quäkerinnen für eine winzig kleine Weile vom herben Pflichtdenken unter dem Joch der bigotten Ehehälfte. Ein schimmerndes, glimmerndes Diadem soll sie tragen, und Kußhanderln werfen, als wär's der göttliche Segen.
Und stieg sie herab vom Olymp, wandelte sie als Fanni auf Erden, ein Mensch wie du und ich. So einfach war das – war es einfach? Wie schon erwähnt, kam der Truppe natürlich die personifizierte Gottes- und Sündenfürchtigkeit Kathi Prinsters zugute. Ob beim Sonntagsgottesdienst, zu dem deutsche Einwanderer einluden oder beim Besuch im Gefängnis in Philadelphia, stets überstrahlte ihr Heiligenschein die gesamte Begleitung. Im Handumdrehen war aus Luzifers mutmaßlicher Tochter Gottes lieblichster Engel geworden; reingewaschen auch Wikoff von dem anfänglichen Verdacht, daß er mit der göttlichen Fanny »in Sünde« hause.
So gesehen, war es durchaus kein Kuriosum, daß ausgerechnet bei den Quäkern eine Mode à la Elßler gedeihen konnte. Wie seinerzeit in Paris nach dem Cachucha-Erfolg kamen hier Schuhe, Hüte, Seidenstoffe als Fanny-Elßler-Kreationen auf den Markt, die reißenden Absatz fanden, selbst wenn es sich manchmal um die übliche Ware handelte.
Auch Fannys heller Teint reizte zur Nachahmung. Um solche Blässe zu erreichen, rieten ›Schönheitskünstler‹ den Frauen, müßten sie starken Essig trinken und – viel Kreide essen.
Wikoff und Kathi hatten nun schon mehr als alle Hände voll zu

tun, um den sich über die Truppe ergießenden Reichtum einzuheimsen, man brauchte zusätzlich Truhen und Kassetten, um Stirn-, Hals- und Armbandln, Busennadeln, Ringe und Diademe unterzubringen, die im Überschwang des »Fanitismus« auf die Bühne geworfen, ins Hotel gebracht und bei Feierlichkeiten überreicht wurden.
Als es einem Geistlichen einfiel, wegen der wertvollen Morgengaben und Abschiedsgeschenke von »Götzendienst an einer Ballerina« zu sprechen, zog er sich den lautstarken Unmut seiner Kirchengemeinde zu. Der Mann tat Buße, indem er die europäischen Gäste zum Essen einlud, und nun seinerseits, soweit es in seinen Kräften lag, mit Geschenken nicht geizte.
Eine der hartnäckigsten Anekdoten im Zusammenhang mit »Fannys Kunstreise durch Amerika« erzählt von jener einfach gekleideten Quäkerfrau, die mit ihrem Kind auf dem Arm an Fannys Wagen trat.
»Nehmen Sie bitte meine Kleine einen Augenblick zu sich!« soll sie gebeten haben. Als die Erstaunte diesem Wunsch nachkam, rief die Frau: »Niemand darf dich jetzt berühren, my little girl, da dieser Engel es getan hat, dich hat das Glück berührt, kein Unglück wird sich nun in deine Nähe wagen!«
Wie Kathi in ihrem Bericht erwähnt, sollte die Elßler-Truppe insgesamt drei Gastspiele in Philadelphia geben. Beim ersten Abschied, man reiste endlich nach Washington weiter, kam eine Abordnung deutscher Einwanderer ins Hotel und überbrachte das Huldigungsgedicht eines gewissen W. L. J. Kiderlen; Fanny klebte es später auf die erste Seite eines ihrer in Plüsch eingebundenen Alben. Es lautete:

Gruß der Deutschen in Philadelphia
Mit Freuden hörten wir von Deinem Kommen
Du schöner Gruß vom teuern Vaterland!
Von dem so schwer wir Abschied einst genommen.
Uns galtest Du als eine Anverwandte,
Und froh hob sich das Herz im deutschen Busen,
Die Regung galt der lieblichsten der Musen.

Du kamst! Du siegtest! Und von tausend Zungen
Ergoß Dein Ruhm sich schnell in tausend Strömen,
Als ob die Siege, die Du dort errungen,
Dir durch das Weltmeer nachgezogen kämen.
Der Sylphen Schweben und der Grazien Haltung
Vereintest Du in Deiner Kunst-Gestaltung.

Bald kehrst Du heim zum schönen Donaustrande –
Und heiße Wünsche für Dein Wohlergehen
Begleiten Dich zum fernen Vaterlande.
Wirst Du dies Blatt einst wiedersehen,
Gedenke unser, wie wir Dein gedenken,
Bis diese Welt im Lethe wird versenken.

Washington und Mister President

Happy birthday, Mister President,
happy birthday to you ...

Marilyn für Kennedy

Amerikas Haupt- und Präsidentenstadt machte um 1840 einen noch völlig unfertigen Eindruck. Dickens nannte sie sarkastisch: »Die Stadt mit den großartigen Bauvorhaben.«
Das Weiße Haus stand so gut wie allein auf weiter Flur, das State Departement, umgeben von wundervollen alten Bäumen, schien nichts anderes als ein gepflegtes Landhaus zu sein. Trotzdem war Washington natürlich die maßgebliche Stadt, Verwaltungszentrum, Sitz der Politik und Diplomatie.
Elßler & Co. bewohnten in einem primitiven Hotel einige niedrige Zimmerchen. Viel hätte nicht gefehlt und sie wären alle zusammen in der dort angestauten Hitze, die ihnen Atemnot bereitete, krank geworden.
In schöner Regelmäßigkeit trabten Kuhherden an den Fenstern vorüber, die es sich nicht nehmen ließen, einen Blick hereinzuwerfen und den Europäern ihre Reverenz zu erweisen. Man schaute einander abschätzend ins Auge und war's zufrieden.
Repräsentativ war die Unterkunft in dieser Stadt also nicht, die zu erwartende Ehrung dafür um so mehr. Denn kein geringerer als

Martin van Buren, derzeitiger Präsident der Vereinigten Staaten, bat Fanny ins Kapitol, eine Ehre, die bislang kaum einem Künstler, schon gar nicht einer Tänzerin, zuteil geworden war. Eine besondere Auszeichnung auch deshalb, weil sich der Präsident mitten in der Wahlschlacht Zeit für die Künstlerin nahm. Van Buren hatte einen schweren Stand; prompt sollte er bereits ein paar Wochen später abgewählt werden.

Dem gerissenen Berufspolitiker, Nachkommen einer armen holländischen Bauernfamilie, schnitt ausgerechnet sein komfortabler Lebensstil im Weißen Haus die Karriere ab. Landauf, landab kursierte das Lied:

> Let Van from his coolers of silver drink wine
> And lounge on his cushioned settee,
> Our men on his buckeye bench can recline,
> Content with hard cider is he,
> The iron-armed soldier, the true hearted soldier
> The gallant old soldier of Tippecanoe!
>
> Van schlürft aus silbernem Becher den Wein,
> Er lungert auf Sofas mit Kissen!
> Unser Mann ist für 'ne Holzbank sich auch nicht zu fein
> Und kann 'nen rechten Apfelwein zufrieden genießen.
> Der eisenarmige Soldat, der treuherzige Krieger,
> Der tapfere, alte Streiter Tippecanoe!

Well, einen »Mann des Westens« wollten sie haben, den Haudegen und General Henry Harrison, den »Helden von Tippecanoe«, der genauso nach Whisky und Zwiebeln roch wie sie selber. Ihren Helden bekamen sie zum Präsidenten, aber nur vier Wochen, dann starb er. Harrison hatte seine Anhänger an der Nase herumgeführt, denn auch er war ein reicher Mann.

Aus Kathis Reisebericht, Washington, Juli 1840

> ... Am zweiten Tage gingen wir nach dem Kapitol und hörten in den beiden Chambres den Reden zu; Fanny wurde durch mehrere Mitglieder eingeführt; alle Anwesenden verließen ihre Plätze und betrachteten sie. Als die Ruhestunde eintrat, erhoben sich die Mitglieder von den Sitzen, und die

meisten näherten sich, um Fanny zu begrüßen und sich vorstellen zu lassen. Man führte sie nach dem Sitz des Präsidenten. Einige sagten zu mir: »Kommen Sie doch auch näher.« Da stieg ich die drei Stufen hinan und stand bei dem Stuhl des Sekretärs, Fannys Augen begegneten den meinen; wir lächelten unwillkürlich über unsere seltene Stellung. Die Herren standen unter uns und mußten ebenfalls lächeln, denn die Weiberröcke nahmen sich sonderbar aus neben dem Sitze ernster Verhandlungen.

Jedenfalls war an diesem Vormittag um zehn, als Fanny in Begleitung von Kathi und dem dolmetschenden Wikoff im großen Sitzungssaal des Kapitols erschien, von politischen Querelen und Wahlkampfschlachten nichts zu spüren. Die Minister reckten die Hälse – Oh, that's Fanny! –, während van Buren der »verehrten Künstlerin« allerlei Schmeichelhaftes über ihr Heimatland sagte, das er nur vom Hörensagen kannte.

Recht sauertöpfisch soll hingegen einer seiner Minister vor der geplanten Abendsitzung reagiert haben, nachdem er einen Blick auf die spärlich besetzten Stuhlreihen geworfen hatte.

»Mir scheint«, sprach Mister White, »daß Fanny Elßler populärer geworden ist als die Angelegenheiten des Landes, die gerade jetzt, mitten im Wahlkampf und in der beginnenden Wirtschaftskrise, aller Aufmerksamkeit würdig wären.« Lakonisch fügte er hinzu: »Die meisten der Kollegen werden heute abend im Theater ›Sitzung‹ abhalten.« So war es! – und die politische Debatte mußte auf den nächsten Tag verschoben werden.

»Ganz Washington sprach von diesem Ereignis«, berichtete Kathi nach Hause, und man glaubt ihre Augen voll Genugtuung zwischen den Zeilen aufblitzen zu sehen.

Terpsichore hält hof

Ich weiß nicht, zu wem ich gehöre,
ich bin doch zu schade für einen allein.
Und wenn ich grad dir Treue schwöre,
wird wieder ein Andrer ganz unglücklich sein.

Soll etwas so Schönes
nur einem gefallen?
Die Sonne, die Sterne
gehör'n doch auch allen!

Ich weiß nicht, zu wem ich gehöre,
ich glaub', ich gehöre
nur mir ganz allein.

Marlene-Dietrich-Song

Zu Ehren Fannys gab der Sohn van Burens einen Galaempfang mit anschließendem Ball. In den funkelnden Sälen versammelte sich Nordamerikas Großfinanz und hohe Politik, der leibhaftige Dollar in großer Abendtoilette. Miß Europe in einem weißen Ballkleid, straußenfedernumfächelt, kein Schmuckstück zuviel, den Ladies und Gentlemen dank eines diesmal tiefen Dekolletés ihr berühmtes Panorama präsentierend. O ja, sie hatte ihre Lektion gelernt, das linkisch herumstehende Bürgermädchen aus Gentzens Zeiten existierte nicht mehr. Lichtgarben aus Schneewittchenaugen, die Aura einer großen Ballerina, pariserisches Flair – für diesen amerikanischen Geldadel war das alles eins, es war Old Europe, worin man einen Abend lang voll Wonne badete. Ein Walzer von Johann Strauß Vater erklang, der Präsidentensohn eröffnete mit Fanny den Ball.
Kathis Bericht über das Gastspiel in Washington enthält eine merkwürdige Passage. Darin heißt es, daß Fanny »früh aus dem Bette mußte«, weil sie der Präsident »in seinem Schlosse« erwartete. Und weiter:

> Sie wollte, daß ich mitgehen sollte, um diese Auszeichnung mit ihr zu teilen, aber ich lehnte dieses Anerbieten ab und habe recht getan. Sie stand bezaubernd in ihrer einfachen Mor-

gentoilette da, warf nochmals einen Blick in den Spiegel und sagte: »Alles für den Präsidenten.«

Noch eine besondere, etwas makabre Überraschung gab es in Washington. Fanny erhielt aus Familienbesitz ein in Silber gefaßtes Kreuz, das aus einem Stück Holz von Präsident Washingtons Sarg geschnitzt war. Ob sie es als Talisman über ihr jeweiliges Bett hängte?

In Baltimore

Stand on, Fanny,
stand on!

Schlachtruf der Elßleristen in den USA

Von Washington nach Baltimore, ihrer nächsten Tournee-Station, fuhren sie einige hundert Meilen weiter südlich.

Wie schön war diese Stadt, aus rotem Backstein und weißem Marmor leuchtend, mit ihren unzähligen Brunnen, ihren blitzsauberen Straßen und in Blumen gebetteten Plätzen. Weithin sichtbar ragten die Türme der größten Kathedrale Nordamerikas auf. Dem ersten Eindruck nach, mußte es sich hier leichter leben lassen als in den meisten anderen Pionierstädten, die man bisher passiert hatte.

Die Kunde von Fannys Ruhm war ihr natürlich nach Baltimore vorausgeeilt. Wie überall im Land der Kunstbanausen herrschte auch hier, wenn nicht gerade Zirkus oder ähnliches angesagt war, in den Theaterkassen Ebbe, und nun sollte das Wundergirl aus Europa den Konsum ordentlich anheizen, die Kasse in Schwung bringen.

Kaum war die Truppe angekommen, lief der Rummel auf Hochtouren. Die Leute waren neugierig: A Girl from Europe, das akrobatische Kunststücke vorführte (vielleicht tanzte sie hoch auf dem Seil!), well, das wollte man sehen! Der Veranstalter hatte die Eintrittspreise heraufgesetzt, trotzdem waren sämtliche Gastspielvorstellungen bereits eine Woche zuvor regulär ausverkauft; unter der Hand wurden noch Billetts um das Zehnfache (!) teurer gehandelt.

Die Erwartungen waren also hochgeschraubt, aber worin bestanden sie für das Publikum von Baltimore? Staatentrotter Lenau schrieb über die Geisteshaltung in den USA etwa um dieselbe Zeit:

> Die Bildung der Amerikaner ist bloß eine technische. Hier entfaltet sich der praktische Mensch in seiner furchtbarsten Nüchternheit.

Elßler-Biograph August Erhard vertrat eine ähnliche Meinung, als er Fannys Situation in den Staaten folgendermaßen einschätzte:

> Diese halbzivilisierten Naturen waren nicht fähig, alle Eigenschaften zu würdigen, durch die Fanny Elßler die Bewunderung der Pariser erzwungen hatte. Diese Schweine-, Tabak- und Baumwollhändler ahnten nicht, wieviel Können sie unter ihrem anmutigen Lächeln und unter der scheinbaren Leichtigkeit ihrer Bewegungen verbarg; sie hatten keine Ahnung von der klassischen Reinheit ihres Stils und der Feinheit ihres Mienenspiels. Fannys Tanz war für sie dasselbe wie ein Akrobatenstück.

Was Baltimore betraf, schienen sich die Erwartungen des Publikums mit dem tatsächlich Gebotenen nicht zu decken. Irgend etwas war schiefgelaufen, die Leute reagierten reserviert.

Was war geschehen? Nach dem verunglückten Debüt brütete das Ensemble bis in die Nacht hinein über den Ursachen. Zunächst machte man die technischen Voraussetzungen dafür verantwortlich, diese amerikanischen Bühnen waren samt und sonders zu primitiv, die aus New York engagierten Tänzerinnen nicht genug ausgebildet, eine Katastrophe vor allem das Country-Orchester, daran gewöhnt, nach jeder Zirkus- und Akrobatennummer einen kräftigen Tusch draufzugeben und das Ganze mit »My Old Kentucky Home« und dem unverwüstlichen »Yankee Doodle« zu krönen. Alles schön und gut – aber schließlich rang sich Fanny zu der Einsicht durch, daß man die Leute mit einer zu anspruchsvoll-überladenen Ballетthandlung überfordert hatte. Das war des Pudels Kern!

Anderntags, bei der Probe, ging alles drunter und drüber.

Szenenabstriche, Änderungen an der Pantomime. Wikoff machte Vorschläge, Fanny probierte mit Silvain und Dlle. Arraline dieses und jenes aus, den Mädchen mußte man die veränderte Situation erklären und sie darauf hindrillen, kein leichtes Geschäft. Aber ein viel schwereres Stück Arbeit war es, bei aller Vereinfachung den künstlerischen Eindruck nicht ganz zu verwischen. Fanny setzte auf ihre Volkstänze, darin kannten sich die Leute aus, dorthin konnten sie ihr folgen.

Niemand wird je erfahren, ab welchem Zeitpunkt diese Gastspiele zu folkloristischen bunten Abenden, die das Prädikat »Ballettabend« nicht mehr verdienten, absanken. Im Süden des Landes, das kunstverständigere New Orleans ausgenommen, tingelte man sich nur mehr so durch. Und niemand wird jemals wissen, ob Fanny darunter litt. Wenn ja, dürften sie die harten Dollars darüber hinweggetröstet haben. Jedenfalls schien die damalige amerikanische Presse nicht kompetent genug, um, ob im Positiven oder Negativen, als Gradmesser für die Leistung von Elßler & Co. zu gelten.

Die Reaktion des Publikums nach der Plackerei eines langen Tages gab ihnen Recht. Die Siegesfanfare schmetterte wieder; sie drückten ihr Erfolgserlebnis ans Herz, schluckten das süße Gift, das so schnell trunken machte, unter dem sie stöhnten, und das sie doch nicht missen konnten, denn längst war es ihnen zur Lebensdroge, zur Lebenslüge geworden.

Am Ende siegte immer die Schönheit über den häßlichen amerikanischen Alltag, und es sah ganz danach aus, als wollten die Leute das beim Debüt verweigerte Hurra-Geschrei nun doppelt und dreifach nachholen. »Stand on, Fanny, stand on!« kreischte das Parterre, bis Direktor Walton vor den Vorhang trat und versicherte: »Unsere Fanny bleibt – sie wird das Gastspiel verlängern.« Hüte und Mützen flogen durch die Luft. Halleluja. – Und ausgerechnet das anfangs so spröde Baltimore hielt für die Elßler bereit, woran man sich nur in Zusammenhang mit dem Besuch des berühmten Generals Lafayette erinnerte. Vor vielen Jahren war er als »Gast der Nation« gekommen, um den Schauplatz der Unabhängigkeitskämpfe von 1775 am Nationaldenkmal »Bunker Hill«

zu besichtigen. Dieses Ereignis war den amerikanischen Patrioten die Ehre wert, dem General die Pferde auszuspannen.
Jetzt fanden manche Leute von Baltimore die Gelegenheit günstig und den im Augenblick anwesenden europäischen Gast würdig genug, das Spektakel zu wiederholen.
Als Fanny eines Abends nach der Vorstellung am Bühnenausgang in ihren Wagen stieg, lösten sich aus der wie üblich wartenden Menge einige Gestalten, die das Zaumzeug der Pferde durchschnitten, den Mordio schreienden Kutscher beiseite drängten und sich selbst vor den Wagen spannten. Das alles geschah blitzschnell, dann zogen sie die rumpelnde Chaise samt der eingeschüchterten Elßler bis vor deren Hotel – umzingelt von einem schreienden Menschenknäuel, das in Palmsonntags-Manier mit Zweigen und Blumen wedelte. Wer mit Fanny im Wagen saß, ist nicht bekannt. Sie soll Haltung bewahrt und sogar »Kußhände« geworfen haben, ehe sie durch das Hotelportal verschwand.
Doch nicht genug! Kaum war vor dem Hotel wieder Ruhe eingetreten, als »in der zweiten Abteilung« eine deutsche Musikkapelle anrückte, die nach etlichen Hoch-Rufen ein Ständchen brachte. Wikoff öffnete oben das Fenster und konnte gerade noch vor einem Blumenbukett, das ins Zimmer geworfen wurde, in Deckung gehen. Da nicht anzunehmen ist, daß Elßler & Co. als einzige logierten, verdient die Geduld damaliger Hotelgäste größte Bewunderung.
Am nächsten Abend stand übrigens ein Fackelzug auf dem Programm deutscher Einwanderer. Schließlich war die Elßler eine Landsmännin, und *ihnen* stand es zu, mit ihr zu renommieren. Eine gute Gelegenheit, den Amerikanern am Halsband vorzuführen, was eine deutsche Fanny war.

Boston

Aus Kathis Reisebericht, 5. Oktober 1840

Wir wohnten zu unserem Vergnügen einer Vorstellung des hiesigen Schauspielers Mr. Forrest bei, um ihn in der Rolle des Ministers Richelieu zu sehen. Danach kam der Künstler in unsere Loge und begrüßte Fanny. Als sie sich beim Abschied erhob, stand die ganze Versammlung auf, und donnernder Applaus, wie ein einziger Hurraschrei, zwang sie, vorzutreten. Fanny schritt dann im Parterre durch die Reihen und die Leute applaudierten ihr.

Das hieß nichts anderes, als daß sie einem der populärsten amerikanischen Mimen die Schau stahl. Es ist für Kathi bezeichnend, daß sie kein Wort über die Leistung des Schauspielers verlor, wie eben alles nur an der Oberfläche plätscherte, die ganze Berichterstatterei einzig auf Fannys Ruhm und Ehre ausgerichtet war. Sollten die Leut' in Wien Maul und Augen aufreißen!

In Boston nichts Neues, außer, daß man die Elßler-Truppe in einem Hotel einquartierte, dessen Fenster auf den Friedhof hinausgingen. Mitternächtliche Serenaden, mit denen auch Boston nicht geizte – die Cachucha, Webers Jägerchor, Yankee Doodle –, klangen nun von der Friedhofsseite herüber, wo sich die Musikanten hinter Grabsteinen verborgen hielten. Vielleicht tat das Mondlicht ein übriges, um die Szene jenseitig wirken zu lassen. Den Frauen erschien sie »wie ein Gruß aus der Geisterwelt«. Und: »Die Turmuhr kündigte mit dumpfen Schlägen die dritte Morgenstunde an, als wir endlich unsere müden Häupter auf die Kissen legten.«

Mag sein, daß Fanny dem Publikum im »gelehrten Boston« mehr Kunstverstand zutraute und wieder einige Änderungen im Programm vornahm. Fix genug war sie.

Der Bostoner Theaterdirektor strotzte vor Selbstbewußtsein. Er ließ es nicht zu, daß die aus New York mitgebrachten Tänzerinnen bei ihm auftraten; er wollte seine eigene Truppe einsetzen, allein schon aus Reklamegründen. Später würde das schlaue Kerlchen auf den Theaterzettel drucken lassen: Unsere Bostoner Tanzgruppe ist mit der weltberühmten Fanny Elßler aufgetreten!

Wohl oder übel mußte man in den sauren Apfel beißen und mit den »kaum studierten Mädchen« vorliebnehmen. Was diese Gattung Tänzerinnen betraf, sollte es noch schlimmer kommen.

Um es nicht zu vergessen: Aus Liebe zu Fanny sollen während ihrer Amerika-Tournee etliche Selbstmorde zumindest angedroht worden sein; ob einer der Boys dann tatsächlich Ernst damit machte, weiß kein Mensch. Manche amerikanische Mutter mag in Rage gekommen sein: da hatte man die Söhne heil über den Ozean gebracht und jetzt so was.

Paris – das ferne Donnergrollen

Soll ich nicht an Feen glauben,
wenn der Zauber mich umflicht?
Wer den Wahn mir möchte rauben,
schau in Fannys Angesicht!

Huldigung in Europa

Wohin sie auch kam, riefen die Menschen: Welcome, Fanny! Stand on, Fanny!, aber niemand warnte: Go home, Fanny! Am wenigsten derjenige, dem sie schwere Dollars dafür bezahlte, daß er ihre Karriere managte. Wikoff wird ihr vorgerechnet haben, daß man die mögliche Strafe wegen Vertragsbruchs »aus der Westentasche« zahle, kleine Fische also an dem gemessen, was in Amerika bisher hereingekommen war und weiter hereinkommen werde, sofern sie noch eine Weile blieben. Vielleicht war Wikoff zu unerfahren oder – was wahrscheinlicher ist – zu dollargierig, um ihr klarzumachen, daß dieser Kontraktbruch mit Paris einen Boykott auch im übrigen Europa nach sich ziehen könnte. Europa war wichtig, denn irgendwann mußten sie aus dem amerikanischen Traum aussteigen, irgendwann mußten sie zurückkehren. Morgen war auch noch ein Tag.
Und an diesem Tag X würde sie womöglich vor verschlossenen Türen stehen, nach so langer Pause von ihrem europäischen Publikum ohnehin vergessen. Andererseits war Fanny siegessicher: eine Künstlerin wie sie, in zwei Erdteilen gleichermaßen enthusiastisch gefeiert, ließ sich keine europäische Bühne entgehen. Was Wikoff nicht zu bedenken gab, war die Eventualität, daß man in Paris, dem Mekka der schönen Künste, ihren Erfolgen bei den ausgewanderten »Barbaren«, den derben Yankees, mit ihren »Flausröcken und langweiligen, flanellfaden Gesichtern«, keine besondere Bedeutung beimessen könnte. *Noch* bestimmte die alte

Welt, was wirklich groß war, noch galt Paris als das Maß aller Dinge. Von dort war mittlerweile Nachricht eingetroffen. Dupochel gewährte einen weiteren Urlaub bis 1. Dezember, das hielt er für Entgegenkommen genug. Aber man schrieb bei Erhalt des Ultimatums bereits den 30. November, die Briefbeförderung hatte ihre Zeit gedauert. Nun hätte man sofort abreisen und die Verzögerung von etwa einem Monat mit den schlechten Witterungsverhältnissen entschuldigen können. Aber man schwamm gerade so wohlig auf der Erfolgswelle dahin, keine schlechten Kritiken, keine rivalisierende Taglioni weit und breit – und hielt außerdem ein Angebot aus Kuba und ein weiteres aus New Orleans in Händen. Fazit: Paris mußte warten!
Wikoff setzte erneut ein Schreiben auf, in dem Fanny diesmal erklärte, daß eine Ozeanreise jetzt im Winter ein zu großes Risiko sei. Basta.

American way of life *Go West, young man, go West!*

Der amerikanische Westen – das war die Herausforderung, der wahre Traum für hunderttausende europäischer Einwanderer in diesen anbrechenden vierziger Jahren. Der »Wilde Westen« erwartete sie so gut wie unerschlossen. Jenseits der Rocky Mountains lag das gelobte Land, um dessentwillen sie die Strapazen der Überfahrt, die Ungewißheit, das Risiko von Krankheit und Tod auf sich genommen hatten.
Die Städte im Nordwesten und Mittelwesten waren erst im Entstehen; Chicago zum Beispiel, auf Sumpfgelände erbaut, um 1840 ein Nest mit einigen tausend Einwohnern; das geschäftige Pittsburgh, abgebrannt und wieder aufgebaut, dafür bekannt, daß seine Bewohner im Rackern um money kaum Zeit für die Mahlzeiten fanden, geschweige denn nach anspruchsvollerem Plaisir verlangten; dann Cleveland mit seinen Obst- und Ziergärten, wo es gehobelter als in anderen Städten zuging; Cincinnati schließlich, die Stadt der Gegensätze, der man nachsagte, daß in ihren Straßen die Gassenjungen auf den Schweinen ritten und der Abfall zum

Himmel stank. St. Louis, günstig am Mississippi gelegen, galt bereits als eine recht bedeutende Handelsstadt.
Alle diese Siedlungen waren in der Regel zu grobgerastert, ihre Bewohner an Kunst zu wenig interessiert, als daß man den Auftritt einer Fanny Elßler gewürdigt und dementsprechend hoch honoriert hätte. Das war wohl ein entscheidender Grund, weshalb die Truppe den Nord- und Mittelwesten nicht intensiver abgraste.
Wäre Fanny ein Jahrzehnt später ins Land gekommen, hätte man die Rocky Mountains bereits überschritten und im Tal von Sacramento Gold ausfindig gemacht. Alles spricht dafür, daß Elßler & Co. ins Goldgräberland aufgebrochen wären – nach California, zu den gold-diggers, den Goldbuddlern, die Tag und Nacht aus ihrer Pionierkluft nicht herauskamen: rotes oder blaues Wollhemd, vom Flußsand und -kiesel blankgescheuerte Hosen, hohe Schaftstiefel, Hut mit breiter Krempe, Pistole im Gürtel, im rechten Stiefel das mächtige Messer, das sie bowie-knife nannten, nach seinem Erfinder, dem Texashelden James Bowie.
Elßler & Co. wären ins ockergelbe, zinnoberrote Santa Fé gezogen, in seine Saloons, wo Lilly und Molly auf ihre diggers warteten. Und gewiß wäre die geschäftstüchtige Fanny auf der Stelle in Wettstreit mit den dort anwesenden Señoras getreten, wenn diese mit Mantille und Fächerkünsten ihren »spanischen Kampf« um die Gunst der goldschweren Yankees austrugen.
Einmal die Cachucha auf die Bretter gelegt, den Alabasterleib schlangengleich gewunden, hinter dem Elfenbeinfächer hervor Lichtgarben ausgeworfen, und welche Goldgräberstadt auch immer, sie hätte Fanny gehört. Hunderte zappelnder gold-diggers in ihrer winzigen weißen Hand, eine Faust darum geschlossen, die unschöne Lippe zu einem bildschönen Lächeln geöffnet – und Kassa gemacht. Yes, boys!
Damals im Wilden Westen tanzten die American-Indians noch ihre beggin-dances (Versöhnungstänze), wenn sie den weißen Pionieren Gastfreundschaft bezeugen wollten – manchmal tanzten sie noch kurz bevor sie den Bleichgesichtern, die ihre Stämme nach und nach aus der Heimat verdrängten, die vergifteten Pfeile

hinterrücks zwischen die Rippen jagten. Vom Rhythmus der Indians-Tänze hätte Fanny viel für ihre eigene Folklore profitieren können. Erst sehr viel später sollte auch das weiße Amerika diese dances der Urbevölkerung übernehmen. Gesetzt also den Fall, Fanny hätte die Goldrauschzeit erlebt, dann wäre womöglich die Legende von der europäischen »Terpsichore« längst ausgelöscht, und statt dessen würde man sich bis auf den heutigen Tag in San Francisco und anderswo die Geschichte von der Goldgräber-Fanny erzählen. So wie noch heute das gold-digger-Lied lebendig ist:

Oh! California,
That's the land for me;
I'm off for Sacramento,
With my washbowl on my knee

Oh, California,
Du Land nach meinem Sinn!

Ich fahr nach Sacramento hin,
meine Waschschüssel auf den Knien.

Go South, Fanny, go South!

Zu keiner Zeit hätte Fanny die Waschschüssel »on my knee« zur mühsamen Goldgewinnung nötig gehabt, und schon jetzt, lange vor Beginn der Goldgräberzeit, warf man ihr die Kostbarkeiten mit vollen Händen nach.

Elßler & Co. waren clever genug, auszukundschaften, wo derzeit ihre Goldgrube lag, im Tiefen Süden nämlich, in den spanischen und französischen Kolonialgebieten des Staates Louisiana. Seit Generationen saßen die Plantagenaristokraten von New Orleans auf ihrem Land, schwerreich geworden mit Zuckerrohr und Baumwolle. Ihre Söhne und Töchter wurden von französischen Hauslehrern unterrichtet, die jungen Herren studierten später an der Harvarduniversität, in West Point, Yale oder im Ausland.

Man besaß im Durchschnitt zwischen fünfzig und dreihundert, im Extremfall bis zu dreitausend Negersklaven, erbaute seine mit weißen Säulen geschmückten Herrenhäuser im neoklassizistischen Stil, überwinterte an der Golfküste oder in Old Europe.
Nach New Orleans wurde die Truppe von der Direktion des dortigen St.-Charleston-Theatre eingeladen, aber zunächst ging die Fahrt noch ein Stück weiter südlich, zur Insel Kuba, wo in Havanna pures Gold auf sie wartete. Erst auf dem Rückweg nach Amerika würde man der Einladung im Staate Louisiana nachkommen.
Als sie Ende November das winterliche, von Schneestürmen heimgesuchte New York verließen, um die lange Reise nach Havanna anzutreten, waren sie nur mehr zu fünft: Fanny, Kathi, Wikoff, Silvain und Demoiselle Arraline. »Das Weihnachtsfest feiern wir in Charleston«, schrieb Kathi, »das neue Jahr in Havanna oder auf See während der Fahrt dorthin«. Ein Dampfboot brachte sie zunächst nach Fredericksburg; dort stiegen sie in die Eisenbahn um, und weiter ging es im Schneckentempo durch endloses Steppenland nach Richmond im Staate Virginia. Fanny hatte während der Fahrt nur einen Gedanken: irgendwo eine ungestörte Nacht in einem sauberen Bett verbringen zu können. In Richmond waren sie nicht angemeldet, dort würde man Ruhe finden. Doch als der Zug in den Bahnhof einfuhr, erwartete sie bereits die Bescherung: eine Menschenmenge, Kanonenschüsse, ein schwitzender Mann, der hervorsprang und erklärte, er sei der Bürgermeister von Richmond und dies – der Daumen ging nach hinten – die Abordnung der Stadt. Er drückte der überrumpelten Fanny einen Blumenstrauß in die Hand, Neugierige drängten hinzu, eine Art Sänfte stand schon parat, in die sie wohl oder übel einsteigen mußte – und ab ging es vom Bahnhofsplatz aus durch die Straßen zum Hotel, voran die Musikkapelle, dahinter der Bürgermeister und seine Mannen mit der »Sänfte«, ihnen nach Journalisten und Militär, hüpfende Kinder und an ihnen hochspringende Hunde.
An Ruhe war also nicht zu denken, dafür hätten sie alle ein Champagnerbad nehmen können, so reichlich floß der am Abend. Und

der Bürgermeister rückte Fanny auf den Pelz, sie möge doch einmal, nur ein einziges Mal, auch in Richmond auftreten. Ihr Lächeln mag diesmal süßsauer ausgefallen sein, mein Gott, sie wollten so rasch als möglich auf Kuba sein! Aber der Bürgermeister lockte mit einem außerordentlich fetten Honorar, da war man besiegt.

Nachdem Richmond überstanden war, führte eine wiederum anstrengende Eisenbahnfahrt nach Wilmington im Staate North Carolina, wo sie mit Müh und Not einen Frachter ausmachen konnten, der sie ins südliche Charleston brachte. Es ist anzunehmen, daß die Truppe bei ihrer Ankunft kaum einen Blick für diese bezaubernd in Magnoliengärten gebettete Stadt aufbrachte. In der bescheidenen Unterkunft angekommen, fiel man todmüde ins Bett. Am nächsten Abend gaben sie hier schon wieder ein Gastspiel, dann hieß es warten und nochmals warten, bis endlich, am 3. Jänner 1841, ein Paketboot nach der Insel Kuba segelte und sie mitnahm. Eine schreckliche Überfahrt bei schwerem Seegang! An Bord etwa zwei Dutzend Passagiere, dazu Kisten, Ballen, Hühner und Schweine. Das purzelte durcheinander, als das Schiff schwankte, und die meisten Leute wurden natürlich seekrank. Endlich kündigte der obligatorische Kanonenschuß ihre Ankunft im Hafen von Havanna an. Wappne dich, Fanny, auch diesmal wirst du dem Empfang, wie gehabt, nicht entgehen!

Das hatte sie aber nur gedacht – als sie das Festland betraten, stand kein Mensch am Kai, um Elßler & Co. auf Kuba willkommen zu heißen.

Eine fatale Situation, denn gerade hier auf der Insel, die ihnen fremder und exotischer erschien als alles bisher Erlebte, hätten sie einen einheimischen Führer gebraucht. Wikoff ging zunächst mutterseelenallein auf Quartiersuche, und soll danach mit der Hiobsbotschaft vom Zoll zurückgekommen sein, daß einige Gepäckstücke verlorengegangen seien. Ein Hotel hatte er aufgetrieben, sofern das Quartier diesen Namen verdiente. Und hier erschien nun endlich ein gewisser Señor Marti, Ex-Fischer und derzeitiger Theaterdirektor; merkwürdigerweise die einzige Person, die von ihrer Ankunft gewußt haben soll.

Da im Augenblick nichts Vordringliches anstand, pokerte Wikoff auf der Stelle hart um die Honorare. Die Verhandlungen schleppten sich hin, denn Marti sprach ein schlecht verständliches Kolonialspanisch, vermischt mit Französisch und einigen Brocken Englisch.

Fanny in einem Brief an die Ziehmutter ihrer Tochter, Mrs. Grote:

> Marti, eine unmögliche, schlecht gekleidete Kreatur, machte bei mir Besuch und begrüßte mich: Das ist also die Berühmte – hallo! Er gestaltete die Verhandlungen über mein Gastspiel recht schwierig, um mich billiger zu kriegen. Aber ich unterzeichnete einen Vertrag nach meinen Wünschen: Zehn Abende mit je tausend Dollar, die ganze Einnahme zu meinem Benefiz, und fünfhundert Dollar für meine beiden Artisten.

Der Benefiz-Abend sollte im übrigen nicht weniger als 6000 Dollar einbringen. Zusätzlichen Gewinn versprach ein merkwürdiger Theaterbrauch der Kubaner: Vor Beginn der Aufführung mußte Fanny im Beisein ihrer Anstandsdame – ohne sie durfte sie sich nicht in der Öffentlichkeit zeigen – am Eingang Platz nehmen, wie Zirkusleute vor ihrem Zelt. Auf einem teppichbedeckten Tisch standen eine Silbervase und einige Schalen, in die jeder Theaterbesucher, der eine gültige Eintrittskarte besaß, im Vorübergehen sein Geldgeschenk oder ein Schmuckstück einwarf. Das Schmierentheater war perfekt. Die Kassa stimmte.

Aus Kathis Reisebericht, Havanna, Jänner 1841

> Unser Logis ist luftig und wider Erwarten angenehm, wenn auch ohne Türen und Fensterscheiben und nur mit dürftigem Mobiliar ausgestattet. Das Haus ist groß und hat im Hofe eine Rundgalerie mit Sofas und Stühlen; gegen die Sonne kann man sich mit Teppichen schützen.

Eine angenehme Überraschung bereitete der Truppe Havannas neu erbautes Tacon-Theater. Wie Kathi berichtete, saßen Männer und Frauen voneinander getrennt auf den Rängen und Galerien; die Loge des Gouverneurs schmückte das spanische Wappen.

In den Logen gab es je vier bis sechs Sitze und davor war ein Gitter angebracht, »hinter dem die Köpfe nur knapp hervorschauten«. Der makellos weiße Anstrich, »auf den das Licht der Öllampen günstig reflektierte«, ließ das Haus freundlich, ja heiter wirken. Die Bühne war geräumig und entsprach annähernd europäischen Verhältnissen. Und das auf Kuba!

Dagegen wurde das Anheuern einiger Mädchen für ihr Sylphiden-Ballett zum schier unlösbaren Problem. Der Kunsttanz war hier absolut unbekannt, es gab auch keine einheimischen Artistinnen. Außerdem galten dicke Frauen als Schönheitsideal. Schlecht gekleidet und trotz ihrer Leibesfülle ohne Korsett, boten die kleinen Dicken von Havanna einen mitunter grotesken Anblick. Ihr ganzer Stolz waren die ungewöhnlich kleinen Füße, und niemand handhabte den Fächer anmutiger als sie. Leider war es in diesem Fall mit kleinen Füßen und Fächerkünsten allein nicht getan. Schweben sollten sie – als Sylphiden.

Auch das europäische Publikum wurde im 19. Jahrhundert nicht gerade verwöhnt mit gertenschlanken Ballerinen. Da strotzte manches überzählige Pfund aus Korsett und Mieder, zeigten Schenkel und Hinterteile nicht selten beachtliche Ausmaße. Wie mögen aber erst diese kubanischen Proportionen auf der Bühne gewirkt haben!

Hierzu Kathis Bericht vom 23. Jänner 1841

> Wir kamen gerade aus der letzten Probe der Sylphide. In meinem ganzen Leben habe ich nichts Schlimmeres gesehen. Man könnte es als die beste Parodie betrachten. Die Direktion hat mit großer Mühe zwölf Frauen aufgetrieben, Negerinnen und Mulattinnen, welche in dem Ensemble mitwirken sollen. Ach du liebe Terpsichore! Diese Personen können nicht einmal richtig gehen, viel weniger tanzen, ihre Bewegungen gleichen dem Bärentanze.
>
> Wie werden sie sich morgen als Sylphiden ausnehmen?

Kathis Sorge war berechtigt – und die Truppe vor Beginn der ersten Vorstellung entsprechend nervös.

Wie gewöhnlich schaute Fanny prüfend durch einen Spalt des Bühnenvorhanges. Drei- bis viertausend Zuschauer füllten das Tacon-Theater bis auf den letzten Platz. Die Herren trugen weiße

25 Profitdenken aufs Korn genommen: Berliner Karikaturstich auf Fannys Elßlers große Einnahmen in zwei Erdteilen

26 Fanny als griechische Göttin

27 Fannitismus international: Fannys Wagen wird im Triumph durch Deutschland gezogen.

28 Die »heilige Franziska«: Dieses Bild, zu dem sie Modell saß, widmete Fanny dem Kloster Maria-Lanzendorf bei Wien, wo ihr Bruder als Franziskanermönch lebte und starb.

29 Gebetbuch mit Goldschnitt, violetter Samteinband mit Ornamenten geschmückt, Kreuzstichstickerei auf feinstem Stramin – 1847. In diesem Gebetbuch befanden sich noch getrocknete Blumen.

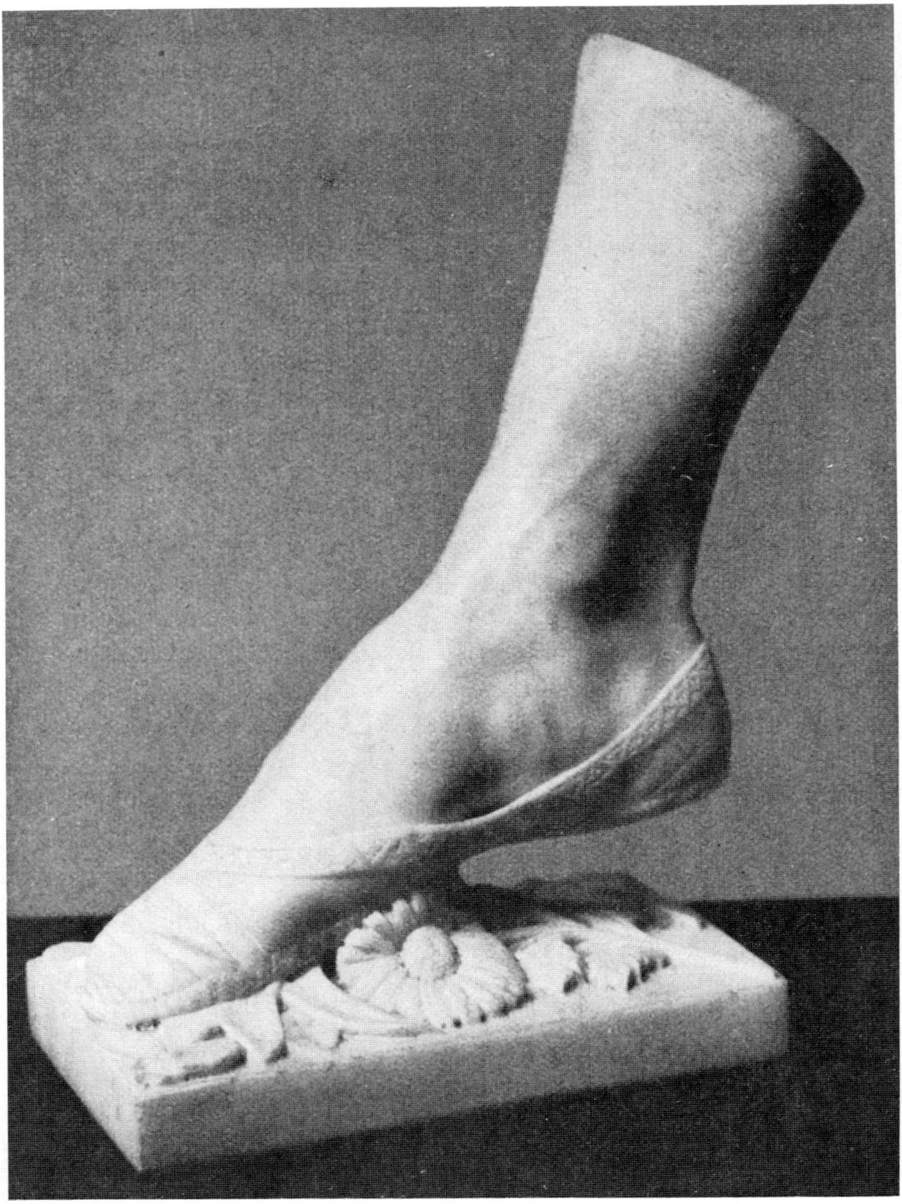

30 Fannys Fuß: Er durfte nicht alt werden, wie das Gesicht einer schönen, aber in die Jahre gekommenen Frau.

Hosen zum dunklen Rock, fast alle Damen waren in weißen Toiletten erschienen, die ihre schokoladenbraune Haut herrlich zur Geltung brachte. Dazwischen der satte Goldton eines Miederleibchens, das leuchtende Rot der Lippen, die beim ungenierten Lachen kräftige, perlweiße Zähne entblößten. Weiß, Gold und Rosa, das waren die Farben der blühenden Baumwollfelder, wie sie draußen, noch durchtränkt von der Wärme des Tages, in die Dämmerung träumten.

> ... Eines Morgens blühte die Baumwolle, der Herr erfuhr es durch seine Sklaven. Atemlos kamen sie angerannt und riefen: Herr, es blüht ...! (Maurice Denuzière, »Louisiana«)

Durch ihr Guckloch sah Fanny, daß die unentwegt fächelnden Frauenhände keine Handschuhe trugen, in Europa ein peinlicher Fauxpas. Aber im Augenblick war nur eines wichtig: wie würde es mit den Sylphiden klappen?

Vielleicht doch noch ein rascher Blick in die Logen der Kolonialherren; alles, was auf der Insel zählte, war gekommen – der Gouverneur, der Präsident des Theatervereins, Marquis und Marquise de Arcos, Don Antonio Escovedo, Don Penalver und andere schwerreiche Großgrundbesitzer mit ihren Damen. Vor ein paar Stunden hatte sie Penalvers Wagen, eskortiert von einem Reiter, zum Theater gebracht. Ganz Havanna glaubte zu wissen, was das bedeutete. Man ist galant, man macht Präsente ... eine Romanze schien sich anzubahnen. Was Wikoff wohl dazu sagte?

Das Spiel um Liebe und Tod hatte begonnen, der junge Bauer begegnete seinem Luftgeist, und mit Ah und Oh wurde eine rührend zarte, infolge ungewohnter Kost und Hitze stark abgemagerte *La Sylphide* vom Publikum empfangen. Doch war die Freude an ihrem ästhetischen Anblick nur kurz, denn gleich darauf hopste, stolperte, trampelte Hiesiges hinterdrein, dem man Flügelpaare an die feisten Schultern geklebt hatte. In unsäglicher Plumpheit schwenkten die Mädchen ihre braunen Arme, schon jetzt japsten sie nach Luft und kamen nach den ersten Schritten total aus dem Takt. Zu allem Übel hatte man ihre Gesichter, um sie in bleiche Huldinnen zu verwandeln, mit einer Paste bestrichen; das weiße

Zeug blätterte auf der schwitzenden Haut stellenweise ab. Das war zuviel!

»Es läßt sich nicht beschreiben«, so Kathi, »welche Aufregung entstand, als diese Sylphiden auftraten. Das Gepfeife und Gelächter nahm kein Ende.«

James Silvain tat das Nächstliegende, indem er die widerstrebenden Kubanerinnen von der Bühne scheuchte. War diese Situation nicht einfach absurd, einer Weltberühmtheit wie Fanny Elßler unwürdig, sie selbst eine Perle, die man den Säuen hinwarf?

Die Elßler wäre nicht die Elßler gewesen, wenn sie hochmütig aufgegeben hätte. Im Gegenteil, das Jagdfieber packte sie: Gehn wir's an, Leut', gehn wir's an! Den Stier bei den Hörnern packen, den Wolf, die Tigerkatze kuschen machen, das war ihr Geschäft, bei dem sie immer gewonnen hatte, selbst wenn andere glaubten, alles sei verloren.

In die letzten Pfiffe hinein tanzte sie ihren Part weiter, als sei nichts geschehen. Vielleicht brachte sie an diesem Abend wirklich, wie Kathi andeutete, eine ihrer stärksten Leistungen, tanzte sich frei wie in Pariser Tagen, den Zwang abgestreift, es diesen Leuten unbedingt recht machen zu wollen.

Erfolg hat nur der, der ihn mehr begehrt als alles andere im Leben. Und weil Fanny, sobald sie die Bühne betrat, ihn mit solcher Heftigkeit begehrte, hatte das Volk im Parkett, hatten die Herren in ihren Logen keine Chance, ihr zu entkommen. Das Einmalige, Unerklärbare, die Aura der großen Dompteuse wehte durchs Haus: Seht her, ich bin's! Halleluja.

Als sie nach dem Finale in ihre ›Cracovienne‹ einstieg, war die Schlacht endgültig gewonnen. Volkstänze galten als das sicherste Mittel, selbst den schläfrigsten Kunstbanausen vom Sitz hochzureißen. Beim Volkstanz füllten sich die Adern der Sylphide mit Blut: das Wunder zum Anfassen zog durchgeschwitzt, aber glücklich und sieghaft funkelnden Auges aus der Arena.

Direktor Marti, der sich vorhin die Haare gerauft und seine braunen Sylphiden zusammengeschrien hatte, daß sie weinend das Theater verließen, warf die Arme in die Höhe. Er kannte seine Kubaner! Klatschten die sich erst einmal warm, hörten sie so schnell nicht wieder auf. Nicht auszudenken, welcher Ansturm auf das ohnehin ausverkaufte Haus hereinbrechen würde. In seinem Begeisterungstaumel soll der ehemalige Fischer an einen provisorischen Theateranbau gedacht haben. Hätte man doch das ganze Jahr über einen solchen Fisch an der Angel!

›Fanitismus‹ auf kubanisch

Wir wurden Fannys Sklaven – O Genius! ›Bolero‹!

Zeitungshymne

Im allgemein einsetzenden Elßler-Fieber blieb es nicht aus, daß man ihr auch in Havanna die Pferde ausspannte. Die teuren Eintrittspreise und der zusätzliche Tribut in die silberne Vase schienen den Kubanern nicht mehr genug des Guten. Also warfen die noblen Kavaliere der Plantagenaristokratie protzige Schmuckstücke, besetzt mit Brillanten und diamonds, auf die Bühne, und mancher kleine Pflanzer, der tagsüber wie sein einziger Sklave auf den Baumwollfeldern schuftete, versuchte es den großen Herren nach Kräften nachzumachen. Fuhrenweise wurden Blumen und Kränze ins Theater gekarrt; beim Finale flogen Tauben auf, an deren Hälsen die Züchter Silberglöckchen angebracht hatten.
Manche der im Hotel eintreffenden Geschenke sahen ausgesprochen scheußlich aus. Hier galt die Faustregel: je geschmackloser Form und Verpackung, desto größer der Wert. Das traf beispielsweise auf eine Riesenzigarre aus schwarzem Halbedelstein zu, der man als Glut einen Rubin und als Asche ringsherum verteilte Brillanten verpaßt hatte. Das Deckblatt des Monsters soll aus einer Tausend-Pfund-Banknote bestanden haben – Kathi überschlug den Wert: etwa zehntausend Dollar!
Seit Don José Alfaracho, einer der reichsten Plantagenbesitzer Havannas und »armer Cigarren-Fabrikant«, wie er sich Fanny vorstellte, auf die Idee gekommen war, statt Juwelen ein Kistchen Zigarren aus purem Gold zu schicken, zogen andere reiche Pflanzer nach. Was der konnte, konnten sie schon lange. Bald gehörten Zigarren dieser Sorte zu Fannys kubanischem Alltag. Olé!

Kein Wunder, daß die Beschenkte und Verwöhnte immer sorgloser mit Geld umging. Zeigte sie aber beim Verteilen der Trinkgelder allzuviel Großzügigkeit, hielt Kathi »die Hand drauf«.

Am Morgen nach der um ein Haar verunglückten Sylphiden-Aufführung schieden die plumpsten Mädchen aus; das Ballett mußte dem geschrumpften Ensemble angepaßt werden. Erstaunlich, wie man es unter solchen Umständen schaffte, weitere Ballette, darunter (beim zweiten Gastspiel im Jahr darauf) *»Die Fee und der Ritter«* zur Aufführung zu bringen.

Fanny wollte ihrem freigebigen Publikum ein besonderes Schmankerl bieten. Angeblich mit einem »Mann aus dem Volke«, einem Neger, studierte sie Einheimischentänze. Eines Abends brachte sie als Zugabe statt der üblichen ›Cracovienne‹ den ›Bolero‹ auf die Bühne. Dieser spanische Tanz im Dreivierteltakt wurde, ebenso wie die ›Cachucha‹, von der hiesigen Bevölkerung auf ureigene Weise, also mit einem kräftigen Touch ins Vulgäre, getanzt. Fanny zögerte deshalb, ehe sie nach dem gut aufgenommenen ›Bolero‹, erstmals auch die ›Cachucha‹ zeigte. Wie würden die Leute auf diesen landesüblichen, nun aber in Kunstform dargebotenen Tanz reagieren?

Sie reagierten begeistert, und enthusiastisch schrieb die kubanische Zeitung: »Fanny soll sagen können, Paris ist mein Tempel, Havanna ist mein Kapitol!«

Das Stadtkomitee ergriff die Gelegenheit, eine Silbermedaille mit dem Porträt der Künstlerin und dem Datum ihres Gastspiels herauszubringen. Auf einem feierlichen Empfang überreichte man ihr ein mit Diamanten übersätes Cachucha-Kostüm.

Kuba – ein Jahrhundert vor Fidel Castro

Um mit den Indianern, die sich besser in den Wäldern auskannten als die Soldaten, kurzen Prozeß zu machen, faßte die Regierung der Vereinigten Staaten den Plan ins Auge, von der Insel Kuba ›eine Meute jener scharfen, klugen Hunde zu erwerben, die entlaufene Neger hetzen‹.

Maurice Denuzière in »Louisiana«

Fast drei Monate gastierte die Elßler-Truppe nun schon in Havanna. Man sah die göttliche Fanny in ihrer Equipage durch die Straßen fahren, wie eine Landesmutter nach allen Seiten winkend und lächelnd. An manchen freien Nachmittagen bestieg sie in Begleitung ihres Hofstaats, Kathi dicht bei Fuß, den Salonwagen der Eisenbahn, der ihr zur Verfügung stand, wann immer sie Lust zu einem Inselstreifzug verspürte. Es war die erste Eisenbahn der Kubaner, eine Pioniertat, und sie waren sehr stolz darauf.

Ob Fanny auf diesen Fahrten, zurückgelehnt in den Plüsch, Inselzauber tankend, ein wenig zu sich selbst fand?

Zu sich selbst – wo war das?

Ob sie irgendwann irgendwo ausstieg, planlos hineinlief in diese wunderbare Weite bis an die Wölbung des Horizonts?

Wohl kaum. Sie hatte Laufen, Davonlaufen, verlernt, seit ihr Flügel gewachsen waren.

Hin und wieder wird ihr Don P. Gesellschaft geleistet haben. Für uns bleibt er eine schemenhafte Gestalt, wie die meisten ihrer Verehrer und Liebhaber nach Gentz und Stuhlmüller.

Eine Wienerin zu sein, dürfte übrigens weder im Tiefen Süden Amerikas noch auf Kuba ein besonderes Privileg gewesen sein. Aber diese Wienerin kam aus Paris, dessen Lebensart und Kultur hier allgegenwärtig war. Ob also Don Penalver seiner Illusion frönte und Paris meinte, wenn er Gumpendorf umarmte?

Wahrscheinlich.

Es ist verständlich, daß Kathi in ihren Berichten, die ohnehin nur mühsam den Weg in die Heimat fanden, kein Wort über etwaige Eskapaden ihrer Cousine verlauten ließ. Die Leut' in Wien durften alles essen, aber sie brauchten nicht alles wissen. Wieder z'Haus, würde sie unter vier Augen denjenigen Familienmitgliedern reinen Wein einschenken, die es ihrer Meinung nach »was anging«. Sie dachte an Fannys Bruder Johann in Berlin und dessen »herzensgute Minna«. Mit ihnen mußte das Finanzielle besprochen werden; Kathi hatte Wikoff schon lange im Verdacht, daß er seine Macht über Fanny zum eigenen Vorteil ausnutzte, in die eigene Tasche wirtschaftete – nach ihrem Eingemachten schielte. No, der sollte sein blaues Wunder erleben – z'Haus, mei Liaba ...!

Nehmen wir an, daß Don P. die angebetete Tänzerin auf seine Plantage einlud; in sein weißes, von Säulen getragenes, mit Säulen geschmücktes Herrenhaus inmitten des Zuckerrohrs und der Baumwolle, dem »weißen Gold«, das ihn und seinesgleichen so unermeßlich reich gemacht hatte. In solchen Häusern herrschte der Kolonialwohnstil mit spanischem oder französischem Einschlag vor, meist von beidem etwas. Luxus und Überfluß, wohin das Auge blickte, so daß Kathi im Jahr darauf während ihres Besuches auf einer Mantanza-Plantage begeistert berichtete:

> Wir werden fürstlich bewirtet und wohnen in einem schloßähnlichen Haus zwischen Plantagen und Negerhütten. Unsere Wohnzimmer sind elegant und bequem, das Bettzeug hat sogar Brüsseler Spitze ... Auch auf eine andere Plantage wurden wir eingeladen ... der Besitzer hat dreihundert Feldarbeiter und sechzig Individuen im Haus ...

Diese Feldarbeiter und sonstigen »Individuen« waren natürlich Schwarze, die nach der üblichen gründlichen Fleischbeschau auf dem Sklavenmarkt an den Großgrundbesitzer verkauft worden waren. Im Staate Louisiana kostete zum Beispiel ein Neger »mittlerer Qualität« achthundert Dollar. Für die erste Qualität – Achtzehn- bis Fünfundzwanzigjährige bei bester Gesundheit – mußte der Käufer bis zu eintausendachthundert Dollar hinblättern. Nicht unüblich war, daß aneinandergekettete Schwarze schubweise auf die großen Plantagen des Südens verschickt wurden.

Es hieß, daß Fanny in Boston oder New York auch einmal zugunsten des Fonds »Zur Bekämpfung der Sklaverei« aufgetreten sei;

auf Kuba habe sie vom Erlös eines Auftritts eine Sklavenfamilie »freikaufen« wollen und so fort. Die Gute ließ sich in Amerika für alles mögliche einspannen, um gefällig, um wohltätig zu sein. Wie wir wissen, trat sie ingesamt 199mal in den Staaten und in Havanna auf, davon 21mal in Wohltätigkeitsveranstaltungen, unter anderem »Zu Gunsten armer Künstler«; außerdem soll sie mindestens 5000 Dollar für caritative Zwecke ausgegeben haben.
Gewiß, der Kampf gegen die Sklaverei ging vom Norden des Landes aus, aber zur Zeit des Elßler-Gastspiels, 1840 bis 1842, war das Rassenproblem mehr ein Thema für Insider. Erst im Jahre 1851 rüttelte Harriet Beecher-Stowe, Tochter eines Predigers, mit ihrem Roman »Onkel Toms Hütte« die breite Öffentlichkeit über das Südstaatenschicksal der Schwarzen wach. Bekanntlich verging noch über ein Jahrzehnt, bis Abraham Lincoln mit seiner Emanzipations-Erklärung die Sklaven »für frei« proklamierte, entsprechende Gesetze gab es erst um die Mitte der sechziger Jahre.
Das Wort »Sklaverei« kam in Kathis Berichten nicht vor. Sie spricht von den Schwarzen als Individuen ohne abwertende Hintergedanken, gedankenlos, und mag sie im selben Atemzug mit »die guten Leute« tituliert haben, wie man das halt tut, wenn das Personal zuvorkommend bedient und über die ganze gedunsene Lippe grinst. Die Haussklaven auf den Plantagen, und hauptsächlich mit ihnen dürften es die europäischen Damen zu tun gehabt haben, sahen allesamt so reinlich und zufrieden aus. Propere Negermammies, ihre Vorfahren seit Generationen im Haus, reichten weißen Babys die überquellenden Brüste, schnürten den jungen Ladies bis zum Geht-nicht-mehr das Mieder, teilten überhaupt Freud und Leid mit Missis und Master – in solchen Sachen kennen wir Heutigen uns aus, das hat man uns oft im Kino vorgeführt. Die drolligen Hausboys, ihrer weißen Herrschaft selbstverständlich treu ergeben, hörten auf so klingende Namen wie Byron, Telemach, Calypso.
Jedenfalls ging es den meisten von ihnen besser als fünfundsiebzig Prozent der Weißen im Süden, kleinen Farmern, deren magerer Besitz in den Bergen oder ganz am Rande des fetten Baumwoll-

gürtels lag. Als letztes Rad am Wagen rangierten die sogenannten »armen Weißen«, die im Ödland herumwurstelten, meist Analphabeten, gescheiterte Existenzen. Dennoch: Wo ›weiß‹ war, da war oben, und so durfte selbst der kleinste, der gemeinste weiße Mann, ›oben‹ signalisieren, solange es die Barriere ›schwarz‹ gab, wo die Sklaven standen.

Es ist kaum anzunehmen, daß Elßler & Co. außerhalb der Oberschicht engere Kontakte pflegten. Was die Probleme der Schwarzen anging: Einmal hinschauen und »mit de Wüüdn danzn« genügte sicher nicht, um Land, Leute und Problematik auf eine Weise kennenzulernen, wie man es der Elßler später andichtete. Aber man wollte sie halt auch als Freiheitskämpferin sehen. Vivat, Fanny!

Elßler & Co. waren Vorreiter einer kommenden Touristengeneration, vor der man das Elend der Welt fernhalten – der man sie exotisch-heil präsentieren wird. Nix sehen. Nix hören. Und scheene Buidln machen. Käme Fanny heute, 1984, auf Fidel Castros Insel – als »Insel-Perle der Karibik« neuerdings wieder an den Tourismus verkauft –, sie würde gewiß ihren eigenen Augen und ihrer Geschichte von den plumpen Sylphiden nicht mehr trauen. Heute ist Havanna ein Las-Vegas-Verschnitt; es gibt mehrere Dutzend Nachtlokale, in aufwendigen Revuen treten die schönsten, anmutigsten braunen Mädchen auf, professionell, versteht sich. Bis Castro die Zuckerrohrinsel eroberte, war sie das Feriendomizil schwerreicher Amerikaner. Heute ist »tropischer Sozialismus« eingekehrt, der gesamte Zuckerexport geht an Rußland; noch immer werden Rum und Havanna-Zigarren hergestellt, aber die Spendierhosen der Kavaliere hängen im Schrank, es ist kaum anzunehmen, daß man die Tänzerinnen heutzutage mit Zigarren aus purem Gold beschenkt. Obwohl der Tourismus vor fünfundzwanzig Jahren Prostitution und Rauschgift auf die Insel brachte, hat Castro wieder grünes Licht gegeben, da lassen sich inselhungrige Weiße nicht zweimal bitten, und die Devisen klingeln wieder. Highlife auf Kuba!

Im März 1841 verließ die Elßler-Truppe auf einem Raddampfer die Insel. Aber man wollte wiederkommen; Wikoff hatte mit

Marti bereits die Bedingungen für ein weiteres Gastspiel im nächsten Jahr ausgehandelt. Daß sie noch einmal die Strapazen der Anreise, noch einmal die für Europäer schwer verträgliche Hitze und andere die Gesundheit gefährdende Lebensumstände in Kauf nahmen, könnte der Gradmesser für übermächtiges Profitdenken sein. Vielleicht war auch Vogel-Strauß-Politik im Spiel, ein Hinauszögern der Stunde der Wahrheit, die in Europa lag.
Abgesehen davon, daß sie in den drei Inselmonaten kaum Nachrichten aus der Heimat erreichten – Paris würde jetzt schweigen. Und in diesem Schweigen lag eine weit größere Bedrohung als in den Vorwürfen und Ultimaten des vergangenen Jahres.
Also Amerika-Tournee und kein Ende: nach stürmischer Überfahrt lief das Schiff im Hafen von New Orleans im Staate Louisiana ein.

Die Schönen von Louisiana

O Göttliche vom Mississippi,
Hier erwartet Amor Sie,
Stimmt auf ein Zeichen die Leier an,
Zu singen, was der Gatte nicht sagen kann
Mit seinem großen Rachen.
Für ihn gibt's ein böses Erwachen.

Spottlied auf einen gehörnten Ehemann

New Orleans' Frauen besaßen einen mindestens ebenso weißen Teint wie Fanny Elßler, der man nun seit Tagen im ausverkauften St.-Charleston-Theatre zujubelte. »Die Schönen von Louisiana«, wie man die Frauen im Staate nannte, waren errötende, erblassende, unter spitzenbesetzten Sonnenschirmen wandelnde Wesen, womit sie der guten Sitte und der Koketterie Genüge taten. Jemand schrieb, daß es bereits als eine Beleidigung galt, wenn ein Kavalier den Namen eines dieser aus bester Gesellschaft stammenden, behüteten Mädchen in der Öffentlichkeit aussprach. Von einem Heer schwarzer Bedienter umhegt, verbrachten die Töchter der Plantagenaristokraten in der Regel eine glücklich-isolierte Kindheit und erste Jugend im Elternhaus, um dann nahtlos an den wohlhabenden Ehegatten überzugehen. Zuvor ließ man sie

eine französische Erziehung genießen, Klavier üben, die niedliche Singstimme ausbilden.
Niemals verließ eine verheiratete Frau ohne Gesichtsschleier das Haus; er gab den sittsamen Zügen etwas Pikantes – ganz schön raffiniert, diese Schönen von Louisiana. Trotz ihrer sprichwörtlichen Tugendhaftigkeit fanden Kavaliere, Verlobte, Ehemänner immer einen Grund, um ihrer Sportleidenschaft Nummer eins, dem Duell, frönen zu können. Da genügte ein harmloses Wortgeplänkel mit der Herzensdame des Anderen oder eine abfällige Bemerkung über irgendeine Schöne, und schon standen sich die Herren im Morgentau mit gezückter Pistole gegenüber. Selbstverständlich gab es hundert andere Gründe, den Morgen auf diese Weise zu beginnen und gleich darauf dramatisch umzufallen, oder, ein bißchen grün um die Nase, manchmal als Krüppel, davonzuschleichen.
»Duelle«, schreibt Louisiana-Kenner Maurice Denuzière, »waren eine der vier Landplagen von New Orleans.« Die drei anderen hießen: Gelbsucht, Kesselexplosionen an Bord von Flußdampfern und Feuersbrünste.
Auch Fannys wegen sollen in New Orleans Duelle ausgetragen worden sein. Im allgemeinen galt der Ruf einer Tänzerin hier nicht viel. Aber die Elßler kam aus Europa, die Elßler war berühmt; ihre Kunst gebot Achtung, ihre Selbständigkeit verschaffte Respekt. Ob allerdings diese platonische Verehrung verhindern konnte, daß man ihr gelegentlich an die Strumpfbandln ging, wer weiß es. Für New Orleans' Frauen (und nicht nur für sie) mag sie die weibliche Emanzipation schlechthin verkörpert haben, obwohl dieses Wort in ihrem Sprachschatz nicht vorkam. Und kein Mädchen der Oberschicht hätte Fanny nacheifern mögen.
Immerhin sollten diese verzärtelten, scheinbar kraft- und saftlosen Südstaatlerinnen im Bürgerkrieg über sich hinauswachsen. Mutig verteidigten viele ihr Haus gegen den anrückenden bewaffneten Mob, während die Männer mit den Yankees kämpften.
Zur Zeit des Elßler-Gastspiels war die Welt der Südstaatler noch in Ordnung; jeder wußte, wo er stand und keiner muckte auf. Zeit der prunkvollen Karnevalsaufzüge, der Bälle, Jagden, Duelle, der

verlogenen Moral und der verhaltenen Leidenschaften zwischen Magnolien; im Hintergrund das fleißige Banjogeklimper »fröhlicher Schwarzer in der Dämmerung«.
Der kultivierte Baumwollaristokrat blickte auf den Mann des Westens und des Nordens herab, dementsprechend bekam im Süden kein Yankee ein Bein auf die Erde; der Yankee Doodle galt hier als ordinär. Das Sagen hatten die Nachkommen der einstigen Kolonialbegründer, Kreolen, Spanier, Franzosen. Die Aristokratie, »Rittertum« von eigenen Gnaden, war hauptsächlich aus Reichtum und Tradition hervorgegangen; diese Schicht prägte die Kultur des Südens.
Häufig wurde Fanny von Baumwollaristokraten eingeladen, und sie mag nicht schlecht gestaunt haben über den Luxus, die verschwenderische Pracht und den Einfallsreichtum in diesen Häusern. Man bezog Antiquitäten aus Paris, Weine aus Bordeaux, Porzellan, Bücher, Textilien aus ganz Europa. In den Salons gab es »gondelförmige« Kanapees, Louis-Philippe-Sofas, Beistelltischchen aus violettem Holz, funkelnde Gegenstände aus massivem Gold und Silber, kostbarstes Kristall mit dem Klang von hundert Glöckchen, und so weiter. Kurioses entpuppte sich oft als äußerst praktisch, wie etwa von der Decke herab über Eßtische ausgebreitete Seidenfächer, die, »mit Rollen und Schnüren bedient, Luft fächelten und Insekten vertrieben«.

Fanny trat etwa zehn Mal in New Orleans auf. Da capo Geschenke. Da capo Huldigungen. Da capo Gold und diamonds.
Zum Abschluß des Gastspiels inszenierten Enthusiasten die Versteigerung etlicher Kissen aus ihrer Equipage; die sollen Höchstpreise erzielt haben. Willkommener als alle materiellen Dinge kam im Augenblick die Einladung des Theaterdirektors zu einem mehrtägigen Erholungsaufenthalt in sein Haus am See. Hier durfte die Truppe ausrasten, Kraft tanken für die Rückreise auf dem Mississippi in Richtung St. Louis; und von dort ging es endlich »heim« in den vertrauteren Norden, nach Philadelphia, nach New York.

Go northwards, Fanny, go North!

Tänzerinnen in grellroten Kleidern und schwarzer Spitzenunterwäsche zeigen ihre Beine bis zu den Strumpfbändern und führen zügellose Tänze vor; die Berufsspieler an Bord erkennt man an ihrem schwarzen Sombrero, dem auffallenden Diamanten am Jabot und den hohen Stiefelabsätzen.

Aus »Louisiana« über Showboats auf dem Mississippi

Mitte Mai 1841 glitt der Dampfer »Queen West« mit den Europäern an Bord auf dem Mississippi ruhig und ohne besondere Vorkommnisse dahin. Keine Verpflichtungen für die Truppe, weit und breit kein Mensch, dem man auf dem silbernen Tablett präsentiert werden sollte. In den bequemen Schlafkabinen durfte jeder dort liegenbleiben, wo er gerade hinsank. Der Rummel hatte Pause.

Mag sein, daß der ungewohnt gleichmäßige Lebensrhythmus auf dieser tagelangen Dampferfahrt die Spannungen zwischen den fünf Menschen vertiefte; James Silvain und Demoiselle Arraline würden im nächsten Jahr nicht mehr mit nach Havanna gehen, offenbar hatten sie genug. Täglich legte das Schiff irgendwo zum Holzfassen an; eine gute Gelegenheit, sich an Land die Füße zu vertreten, und wieder einmal schwärmte Kathi von den »sauberen Negerhütten«.

Vielleicht sahen sie in manchen Nächten die Lichter eines Showboats aufleuchten, drang Musik, Gelächter, Gegröle zu ihnen herüber, und womöglich vernahmen sie jenen verräterischen Plumps ins dunkle Wasser, »der bedeutete, daß wieder ein Unglücklicher nicht nur seine Brieftasche, sondern auch sein Leben verloren hatte«.

Was auf diesen Vergnügungsschiffen vor sich ging, darüber sprachen die Pflanzer im Beisein ihrer Bräute nicht gern. Und taten sie es auf deren Drängen hin doch, dann in so wilden Farben, daß Virginie, Mignette, Clementine und Babbsy erschreckte Kaninchenaugen bekamen:

Auf diesen Showboats, my darling Clementine, wird gepokert und gewürfelt was das Zeug hält, und sie schütten den

Whisky und Gin nur so in sich hinein, sogar Absinth schenkt man aus! Höre und staune, my sweetheart Virginie! – sie tanzen nicht etwa Quadrille, sie tanzen den in Europa eingeführten Walzer, bei dem es, erschrick nicht, dear Babbsy! – zu Berührungen kommt, die eine Lady nicht dulden darf ...

Dem Sündenpfuhl »Tiefer Süden« war man schließlich entronnen, bald kein Showboat mehr, keine schwarze Sklavin im Anrücken, die ihrem Herrn die Milch aufs Zimmer brachte, um mit ihr zusammen schlückchenweise konsumiert zu werden.

Teils auf dem Ohio-Strom, teils im Reisewagen und mit der Eisenbahn ging es in wochenlanger Fahrt weiter; im Landesinnern durch unwegsames Gebirge, das die Insassen der rumpelnden Chaisen das Fürchten lehrte.

Über Cincinnati fuhren sie nordwärts nach Baltimore, und endlich, um den 20. Juni, kam die Truppe in Philadelphia an – die fromme Denkungsart hatte sie wieder.

Welcome Fanny, in unseren Quäker- und Puritanerstädten

Philadelphia – Washington – New York – Boston – und das Ganze von vorne; so sah in etwa die Tournee-Route, mit kurzen Abstechern in kleine westlichere Städte, für das restliche Jahr 1841 aus. Kaum aus dem Süden zurückgekehrt, lief Fanny schon in die Arena von Philadelphia ein. Wie ein Lauffeuer hatte es sich in der ganzen Stadt verbreitet: Die Elßler ist wieder da!

Zur selben Zeit sollen in der Stadt »großartige Opernaufführungen« stattgefunden haben. Großartig in der Ausstattung – vielleicht; auch ein ordentliches Orchester scheint vorhanden gewesen zu sein. Allerdings konnten die einheimischen Solisten kaum nach europäischen Maßstäben gemessen werden. Ein überragendes Sängertalent wie die Malibran gehörte zu den Ausnahmen, die die Regel bestätigen. Und auch nicht alle Tage kam ein Tanzgenie wie Fanny Elßler über den großen Teich, das waren Sternstunden für die amerikanischen Bühnen.

Eines Tages werden die großen Stars am Broadway und in Hollywood den Ton im internationalen Showbusineß angeben – ein Fred Astaire, ein Gene Kelly, eine Ginger Rogers werden ihren europäischen Kollegen den Rang ablaufen. Aber bis dahin muß noch ein Jahrhundert vergehen.

Ersparen wir uns die Hofberichterstattung im weiteren Verlauf dieser Mammut-Tournee in den USA. Kennst du einen Auftritt, kennst du alle. Doch kamen jetzt Repräsentationsverpflichtungen hinzu, die einer Queen alle Ehre gemacht hätten. In den Häfen von New York, Philadelphia und Boston wurde es Mode, daß die Kommandanten größerer Schiffe die faszinierende Europäerin an Bord baten. Sagte Fanny zu, was meistens der Fall war (sie konnte nicht nein sagen), lief es stets auf eine Art Volksfest hinaus. Als sie an Bord des Kriegsschiffes »Columbus« eintraf, erklang ein Wiener Walzer, der die Neugierigen in Scharen anlockte. Gottlob brauchte sie ihn nicht zu tanzen. Aber es machte ihr Spaß, die Lunte zu einem Salutschuß selber zu legen, und als er losging, stand die Mannschaft vor ihr stramm. Ob »God Save The Queen« gesungen wurde, ist nicht bekannt …
New York, für dessen Theater sie vor zwei Jahren als Chicken mit den goldenen Eiern in der Arena angetreten war, und in das sie nun als prächtiger Goldfasan von eigenen Gnaden zurückgekehrt war, ließ sich die Ehrung einfallen, eine Straße nach ihr zu benennen. Angeblich soll eine in Baltimore gerade für Versailles fertiggestellte Lokomotive ebenfalls Fannys Namen bekommen haben. Man könnte die Aufzählung solcher und ähnlicher Auszeichnungen beliebig fortsetzen, doch wollen wir es mit einer der schönsten Elßler-Tugenden halten: weniger ist mehr. Eine Tugend freilich, die in den USA nicht immer zum Zuge kam.
Der Erinnerung an den seligen Franzl Napoleon entging sie nicht einmal hier. Als Gast des französischen Schiffes »Belle Poule«, das den Leichnam Bonapartes nach Frankreich gebracht hatte, überreichte ihr der Kapitän »einen Zweig aus der Trauerweide von des Korsen Grab« – und sie soll geweint haben. Ob das Geschenk eine Anspielung auf ihr angebliches Verhältnis mit Napo-

leons Sohn war oder nur eine rührende Geste der Verehrung – wer weiß es. Kathi hatte nichts Besseres zu tun, als Fannys »Tränen« nach Hause zu vermelden, und brühwarm gab Bäuerle diese Neuigkeit an seine Leser weiter. Das war wieder Wasser auf die Mühlen der Wiener Klatschbasen. Mein Gott, Kathi!

Ende des Jahres erwarteten sie in New York die Ankunft Thereses. Fanny hatte großes Heimweh nach der Gefährtin ihrer Jugend, ihrem beschützenden Grenadier. Gemeinsam mit der Schwester würde die Truppe im Januar des neuen Jahres noch einmal gen Kuba segeln.

In einem Brief hatte Therese ihr Kommen fest angekündigt, und wohl bereits Kisten und Körbe gepackt, jedoch im letzten Augenblick verließ sie die Lust, der Mut, was immer – jedenfalls sagte sie ab. Ihre Schwester war maßlos enttäuscht, niedergeschlagen. Zwischen Kathi und Wikoff dauerte der Kalte Krieg unentwegt an; ihr eigenes Verhältnis zu dem emsig in New York und Philadelphia die hart erarbeiteten Dollars anlegenden ›Reisemarschall‹ war stark abgekühlt, wenn nicht sogar schon im heißen Havanna erfroren.

Was half's! Mußten sie eben ohne Therese die beschwerliche Reise antreten, zu der sie nur King Mammon verleitet haben kann. James Silvain und die Arraline waren inzwischen gegen ein anderes Tänzerpaar ausgetauscht worden, und so stach man Mitte Januar 1842 erneut in See.

In ihr Tagebuch schreibt Fanny ein Jahr später: »Vor zwei Jahren in Charleston ... dann Havanna. Eine traurige Erinnerung, da fing all mein Jammer an.«

Kuba – ein letztes Mal

»á la célèbre Fanny Elßler«

Inschrift eines rosenbekränzten Spruchbands in der Hand kubanischer »Engel«

Als sie diesmal im Hafen von Havanna das Schiff verließen, standen sie nicht verlassen am Kai wie bei ihrer ersten Ankunft. Für das zweite Gastspiel hatten die Kubaner großartige Vorbereitungen zur Begrüßung »ihrer« Terpsichore getroffen; die ganze Stadt war auf den Beinen. Privatpersonen stellten der weltberühmten Ballerina und ihrem Hofstaat ein ganzes Haus zur Verfügung, in dem sie bis zur Abreise luxuriös residierten.

Die Truppe eröffnete das Gastspiel im Tacon-Theater mit dem Ballett »Die Fee und der Ritter«, und auch diesmal brachte Fanny einen ganz neu einstudierten Einheimischentanz als Zugabe auf die Bretter, den »Zapadeado«, einen andalusischen Männertanz, für den das Taktschlagen mit dem Fuß und ein Erzittern des ganzen Körpers charakteristisch sind.

Ihre auf Kuba erarbeiteten Volkstänze sollten zunächst ein Mitbringsel für New York werden und machten später auch in Europa Furore. Für die Wiener waren das schlicht »d' Negerdänz von der Fanni«.

Zum Abschluß der unwiderruflich letzten Vorstellung revanchierte sich Direktor Marti mit einer als »lebendes Bild« einstudierten Allegorie. – Die Bühne war zum ›Olymp‹ umfunktioniert worden und

> aus Wolkentoren traten zwei Genien hervor, Amerika und Terpsichore darstellend, die Fanny in ihre Mitte nahmen ...

Grazien umschwirrten die Gruppe (das werden doch nicht wieder jene verunglückten ›Sylphiden‹ gewesen sein?) ...

> ... und aus der Hand Amerikas empfing sie kniend den Lorbeerkranz.

Auf die Gruppe fiel »ein goldener Sternenregen« nieder, und die Elßler soll »in freudiger Erregung« (wohl angesichts des erneuten Goldsegens) aufgeschluchzt haben. Dann betrat der Marquis de Arcos die Bühne und überreichte der Gekrönten das Konterfei des verblichenen Columbus. Tauben flogen auf. Das entfesselte Volk warf mit Blumen und Geldstücken nur so um sich.

Bereits Tage vor der Abreise war Kathi damit beschäftigt, die exotischen Vögel und Pflanzen unterzubringen, die man in die Staaten und später nach Europa mitnehmen wollte. Auch all die anderen Geschenke – Kostüme mit Goldfäden und Juwelen durchwirkt und besetzt, silberne Buketthalter, Fächer, Schmuck und »kostbare Schnupftücher« mußten sorgsam verpackt werden.

Zwei winzige Seidenhündchen, ebenfalls kubanische Präsente, liefen Kathi ständig zwischen die Beine.
Dann kam der Abschied. Und diesmal war es ein allerletzter Blick von der Reling aus auf die entschwindende Zuckerrohrinsel. Ob Don P., jener geheimnisvolle kubanische Kavalier, am Kai stand und ihr Lebewohl nachwinkte? Adieu Illusion – adieu Paris.

Heimkehr nach Europa

Home, home!
Sweet, sweet home!
There's no – place like – home!

Volkslied, Refrain

Auf der Rückreise von Kuba nach New York machte die Truppe noch kurz in New Orleans, Baltimore und Philadelphia Station. Bälle, Ansprachen, Geschenke – Abschiednehmen. Der Gedanke an eine Tournee durch Mexiko wurde aufgegriffen und wieder fallengelassen. Allmählich machten sich Überdruß und Ermüdungserscheinungen bemerkbar.
Ende Mai 1842 kamen sie wieder in New York an, das inzwischen in eine Wirtschaftskrise geschlittert war. Täglich meldeten die Zeitungen Bankrotte und Selbstmorde. Wikoff hatte das Elßlerische Vermögen bekanntlich in New York und Philadelphia angelegt, was würde daraus werden? Es erscheint ungereimt, daß er nicht versuchte, gleich jetzt, an Ort und Stelle, eine Umleitung der Gelder nach Europa zu veranlassen oder einen Teil von den amerikanischen Banken abzuziehen, zumal es offenbar nicht auf Jahre festgelegt war. Von Europa aus sollte es ziemlich schwierig werden, das Vermögen wieder in den Griff zu bekommen. Aber offenbar unternahm man in dieser Richtung nicht viel oder gar nichts.
Obwohl Fannys Name trotz der Wirtschaftskrise nach wie vor volle Häuser garantierte, hielt es sie nicht mehr länger in den USA. Sie hatten alles Lukrative abgegrast, immer wieder dieselben Städte und Orte, eine Lebensart, die allmählich an den Nerven zehrte; dazu Übermüdung, Übersättigung, ständige Unstim-

migkeiten zwischen Kathi und Wikoff, zwischen Fanny und Wikoff, zwischen Kathi und Fanny und das Ganze von vorn. Außerdem: einmal mußte man der Stunde der Wahrheit ins Auge sehen – dieser Augen-blick war nun gekommen, da half kein Gott. Ob ihr die Heimat süß werden würde, stand noch in den Sternen.
Aus Kathis letztem Reisebericht, an Bord der ›Caledonia‹, 18. Juli 1842

> In einem seltsamen Gemisch heiterer und trüber Empfindungen verließen wir Amerika, dessen Erde Fanny bei ihrer Ankunft geküßt hatte. Wie überall, fanden sich zum Abschied wieder zahlreiche Verehrer ein ... Auge, Mund, Händedruck und Umarmungen sprachen ein tiefempfundenes Lebewohl. Wir vertrauten uns dem Schutz des Allmächtigen an. Als unser Schiff aus dem Hafen von Boston fuhr, spielte das Musikcorps des Kriegsschiffes ›Ohio‹ die Nationalhymne: ›God Save The Queen‹, Matrosen kletterten auf die Strickleitern, uns ihr einstimmiges »Hurrah« zurufend. Dann spielte das Corps auf der ›Ohio‹ noch die ›Cracovienne‹ ...

Fanny war jetzt zweiunddreißig Jahre alt und eine schwerreiche Frau, sofern das amerikanische Vermögen nicht futsch war.

Die Strategie heißt: Weiterdanzn
oder
von Bösewichten,
Miesmachern
und Karikaturisten

Ein bisserl Aufatmen und das böse Erwachen

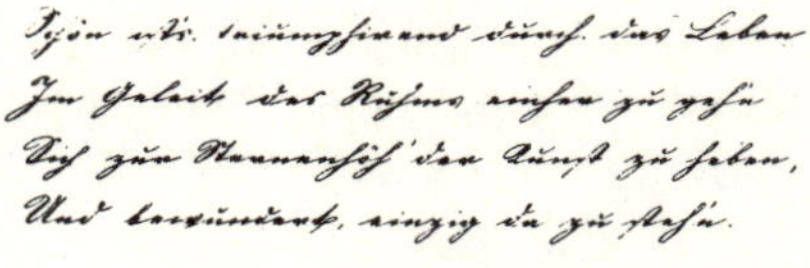
Schön wie Morgenroth durch das Leben
Im Geleit des Ruhmes einher zu gehn
Bis zum Sternenhöh' der Kunst zu heben,
Und bewundert, einzig da zu stehn.

Erste Strophe eines Huldigungsgedichts aus privater Hand

Heimkehren bedeutete zunächst Aufatmen, Erlöstsein von der Übersättigung, Regeneration nach körperlicher und seelischer Erschöpfung. »Endlich bin ich wieder ich selbst!« soll Fanny ausgerufen haben, als sie in London ihre Tochter Resi und Harriet Grote umarmte. Aber bereits da setzten Ernüchterung und Ärger ein – davon später. Vorerst klaubte man seine Knochen zusammen, schlief den tiefen Schlaf des Heimgekehrten, alles andere hatte Zeit bis morgen.

Kann sein, daß Fanny während dieser zweieinhalbjährigen Amerika-Tournee ihrem Grundsatz: »Weniger ist mehr« untreu wurde, daß ihr bewährter Instinkt für guten Stil und Geschmack sie zeitweilig im Stich ließ. Aber maßen wir uns kein (allzu hartes) Urteil an, denn nur wer selber auf solche Weise bedrängt, begehrt, verführt worden wäre, könnte Fannys damalige Situation in den Staaten annähernd einschätzen.

Jedermann weiß natürlich, wie der Linksaußen den gegnerischen Ball hätte abwehren, wie die Sängerin das hohe C hätte nehmen, der Autor das Buch hätte schreiben müssen. Alle Welt weiß das, solange alle Welt es nicht selber tun muß. Und manch einer grient schadenfroh, wenn sich der andere an den Trauben verschluckt, die ihm selbst zu hoch hängen, als daß er jemals in diese Verlegenheit käme.

In Fannys Fall sollte berücksichtigt werden, daß ihr kein prädestinierter Berater zur Seite stand. Statt dessen eine in zickiger Sparsamkeit waltende Kathi Prinster, die der Cousine, so lächerlich das anmuten mag, die Kosten für einen Ausflug zu den Niagarafällen vorrechnete, und, das andere Extrem, ein verschwenderischer, undurchsichtig wirtschaftender Wikoff; diese beiden zudem ständig miteinander im Clinch.

Kathi schien ihrem Versprechen getreu über einen Teil der Einnahmen gewacht und ihrerseits, wie es hieß, 45.000 Dollar sichergestellt zu haben. Um jedoch Wikoffs Transaktionen zu durchschauen oder gar abzublocken, hätte es des globalen Überblicks bedurft, den diese einfache Frau natürlich nicht hatte, mit dem Prinster-Instinkt allein und einem Riecher für alles, was brandelte, war es nicht getan. So blieb es bei bloßen Verdächtigungen, fruchtlosen Bespitzelungen und Rivalitäten, dazwischen Fanny, unentwegt die Haxerl schwingend, malochend – ratlos. Andererseits wurde sie zum ersten Mal in ihrer Laufbahn von kritikloser, uneingeschränkter Bewunderung getragen, die wienerische Mentalität, den Dingen ihren Lauf zu lassen, bekam kräftigen Aufwind.

Der Sieg schmeckte süß, man stand konkurrenzlos da, ganz zu schweigen vom Profit, dem man nach und nach verfallen war. Trotzdem: daß sie eine solche Mammut-Tour, unter oft primitivsten Bedingungen und pausenlosem Einsatz, überhaupt durchstand, daß sie sich das alles traute, verdient höchste Anerkennung.

In gewissen Situationen mag ihr das abgestumpfte Gemüt einer Krankenschwester geholfen haben; dies ist kein Schimpf, vielmehr das Rüstzeug fürs Überleben.

Der Familienclan und die Dollars

Das bisserl Aufatmen und Erlöstsein ging rasch vorüber. Danach ein Frust nach dem anderen. Anschuldigungen. Verleumdung. Erneute Hörigkeit im Schoß des Familienclans.

Schwägerin Minna war zur Ankunft nach London gereist, um die trächtige Kuh, den Goldfasan in Empfang zu nehmen und dem ›Reisemarschall‹ zu entreißen. In Wien flatterten auf- und angeregt die Elßlers und Prinsters aus ihren Kleinbürgeridyllen herbei, um gemeinsam das Lied anzustimmen:

> Weißt du wieviel Sternlein stehen
> an dem weiten Himmelszelt?

Gott, der Herr, hat sie gezählet,
daß ihm auch nicht eines fehlet ...

In der Realität lief das auf die Frage hinaus: Ist das Vermögen drüben richtig angelegt worden? Hast du dich darum gekümmert, Fanny?

Sie hatte *nicht* – wie es aussah. Dazu der niederschmetternde, Mißtrauen und Emotionen anheizende Lagebericht einer mit Seidengwandl und Haarschneckerln herausgeputzten Kathi.

Also schrieb Fanny eilends nach Amerika, um die derzeitigen Zertifikate zu erhalten. Das dauerte und dauerte. Als Antwort eintraf, stiftete sie mehr Verwirrung denn Klarheit. Wikoff wurde nach Berlin, in Fannys neues Engagement, zitiert. Und war sie dem Ehemaligen bereits bei der Ankunft in Europa völlig entglitten, jetzt trat sie ihm bis an die Zähne mit Verwandtschaft bewaffnet entgegen. Von den scharfen Blicken Kathis, Minnas und Johann Elßlers (den Fanny nun John nannte) umkreist, mußte er Verdächtigungen hinnehmen, verlangte man Rechenschaft: Wo waren die Dollars abgeblieben?

Natürlich! Kathi hatte die Katastrophe vorausgesehen, hatte drüben schon gewarnt und gewarnt: Der Wikoff geht an deine Einnahmen, Fanny! Jetzt sprach man offen von Mißmanagement und Veruntreuung, von Bereicherung an dem sauer verdienten Geld seiner damaligen Brotgeberin. Aber der Bursche war nicht auf den Mund gefallen. Er stellte seinerseits Forderungen, sprach von mehr als 10.000 Dollar an eigenen Auslagen und drohte damit, sich bei verweigerter Rückzahlung an jenen Aktien schadlos zu halten, deren »nomineller« Besitzer er sei. Gleichzeitig soll er eine schriftliche Erklärung abgegeben haben, das Vermögen sei ausschließlich unter Fannys Namen angelegt und sie selbst in sämtliche Transaktionen eingeweiht worden.

Eine Ungereimtheit nach der anderen. Erschwerend in all dem Durcheinander kam hinzu, daß es ja auch in Amerika infolge des Bankkrachs drunter und drüber ging. So stand zu befürchten, daß das in amerikanischen Papieren angelegte Geld ohnehin verloren war.

Von Wien aus taten die Elßlers redliche Bankiers auf, denen es schließlich nach Monaten gelang, die Papiere drüben »mit großem Profit« zu verkaufen und den Erlös nach Europa zu schleusen. Fanny soll dies in Bäuerles Theaterzeitung (ausgerechnet dort!) bestätigt haben. Nun ja, konterte Wikoff, man habe sich zu solchen Maßnahmen entschlossen, damit die Familie leichter an das Geld herankomme. Jedenfalls sollten fortan die Rothschilds und andere österreichische Bankunternehmen das bereits angesammelte und weiterhin reichlich hinzufließende Kapital treu verwalten.

Fraglich erscheint, ob Wikoff tatsächlich in dem ihm zur Last gelegten Maße in den Fleischtöpfen der Elßler wütete. Zwischen den beiden kam es zu einem Vergleich, wenn auch nur in finanzieller Hinsicht. Das Vertrauen war restlos zerstört. Fanny äußerte sogar einmal, daß ihr der smarte Henry »ans Leben« wolle. Wäre ich diesem Menschen doch nie begegnet! seufzt sie ins Tagebuch. Aber dann wäre sie wahrscheinlich auch ihren Dollars nie begegnet.

Paris und seine entthronte Göttin

Den Ritter willst in Liebesfesseln schlagen,
Nur ihn allein willst du bezaubert seh'n?
Wir alle müssen aber Ketten tragen,
Bezaubert von der lieblichsten der Feen!

Ehemaliger Lobgesang

Der bittere Kelch war noch nicht bis zur Neige ausgetrunken. Mittlerweile hatte nämlich die Direktion der Grand Opéra einen Prozeß wegen Vertragsbruch angestrengt. Das Pariser Handelsgericht verurteilte Fanny im August 1842 zu einer Geldbuße in Höhe von sechzigtausend Franken oder entsprechend bemessener Gefängnisstrafe. Um einen Teil der Geldeinbußen hereinzubringen, die der Oper durch den Kontraktbruch entstanden waren, hatte man in der Rue Laffitte das meiste an Möbeln und anderen Wertgegenständen versteigert (Therese muß die Wohnung aber noch bewohnt haben), angezeigt auf einem gelben Plakat an der Hauswand. Nur daß in diesem Fall noch kein Alexandre Dumas parat stand, um aus der Enteignung eine bittersüße Geschichte zu basteln.

Jene Pariser Journalpoeten, die ihrer einstigen Göttin »geopfert« hatten, pfiffen die Entthronte nun aus und machten sich lustig über die »perfekte Schaustellerin«, die in Amerika einen Narren hatte aus sich machen lassen. Auch die Taglionis, tönten die Gazetten, seien drüben gefeiert worden, aber niemals wären sie zu einem solchen Markttag-Rummel bereit gewesen. Ein hinkender Vergleich, denn auch ihnen hingen die Trauben zu hoch, als daß sie sich daran den Magen verderben mußten.

Im übrigen hieß eine der neuen Pariser Göttinnen, wie bereits vor Fannys Abreise voraussehbar, Lucile Grahn, und sie kam mit Maria Taglioni weit besser zurecht als deren einstige Rivalin. Théophile Gautier, der treu sein wollte, trug schon geraume Zeit die Farben der Grahn. Fanny, so hieß es, sei schließlich als erste fahnenflüchtig geworden. Und wenn auf Fahnenflucht die Todesstrafe steht: für die Pariser *war* sie gestorben.

Ein Glückskind blieb sie trotzdem, zumindest in finanzieller Hinsicht: nicht nur wurde das amerikanische Vermögen gerettet, der neue Pariser Opernchef gab seinen Segen zur neuen Regelung, wonach sie statt sechzigtausend Franken nur die Hälfte berappen sollte, und man nimmt an, daß sich Fanny sogar um diese Summe herummogelte.

In der Wikoff-Affäre gab es nach zwei Jahren ein privates Nachspiel. Bei einem letzten, von ihm ertrotzten Treffen zog er – Abrakadabra – Fannys Briefe aus der Tasche, die sie ihm in Amerika hierhin und dorthin sandte, wenn er in Geldgeschäften unterwegs war. Für viel money wollte er diese nun veröffentlichen lassen. Nur das nicht!

Es dürfte sich wohl um einen »landbardy«-Aufguß gehandelt haben, denn sie warf ihrem Ehemaligen vor, daß er sie lächerlich machen wolle. Zum Abdruck der Briefe kam es dann aber offenbar doch nicht.

Nonstop-Tournee durch Europa

England – Deutschland – Belgien – Ungarn – Spanien – Italien – (später Rußland) – und zurück an den Ausgangspunkt Wien

»Das Naturkind tanzt wieder durch Europa!« verkündeten die Wiener Gazetten. Elßler-Abenteuer in den USA, vermischt mit neu hinzukommenden Triumphen und Histörchen, ergaben Lesestoff für Wochen, Monate, Jahre. Und »zizerlweis«, wie der Wiener sagt, also in Fortsetzungen, steigerten diese Geschichten die Auflagen der Blätter. Da wurde nichts ausgelassen, alles ausgeschlachtet, und kein Auge blieb trocken, wenn die wackere Quäkersfrau aus Philadelphia der schönen Wienerin unter herzzerreißenden Worten ihr little girl an den Busen drückte, damit der ›Angel‹ es segne.

Wenden wir uns wieder der ernsthaft arbeitenden Tänzerin zu. Jetzt abzutreten wäre natürlich möglich gewesen, reich genug war sie ja. Und ihre beiden heranwachsenden Kinder, der sechzehnjährige, mit einem problematischen Charakter behaftete Franzl, und die zehnjährige Resi hätten ihre Mutter als einzigen Elternteil dringend gebraucht. Aus welchen Gründen immer, lautete die Strategie weiterhin: Danzn, danzn ...
Noch ein knappes Jahrzehnt wird sie ihren Siegeszug durch Europa fortsetzen und mancher großen neuen Ballettfigur zum Durchbruch, zu strahlendem Glanz verhelfen. Unerreicht ihre mimische Darstellungskraft – da kann ihr Kane! –, mit der sie jede Ballettaufführung, so die Gazetten, »zum Tanztheater erhebt«. Leicht war es sicher nicht, nach der USA-Tingelei zu jenem straffen reinen Stil zurückzufinden, der ihre Kunst ausmachte. Aber vor allem ihr Aussehen, ihre mächtige Aura schafften es, daß sie ihren Platz auf dem Olymp souverän behaupten konnte.
Bald nach ihrer Rückkehr aus denUSA tanzte sie die *Giselle*, Titelpartie eines neuen Balletts, bei dem kein geringerer als Heinrich Heine Pate gestanden. Er richtete diese deutsche Volkssage von der Braut, die sich zu Tode tanzte und im Grab keine Ruhe findet, für das Ballett ein. Eine Bombenrolle auch für andere große Ballerinen der Zeit – Grisi, Cerrito, Grahn – und eine Bombenrolle für

jede Primaballerina des 20. Jahrhunderts. Über den Charakter der ›Giselle‹ gab es verschiedene Auffassungen; Fanny legte die Rolle immer sehr dramatisch an. Hier ein Inhaltsauszug des Originalballetts:

> Der Volksmund nannte die am Tanzfieber zugrunde gegangenen Bräute »Wilis«, verwandt den Waldjungfern, Nixen, Elfen und Erlkönigstöchtern. Um Mitternacht steigen sie aus ihren Gräbern und animieren verirrte Wanderer: Will der Herr ein Tänzchen wagen? Wagt er es, und ist er ihnen im Leben verhaßt gewesen, tanzen sie ihn zu Tode.
> Giselle ist ein Bauernmädchen, das nur zwei Leidenschaften kennt: den Tanz und die Liebe. Nun hat sie sich einen Bräutigam angelacht, der in Wirklichkeit ein verkappter Graf ist, wovon sie aber nichts ahnt.
> Dessen Nebenbuhler, ein grämlicher Forstmann, deckt aus verschmähter Liebe des Grafen Inkognito auf. Giselle ist entsetzt, muß sie doch glauben, der Graf habe sein Spiel mit ihr getrieben. Wie könnte er eine Bauerntochter ehelichen! Um sich abzulenken, geht sie ihrer anderen Lieblingsbeschäftigung nach: sie tanzt und tanzt, doch vor Enttäuschung über die verratene Liebe bricht ihr dabei das Herz und sie stirbt.
> Da erscheint die Herrin der ›Wilis‹ und zaubert Giselle aus ihrer Gruft. Der Zauberstab berührt ihre Schultern, sie spürt, wie ihr Flügel wachsen; leicht wie ein Schmetterling fliegt sie fortan in den Reihen der Wilis. Gemeinsam suchen und finden sie den verhaßten Forstmann, und Giselle läßt zu, daß die Wilis ihn zu Tode tanzen.
> Um Mitternacht, vor ihrer Gruft, trifft sie noch einmal mit dem Grafen zusammen, der dort seine tote Giselle betrauert. Und jetzt, zu spät, glaubt sie ihm seine lauteren Absichten. Noch einmal durfte sie sich in die Materie zurückverwandeln, umarmt den Geliebten und bewahrt ihn vor den tödlichen Lockungen der Wilis. Dann wird sie endgültig zum Geist – ohnmächtig bricht der Graf vor der Gruft zusammen.

Eine weitere neue Ballettschöpfung, in der Fanny brillierte, hieß *Esmeralda.* Im Handlungsverlauf wird die von männlicher Lü-

sternheit verfolgte Unschuld von einem grauslich schiachen Glöckner in den Glockenturm entführt und somit gerettet. Diese Geschichte ist einem Werk Victor Hugos entnommen, im 20. Jahrhundert mehrmals unter dem Titel »Der Glöckner von Notre Dame« verfilmt.
Eine ihrer überzeugendsten Leistungen brachte sie in der Titelrolle des kurz vor Ausbruch der Französischen Revolution uraufgeführten, also sehr alten Balletts *Das schlecht behütete Mädchen (La Fille mal gardée)*, in dessen Handlung es damals schon um »soziale Ideen« ging. Denn *La Fille mal gardée* brachte zum erstenmal den »dritten Stand« auf die Bühne – Bauern, einfache junge Liebende bevölkerten die Szene, wo vormals ausschließlich die mythologischen Gestalten des Klassizismus stolzierten. Dieses Ballett gehört auch heute noch zum Repertoire des internationalen Tanztheaters; es enthält den Fanny-Elßler-Pas-de-deux. Außerdem wichtig für ihre Karriere: *Des Malers Traumbild*, eine romantische Pantomime, »von L. Perrot für Demoiselle Fanny Elßler in London komponiert und von ihr in Szene gesetzt«. So lautete die Ankündigung auf den jeweiligen Theaterzetteln.

Kleider machen Leute: Fannys tolle Kostüme

Ein Großteil der Faszination ging natürlich von den Kostümen aus, und von Jahr zu Jahr wurden sie prächtiger, phantasievoller, kostbarer. Da man in der Regel für die Kosten selbst aufkam, konnte sich kaum eine andere Tänzerin den Luxus einer so aufwendigen Bühnengarderobe leisten. Fanny mit ihren Supergagen brachte die Auslagen im wahrsten Sinne des Wortes »spielend« wieder herein, und oft wies sie im Feilschen um Honorare auf ihre teure Garderobe hin. »... wenn ich die Verpflichtung habe, mir die Kostüme zu beschaffen, müßte ich das Recht auf eine volle Benefizvorstellung haben«, diktierte sie einmal.
Die Zusammenstellung der Farben mutet manchmal geradezu abenteuerlich an und läßt an den Aufputz der Revuegirls à la Las Vegas denken.

Meist wählte Fanny einen unifarbenen Untergrund, um dann mit Ornamenten und Stickereien in die Vollen zu gehen. So war beispielsweise die Grundfarbe des Rockes häufig weiß und von bunten Fäden durchwirkt oder mit Ranken und Blumen etwa in Gelb-Rot-Grün bestickt, dazu das Leibchen in Rot-Blau, der Schal blau, die Kopffedern in Gelb gehalten. Oder sie trug ein Gewand mit gelben Verzierungen, dazu einen rot-gelb-gestreiften Hut mit weißen Federn. Weiße Ornamente übersäten ein silbergraues Kostüm, dazu Schärpe und Kopfschleier in sattem Karminrot. Eine Robe aus weißer Atlasseide schmückten rosa Armpuffen und ein gleichfarbener Überrock.
Meist brachten tiefe Dekolletés die Schultern, die gepriesene Nackenpartie, den süßen Halsansatz zur Geltung; auf ihrer blendend weißen Haut und im Schneewittchenhaar funkelten Juwelen. Doch selbst wenn sie Ausgefallenes wagte, Effekte einsetzte, nie war sie Papagei, stets Paradiesvogel.
Ihren Part als Königin Johanna tanzte sie mit Krone und Schleier, das knöchellange Gewand von gelb-schwarzen Ornamenten durchzogen, das Leibchen zitronengelb. Sehr eindrucksvoll muß sie als Herzogin, in einer ziegelroten, mit weiß-blauer Stickerei abgesetzten Hoftoilette, mit Diadem und Straußenfedern, ausgesehen haben.
Selbstverständlich gehörte zu jedem Nationaltanz das jeweilige Originalkostüm. So trat sie in ihrem polnischen Tanz, der »Cracovienne«, im Offizierskamisol mit Brillantknöpfen und Marketenderinnenrock auf, in Stiefelchen mit Stahlabsatz, das schwarze Halstüchl keck umgebunden. Beim Menuett mimte sie den eleganten Galan mit gepuderter Perücke, den Dreispitz in der Rechten, als kleine Fenella machte ihre Puffärmelgrazie Furore.
Im traditionellen, das Knie umspielenden Ballerinentüll, eine Rose oder Kamelie im Haar, wirbelte sie durch *Des Malers Traumbild* und durch die Sieben-Todsünden-Szenerie im *Faust*. Als zigeunerhaft gekleidete Esmeralda wird sie auf einem Gemälde mit Ziege dargestellt. Ob auf der Bühne oder privat, sie wußte, was bei den Leuten »ankommt«, und kaum reckte eine neue Mode den Hals, da hatte Fanny sie auch schon beim Schlafittchen.

Keine Versöhnung mit Paris – und in London Streit um die Tochter

Noch einmal der Kampf mit Maria? Naa, dankschön!

In den fünfziger Jahren tauchten sporadisch Gerüchte auf, sie habe sich mit Leon Pillet, dem jetzigen Direktor der Grand Opéra, versöhnt und werde wieder in Paris auftreten. Es blieb beim Gerücht. Zu tief saßen die Wunden, die man ihr dort zugefügt hatte, so tief, daß selbst die Narben zeitlebens schmerzten.

Wahrscheinlich hatte ihre Pariser Enthaltsamkeit auch andere Gründe: Fanny war jetzt weit in den Dreißigern, und sie kannte die Arroganz, die hohen Ansprüche des dortigen Publikums (und der Presse) zur Genüge. Wieder hätte sie um die Gunst dieser Leute buhlen müssen, denn zuviel Zeit war vergangen, als daß sie an ihre alten Erfolge nahtlos hätte anknüpfen können. Noch einmal der Kampf mit Maria Taglioni, die als in Ehren ergrauende Königin-Mutter auf dem Thron saß? Naa, dankschön!

Aber wann immer London rief, kam Fanny bereitwillig ins Engagement, denn mit der Themsestadt verband sie ja »ihr Geheimnis«, die Tochter Resi. Schon gleich nach ihrer Rückkehr aus den Staaten soll sie der Grote mitgeteilt haben, daß sie die Tochter mit nach Wien nehmen werde. Harriet reagierte angeblich giftig. Das war nun der Dank dafür, daß man sich während ihrer langen Abwesenheit so aufopfernd um das Wohl der Kleinen gekümmert hatte!

Seither gab es, wie aus Fannys Tagebuchseiten herauszulesen ist, ständig Reibereien und unerfreuliche Korrespondenzen zwischen den beiden Frauen. Allerdings kann die Feststellung eines der früheren Elßler-Biographen, Fanny habe ihre Tochter tatsächlich schon 1842 von den Grotes weggeholt, nicht zutreffen. Denn wiederum aus den Tagebuchblättern geht hervor, daß Resi zumindest auch noch 1843 bei Harriet und George lebte. Weilte ihre Mutter in London, ließ sie das Kind lediglich zu Hotelbesuchen und Ausflügen abholen.

Mit England verband Fanny aber weit mehr als nur trübe Erinnerungen an die Verlassenheit ihres Kindbetts und das Gezänk der

Grotes. Dieses Londoner Publikum liebte sie heiß; und Victoria, Englands kleine, schlaue, drollig anzusehende Queen, bat zur Privataudienz. Das war schon was! Im Jahre 1843 soll man der weltberühmten Ballerina in Oxford sogar die Ehrendoktorwürde für »Tanzkunst und Pantomime« verliehen haben, authentisch ist das aber nicht (vielleicht war der Wunsch vieler ihrer Verehrer der Vater des Gedankens).

Erinnern wir uns zurück in das Jahr 1792, als Joseph Haydn in Begleitung des damals noch ledigen Johann Elßler nach London gekommen, und ähnlich wie jetzt Fanny Elßler gefeiert worden war. Fast ein halbes Jahrhundert später entdeckte sie bei einem Londoner Handschriftensammler ein »von Haydn eigenhändig beschriebenes Notenblatt«, wie der Besitzer stolz verkündete, und erkannte sofort – die Handschrift ihres Vaters. Ob sie den guten Mann in seiner Illusion beließ oder den Irrtum aufklärte, darüber gehen die Überlieferungen auseinander.

Eine andere Überlieferung will wissen, daß bei ihrem Auftreten in Budapest die Wogen der Begeisterung derart hochgingen, daß man sich ihrer Ballettschuhe bemächtigte – weiß der Teufel, wie diese Magyaren das anstellten –, um daraus reihum den schweren Tokayer zu schlürfen. Übrigens soll auch George Sand einen dieser winzigen Tanzschuhe besessen haben, den sie in Gold fassen und Champagner daraus kredenzen ließ. No, dann Prosit!

Italien – Danzn für Österreich

»... verflucht sei die Schauspielerin, verflucht seien die wahnsinnigen, verderbten Rassen, die ihr Gold und mit dem Golde Ruhm darbringen ...«

Giovanni Prati

Daß sie während politischer Unruhen und Krisenzeiten nach Italien ging – Padua, Mailand, Venedig, Neapel –, rechnete ihr die Heimat hoch an. Das war ganz nach dem Herzen der Monarchisten: Da schau her, die Elßler, wagt sich tatsächlich in die Höhle des Löwen! – brav strampelnd für Österreich, unterwegs auf Goodwill-Tour, wie wir heute sagen würden.

Ganz ungefährlich war das ab Mitte der vierziger Jahre wahrhaftig auch für eine Künstlerin, kam sie aus Wien, nicht mehr. Die Italiener (und nicht nur sie) rumorten unter dem Zepter der Donaumonarchie, überall im Lande predigten die Liberalen den Aufstand, und aus Hunderten von unterirdischen Quellen schoß Fontänen gleich der Haß auf alles Österreichische empor.
Im nächsten Jahrzehnt sollte die schöne junge Kaiserin Sisi ihre »Politik des Liebreizes« an den Italienern erproben und – auf eisiges Schweigen stoßen. In Triest, neben dem kaiserlichen Gatten auf einem Prunkschloß residierend, sieht sie die zur Dekoration angebrachte Kaiserkrone aus Kristallglas in tausend Stücke zerspringen. Spätere Chronisten werden in diese Begebenheit erste ungehörte Zeichen des Untergangs hineingeheimnissen.
Im Jahre 1844 feierte das kunstverständige Mailand Fanny Elßler noch um ihrer Leistung willen und verschonte sie mit Volkeszorn. Der großen Dompteuse gelang es, das wilde Publikum der Scala zu dem Schlachtruf hinzureißen: »Eviva la prima ballerina del mondo!« – ja, besser noch: Giovanni Prati, glühender Patriot und Verfasser der »Hymne an Italien«, der zuvor »diese Schauspielerin« verflucht hatte, schrieb jetzt:

> O Geschöpf, von Planet zu Planet, gehüllt in leuchtende, harmonische Formen, Deine strahlenden Schritte waren beschwingt. Um Dich herum lächelten die Himmel, und der verliebte Ozean erbebte ...

Überschwang freilich, der sich morgen ins Gegenteil verkehren konnte, wie das Lippenbekenntnis eines Théophile Gautier, wie eine Wiener Hymne, auf jeden x-beliebigen, gerade in Mode gekommenen Menschen passend. Vier Jahre nach ihrem Triumph an der Scala – in Wien tobt nach dem langen Vormärz die Revolution, Metternich ist auf und davon! – wird die Österreicherin von den Mailändern ausgepfiffen, noch während der Vorstellung kommt es zu schweren Unruhen.
Jetzt hat sie vom »Danzn für Österreich« genug und verläßt fluchtartig Bella Italia.

Die Herren Spötter geben sich die Ehre ...

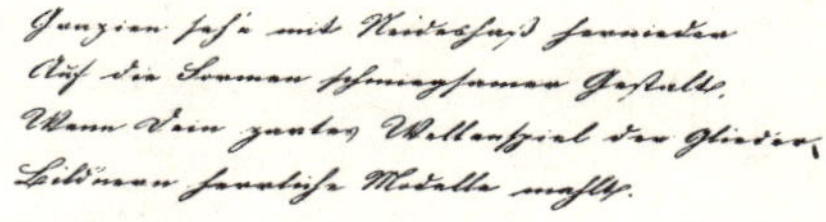

Huldigung von privater Hand

Die Monotonie der breitgewalzten Lobhudeleien, die tumultartigen Szenen im »Komödiengassl«, wenn Fanny das Theater verließ, die Geschenke, die fetten Honorare – das alles forderte den Zynismus der Intellektuellen heraus: Österreichs und Preußens Kulturschaffende rümpften die Nase.

Wie seinerzeit Grillparzer in Paris, taten sich nun auch andere Literaten von Rang und Namen etwas darauf zugute, den Rummel um die Ballerina als »Wahnsinnsanfälle« anzuprangern. Friedrich Rückert prägte dieses Wort in Berlin, wo Fanny noch häufig am königlichen Hoftheater auftrat. Und bezeichnend für Elßler-Enthusiasten war und ist es, daß sie Rückerts Ironie, die unverblümt in seinen Versen auf Fanny zum Ausdruck kommt, nicht heraushörten oder heraushören wollten. Bis in unsere Tage verkauft manch einer Spott und Hohn als »Hymne«, die da lautet:

Nun kann ich in Frieden zu Grabe gehn,
Da ich das Höchste im Leben,
der göttlichen Fanny Beine gesehn
sich bis zum Himmel erheben.
Doch bei dem allen fürcht' ich nun,
Kann ich nicht selig werden;
Was sollen mir Engel im Himmel tun
Nach solchem Tanz auf Erden!

Zu seiner Zeit, lamentiert Rückert weiter, habe man noch die großen Geister Schiller und Goethe verehrt, wogegen man heute so tief gesunken sei, »die Luftsprüng' einer Tänzerin« zu verherrlichen:

Du mußt sie sehn, mein Sohn, und hören,
Um unter Toren mitzutören,
Denn Du bist von der Jugend Chören,
da ich vom alten Eisen bin.

Aber wieso mußte man die Elßler »hören«? Ist sie denn plötzlich

Sängerin geworden? Natürlich nicht. Nur verfuhren eben auch »große Geister« hin und wieder nach dem Motto: Reim dich oder ich freß dich!
Etwa in dieselbe Kerbe wie Rückert hieb Heinrich Heine, als er über den »maßlosen Erfolg gewisser Größen der Kunst und Literatur« vom Leder zog. Fanny befand sich in bester Gesellschaft, denn zu den madig Gemachten gehörte unter anderen auch Franz Liszt.
Schon während Fannys Pariser Engagement mokierten sich übrigens bestimmte Leute über ihr »geziertes, mechanisches Lächeln« – justament selbiges, das zum »Lächeln ihres Jahrhunderts« werden sollte …

… und die Karikaturisten ziehen nach

Nur Fanny brachte es dahin mit ihren Füßen,
daß alle Welt sich drängt, sie ihr zu küssen.

Unterzeile zur Karikatur: Der Fußkußtag

Seit sie Amerikas Fanny-Girl geworden war, verdienten nicht mehr nur die Schönfärber am Ruhm der Elßler. Jetzt lockte ihr gesteigerter Berühmtheitsgrad die Karikaturisten herbei; sie kamen in Scharen, um Heldenverehrung und Profitgier als die beiden Schwerpunkte dieser Laufbahn aufs Korn zu nehmen.
Symbol ihrer Einnahmefreudigkeit in zwei Erdteilen: Die Weltberühmte breitbeinig auf der Erdkugel stehend, in der einen Hand einen Sack voll Taler, in der anderen einen Sack voll Dollar. Dieser Darstellung sind rundherum kleine Episodenskizzen beigegeben: In lieblicher Landschaft ein mit Kränzen und Huldigungsgedichten beladener Karren; Bonapartes Konterfei, flankiert von Fannys blanken Beinen; ein Indianerhäuptling vor ihr auf den Knien, und so weiter.
Eine der wohl bekanntesten Elßler-Karikaturen zeigt sie auf einem Thronsessel sitzend beim »Fußkußtag«. Vor ihrem nackten ausgestreckten Fuß kniet in stummer Verehrung ein Kavalier. Die im Halbrund versammelten anderen Herren wirken ungeduldig; auch sie wollen »drankommen« und das gschmackige Fuaßerl

Profitdenken aufs Korn genommen: Berliner Karikaturstich auf Fanny Elßlers große Einnahmen in zwei Erdteilen

bussln. Zwischen zivilem Schwarz und militärischen Galauniformen ist manche braune Kutte über dem Wohlstandsbäuchlein eines Pfaffen auszumachen.

Der Fußkußtag

Fanny wohnte jetzt in Wien »Auf der Seilerstätte«, und auch hier soll es, ähnlich wie in Amerika, zu Raufereien zwischen Enthusiasten gekommen sein. Auf einer mittlerweile verlorengegangenen Karikatur (vielleicht taucht sie in Privatbesitz wieder auf) sah man ein Eierfaß vor ihrer Haustür, in dem zwei Mannsbilder um einen Blumenstrauß streiten, den die göttliche Fanny vorhin aus dem Fenster warf.
Dem pseudonymen Schlitzohr namens »Hans-Jörgl aus Gumpoldskirchen« kam die Hetz' gerade recht für einen ausführlichen Tages- und Nachtbericht an seinen fiktiven »Schwager in Feselau«. Unter dem Titel »Komische Briefe des Hans-Jörgl ...« soll das Machwerk 1842 (laut Unterlagen der Städtischen Bibliothek) in den Wiener Blättern abgedruckt worden sein. Vielleicht war

der Hans-Jörgl ein verkappter Zeitungsschreiberling, ein Hinterrücks-Kritiker sozusagen, denn in die allgemeine Huldigungsmeierei hinein verpaßt er der Fanny ein paar derbe Stesser.

»Fanitismus« auf wienerisch

»... Es leid' des Graziöse drunter und streift a bisserl ans Populäre.«

Vielgeliebter Herr Schwager!
Habn Sö scho an Sperrsitz? A Königreich für an Sperrsitz! – die Fanny danzn sehn und hernach sterbn, des wär scho a bissl was, und dann die Seel glei dem Deifi verschreibn – no, des gang aa no, aber allerweil no z'wenig. Mit der Sonn und 'n Mond Tschinellen schlagn, die ganze Erd anzündn, alle de verruckten Amerikaner an die Brust druckn und wieder ins Meer einiwerfn, den Großglockner, den großen Venediger und den Kahlenberg, die Tiroler und Schweizer Alpen aufanander stelln und *ihr* Monument draufsetzn – dös wär no alles nix für dös, was ma aus aner *unbandigen* Achtung für zwa Fiaß darbringen kann!
... Weil in seim Vaterland neamand für an Propheten angschaut wird, so is es aa net zwundern, daß erst die Pariser und Amerikaner unsern Enthusiasten den Star gstochn habn. Ganz Wien is in Allarm kumman, wias auf de Anschlagzettln glesen habn, daß de Fanny wieder zum erstenmal und nur *amal* danzn wird ...
Am Tag der Produktion warn die Vorposten zur Belagerung vom Kärntnertortheater schon um 12 Uhr mittag aufgstellt. Sie seyn aufm Spitalplatz rumgstiegn, und wia sich der erste am Thor angstellt hat, war glei der Haufn beinander. Daß im Theata gsteckt voll war, kann se der Schwager denkn, und i hab um halber Siebene mit Noth ganz ruckwärts im Parterr no a Platzerl zum Stehn kriagt.
Mei linker Fuaß hot a verflixtes Gsicht dazu gmacht, wia i ihm gsagt hab, er möcht sich bloß drei Stunden gedulden und er wär, meiner Treu, murri wordn, wann net so a dicker

Enthusiast neben mir gstandn wär, an den i mi oglahnt hob. Aber gschwitzt ham ma wia im russischen Dampfbad ... Dann hob i de Fanny danzn sehn in am Pas de deux, in an spanischen und an polnischen Danz. I als Hans Jörgl kann ka Urteil abgebn, weil i davon nix versteh, bloß wias mir gfalln hat, des kann i sagn, aber sie hat beim Danz so gwisse Manieren, so was leschäres, i waaß net, soll dös neckisch oder naiv oder was seyn, und des wünschat i weg. Es leidt des Graziöse drunter und streift a bisserl ans Populäre. Daß dös de Massn gfallt is ka Entschuldigung ... Daß am Schluß a Donnerwetter losbrochen is, kann se der Schwager vorstelln, von alle Seitn hams geschrien: Kakuka, Kakuka! Do geht der Vorhang auf und de Fanny tritt vor, salutiert als Polin militärisch und sagt neckisch: Sie wünschen? – Vielleicht die Cachucha – ja?

Hiatzt hab i zum Brüllen angfangen und mei dicker Enthusiast hot mitbrüllt, und mir seyn uns alle zwa um an Hals gfalln und habn gweint vor Freud und Entzücken. »Freinderl«, schluchzt er raus, »habns Ses ghört? Katschutscha hats gsagt!« – »Edler Freind« sag i drauf, »i habs ghört, Katschutscha hats gsagt ...«

Und a Dritter schreit: Himmlisch! Göttlich!

I hab dann die Katschutscha gsehn und i muaß sagn, es gibt nix Vollkommeners mehr. Was i bey de ersten Dänz auszstelln g'habt hob, war abgstreift, a Meisterstück voll Adel in de Bewegungen und do voll spanischer Liebesgluth. I wollt den Dicken wieder umarmen, aber der packt mi glei bei de Flügel und schreit: »Fort, zu ihran Wagn, mir spannen uns ei! ...«

... Im Komödiengassl ankommen, wars scho gsteckt voll. Nach mehrmaligen Täuschungen is sie endlich rauskommen ... der ganze Knul mitm Wagen in der Mittn hat sich bis auf die Seilerstätten fortg'setzt, aber die Roß hams dann do net ausgspannt, die habn allerweil mit de Köpf beutelt, grad als ob se sich gwundert hätten über de Viecherei.

Der Hauptspaß war aber, wias an Blumenstrauß nuntergworfn hat. Der is in a leeres Eierfaß gfalln, wias auf der Seilerstättn stehn – und im Nu warn zwa Enthusiasten im Faßl drin und habn um den Blumenstrauß grafft. Es habn sich die Andern glei mit in den Kampf gmischt und so war der Strauß in kurzer Zeit zerfetzt ...

Der Hans-Jörgl seufzt noch einmal tief auf und zieht sein vorläufig endgültiges Fazit:

> Glücklich derjenige, der a Blattl davon erwischt hat – i hab kaans kriagt.

Der Paradiesvogel schüttelt sein Gefieder

Spott, Neid, Sarkasmus, was immer, glitten an Fannys gefestigtem Ruhm ab wie Staubkörner. Und was noch den Kopf hob, erstickte die nächste Zuckergußschicht. Karl von Holtei, den seine Zeitgenossen mit Korrespondent, Schriftsteller, Dichter und Dramatiker titulierten, schmetterte seine »Arie eines Bekehrten« in die Welt.

Er, Holtei, sei stets der »Erbfeind des Balletts« gewesen, und habe nur auf gutes Zureden eines Freundes hin der Elßler im Hamburger Stadttheater die Ehre gegeben ...

> ... mit dem festen Willen, verstockt zu bleiben, mich durch kein Entrechat, durch keine graziöse Wendung von meiner Gleichgültigkeit abwendig machen zu lassen und am nächsten Tage, wenn ich in Fontenay wieder mit ihm (dem Freund) speisen würde, die Schale meines Zornes und meiner Rache spöttisch über ihn auszugießen. O Gott, es kam ganz anders! Eine Tänzerin zu sehen, war ich gegangen und ich fand – Saul, Saul, einen Esel gingest du suchen und fandest ein Königreich! – Man erlasse mir zu schildern, was mich, den alten Theaterfreund, an Fanny Elßler entzückt, was mich zur feurigsten Begeisterung für ihr Genie hingerissen hat! ...

Fortan ist er unentwegt am »opfern« auf ihrem Altar, und in

einem Gedicht zu ihrem neununddreißigsten Geburtstag feuert er sie an:

Sei Künstlerin und reiße zu frommen Tränen hin!

Dem Fräulein

Fanny Elßler

nach ihrem Auftreten

im k. k. priv. Theater an der Wien

am 5. Juni 1846.

Nicht nur allein des Vaterlandes Sonne,
Bestrahlte die Triumphe **Deiner** Kunst;
Nicht nur Europa fühlte hohe Wonne,
Es wirkte noch weit mächtiger die Gunst
Terpsichorens. In einer fremden Zone,
Weit überm Meer entflammtest **Du** die Brunst:
Dort, wo der Mammon wirkt mit mächt'gen Armen,
Gelang's **Dir**, auch die Herzen zu erwarmen.

Und soll der Stolz nicht unsern Busen heben,
Die von denselben Brüsten auch genährt? —
Wir sah'n **Dich** früh auf Zephyrschwingen schweben,
Was uns ergriff, das Fremdland hat's bewährt. —
Gibt's Eine noch von Allen, die da leben,
Die so bewundert wird, so hoch geehrt?
Was auch vor unserm Aug' vorüberschreite —
Wir staunen wohl — doch gibt es keine Zweite.

Begünstigt hoch von zweien der Kamönen,
Die an der Wiege schon **Dir** hold gelacht,
Neigt sich **Dein** Geist und Herz zu allem Schönen,
Du hast der Opfer viele schon gebracht.
Wem das Geschick erpresset bitt're Thränen,
Wem selten nur des Glückes Sonne lacht,
Pocht er vertrau'nd an **Deine** edle Seele,
Die Wolke weicht, die Sonne strahlet helle!

Auch heut' hast **Du** — wie freudig wir es künden —
Dein reich Talent Unglücklichen geweiht,
Die nur sehr schwer ein schützend Obdach finden,
Und die nicht oft das Mitgefühl erfreut,
Von denen meist der Hoffnung Strahlen schwinden,
Die man des Mangels guter Regung zeiht —
Soll diess nicht freudig unsern Busen schwellen?
Und sollen wir's nicht aller Welt erzählen?

Vergebens müht die Feder sich zu mahlen
Das Bild, das heute **Deine** Kunst uns schuf:
Das heisse Sehnen, der Erinn'rung Stranlen,
Die süsse Lieb', der Todangst gell'nden Ruf!
Es will der Sänger nicht mit Worten prahlen,
Weiss er es doch, dass diess nicht sein Beruf:
Empfinden kann er wohl, doch nimmer sagen,
Wie des Gefühles Sait' **Du** angeschlagen! —

Du ziehst von uns — wir werden **Dein** gedenken,
Wo **Du** auch immer weilst im fernen Land;
Auch **Dein** Herz wird die Rückerinn'rung schenken
Dem schönen Land, wo **Deine** Wiege stand;
Dein Blick wird sich nach jenen Auen lenken,
Die üppig grünen an des Isters Strand;
Denn wahr ist es — der Muttersprache Töne,
Wie einfach auch, umfassen alles Schöne.

1843 – das Jahr des Tagebuchs
oder
Die heilige Fanny und ihr Narr

Imagepflege um jeden Preis?

Vergeßt alles, was ihr bisher über die Elßler gehört und gelesen habt, denn ihr kennt Fannys Tagebuch ...

Ein Tagebuch, heißt es in der Elßler-Biographie von Riki Raab, sei vorhanden gewesen, aber die Künstlerin habe es verbrannt. »Ich will die Vergangenheit Vergangenheit sein lassen«, soll Fanny einer Freundin gegenüber geäußert haben, als diese ihr Vorwürfe wegen des »Brandopfers« machte.

Daß sich dennoch schriftliche Aufzeichnungen bis in unser Jahrhundert im Original erhalten haben, geht aus einer im Jahre 1935 angefertigten Bestandsaufnahmeliste des Wiener Theatermuseums hervor. Vermerkt wurde darin: »Fannys eigenhändig geschriebenes Tagebuch in französischer Sprache.«

Aber wohin ist es entschwunden? Niemand weiß es.

Auch im Burgenländischen Landesmuseum Eisenstadt soll ein Tagebuch, diesmal in Deutsch abgefaßt, aufbewahrt worden sein. Es sei wahrscheinlich während eines turbulenten Museums-Umzugs verlorengegangen, bedauerte ein Mitarbeiter.

Riki Raab versicherte, sie habe mit Erlaubnis einer Verwandten in mehrere Original-Tagebuchblätter aus dem Jahre 1843 Einsicht nehmen dürfen; einiges verwendete sie in ihrer Biographie über die große Kollegin (auch Riki Raab war ehemals Solotänzerin an der Wiener Staatsoper), und eben diese Passagen decken sich vom Inhalt her voll mit den entsprechenden Stellen eines in der Wiener Stadtbibliothek in Abschrift vorliegenden Elßler-Tagebuchs von 1843.

Aller Wahrscheinlichkeit nach befand sich das mittlerweile für die Öffentlichkeit verschollene Original einst im Besitz der 1947 verstorbenen Elßler-Enkelin Fanny von Le Bret-Nucourt. Da sie verständlicherweise diese Aufzeichnungen nicht aus der Hand geben wollte, fertigte der Historiker Moritz Necker eine Abschrift an, als er um 1909 die Elßler-Biographie des französischen Literaturprofessors August Erhard neu bearbeitete und übersetzte.

Mit einer der Gründe, weshalb weder Necker noch andere ein Interesse daran zu haben schienen, diese und ähnliche authentische

Aufzeichnungen der Elßler im Detail zu durchleuchten, auszuschöpfen, zu analysieren, dürfte in der betulichen Imagepflege, in einer merkwürdigen Heldenverehrung im Fall Fanny Elßler zu finden sein.
Zum einen wollte man die sprichwörtliche »Ausgewogenheit« ihres Charakters nicht allzusehr von Familienzwistigkeiten verschandeln lassen (eines »Genies« nicht würdig), zum anderen wünschte man, das Juwel in einer moderneren Fassung zu präsentieren – ganz so bigott und durchschnittlich, wie sie aus ihrem Tagebuch hervorspitzt, sollte sie denn doch nicht vor die Augen der Nachwelt treten.
Man druckte ihre Briefe zwar ab, aber das Auge gleitet wie durch Spiegeltrickzauberei stets rasch darüber hinweg in Richtung pure Lobhudelei.
Auch Fanny selbst war, wie wir wissen, darauf bedacht, daß weder ihre Briefe noch andere persönliche Schriftstücke – und auf keinen Fall ihre Tagebücher – in die Öffentlichkeit gelangten. Aus innerer Isolation und zeitweiliger Kontaktarmut heraus, besonders nach ihrer Rückkehr aus den Vereinigten Staaten, vertraute sie Gedanken und Empfindungen einem schmalen Tagebuch an, das sie vielleicht später irgendwo verstaute und es vergaß, so daß die Blätter dem »Brandopfer« entgingen.
Zum Auftakt ihrer hier auszugsweise wiedergegebenen Aufzeichnungen des Jahres 1843 schreibt sie:

> Dies liebe Buch wurde mir von meinem lieben Bruder John ... am Weihnachtsabend übergeben. Es fordert mich auf, mein Thun täglich da niederzuschreiben. Ich will es, und wäre es auch nur um dem Bruder meine Liebe zu beweisen ... Gott meinen Dank für das gute Empfangene und das Böse abgewiesene ... darzubieten sey meine Freude.
> Berlin, 1. Jänner 1843 Fanny Elßler

Vergeßt alles ...

Eine ängstliche, manchmal rückgratlose, in ihren Gefühlen wankelmütige, unentschlossen-gutmütige Frau spricht aus den Tagebuchblättern. Hart an der Grenze der Bigotterie führt sie beständig den »Allmächtigen« auf den Lippen, fließen ihr Herz-Schmerz-Seufzer, umgesetzt in religiöse Ergüsse, aus der Feder, schöpft sie aus Kalender- und Stammbuchsprüchen Lebensweisheit und -kraft. Eben weil sie von Geborgtem lebt, wirkt ihre sicher ehrlich empfundene Frömmigkeit wie aufgesetzt. Und selbst das angeblich von ihr geprägte, häufig zitierte Wort: »Liebe ist mein ganzes Ich« mag man ihr nicht mehr als Eigenprodukt abnehmen.

Ist dies dieselbe Frau, deren Augen Lichtgarben gleich Fischernetzen auswerfen, die mit ihren phantasievollen tänzerischen Leistungen zwei Erdteile in Begeisterung, ja Raserei versetzte?

Wie öde muß es um dieses Privatleben bestellt gewesen sein, wie leer dieses Herz, der Geist müde, unfähig auch, Gefühlstiefen in eigene Worte zu kleiden. Wann immer Familienmitglieder auftreten, mieft es nur so vor Spießbürgerlichkeit. Ihr selbst wird dieses Leben unerträglich, und über viele Monate des Jahres 1843 hinweg, verfällt sie in tiefe Depression, in Lebensüberdruß.

Im neuen Berliner Engagement (wir erinnern uns, auch Wikoff wurde zum »Familiengericht« dorthin zitiert) wird zwischen Proben und Abendvorstellung zur Last, was eigentlich Erholungsphase, Privatleben sein sollte. Ihr Stützkorsett, ihre einzige Abwechslung, das unentwegte Seufzen zu Gott, dazwischen »sich pflegen«, ein paar Besuche bei Damen der besseren Kreise, derer »herzlicher Liebe« sie sich eifrig im Tagebuch versichert. Sie teilt das Schicksal derer, die auf dem Olymp thronen: einsam ist sie und ohne wahre Freunde.

Abends, vor dem Zubettgehen, noch einmal Geseufze und reichlich Gebete. Nur noch Erinnerung, die Empfänge in Rahel Varnhagens literarischem Salon mit all den interessanten Leuten, Erinnerung die Berliner Stunden mit Pepi Stuhlmüller, dem Vater ihrer Tochter, und anderen »schönen Menschen«, die sie der Überlieferung nach »stets umgaben«.

Müdes Herz in einem noch jugendlichen Körper. Fanny ist jetzt dreiunddreißig, und wie häufig bei sehr schönen Frauen, verleiht ihr gerade das vierte Lebensjahrzehnt besondere Anziehungskraft. Da grenzt es an Selbstkasteiung, wenn sie das schwache Fleisch mit dem Spruch zur Räson bringt:

Reizt das Vergängliche dich, vergiß nur Eins nicht – es schwindet!

Ihre Berliner Schwägerin scheint längst nicht mehr die »herzensgute Minna« vergangener Jahre zu sein, und wird es wohl nicht mehr, trotz Versöhnung nach ernsten Vertrauenskrisen und Fannys erneuten stereotypen Lobesworten.

Kathi Prinster, Rettungsanker auf großer Fahrt, mußte sie aus Gesundheitsgründen für einige Zeit verlassen. Und siehe da: aus der Ferne zieht die Braunseidene jetzt über ihre »leichtfertige« Cousine her. Little Fanny hatte ihre Dollars nicht ordentlich zusammenhalten können: Wer nicht hören will, muß fühlen! Onkel und Tanten, Bruder und Schwägerin zollen Beifall: Recht hat die Kathi! Womöglich wurde der Anfang des Jahres schon recht kranke Elßler-Vater dazu animiert, den mahnenden Finger gegen sein Goldkind zu heben.
Seit der Wikoff-Amerika-Paris-Affäre traut ihr die Familie den rechten Überblick nicht mehr zu. Seit dem Kampf um die Eintreibung des Dollarsegens sieht Fanny sich wie ein Kind bevormundet. In diesem Punkt freilich, sie müßte keine Elßlerische sein, muckt sie, zumindest im Tagebuch, gegen die Verwandtschaft auf:

> Ich weiß nicht warum, doch füllt sich mein Herz mit einer unwillkürlichen Trauer. Ist mein Unwohlsein daran schuld oder was liegt in der Zukunft, was mich so sehr betrüben kann? Ich glaube, es liegt in der Gegenwart, die Art und Weise, wie mein Bruder und M. (Minna, Anm.) sich gegen mich benehmen kränkt mich, ich kann mir nichts vorwerfen gegen sie – daß auf mein Eigenes ich denke – ist das solch ein Verbrechen? Kann ich mehr tun, als ich tue. Warum ist man mir gram?

Und sie fragt weiter:

> Warum muß ich soviel leiden (denn ich leide), wenn andere

sich des Lebens freuen? Was hab ich dir, du Allmächtiger, gethan? – Meine Verehrung ist groß und meine Liebe unendlich. So auch die Hoffnung unaufhörlich.

Erhält sie »Ermahnungen und Beschwerden« aus Wien oder Eisenstadt, gerät sie in »üble Laune«; darüber hilft dann auch die Befriedigung über »ein volles Haus in der *Tarantel*« nicht hinweg. Ins Tagebuch seufzt sie:

> Kann ich auf dieser Erde keine Ruhe finden, ist nur jenseits Ruhe für mich?

Einer der im Januar über ihre Eintragungen gesetzten Sprüche lautet:

> Sanft und liebend sey dein Charakter!

Worauf sie treuherzig versichert:

> An Sanftmuth und Liebe fehlt es mir nicht, doch ach, an Festigkeit, schwach bin ich aus Gutmüthigkeit. Ich will ferner fest und standhaft seyn.

Abends setzt sie sich hin und schreibt an Therese, an den Vater, »mir ganz unangenehme Briefe, was werden die wieder vorbringen«? – Dem Vater legt sie eine größere Geldsumme bei, was wohl die Regel ist. Nicht nur für seinen und den Unterhalt ihrer Kinder kommt sie auf; sie bestreitet nebenher das Leben ihrer jeweiligen Begleitperson (um diese Zeit noch überwiegend Kathi), unterstützt ihre älteste Schwester Netti (wahrscheinlich nebst deren unehelichem Kind) und greift sonstiger Verwandtschaft, wann immer Not am Mann ist, unter die Arme.

> 4. Jänner
> Ein trauriger Tag. Ich erhielt Nachricht aus Amerika, daß meine Geschäfte schlecht stehen ... Dann ein niederträchtiges Schreiben von W. (Wikoff, Anm.) an M. Gott, wie kann es solche Menschen geben. Bewahre uns vor deren Berührung. Was soll, was kann aus der Sache werden, Beschütze du uns Allmächtiger!

Den ständigen Zwistigkeiten mit Minna nicht mehr gewachsen, möchte sie Berlin so bald wie möglich verlassen. Ihre Schwägerin scheint in wechselnde Stimmungen zu verfallen, die auf Fanny wie heiße und kalte Duschen wirken. Offensichtlich ist ihr Vertrauen in Minnas Aufrichtigkeit erschüttert, »ihre große Zärtlichkeit kommt mir falsch vor«. Außerdem scheint Minna gegen Fannys Wunsch nach Ortsveränderung aufzubegehren.

> 13. Jänner
> Ich sah M. sehr betrübt, sogar krank, ist das Wahrheit, ist es Täuschung? Soll ich an so viel Liebe glauben oder nicht? Ich kann mir nicht helfen, ich kann seit jenem Augenblick, als sie hinter meinem Rücken handelte ... ihr nicht mehr gut seyn ... warum ist sie über diese Reise so betrübt? Warum war ich gegen sie so kalt? Ich muß traute Freundin ihr bleiben ...

Trotz Mißtrauen und ständiger Reibereien kleben die beiden Frauen selbst in Fannys knapp bemessener Freizeit aneinander, und so kommt es nach einem gemeinsamen Konzertbesuch zu Gereiztheiten.

> 8. Jänner
> Abens war ich bey Liszts concert, ich finde ihn nicht natürlich und zu sehr berechnet, das nimmt von seinem Ruhm viel. Ich war nicht zufrieden. Minna stritt sich mit mir, ich bin nicht ihrer Meinung ... Ich sah viele Leute im Concert, wurde viel gesehen – ein leerer Tag.

Über Minnas Verhalten am 15. Jänner:

> ... Sie thut was sie kann, doch je mehr sie thut, beweist sie mir, daß es nicht so ist, wie ich dachte. Ach! Wahrheit dein Name ist schön aber selten. Sey wahr gegen Gott und Mensch, wenn du gegen dich selbst wahr seyn willst. Ich arbeite gut.

Endlich! Für den Monat Februar ist wieder »Land« in Sicht! Eine Reise in ein anderes Engagement, voraussichtlich nach Strelitz, wird eingeplant. John und Minna reagieren unwirsch. Kann man Little Fanny einfach ziehen lassen – ohne eine Begleitperson, ohne ein wachsames Augenpaar? Da Kathi nicht wieder zur Stelle ist, scheint Minna auf den Gedanken zu verfallen, höchstselbst den Aufpasser zu mimen.

> 16. Jänner
> Des Morgens weckte mich M. und sagte mir, sie habe ge-

dacht, mich nie mehr zu verlassen, so lange ich auf Reisen sey. Ich kann nicht sagen, was das für einen Eindruck auf mich macht. So wenig Liebe zu den ihrigen hätte ich nicht gedacht, daß sie hat. Der Sturm ist groß und Kraft, Standhaftigkeit muß ich haben, sonst unterlieg' ich ... Gott schütze schütze mich ...

Der Jänner sollte noch in anderer Hinsicht ein schwerer Monat werden. Erst fünf Tage nach ihres Vaters Tod erhielt sie im fernen Berlin davon Nachricht. Friedlich war er am 12. Jänner in Wien eingeschlafen und bereits auf demselben Friedhof, auf dem ursprünglich auch Haydns sterbliche Überreste geruht, beerdigt worden.

17. Jänner

Ein trauriger Tag ... ich vernahm, ach du Allmächtiger, meines Vaters Tod. Noch kann ich die Wahrheit dieses traurigen Ereignisses nicht glauben. Gott, dein Wille geschehe ... sei du mein Führer, mein Beystand.

Sie holt ein schwarzes Kleid aus dem Schrank, »das ist das einzige, was ich für meinen Vater noch thun kann«. In Gedanken lehnt sie sich gegen die Schwägerin auf, als diese ihr zehn Tage nach Vater Elßlers Tod vorschlägt, wieder aufzutreten.

»M. sprach von wieder tanzen – soll ich da an Liebe glauben?«

Um das Maß der schmerzlichen Erkenntnisse voll zu machen, erreichen sie erneut Kathis Zänkereien aus Richtung Heimat.

20. Jänner

Ich erhielt ein Schreiben von Kathi! Ach! Ich (er)hoffte ein anderes. Ich war tief gekränkt über ihre Rede. Noch kann ich es nicht begreifen, in solch feierlichem Augenblick (gemeint ist wohl der Tod ihres Vaters, Anm.) mir so aufgebracht zu schreiben. Gott verzeih es ihr, sie ist schwach und krank – ich leide gern, nur ihr Glück ist mein Streben.

In Liebesdingen glaubt man mitunter zwischen den Zeilen Selbsterkenntnis herauszulesen. Stets scheint sie ein schlechtes Gewissen zu haben, weiß wohl, daß sie zu einer echten Partnerschaft, zu einer Ehe, nicht mehr fähig ist, vielleicht niemals fähig war. Ihre »Familie« sind die Schwestern, die Cousinen, Bruder und Schwägerin. Und obwohl sie bisweilen unter deren Bevormundung und Betulichkeit stöhnt, sie kennt nichts anderes, kann nicht von ihnen lassen. Andererseits scheint es ihr manchmal geradezu Vergnügen zu bereiten, eine Art Gegen-Tyrannei zu entwickeln, indem sie – beispielsweise – die Sippe ständig auf Trab hält.

Im Jahr 1843 macht ihr der in Wien lebende polnische Graf Kostrovicki einen Heiratsantrag. Sie weiß um seinen lauteren Charakter, verfällt in Selbstanklage:

> ... Ich habe einen zu meinen Füßen, warum erkenne ich ihn nicht? Fanny, Fanny sey vorsichtig, so etwas kommt nicht zweymal im Leben!

Trotz dieser Erkenntnis läßt sie ihn zappeln, obwohl die Versuchung groß ist.

Durch eine Heirat könnte man der im Moment überdrüssig gewordenen Familie entkommen! Eine Trotzreaktion. Glücklicherweise spielt Kathi wieder die Wacht am Rhein. Du mußt auf die Deinigen Rücksicht nehmen, mahnt sie von Wien her. Vermutlich ist der Graf Witwer, denn er hat selbst Kinder. Wäre ja noch schöner, wenn das Elßlerische Vermögen in den gräflichen Familientopf flösse. Anscheinend setzt man der Wankelmütigen von allen Seiten derart zu, daß sie zeitweilig seine Redlichkeit verteidigen muß:

> 12. Jänner
> ... Ich habe Beweise, daß K. es gut mit mir meint. Kann ich daran zweifeln? Nein! Warum diese Schwäche? Diese Zweifel? Jeder sagt, er meine es gut mit mir, und ach! keiner denkt auch an mich, jeder auf sich! Gott allein kennt mein Herz. Und nur er kann mich beschützen. Ich vertrau' ihm.

Vielleicht befürchtete sie, daß ihr der Graf nach einer eventuellen Heirat die Ausübung ihres Berufes verbieten würde, denn sie notiert:

> K. schrieb mir, ich solle nicht nach Strelitz. Ich erwiderte: Ich muß ... und sah K. außer sich über meinen Willen ...

Je mehr Unannehmlichkeiten auf sie einstürzten, desto »brünstiger«, wie sie es selbst nennt, klammert sich Fanny an ihren Glauben.

> 21. Jänner
> Fest nehme ich mir vor, zur heiligen Beichte zu gehen, denn entfernt haben mich böse Menschen von Gott, nein! von meiner Pflicht gegen Gott. Der heutige Tag brachte nichts ... Abends zu Hause. Traurig betrübt. Gott erhalte die Meinen wohl.
> 23. Jänner
> Was geht denn nur mit mir vor? Warum bin ich des Lebens so satt? Ich sehe, daß so jeder an mich sich hängt und nie kann ich mich herausheben, es fehlt mir an Muth – warum hast du mich nicht zu dir genommen? Bin ich denn zu eines Menschen Glück noch gut auf dieser Welt? Ist es so, dann will ich auf meine Stunde warten.

Noch zögert Fanny, ihr Herz in der Beichte zu erleichtern.

> Ich fürchte Gott, denn *nicht im Herzen,* aber in Thaten hab ich mich von ihm entfernt. Ich bin nicht würdig, ihn zu empfangen ... habe Erbarmen.

Tags darauf darf sie jubeln:

> Er hat verziehen ... ein seelischer Friede floß in mein Herz ... Ich schrieb an Kathi, alles, was ich thun kann, um meine Schwestern zu vereinen, that ich ... ich habe nur eine Bestimmung über mein Vermögen, es ist wenig, aber doch danke ich dem Allmächtigen, wenn dies mir bleibt für die Meinen ...

Ein wahrer Freudentag bricht für Fanny am 25. Jänner an:

> Ich sprach Minna, sie erfreute mein Herz. Ich bin ihr herzlich gut. Ein Tag der Versöhnung. Dank dir, von dem alles kommt!

Anfang Februar steht endgültig fest: Fanny wird nicht in Strelitz, sondern wieder für längere Zeit in England gastieren.

> 3. Februar
> Ach Vater, verzeihe, es war nicht mein Wille ... (wie) im Traum wandelte ich umher. *Ich verlasse* Berlin, die guten Leute, werde ich sie wiedersehen? Wie Gott will! ...

Und wiederum in Spruch-Weisheit verfallend, fügt sie hinzu:

... Vorsicht muß mein Gesetz sein.

Ein Segen, daß ihr Minna als Reisebegleitung erspart bleibt, denn Kathi trifft doch noch rechtzeitig in Berlin ein, gesundheitlich so weit hergestellt, daß sie ihren Posten wieder antreten kann.
Graf K. hat vorerst das Nachsehen. Der »neue Weg«, von dem Fanny im Tagebuch spricht, führt über altbekannte Straßen, die in ein einziges Ziel münden: Danzn. Wie anstrengend und zeitraubend die Reisen zu solchen Zielen waren, wird im Folgenden deutlich:

> 5. Februar
> Ich verließ heute Berlin, es ging bis Leipzig mit der Eisenbahn – wie mir zumuthe war, kann ich nicht beschreiben, M. war außer sich. Sie hatte noch mit John eine Szene. Sie ist schuld, daß ich Berlin verliere. Der Aufenthalt wurde mir unerträglich.
>
> 6. Februar
> Ich verließ Leipzig um 7 Uhr früh und war abends in Weimar, da fuhr ich wieder fort, die Nacht durch. Ich bin wohl und empfehle mich Gott.
>
> 7. Februar
> Wir fuhren den Mittag und die Nacht durch und waren um 4 Uhr in Cassel; da speisten wir und fuhren wieder wohl mit Gott weiter die Nacht durch ... kalte Nacht, wenig geruht, viel gedacht ...
>
> 9. Febraur
> Wir kommen des Nachts zwey Uhr in Cöln an, ruhten da bis 6 Uhr früh und fuhren mit der Eisenbahn nach Aachen, wo wir um 11 Uhr da waren, frühstückten, ich schrieb an K. und

fuhren … bis Lüttich, wo ich um 6 Uhr abends ankam und des Nachts blieb.
10. Februar
Des Morgens (Mittags?) von Lüttich mit der Eisenbahn. Wir kamen Abends 9 Uhr in Ostende an und gerade so viel Zeit zum Einschiffen. Die Nacht brachte ich auf dem Schiffe zu. Die Überfahrt war gut, und der Himmel heiter über mich (mir).
11. Februar
Ich kam um 4 Uhr in London an und fand sogleich ein schnelles Durchkommen bei der Mauth. War bei Md. Grote um 6 Uhr … Grote empfing mich so – so … Ich stieg im Hotel ab und brachte eine ruhige Nacht zu … Was wird nun aus mir werden?

Wieder in England

Sie ist in London, darf ihre Tochter Resi in die Arme schließen und wird dennoch ihres Lebens nicht froh.
»Md. Grote empfing mich so – so …« vermerkt sie ins Tagebuch. Dem Berliner Zwist entronnen, geht der private Ärger erneut los, diesmal von Harriet Grote in Szene gesetzt. Wie gesagt, war das Verhältnis zwischen den beiden Frauen schon seit Fannys Rückkehr aus den USA getrübt. Natürlich hatte sie ihr kleines Mädchen nach der langen Trennung sofort in Beschlag genommen und in der ersten Wiedersehensfreude vielleicht tatsächlich den Gedanken einer Vereinigung ins Auge gefaßt, womit sie Harriets Eifersucht heraufbeschwor.
In London bleibt ihr zu allem Übel Henry Wikoff, den sie mit »Bösewicht« tituliert, dicht auf den Fersen, er bedrängt sie mit Erklärungen, Goodwill-Versuchen, Drohungen. Merkwürdigerweise beklagt sie sich ganz allgemein über die »Herabsetzung«, die sie angeblich erfährt; wechselt wiederholt ihre Logis, wohl um den Plaggeist abzuschütteln.
Ihr Seufzer ins Tagebuch:

Warum verließ ich Berlin? O Minna, du kannst nicht mehr gutmachen, was geschehen!

Nur aus dem Zusammensein mit Resi, deren unkomplizierte, ausgeglichene, jederzeit sanft lächelnde Art der Unsteten wohltut, schöpft sie Kraft für ihren tristen Alltag:

Die Kleine war im Theater, ich fühlte mich glücklich ... sie ist ein Engel von Natur. Gott erhalte sie mir. Sie wird einstens meine Stütze seyn.

Schon gleich nach ihrer Ankunft in London unterzeichnete Fanny einen Kontrakt mit Lumsley, dem Direktor des Her Majesty's Theatre, und sie wird auch wieder im Covent Garden auftreten, das derzeit Direktor Bunn ziemlich erfolglos vor der Pleite zu retten versucht. Nicht einmal das zugkräftige Gastspiel der Elßler kann an der zeitweiligen Schließung des berühmten Hauses etwas ändern. Fanny trifft übrigens mit ihrem alten Schlachtgefährten aus US-Zeiten, James Silvain, zusammen. (Wast no, Tschäms, seinerzeit in Havanna? Unsere braunen Sylphiden, de schiachn – no servus!)

Fürs erste gibt sie in der Themsestadt insgesamt zwölf Galavorstellungen. Als sie während der Aufführung ihrer höchst dramatisch angelegten *Giselle* das Gefühl beschleicht, das Publikum gehe nicht recht mit, ja, es reagiere »kalt«, ist sie untröstlich:

Ich war so niedergedrückt und hatte kaum Kraft, nicht in Tränen auszubrechen – wo fand ich Trost? Im Gebet zu dem, der alle Schmerzen stillt.

Tränen wären unnötig geflossen, denn anderntags schrieben die Londoner Blätter, man habe zwar »Außergewöhnliches«, aber kein derart »grandioses Meisterwerk« erwartet. Die Unersättliche, daran gewöhnt, daß sich bei ihren Auftritten die Theater in Hexenkessel verwandeln, bleibt unbeeindruckt:

Ich war bitterböse gegen Lumsley. Er sandte mir die ... Zeitungsartikel über *Giselle,* demnach war es ein großer Triumph ...

Einen »großen Triumph« konnte sie wiederum einige Tage später verzeichnen – und genoß ihn diesmal:

Ich war froh und heiter wie lange nicht mehr ... ich tanzte *sehr gut*, mein Herz war leicht ...

Auch aus Amerika kam, wie wir bereits wissen, gute Kunde:

... so hab ich denn etwas gerettet und erhalten von dem, das ich so sauer mir verdient.

No, Fanny, ein bisserl mehr als »etwas« dürfte es wohl gewesen sein.

Vorübergehend macht sie sich Sorgen um den in platonischer Liebe schmachtenden Grafen K.

1. März
Ich bin etwas unruhig, es ist nicht natürlich, daß K. mich so lange ohne Nachricht läßt. Ich hoffe, nichts Schlimmes ist ihm begegnet.

Bald darauf muß sie erfahren, daß er »leidend« ist – »er ist es aus Unruhe für mich«.

9. März
Mein Namenstag. Ich erhielt ein Schreiben von Therese ... schreibe ein paar Worte an K. ... mein Gemüt ist stets unruhig. Ist keine Ruhe mehr zu (er)hoffen? Kathi erhielt ein Schreiben von Minna. Sonderbar ...

20. April
Die Vorstellung war äußerst brillant und erst um 2 Uhr kam ich nach Hause, doch froh war ich, fühlte die Müdigkeit nicht.

23. April (Sonntag)
Ich ging nach der Kirche und *brünstig* war mein Gebet.

24. April
Die Geschäfte gehen gut.

27. März
Des Morgens nach der (zur) Probe, dann zu Hause mit der Kleinen, die ich um 7 (Uhr) zurücksandte, und dann nach der Oper. Ich hatte großen Beifall, obschon ich nichts that.

30. April
Um 2 Uhr früh fuhr ich nach Bristol, wo ich mich des Tages meiner Abreise nach Amerika erinnere ---

Schließe die Augen, Fanny, dann siehst du die »Great Western« vor dir, stehst wieder an der Reling und hörst das laute »Hurrah«

der auf dem Dampfboot im Hafen von Bristol zurückgebliebenen Freunde. Amerika, ich komme! – Servus, Amerika …

> 8. Mai
> Heute erhielt ich ein Schreiben von Therese, die Paris verläßt. Ich antwortete gleich und hoffe, sie in Bruxelles zu treffen … Abends in die Oper: *Cerittos* Auftreten – ein großer Beyfall – ich fand sie schlecht.

So wie früher die Taglioni, »beschattet« sie jetzt einen anderen, eben aufgegangenen Stern am Balletthimmel – Fanny Cerrito, die gebürtige Mailänderin. Nun thronen sie schon zu fünft auf dem Olymp: Göttin-Mutter Taglioni, Göttin Elßler, die Prinzessinnen Grahn, Grisi (das geistige Heine-Gspusi) und Cerrito.

> 18. Mai
> Früh auf und mit der Eisenbahn nach Birmingham. Ich fühlte mich fürchterlich müde, als ich aus dem Postwagen stieg …
> 4. Juni
> Geburtstag von meinem Franz (Sohn, Anm.). Wie mir zumuthe ist, weiß Gott, der allein ihn auf den rechten Weg führen kann.
> 23. Juni
> Mein Geburtstag. Ich erwachte frohen Muthes, dankte dem Ewigen für die vielen guten Tage, die er mich erleben ließ. Niemand wußte, daß es mein Geburtstag sei. Ich tanzte abends die *Bajadere* und wurde herrlich aufgenommen. Gott bestimmt über mein Schicksal. Du wirst mich stets dir ergeben finden.

Warum wohl »niemand« von ihrem Geburtstag wußte? Wollte sie ihre Jahre vertuschen, oder hatte sie in London so wenig Freunde? Sie muß auch hier ein bescheidenes kleines Privatleben geführt haben; abends geht sie »mit Kathi durch den Park«, lebt »in der alten Wohnung und froh«. Als sich am 28. Juli der Todestag ihrer Mutter zum zwölften Male jährt, vermerkt sie ins Tagebuch:

> Ich ging arbeiten, schwer war mein Herz. Ich tanzte nicht mit Frohsinn, nein, tief bewegt war ich.

Einen ganzen Tag verbringt sie erschöpft und todmüde im Bett. Was kein Außenstehender vermutet: »Fannys Fuß«, der in Fetischismus verehrte, in Marmor verewigte, weltberühmte – er reagiert auf die Torturen des Tänzerberufes stinknormal, ist geschwollen, gerötet, zertanzt, von groben Adern durchzogen, vielleicht ein Hühnerauge obendrauf, das man eilends beseitigt. Im stillen Kämmerlein darf er aufmucken, wie der geschundene Haxn einer Fratschlerin daham auf'm Markt.

> 29. Juli
> Ich ging langsam meiner Arbeit nach, lebe ruhig und gedenke der Meinigen.
> 25. August
> Ich schrieb an K. ... ich weiß kaum, was ich schreiben soll. Der Arme leidet und ich kann ihm nicht helfen – wenn ich denke, wie leicht ich mich kürzlich in Berlin zur Heirat hätte verführen lassen. Man machte mir das Leben so zuwider damals.
> 14. und 15. September:
> Ferien!
> Man kann das Landleben nicht satt werden, es erfrischt den Geist und das Herz. Aber Katti wieder krank.

Ende September 1843 verlassen die Cousinen England. Fanny mag aufgeatmet haben, denn seit dem Streit mit Harriet Grote ist ihr London verleidet. Allerdings muß sie ihre Erleichterung mit dem Abschied von Resi, ihrer »Kleinen«, bezahlen.
»Ich habe Kinder und kann nicht mit ihnen leben«, schreibt sie einmal. Kann sie wirklich nicht – immer noch nicht? Darauf weiß sie selber keine Antwort, fragt ins Tagebuch:

> Würde ich, wenn ich sie (die Familie, Anm.) versorgt, ferner dem Glanz entsagen? Ja, ich glaube – bestimmt getraue ich es mir nicht zu sagen ...

Daß sie »die Ihrigen« nicht versorgen könnte, wer nimmt ihr das ab.

Drah di, Weiberl, drah di!

Wenn Fanny arbeitet, vergißt sie alles – auch und vor allem die kleinlichen Streitigkeiten innerhalb der Familie, die sie im Tage-

buch nie eigentlich beschreibt, aber unentwegt beklagt. Ihre Frage: Daß auf mein Eigenes ich denke, ist das solch ein Verbrechen? mag einer der Zentralpunkte in den Auseinandersetzungen gewesen sein.
Wie fortgewischt sind Schwäche und Ratlosigkeit, die Betschwester weggesteckt unters Mieder, sobald sie ein Theater betritt, um zu arbeiten. Nach all den Jahren eines beispiellosen Triumphs läßt sie sich nichts durchgehen; auf dem Olymp will und muß sie sich behaupten, die Konkurrenz wächst heran.
Fanny modelliert ihre selbst in Szene gesetzten Ballette bis zur Erschöpfung. Einswerden will sie mit den Figuren, darin ist sie groß, darin ist sie einmalig. Diese Frau, die im Privatleben von geborgter Poesie, von geborgten Sprüchen lebt, entwickelt auf der Bühne, und nur dort, eine geniale Kreativität. »Fannis« mitunter dumpfe Duldsamkeit fällt von ihr ab, sie wittert sofort Niederlage, wenn abends der Jubel nicht in Raserei ausartet, und reagiert darauf empfindlich wie eine Anfängerin. Sie kann nicht anders: das Maß aller Dinge sind nun einmal die Erfolge, die sie in Paris und den USA verbuchen konnte.
Am Abend »danzn« bereitet ihr das reinste, sinnlichste Vergnügen, und so notiert sie ins Tagebuch den bezeichnenden Satz: Morgens ging ich arbeiten und abends tanzte ich.
Wie schon im Zusammenhang mit Therese angedeutet, schiebt sie von London aus ein kurzes Gastspiel in Brüssel ein.

> 13. Juni
> Die *Gipsy* gibt mir viel Mühe, besonders liegt mir das sas trois sehr am Herzen. Ich muß es fertig machen. Probierte daher abends und machte es fertig ... ich war halb tod des Morgens und dann gleich wieder Probe.
> 19. Juni
> Des Morgens die große Probe von *Gipsy*, Abends Vorstellung, der König war da ... das Pulikum kalt ... ich war erstaunt. Todmüde kam ich nach Hause, schlief jedoch nicht gut – setzte mich über die kalte Vorstellung, die mir überdies eine Masse Blumen brachte, auseinander.

Auf der Rückreise von Brüssel nach London machte sie die Bekanntschaft eines jungen Mannes, der das offenbar schlummernde Jagdfieber kurz belebte, denn sie läßt sich zu ungewohnt poetischer Formulierung hinreißen:

> Ein Engländer fand sich im Waggon. Er sprach mit mir. Ein hübscher Mensch. Er ging bis Ostende. – Auf dem Schiff sah ich meinen Engländer wieder. Pour adieu ...

Franz

Dieser Sohn, den sie liebt, um dessentwillen sie oft Gewissensbisse plagen, er bleibt ihr Sorgenkind, bis sie ihm, elf Jahre vor dem eigenen Tod, ins Grab schauen muß.

Im Jahr des Tagebuchs erhält Franz(-Robert) in Wien eine Ausbildung, die den erst Sechzehnjährigen schon etwas auf seine Offizierslaufbahn vorbereiten soll. Freilich wird er später den Militärdienst quittieren und sich als Sekretär des Fürsten Esterhazy mit Frau und Kindern in Eisenstadt niederlassen. Daß er diese Stelle antreten kann, verdankt er seiner Mutter:

> Ich habe den Fürsten selbst gesprochen, er war sehr gnädig, und ich bitte dich, dich ruhig zu verhalten und des Fürsten weitere Bestimmungen abzuwarten ...

Ein schwer erziehbarer Bub, der seinen Verwandten, bei denen er bekanntlich in Eisenstadt aufwächst, einiges Kopfzerbrechen bereitet. Schon als Heranwachsender gilt er als Bruder Leichtfuß, nimmt seine Studien nicht ernst genug, weiß mit dem Geld nicht umzugehen – eine Todsünd'! Franzens Charakter ist geprägt von den widersprüchlichen Wesenszügen seiner Mutter und den Erbanlagen eines »präsumtiven« Vaters, so daß er die eigene Natur oft selber nicht versteht. Mitunter mag diesem jungen Menschen die Lebensart und -einstellung seiner Familie mütterlicherseits engstirnig, kleinlich, bäurisch vorgekommen sein, da er die Mentalität eines Grandseigneurs besitzt, den Manieren und Gepflogenheiten des großen Herrn näher als dem kleinbürgerlich-untertänigen Gehabe der Onkel und Tanten, ohne jedoch – und da sitzt der Stachel – wirklich der große Herr zu sein. Sein Vater, der Fürst von Salerno oder Napoleons Sohn – oder wer sonst von Rang und Namen. Seine Mutter weltberühmt, vergöttert, umjubelt. Er selbst der Bastard, weder Fisch noch Fleisch, mit keinerlei hervorstechenden Talenten und Eigenschaften gesegnet, die ihn aus der Mittelmäßigkeit hätten herausheben, erlösen können.

Daß er zuletzt seinen Platz doch noch im Schloß fand – als Schreiberling in eines Fürsten Dienst – welche Ironie des Schicksals! Nur nachts am Spieltisch ist er der große Macher, solange Fortuna ihm hold bleibt.

Ob seine Mutter über diese Dinge nachdachte, als sie ihm den Posten bei den Esterhazys besorgte? Oder besser, was sie sich wohl dabei dachte, als sie beschloß, den Tunichtgut im Schloß dienen zu lassen, ihn, der es nirgendwo aushielt, den man vielleicht, wär' er nicht selber um seinen Abschied eingekommen, beim Militär gefeuert hätte –, ihn dienen zu lassen, wie einst Urgroßvater und Großvater dienten, und wie kein geringerer als Joseph Haydn es dreißig Jahre lang tat. Den focht das nicht allzu sehr an, der wußte, woher er kam, und ruhte in der eigenen Größe. Was es hingegen für Franz bedeutete, in diese »Endstation« einzufahren, wußte nur er allein.

Es ist anzunehmen, daß Fanny vor allem der praktische Hausverstand eingab: Arbeit zu haben ist kostbarer Besitz im Leben, wenn nicht der kostbarste, denn aus ihm erwächst alles, was den Menschen ausmacht – Brot, Ansehen, Familie.

Franz hätte in den Pubertätsjahren die Mutter um so dringender gebraucht, als keine Vaterfigur zur Hand war. Jung genug an Jahren war sie, um für den Sturm und Drang ihres Sohnes Verständnis aufzubringen. Aber fühlte und dachte sie ebenso jung wie sie aussah? Sie, die man bereits als Fünfjährige zur kleinen Erwachsenen drillte?

In ihre eigenen Probleme verstrickt, die im Grunde, wenn auch auf andere Weise, genauso eng gesteckt waren, wie die der Eisenstädter, und kontaktarm trotz äußerer Turbulenzen, glaubte sie im Laufe der Jahre ein Ventil in der Religion gefunden zu haben. Das war ihre ureigenste Form des Überlebens, nicht übertragbar, schon gar nicht auf einen heranwachsenden Jungen. Aber gerade

das war ihr Ziel. Fortwährend versuchte sie ihm – wie sich selbst – mit frommen Sprüchen beizukommen, überschüttete, bedrängte ihn schriftlich wie mündlich (letzteres wohl seltener) mit salbungsvoller Ermahnung, er möge sein Heil in Gott suchen.
Wie sehr muß ihn ihre bigotte Verständnislosigkeit, gepaart mit großzügiger Lebensart in einem nicht besonders geachteten, nur durch das Genie geadelten Beruf verwirrt und verunsichert haben. Wie unvergleichlich, wie groß mag diese Mutter in ihrem Künstlertum, wie engstirnig und weltfremd in ihrer Fromme-Frau-Manier auf den Knaben, den Mann gewirkt haben. Gewiß liebte er sie – wer liebte sie nicht! –, vielleicht sogar viel zu sehr.
Daß sie ihm in penetranter Geheimniskrämerei den Vater verschweigt, vorenthält, ist wohl ihr entscheidenster Fehler in der Erziehung des Sohnes (wenn ihrerseits von Erziehung überhaupt die Rede sein kann).
Wie aus späteren Aufzeichnungen der Schwiegerenkeltochter Sophie Elßler hervorgeht, grübelten sowohl Fannys Sohn als auch Enkel Franz ihr Leben lang über jener geheimnisvollen Herkunft väterlicherseits; ein Beweis dafür, daß man ihnen die lückenlose Aufklärung verweigert hatte, und Fanny dieses Geheimnis tatsächlich »mit ins Grab« nahm. Wer immer sie dazu veranlaßt haben mag: lag ihr das Wohl und Wehe dessen, derer, mehr am Herzen als die Interessen des eigenen Sohnes und seiner Nachkommen?
Es traf ihn gewiß schwer, daß seine Mutter fortwährend in der Weltgeschichte herumreiste. Was blieb ihr anfangs anderes übrig, schließlich mußte sie Geld verdienen, um allesamt zu ernähren. Doch wie gesagt, selbst als der Strumpf prall genug war, die Geldsorgen ein für allemal ausgestanden, tanzte sie weiter. Wer war Fanny Elßler?
Natürlich war sie in Gedanken stets bei ihm, schrieb, schickte Geld. Zeitweilig schien sie allerdings nicht zu wissen, wo er sich gerade aufhielt (mit sechzehn!), Sorge und Klage dieserhalb geistern – immer ein wenig atemlos – durch das Jahr 1843:

9. März

Franz, Franz, warum kann ich nicht an dich schreiben?

3. April
Kein Schreiben von Franz. Was wird aus ihm werden? Gott beschütze den Knaben. Ein großes Opfer für mich, entfernt von allen, für die ich sorgen möchte …
27. Mai
Nachricht über Franz. Ach, immerfort war mein Herz so beklommen, der Junge macht mir viel Kummer …
4. Juni
Der Namenstag meines Franz. Er wird meiner heute gedenken. Gott, mache einen guten Menschen aus ihm …
20. Juni
Wird auch Franz sich bessern? Es wird meinem Herz so bange, wenn ich an den Jungen denke – Gott hab Erbarmen …
4. Oktober
Schreiben von Franz aus Wien. Es beruhigt mich, ihn auf dem Wege der Besserung zu wissen …

Auch in ihren Briefen deckt sie ihn reichlich mit Segnungen und Geleitworten ein, in die sie Geldgeschenke wickelt:

… Gott erleuchte, segne und erhalte Dich in der Stimme der Wahrheit … und gebe dir die Freuden des Lebens, die nach meiner Ansicht darin bestehen: rechtlich seine Pflicht zu erfüllen, Gutes zu thun, treu denen ergeben sein, die uns lieben. – Hiebei folgen 50 fl für den Jänner.

Er mag das Ganze, das Übliche, rasch überflogen und nach den 50 fl gegriffen haben, mag irgendwann über ihren Zeilen gelacht und irgendwann über ihnen geweint haben.

Seltsam, ja unbegreiflich erscheint es dem Außenstehenden, daß dieser Sohn einer schwerreichen Mutter hauptsächlich wegen finanzieller Schwierigkeiten im Mai 1873 sechsundvierzigjährig den Freitod im Fluß suchte. Angeblich soll er an der Wiener Börse tausend oder zweitausend Gulden (die Angaben sind unterschiedlich) verspielt haben, geborgtes Geld, das zurückzuzahlen für Fanny ein Pappenstiel gewesen wäre. Aber vielleicht hatte er es satt, länger von ihrer »Wohltätigkeit« zu leben, war er seiner selbst überdrüssig geworden – und überdrüssig all der Rätsel. Wer weiß es?

Stippvisite in Hamburg –
dann wieder Berlin

> 25. Oktober
> Es kommt mir vor, als hätte ich noch nie so gut getanzt. So möchte ich in Mailand tanzen können. Ich kam froh nach Hause. Heine ward mir auf der Bühne vorgestellt.
> 31. Oktober
> Heute der letzte Tag in Hamburg, brachte ihn mit Einkaufen, und zu Mittag mit Freunden zu. Gutes Essen und Gespräche machten den Tag angenehm. Das Wetter war herrlich, und bei Mondschein fuhren wir nach Hause. Abends packte ich. Morgen geht es fort. Ein schöner Monat.

Nach Hamburger Austern und Champagner reisen Fanny und Kathi weiter in Preußens Hauptstadt, wo bei »John« und Minna der Haussegen wieder gerade hängt, die Zwistigkeiten zwischen den Schwägerinnen notdürftig ausgeräumt scheinen. Und endlich kommt es »nach so vielen Jahren« zu dem schon in Brüssel erhofften Wiedersehen mit Therese, die ihr den zweijährigen Sohn Adalbert, »diesen kleinen lieben Engel«, vorstellt. Am Abend freilich mopst man sich. Fanny ins Tagebuch:

> Wie langweilig sind die, die weder Gemüt noch Verstand haben. Ich bekam ein Ständchen. Freute ich mich? Nein, ich fand M. lächerlich.

Sie ist der Schwägerin immer noch nicht ganz grün, nimmt Blößen an ihr wahr, die sie in vergangenen Herzensgute-Minna-Zeiten mit dem Mantel der Liebe zugedeckt hätte.
Jetzt lernt sie auch ihren zukünftigen Schwager, Prinz Adalbert von Preußen, persönlich kennen. Die Liaison zwischen ihm und Therese muß um die Zeit von Fannys Abreise in die Staaten begonnen haben (deshalb wohl die Unlust der Schwester, über den Ozean nachzukommen!?).
Aber es werden noch sieben Jahre ins Land gehen, bis Therese nach mancherlei Schwierigkeiten mit ihrem Prinzen eine morganatische Ehe eingehen kann. Immerhin schafft sie es, ihren Kindern den legitimen Vater zu erhalten.

Fannys Kommentar über Klein-Adalberts Erzeuger:

Ich sah den Vater des Jungen und fand ihn wie ich wünschte. Ein guter Mann.

Im goldenen Spätherbst
wieder z'Haus in Wien

13. November

Walle getrost die Pfade, die Gott dir bezeichnet!

Soll, will ich auch? Ich kam um 4 Uhr ... zu Kati. Ich zog die Glocke. Gott weiß, was ich empfand, ich sah Kati, konnte aber nicht sprechen. Kati brach das Stillschweigen. Welche Stunde ich da verbrachte, weiß nur ich. Wie leer, wie traurig, mein Herz war gebeugt, und nur die Zeit kann Trost bringen ...

Offenbar war Kathi von Berlin aus nach Wien vorausgefahren, und mit welchen Hiobsbotschaften immer sie das Herz der eben Angekommenen »beugte«, die Freude, wieder daheim zu sein, überwog bald alle Traurigkeit. Himmelhoch jauchzend, zu Tode betrübt! – diese Stimmungen lagen in diesem Leben stets dicht beieinander.

14. November

... ich war so glücklich, mit Kati wieder zu sein! Mein Herz fühlt solche Ruhe, solche Zufriedenheit ... K. ließ fragen, ob ich hier sei, ich werde ihn morgen sehen.

Eine erste Aussprache mit dem Grafen steht also noch bevor, und ihr nächster Eintrag über den geduldig Wartenden entbehrt nicht der unfreiwilligen Komik:

Spruch: Heil dem Menschen, der still und fröhlich warten gelernt hat!

– Der hat still gewartet, der verdiente den Himmel!

Den »Himmel« verdiente er sich mit dem Erwerb zweier nebeneinanderliegender Gräber auf dem Hietzinger Friedhof in Wien. Wenn schon nicht im Leben, wollte er wenigstens im Tode mit der Angebeteten vereint sein. Ehe aber sein Wunsch in Erfüllung

31 Heimgekehrt: Fanny wird zu einem Wahrzeichen von Wien.

32 Fanny und die graue Eminenz: die Tänzerin a. D. und ihre Vertraute Kathi Prinster

33 Die schöne alte Dame mit der verräterischen Lippe: Kaum jemand interessierte sich für das, was unterhalb der ausgeprägten Nase, zum Kinn hin, passierte, denn dies war das Unattraktive an der »Göttin«.

34 Ein Foto für die Nachkommen

35 Wien, Seilerstätte 19: Die Gedenktafel zeigt, wo früher das Haus stand, in dem Fanny lebte und starb.

gehen konnte, mußte der wesentlich ältere Graf zwanzig Jahre allein im Doppelbett der Erde ruhen, erst dann folgte seine unsterbliche Geliebte ihm nach.
Doch zurück in die Novembertage des Jahres 1843, in denen sie ihm »herzlich zugetan« ist, aber lieben kann sie ihn nicht.

> 22. November
> ... K. kam und holte mich zum Essen. Ich speiste en famille mit seinen Kindern. Sie lieben mich alle so sehr. Ich bin ihnen herzlich zugetan. Warum kann ich den Mann nicht lieben? – der Gedanke, sein zu sein, ist mir nicht möglich. – Er sprach davon, doch ich kann nicht. Freundin will ich ihm bleiben, aber voilà tout.

Aus seinem Munde muß sie nun erfahren, daß Harriet Grote von London aus wieder gegen sie intrigiert:

> Er öffnete mir über G. die Augen, kaum kann ich daran glauben und doch sind diese Handlungen so, daß ich nicht daran zweifeln kann. Auch die betrog mich? Unerhört!

Übergangslos setzt sie hinzu: »Heiliger Leopold ist heute und ich war in keiner Kirche ...« Ob sie dabei an ihren Leopold von Salerno, diesen ganz und gar unheiligen Hallodri dachte?
Jedenfalls will sie sich überwinden und Resis Pflegemutter endgültig den Kampf ansagen, zumal sie einen Brief in Händen hält, der die Behauptungen des Grafen, Harriet treibe ein falsches Spiel mit ihr, erhärtet. Aber sie bleibt unentschlossen, nimmt mehrere Anläufe, ermahnt sich selbst, »nicht wieder schwach zu werden«.
Als sehr unangenehm empfindet sie es, mit Dritten über ihre Vermögensverhältnisse zu sprechen und die damit verbundenen, zu diesem Zeitpunkt noch keineswegs ausgestandenen Streitigkeiten mit Wikoff an die große Glocke zu hängen. »Welche Schande für mich!« klagt sie, da Graf K. mit einem Außenstehenden »über meine Geldgeschäfte sprach«.

> 21. November
> Ich schrieb des Morgens, ging dann zu K., von da zu Rothschild. Machte meine Geschäfte ab und sandte Briefe an die Grote. Wie hart kam es mich an ... meine Schwäche jedem zu sagen. Doch nun soll es auch das letzte Mal sein. Ich ver-

sprach es dir, mein Gott, erhalte mich in diesen Gesinnungen. Abends bei K., kam spät nach Hause.

In Wien gab es endlich auch ein Wiedersehen mit Franz.

19. November
Nach der Kirche kam K., dann aber fuhr ich *zu Franz*. Welche Szenen! Bittere Tränen weinte ich, ach du lieber Gott!

23. November
Als ich nach Hause kam, sah ich Franz. Ich mußte kalt gegen ihn sein. Wie tut es mir weh! Gott stärke seinen Geist. Ich fühle, wie sehr ich ihn liebe. Gott erhalte, aber *bessere* ihn.

30. November
... ich ging nach den Franziskanern, betete für Franz. Mittags kam Franz. Nach Tisch sprach ich ernsthaft mit ihm. Ich öffnete ihm mein Herz, teilte ihm *alles* mit, und ich sah, daß es von guter Wirkung war. Gott erleuchte seine Seele, lasse ihn klar sehen, daß dies nicht fruchtlos sey ...

Nach einer der letzten Zusammenkünfte vor ihrer Abreise nach Mailand muß Fanny eingestehen, daß sie viel geredet, er aber »wie ein Stock« geschwiegen habe. Die Mutter-Sohn-Begegnung führte also zu nichts, scheint vielmehr die Fronten nur noch zu verhärten.

Nach wie vor guten Kontakt hielt Fanny zu Fürst und Fürstin Metternich, der eigentlich erst 1848, im Jahr der Wiener Revolution, abbrach. Dann nämlich, im März, wird der Staatskanzler mit seiner Familie aus dem Land gejagt, bis ihn 1851 der junge Kaiser Franz Joseph zurück an den Wiener Hof holt.

Jetzt, im dreiundvierziger Jahr, brodelt schon lange der »Vormärz«, man hat sich an ihn gewöhnt; daß es wirklich zum Aufstand kommen wird, mögen die Wiener nicht recht glauben. So ist alles noch beim alten, als Fanny 1843 ihren Besuch bei den Fürstlichkeiten macht.

26. November
Ich fahre nach Mariahilf und von da zu Fürst Metternich. Ich sprach die Fürstin und ihn auf kurze Zeit. Sie empfingen mich höchst freundlich ... Als ich die Fürstin sah, kam mir

die alte Zeit wieder ins Gedächtnis und ich gestehe, ich ward rot, denn nicht mit Freuden erinnere ich mich der Zeiten ...

Ob sie jemals davon erfuhr, daß Metternich sie seinerzeit der Untreue an Gentz bezichtigte? Wenn ja, vergessen und vergeben! Und außerdem: so unrecht hatte er nicht, dieser durchtriebene Clemens Lothar Wenzel ... Nur selten spricht sie vom verblichenen Herrn Hofrat, es scheint fast, als sei dieser Teil ihrer Vergangenheit, dem sie so vieles verdankte, bis auf den Grund hinabgesunken, mit Gentz begraben.

Die Wohltäterin

Anfang Dezember trat der Hof mehrmals an Fanny heran, »ich soll für die Armen etwas tanzen«. So erhält sie unterm 5. des Monats im Namen der Erzherzogin Sophie, »Sisis« späterer Schwiegermutter, eine »Aufforderung« (also nicht Bitte!), »Zum Besten der Kinderbewahranstalt im Neulerchenfelde« bei einer Galavorstellung mitzuwirken.

Mit diesem Auftritt im »Theater in der Josefstadt« kann sie über tausend Gulden »für den Bau einer eigenen Lokalität« beisteuern, wie die Vorstandschaft »unter tiefster Verehrung« in einer Danksagung bekanntgibt. Wenig später tanzt sie noch einmal in einer Wohltätigkeitsveranstaltung, diesmal »Zum Besten des Kinderspitals auf der Wieden«.

Gewiß hatte Fanny ein großes Herz für die Armen, andererseits: eine bessere Reklame, bessere Imagepflege konnte ihr nicht passieren. Denn solchen Wohltätigkeiten wohnten jedesmal alle gerade in Wien anwesenden Mitglieder der kaiserlichen Familie bei. In der Kaiserloge die Erzherzogin Sophie neben ihrem Gemahl Erzherzog Franz Karl, Kaiserin-Mutter, Erzherzog Karl mit Familie, Erzherzog Stefan et cetera – ein gesellschaftliches Ereignis ersten Ranges also.

Wie ihre Schwiegerenkeltochter Sophie Elßler später berichtete, soll Fanny zu Bällen und Empfängen in die Hofburg eingeladen worden sein, für Tänzerinnen, selbst wenn sie vom Kaliber der

Elßler waren, eine mehr als ungewöhnliche Auszeichnung. Die Nachkommen fragten sich: Wollte man damit das Schweigen der Kindsmutter hinsichtlich des (aus kaiserlichem Hause stammenden) Kindsvaters erkaufen?
Wie auch immer: In den Augen der Wiener wurde Fanny mehr und mehr zur »Frommen Frau«, und jedermann kannte die Geschichte von ihrem Betstuhl in der Kapelle Notre Dame der Opéra zu Paris, den sie regelmäßig benutzte und dessen samtener Bezug deshalb reichlich abgenutzt ausgesehen haben soll. Die Gazetten berichteten des langen und breiten über ihre Wohltätigkeiten in Young America und anderswo, was manches arme Luder, manchen armen Teufel zu Bettelbriefen an die Adresse der »Hochwohlgeborenen Gnädigen Frau«, des »Wohlgeborenen Fräulein Elßler« geradezu herausfordern mußte. Beim Lesen solcher »Gesuche« läuft einem der kalte Schauder über den Rücken ob dieser glückseligen Biedermeierzeit:

> Hochwohlgeborne Gnädige Frau
> Edle Wohlthäterin vieler Armen
> Verzeihen Ihre Gnaden dem Unglücklichen, der voll der tiefsten Ehrfurcht es wagt Ihre mildreiche Huld, Gnade und Barmherzigkeit in Anspruch zu nehmen. Elend, Jammer und Noth vereint, zwingen ihn um Hilfe und Gnade demüthigst zu bitten. Verzweiflung treibt ihn an, so kühn zu seyn, um eine gnadenvolle Unterstützung kniefälligst anzusuchen, da er sich nimmer anders zu helfen weiß.
> Er war herrschaftlicher Schreinermeister, und ist nun ohne allen Erwerbs ein Bild des schrecklichsten Jammers. Mehrere Jahre sind nun bereits verflossen, in welcher Zeit er immer bettlägerig und gichtkrank war. Ein volles Jahr brachte er im Spital zu, ohne hergestellt zu werden; hierdurch nun ging sein Verdienst verloren und seine Existenz zu Grunde. Alles was ihm nicht gepfändet wurde, mußte er ohnehin veräußern, um sein elendes Leben fortzufristen – und nun bleibt

ihm fast nichts mehr übrig, als die Großmuth edler Menschenfreunde in Anspruch zu nehmen, bis er wieder eine Bedienstung oder Arbeit erhält, die seinen und seiner Angehörigen Lebensunterhalt sichert.
Die Beylage wird Derselben zeigen, wie würdig der gehorsamste Bittsteller einer gnadenvollen Berücksichtigung ist. – ...
Bedenken Ihre Gnaden! – ohne Verdienst, kränklich, im größten Elende, die Kälte, den Zins. Alles dieß zwingt mich zur Bitte! – Meine zwey Kinder flehen mich um Brot an, und ich habe keines! ... Seyen Sie gnädig und barmherzig mit mir! und Gottes Segen wird durch unser heißes Gebet gewiß tausendfach das lohnen, was Sie Gutes thun dem in tiefster Hochachtung und Ehrfurcht
kniefälligst Bittenden
Johann D.
und gewesener herrschaftlicher Schreinermeister.

Die Reise nach Mailand

Mitte Dezember, auf der Fahrt ins Mailänder Gastspiel-Engagement, sollte Fanny erneut in eine religiöse Konfliktsituation geraten. Sie hatte das »Versprechen« gegeben, in einer Kirche zu Padua zum heiligen Antoine zu beten, schaffte es aber zeitlich nicht mehr.

Ich kam spät dort an, zu spät ... Es kränkt mich. Ich soll(te) bleiben. Warum tat ich es nicht? Unrecht, sehr Unrecht. Fanny, Fanny. Mein Gebet war sehr brünstig im Wagen.

Ehe man von Wien abfuhr, besuchte sie noch einmal die Franziskanermönche und erhielt »etwas Heiliges«, das sie ihrem Franz »umhängte«. Es wurde ein nasser Abschied, »die armen Zurückgebliebenen erbarmten mir. Sie weinten alle so sehr. K. war außer sich, der Arme. Nie werd ich seiner vergessen.«
Ein schwacher Trost für den Grafen, dem sie noch vor der Ab-

fahrt reinen Wein über ihre Gefühle eingeschenkt hatte, worauf er flugs zum Grabkauf schritt.

Auf der monotonen Reise gen Süden wird sie an ihre kurze Einkehr bei den Verwandten in Eisenstadt zurückgedacht, und vielleicht mit Kathi darüber diskutiert haben. Ins Tagebuch:

> Die Leute freuten sich so herzlich, daß ich selbst froh war, diese kleine Reise gemacht zu haben. Denn solche Freude verschaffen zu können, ist ein Genuß.

Über all dem Hallo vergaß sie abends ihr »Gebet vor dem Bette zu machen, schlief deshalb schlecht, hatte böse Träume und dergleichen«.

An Mailand zu denken, bereitete ihr diesmal weniger Vergnügen, wußte sie doch, was von diesem gegen Österreich aufgestachelten Publikum zu befürchten stand. »In der Früh um 2 Uhr« kam man todmüde in Mailand an. Wenig Schlaf nur, dann Proben morgens und abends, »welch ein Zeitverlust«.

Noch bis Ende Dezember trat an der Scala ihre junge Rivalin Lucile Grahn auf. Da hieß es, die Wiener Trauerweide zum strahlenden Weihnachtsbaum aufzutakeln und sämtliche Lichterln an ihm anzuzünden. Gema halt auf a Probe »von Grahns Ballett«! Und wie findet sie es? No, wia scho, schlecht, schlecht!

Da ihre eigenen Auftritte erst zu einem etwas späteren Zeitpunkt begannen, fand sie abends manchmal Zeit, sich in der Scala unter die Zuschauer zu mischen, um deren Tücken zu testen. Doch wird sie angenehm überrascht, »hätten wir die nur in Wien«. Und: »Die Leute erkannten mich nicht viel und ich unterhielt mich.«

Ein etwas merkwürdiger Tagebucheintrag am 26. Dezember:

> Ein wichtiger Tag für Italien, so manches Herz wird heute für mich schlagen, denn heute hätte ich auftreten sollen. Ich ging ins Theater und staunte über das Publikum.
>
> 27. Dezember
>
> Des Morgens arbeitete sich sehr gut. – Nichts besonderes vorgefallen. Abends im Theater. Wie wär ich froh, wenn die Reihe schon an mich (mir) wäre. Noch lange wird es nicht seyn.

Der Londoner Theaterdirektor Lumsley kam ebenfalls in Mailand an und bekam sogleich Fannys gegen alle Welt gehegtes Mißtrauen zu spüren:

29. Dezember

Des Morgens sah ich Lumsley, der wie gewöhnlich falsch war. Ich sprach lange mit ihm, ohne etwas herauszubringen.

Von Harriet Grote traf ein Brief ein, der die Kluft zwischen den Frauen noch tiefer aufriß.

Ich war der Verzweiflung nahe über G.'s Schreiben. Wie kann man nur so sein.

Fanny will ihre Zusage, im nächsten Jahr wieder in London aufzutreten (wohl der Grote wegen), bei Lumsley rückgängig machen.

Ich bat ihn, er solle das Engagement brechen und mich losmachen für dieses Jahr.

Es ist anzunehmen, daß sie ihre Tochter aus London fortholen ließ und mittlerweile eine andere »Koststelle« für ihre Kleine gefunden hatte. Was Lumsley betrifft, so bittet sie umsonst. Ihr letzter Tagebucheintrag, am 31. Dezember, lautet:

Ich schlief schlecht und unruhig erwartete ich Lumsley. Ich mußte das Engagement unterzeichnen. Gott gebe, daß mit dem heutigen Tage auch mein Leiden zu Ende sey. Welch ein Jahr! – Verzeih Herr, wenn ich klage! ... Dank dir für alles, so ich das Jahr genossen habe. Erhalte die Meinigen.

Hab acht auf die Einnahmen
oder
Wie der Bayernkönig Fanny Elßler ad acta legte

Im Umgang mit Theaterdirektoren

Nur a Geld, nur a Geld is des Höchste auf der Welt ...

Wiener Lied, Refrain

Im letzten Abschnitt ihres Tänzerlebens galt für Fanny mehr denn je die Losung, das Erarbeitete zusammenzuhalten. Durch Schaden vorsichtiger und nach der endgültigen Trennung von Therese auch in geschäftlichen Dingen selbständiger geworden, schaute sie ihrem jeweiligen Impresario, Reisemarschall, oder wer immer sie managte, schärfer als früher auf die Finger. Zuweilen trieb ihr Profitdenken schönste Blüten der Habgier, was nicht heißt, daß die Verwandtschaft zu kurz käme. Doch nie ließ sie es so weit kommen, daß das von den Rothschilds verwaltete Vermögen zuschanden gemacht wird. Sie war reich und hatte vor, immer noch reicher zu werden.
Korrespondenzen mit Theaterpächtern, mit Direktoren und Intendanten, häufig in französischer Sprache abgefaßt, überließ sie in der Regel den hierfür engagierten Leuten. Selbst einschlägige Briefe, die scheinbar ihre eigenhändige Unterschrift tragen, können nicht in jedem Fall, wie schon erwähnt, als authentisch gelten. Zur »Weltsensation« avanciert und eingedenk ihres entsprechend hohen Marktwerts, trieb sie die Gagenforderungen in die Höhe. In der Wahl ihrer Engagements spielte das Kärntnertortheater besonders in der sogenannten »Italienischen Saison« eine Rolle, zu der sie Pächter Carlo Balocchino ab Mitte der vierziger Jahre häufig engagierte.
Am Dienstag nach Ostern zogen italienische Komponisten und Sänger von überall her in das Haus ein, um »unter endlosem Jubel« die aktuellsten italienischen Opern – Rossini, Donizetti, Verdi – zur Aufführung zu bringen. Den Abschluß bildete jedesmal ein bunter Abend mit Arien aus verschiedenen Werken, darunter meist einiges aus Verdis in Wien verrissener *La Traviata*, eingerahmt von zugkräftigen Ballettszenen.
Das Kärntnertortheater stand nach Barbaja und Graf Gallenberg von 1836 bis zur Revolution, 1848, unter der Doppeldirektion Balocchino-Merelli, in Zusammenarbeit mit der Mailänder Scala.

Merelli war ein Impresario »mit außerordentlichem Spürsinn und stets mit einem Bein in der Gefängnistür«. Auch Balocchino, angeblich von Beruf Schneider, steckte früher in undurchsichtigen Geschäften, aber das waren nun einmal zu Fannys Zeit jene Leute – denken wir an Barbaja und Véron –, die mit ihrem Gefühl für überragende Talente Europas Bühnen groß machten.
Von den jeweiligen Engagements aus oder bereits z'Haus in der Kaiserstadt, erteilte Fanny ihre schriftlichen Einverständnisse für die alljährliche Italienische Saison, und korrespondierte wegen weiterer Gastspiele reihum mit den bedeutendsten Bühnen der europäischen Hauptstädte.
Sie ist clever genug, den Inhalt ihrer knallharten »Bedingnisse« selbst zu diktieren, *Fannis* Stil blitzt da aus manchen Passagen. Am 21. November 1843 schreibt sie an einen Theatergewaltigen (wahrscheinlich Balocchino):

Mein Herr!

Ich beehrte mich Ihnen gestern mitzuteilen, daß ich keine anderen Vorschläge annehmen kann, als die Ihnen übermittelten. Ich bedauere, daß ich andere nicht annehmen kann. Gestatten Sie, daß ich meine eigenen noch einmal in Erinnerung bringe und Ihnen wiederhole, daß ich erfreut wäre mit Ihnen in Verhandlungen zu treten, wenn Sie Ihnen genehm sind.
Der Bedingung, daß Sie die Zahl der Vorstellungen mit zehn bestimmt haben, stimme ich bei, aber jede müßte mit 2000 fl sichergestellt sein und vom 15. April bis 15. Mai oder wohl auch vom 20. April bis 20. Mai 1844 stattfinden. Und wenn ich die Verpflichtung habe mir die Kostüme zu beschaffen müßte ich das Recht auf eine volle Benefizvorstellung haben.
Ich hatte die Ehre Ihnen dies gestern zu sagen und ich bin so frei es Ihnen hier schriftlich mitzuteilen. Wenn diese Vorschläge Ihnen genehm sind wollen Sie mir bitte möglichst bald diesbezüglich Mitteilung machen.
Ich bitte Sie mein Herr meine ergebenen Grüße entgegenzunehmen.

Fanny Elßler.

Am 23. Mai 1844 an Carlo Balocchino:

Herr Direktor!

Mit Vergnügen erhielt ich Ihren Brief, in dem Sie mir ein Engagement in der italienischen Spielzeit des kommenden Jahres 1845 von den ersten Tagen des April bis gegen Ende Mai für zwölf Vorstellungen vorschlagen, deren Honorar 600 Gulden CM. für jede der genannten Vorstellungen betragen wird, als deren Abschluß Sie mir den halben Ertrag einer Abendvorstellung bei aufgehobenen Abonnement und frei von allen Unkosten bieten, wie es diesbezüglich im vorigen Jahr vereinbart wurde. – Ich beehre mich noch folgendes zu bemerken: 1.) Daß ich Ihrerseits die Versicherung habe, daß ich wöchentlich mindestens zwei Vorstellungen geben werde. 2.) Daß, falls Ihnen eine Vermehrung der vorerwähnten Zahl meiner Vorstellungen angezeigt erscheint, dies nur in unserem gegenseitigen Einverständnis erfolgen wird. 3.) Daß ich nicht bestimmt versprechen kann, vor dem 2. April nach Wien zu kommen. Wollen Sie also, Herr Direktor, den Vertrag gemäß den hier genannten Klauseln abfassen lassen und empfangen Sie den Ausdruck der vorzüglichen Hochachtung, mit dem ich Ihnen meine ergebenen Grüße sende.

Fanny Elßler

Aus der Anrede »Mein Herr« oder »Herr Direktor« wird »Mein teurer Herr«, sofern sie eine Gefälligkeit erbittet. Wiederum an Balocchino: »Mein teurer Herr,

Sie waren immer so liebenswürdig gegen mich, daß ich nicht fürchte mit der Bitte um folgende Gefälligkeit an Sie heranzutreten ...«

Worum immer sie ersucht, Carlo Balocchino und Konsorten überschlagen sich förmlich, der Elßler gefällig zu sein:

... Da es mir ein wahres Vergnügen ist, den Wünschen die Sie aussprechen, nachzukommen, beeile ich mich, die vollständige Musik des Balletts *Giselle* an die von Ihnen genannte Adresse ... in Padua zu senden ...

Gelegentlich läßt »La prima ballerina« einen Tänzer kurzerhand austauschen, wenn sie glaubt, ein anderes drittes Bein leiste ihr bessere Dienste. Zum Beispiel möchte sie 1845 statt des Tänzers Merante ihren bewährten Kollegen Carrey »in Wien haben«, und fügt (an Balocchino) hinzu:

> Ich bitte Sie, mein Herr, daß das was ich Ihnen hier sage, unter uns bleibe, ich möchte niemanden unrecht tun, aber ich denke in Ihrem Interesse ...

Balocchino ist ihr Wunsch Befehl, Carrey darf die Elßler in die Italienische Saison begleiten, und sie flötet:

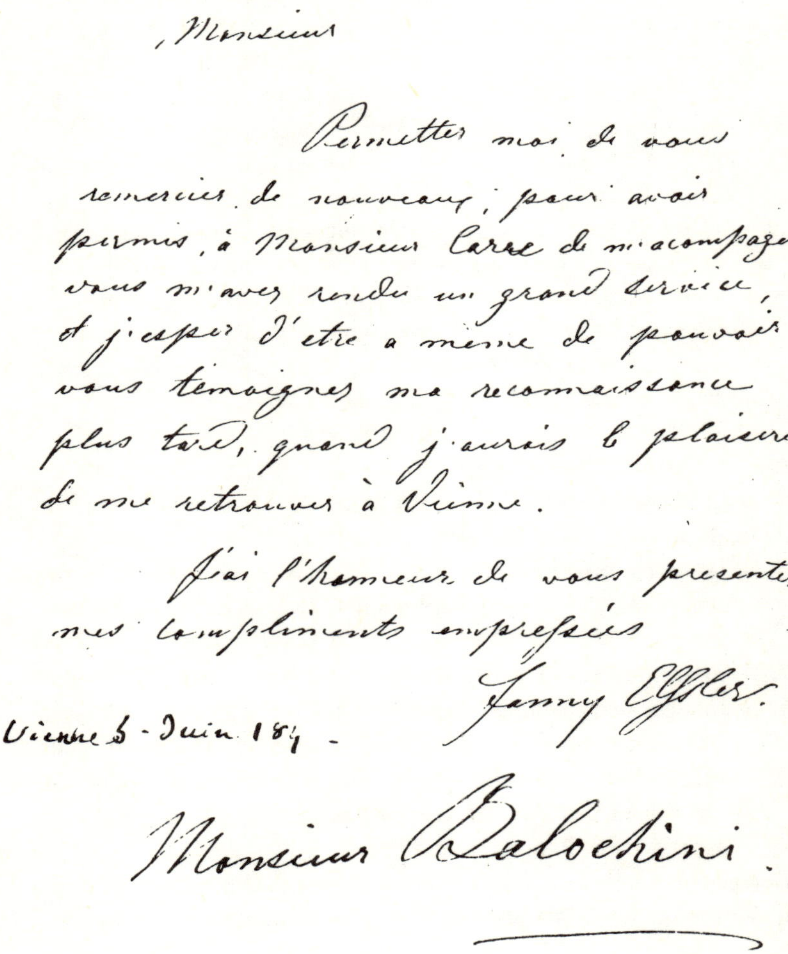
Monsieur

Permettez moi de vous remercier de nouveau, pour avoir permis, à Monsieur Carré de m'acompager vous m'avez rendu un grand service, et j'espere d'etre a meme de pouvoir vous temoigner ma recomaissance plus tard, quand j'aurais le plaisir de me retrouver à Vienne.

J'ai l'honneur de vous presenter mes compliments empressées

Fanny Elssler.

Vienne 5 - Juin 184 -

Monsieur Balochini.

Monsieur,
gestatten Sie mir, Ihnen noch einmal dafür zu danken, daß Sie Monsieur Carrey erlaubt haben, mich zu begleiten. Sie haben mir damit einen großen Gefallen getan, und ich hoffe, mich Ihnen später, wenn ich das Vergnügen haben werde, Sie in Wien zu treffen, dafür erkenntlich zeigen zu können.
Es ist mir eine Ehre, Ihnen meine herzlichsten Grüße übermitteln zu dürfen.

Fanny Elßler

Eine Hand wäscht die andere.

Der König und die Tänzerinnen

Da ist Herr Ludwig von Bayerland
Desgleichen gibt es wenig;
das Volk der Bayern verehrt in ihm
den angestammten König.
Er liebt die Kunst und die schönsten Fraun
Die läßt er porträtieren;
Er geht in diesem gemalten Serail
Als Kunst-Eunuch spazieren ...

Spottgedicht auf Ludwig I. von Heinrich Heine

Nicht immer ging Fanny aus den Rennen um Höchstgagen als Siegerin hervor. Wie aus den nachfolgend erstmals in diesem Zusammenhang veröffentlichten Korrespondenzen der »Königlichen Hoftheater Intendanz« mit König Ludwig I. und der Elßler hervorgeht, zog sie in München auch einmal den kürzeren. Nur zu einem einzigen Gastspiel durfte sie im Hof- und Nationaltheater antreten. Die Verhandlungen gingen über zwei Jahre, teils wegen anderweitiger Verpflichtungen der Elßler, teils aber auch, weil der Bayernkönig erst nach längerem Anlauf grünes Licht gab. Ein weiteres, für 1847 geplantes Gastspiel scheiterte. Über die Gründe dafür wird hier auszugsweise berichtet.
In Bayern regierte seit 1825 Ludwig I., ein Monarch der Superlative, wenn es um Menschen und Bauten ging: alles mußte schön,

edel und monumental sein, bewahrte sich aber letztlich doch die Grandezza einer gewissen Zierlichkeit. Er gestaltete München zur Stadt der Kunst, ließ die Kirchen und Paläste an der Ludwigstraße erbauen, und von Hofmaler Stieler für seine Schönheitengalerie in Schloß Nymphenburg die »schönen Münchnerinnen« malen. Ob diese lieblichen Bürgermäderln, die rassigen Komtesserln und skandalträchtigen Tänzerinnen dann wirklich »reinrassige« Hiesige waren, spielte eine zweitrangige Rolle.
Seine Untertanen warfen auf Ludwigs Prachtbauten ein grantiges Auge. Zwar lassen sie ihn deswegen nicht gleich entmündigen, wie sie es später mit seinem Enkel, Ludwig II., tun werden, aber die brave Bürgerseel' ärgert sich ob der Geldverschwendung und stößt vorerst ein Klageverserl aus:

Ach, wo ist jener Zeiten Trost,
Da man genoß des Feldes Kost
im Überfluß und im Vergnügen?
Was hilft's, wenn unsre Stadt geziert,
die Häuser alle sind lackiert,
Und doch das Brot vom Mund will fliegen?

Mit festem Griff hielt Ludwig I. das königliche Hof- und Nationaltheater bei der Stange: prächtige Aufführungen mit wenig Kostenaufwand, so dachte er sich das. Gleich bei seinem Regierungsantritt hatte er empfindliche Sparmaßnahmen eingeführt; er schaffte die »unsittlichen« Trikots der Tänzer ab und wirkte, zumindest zeitweilig, der auch an anderen Bühnen üblichen italienischen Vorherrschaft entgegen. Außerdem unterstand die Intendanz nun seiner direkten Entscheidungsgewalt; wohl oder übel mußten Theaterintendant Baron von Frays und Hofmusikintendant Poißl wegen jeder Kleinigkeit in Personal- und Repertoire-Fragen die allerhöchste Genehmigung einholen.
Wir schreiben die Jahre 1842/44, und lange würde König Ludwig I. das Zepter nicht mehr in Händen halten. Denn war er in vielen Dingen als außerordentlich konsequent bekannt, mit einem schnellen Federstrich sein »ad acta« unter eine Sache setzend, der Abenteuerin Maria Dolores Elisa Gilbert aus Schott-

land, die partout Spanierin sein und Lola Montez heißen wollte, ihr kann er nicht nein sagen. Und das ist sein Unglück.
Schon im Oktober 1846 wird sie über die Sieben Berge gen München eilen, bis in den königlichen Audienzsaal vordringen – die ihr den Eintritt verwehrenden Lakaien mit der Reitpeitsche attakkierend –, um vor dem perplexen Ludwig den blanken Busen zu zücken: Alles echt, Majestät, alles! Diese Privatvorstellung bringt der zweitklassigen Tänzerin einige Auftritte im Hoftheater ein, sehr zum Ärger des Intendanten Baron von Frays, und ein weitaus längeres Wirken im allerhöchsten Bette. Zwischen 1846 und 1848 wurschtelt sie den bayerischen Staatshaushalt durcheinander, will den Jesuiten das Schulwesen entziehen und veranlaßt gar ein separates Kultusministerium. Da platzt den g'standenen Münchnern der Kragen; Ja, wia hätt' mas denn – und dazua no der g'stiegene Bierpreis? Jetzt langt's! Sie jagen den schönheitstrunkenen Ludwigl mitsamt seiner feschen Lola ins Pfefferland.
Er dankt ab. Sie verläßt Hals über Kopf die Stadt, geht nach Amerika, wo jetzt, sechzehn Jahre nach Fanny Elßlers triumphalen Auftritten, der Goldrausch noch in vollem Gang und bald wieder im Abflauen ist. Auf zu den gold-diggers! Lola mietet sich einen »Wells Fargo man«, der sie durch die unwegsame Landschaft geleitet – und Highlife in Sacramento und San Francisco, wo das ehemalige königlich bayerische Flittchen vollends verkommt.
Aber wie gesagt, im Jahre 1842 hat Ludwig I. noch ein paar Jährchen Galgenfrist, ehe Lola ihn heimsucht und sich der Bürgerzorn über ihn ergießt.

1842–1844 Gastspiel-Verhandlungen mit der Elßler

Münchner Malergespräch:
Spitzweg: O Himmel ist die Kunst doch schwer! Die Göttin spröd, die dralle!

Schwind: Ja, Lieber, wenn so leicht es wär, Das Luder malten alle!

Fannys unmittelbare Berührungspunkte mit München gingen von einem der fähigsten Solotänzer des Hoftheaters, Franz Opfermann, aus. Er war mit ihrer Cousine Rosina, geborene Prin-

ster, verheiratet, auch sie eine ausgebildete Tänzerin und mit ihrem Ehemann in München engagiert. Opfermann, gewiß stolz auf diese berühmte angeheiratete Verwandtschaft, korrespondierte laufend mit der Cousine seiner Frau. Ein wenig Glanz fiel ja auch auf ihn, wenn er Baron von Frays vertraulich mitteilen konnte, daß Fanny Elßler in ihrem letzten Brief den Wunsch geäußert habe, »bei uns« aufzutreten.
Die Gagen der Solotänzer waren nicht gerade üppig, und die der einfachen Tänzer, der sogenannten Figuranten, derart miserabel, daß man nebenher als Taglöhner dazuverdienen mußte. Kam aber eine Attraktion wie die Elßler nach München, ließ man schon einiges springen.
Übrigens hatte man Ballettmeister Friedrich Horschelt, Fannys verleugneten ersten Lehrmeister, gleich nach dem Sittenskandal am Theater an der Wien nach München geholt. Seine Ballettkomposition *Aschenbrödel,* zur Eröffnung des nach einem Brand völlig zerstörten und 1825 wiederhergestellten Hoftheaters, entzückte die Münchner ebenso wie seine neuartigen, sehr natürlich wirkenden Pantomimen. Das hiesige Publikum war zuvor in diesem Genre an Prügelszenen und derbe Grimassenschneiderei gewöhnt gewesen. Gastspiele der Taglioni-Sippe und das feste Engagement Lucile Grahns, Marias und Fannys starker Konkurrentin, festigten den Ruf des Hauses auch als bemerkenswerte Ballettbühne.
Kaum hatte der Intendant von dem Auftrittswunsch der weltberühmten Wienerin Lunte gerochen, als er flugs seiner »Ewigen Majestät« das ursprünglich mit Fanny Cerrito geplante Gastspiel ausredete, um Ludwig statt dessen die Elßler schmackhaft zu machen. Sechs Vorstellungen hatte die Cerrito beantragt; dieses Ansinnen setzt er nun dem König als »Schwierigkeit« auseinander –

> … weil diese Anzahl für den Geschmack und die Theilnahme des größeren Publikums an zu oft sich wiederholenden größeren Ballets zu groß seyn dürfte, und für die Theater-Kaße schwerlich sich daraus ein Vortheil ergeben möchte …

Auf Fanny Elßler überleitend, fährt er in seinem Bericht an den König fort:

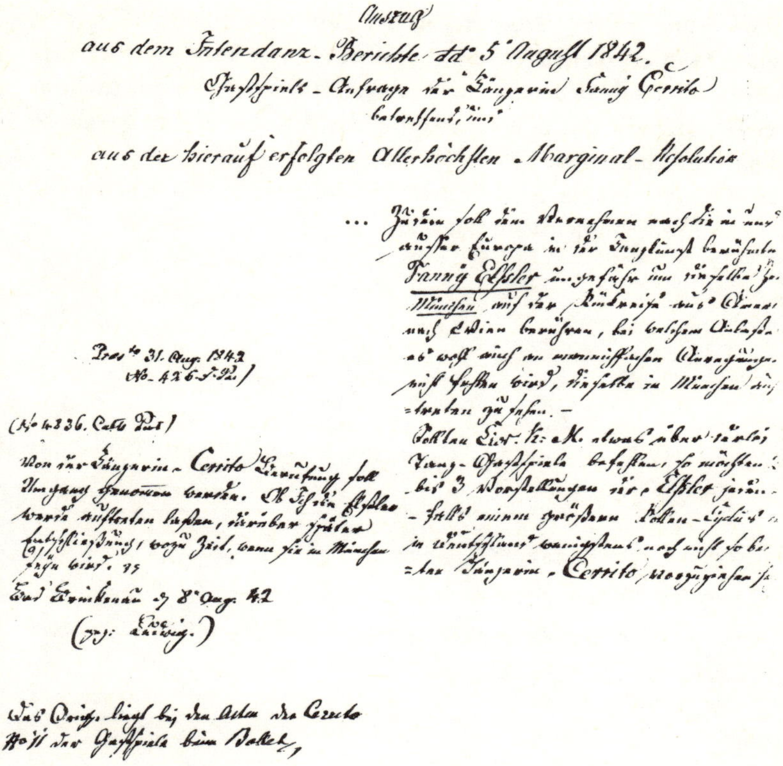
Auszug
aus dem Intendanz-Berichte dd 5 August 1842.
Gastspiels-Anfrage der Tänzerin Fanny Cerrito betreffend, und
aus der hierauf erfolgten Allerhöchsten Marginal-Resolution

> ... Zudem soll dem Vernehmen nach die in und außer Europa ... bewährte *Fanny Elßler* ungefähr um dieselbe Zeit *München* auf der Rückreise ... nach Wien berühren ... Sollten Ewg. K.M. etwas über derlei Tanz-Gastspiele befehlen, so möchten 2 bis 3 Vorstellungen der Elßler jedenfalls ... der in Deutschland noch nicht so bekannten Tänzerin Cerrito vorzuziehen seyn ...

Ludwig beißt an. Man solle der Cerrito abschlägig antworten, aber:

> ... ob Ich die Elßler werde auftreten laßen, darüber später Entschließung, wozu Zeit, wenn sie in München seyn wird. Ludwig.

Zwei Jahre sollten vergehen, bis die Münchner Intendanz wegen eines Gastspielvertrages direkten Kontakt mit Fanny aufnehmen durfte. Jedoch bedauert die Vielbeschäftigte daraufhin im Mai 1844 »unendlich«, dem »freundlichen Anerbieten« nicht nachkommen zu können ...

> ... ich kann mich nur mit der Hoffnung trösten, ein andermal vielleicht glücklicher zu seyn ...

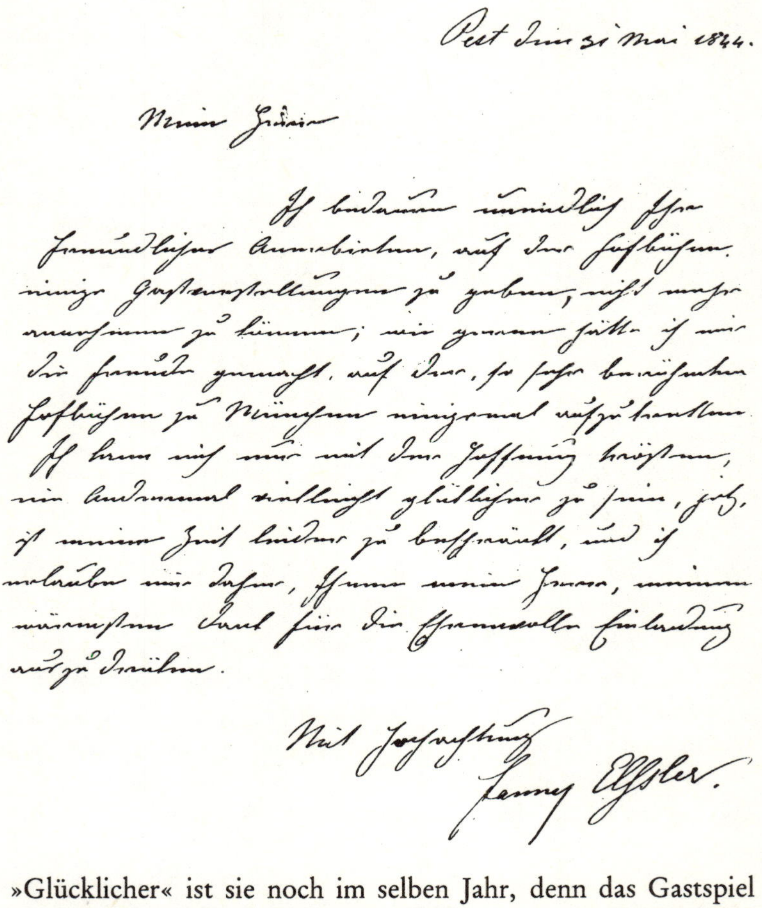
Pest den 31 Mai 1844.

Mein Herr

Ich bedauere unendlich Ihr freundliches Anerbieten, auf der Hofbühne einige Gastvorstellungen zu geben, nicht mehr annehmen zu können; wie gerne hätte ich mir die Freude gemacht, auf der, so sehr berühmten Hofbühne zu München einigemal aufzutreten. Ich kann mich nur mit der Hoffnung trösten, ein andermal vielleicht glücklicher zu seyn, jetzt ist meine Zeit leider zu beschränkt, und ich erlaube mir daher, Ihnen mein Herr, meinen wärmsten Dank für die ehrenvolle Einladung auszudrücken.

Mit Hochachtung

Fanny Elssler.

»Glücklicher« ist sie noch im selben Jahr, denn das Gastspiel kommt nun doch noch vom 30. Oktober bis 5. November 1844 zustande. Zuvor gibt Baron von Frays wiederum einen »Allerunterthänigsten Bericht« an den König – den »Diredare« respektive die Einnahmen betreffend: Er wird treugehorsamst, »um die Interessen der Kasse gehörig zu wahren«, alle Eintrittspreise für die Elßler-Abende erhöhen, wie das bei solchen Ereignissen der Brauch ist.

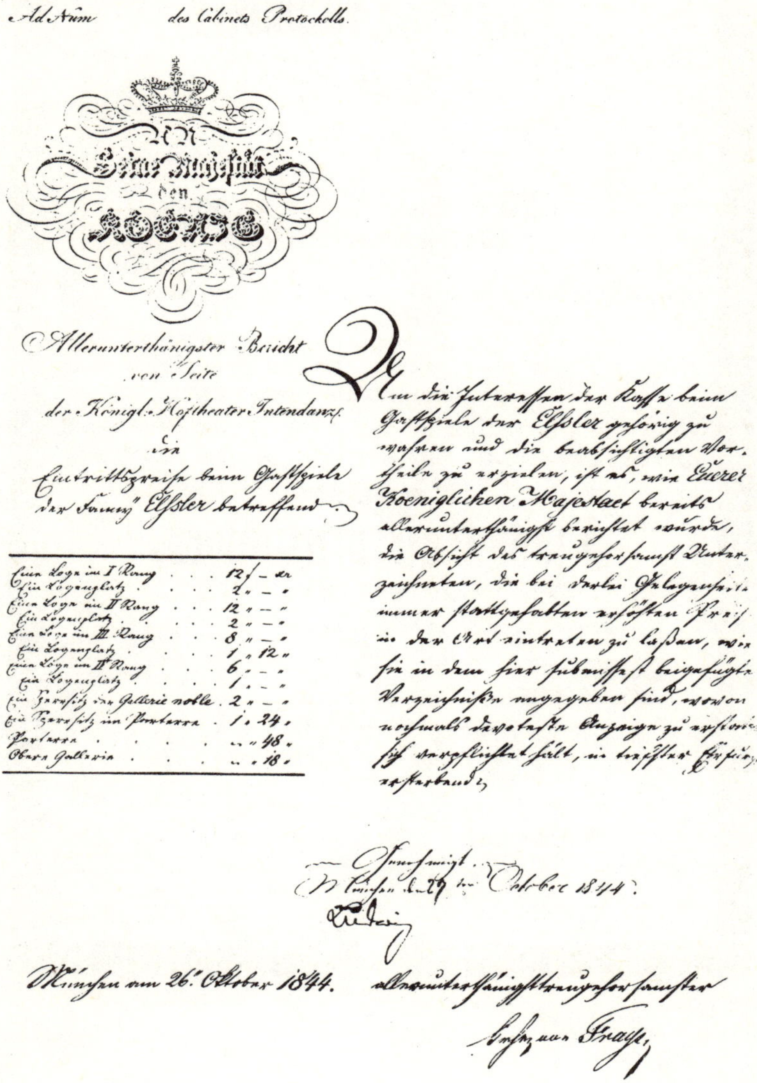

Ad Num des Cabinets Protockolls.

An Seine Majestät den König

Allerunterthänigster Bericht von Seite der Königl. Hoftheater Intendanz.

die Eintrittspreise beim Gastspiele der Fanny Elssler betreffend.

Eine Loge im I Rang	12 f.	–	kr
Ein Logenplatz	2 "	–	"
Eine Loge im II Rang	12 "	–	"
Ein Logenplatz	2 "	–	"
Eine Loge im III Rang	8 "	–	"
Ein Logenplatz	1 "	12	"
Eine Loge im IV Rang	6 "	–	"
Ein Logenplatz	1 "	–	"
Ein Sperrsitz der Gallerie noble	2 "	–	"
Ein Sperrsitz im Parterre	1 "	24	"
Parterre	– "	48	"
Obere Gallerie	– "	18	"

Um die Interessen der Kasse beim Gastspiele der Elssler gehörig zu wahren und die beabsichtigten Vortheile zu erzielen, ist es, wie Euerer Koeniglichen Majestaet bereits allerunterthänigst berichtet wurde, die Absicht des treugehorsamst Unterzeichneten, die bei derlei Gelegenheiten immer stattgehabten erhöhten Preise in der Art eintreten zu lassen, wie sie in dem hier submissest beigefügten Verzeichnisse angegeben sind, wovon nochmals derselbe Anzeige zu erstatten sich verpflichtet hält, in tiefster Ehrfurcht ersterbend

Genehmigt. München den 29 ten October 1844.
Ludwig

München am 26. Oktober 1844. allerunterthänigst treugehorsamster
von Frays

München.

K. Hof- und National-Theater.

Samstag den 2. November 1844.

Mit aufgehobenem Abonnement.

Zum Erstenmale:

Malers Traumbild,

Ballet in 2 Abtheilungen, von L. Perrot für Demoiselle Fanny Elsler in London komponirt, und von ihr hier in die Scene gesetzt.

Personen:

Blanche Viedo, eine reiche Wittwe,	* *
Stephano, ein junger Maler,	Herr Opfermann.
Margitta, seine Mutter,	Mad. L. Fries.

Die Handlung geht in Spanien vor sich.

* * Demoiselle **Fanny Elsler** Blanche Viedo, als Gast.

Vorkommende Tänze:

In der ersten Abtheilung: Tanz mit Handlung von Dem. Fanny Elsler.

In der zweiten Abtheilung: ***Pas de deux***, getanzt von Dem. Fanny Elsler und Herrn Opfermann.

Quadrille, ausgeführt vom weiblichen Corps de Ballet.

Pas de deux, getanzt von den Dem. Rasp und Thierry.

Saragossa, getanzt von Dem. Fanny Elsler.

Nach dem Divertissement tanzt Dem. Fanny Elsler mit Herrn Opfermann eine komische Regdowak-Polka.

Vorher:

Das Kasernenzimmer,

Lustspiel in 2 Aufzügen, nach dem Englischen, von Fr. Meck.

Personen:

Marquis von Crúzack,	Herr Jost.	Ein Offizier,	Herr Leigh.
Clarisse, seine Tochter,	Mad. Dahn.	Ein Notar,	Herr Rauch.
Obrist Ferrier,	Herr Dahn.	Baptiste, } Bediente des Marquis,	Herr Heß.
Capitán Valmont,	Herr Zängl.	Michel, } Bediente des Marquis,	Herr Stigelmair.
Bernard, ein alter Soldat,	Herr Heigel.		

Preise der Plätze:

Eine Loge im I Rang à 7 Personen	12 fl. — kr.	Eine Loge im IV. Rang	6 fl. — kr.
Ein Logenplatz	2 fl. — kr.	Ein Logenplatz	1 fl. — kr.
Eine Loge im II Rang	12 fl — kr.	Ein Sperrsitz auf der Gallerie noble	2 fl — kr.
Ein Logenplatz	2 fl. — kr	Ein Sperrsitz auf dem Parterre	1 fl 24 kr.
Eine Loge im III. Rang	8 fl. -- kr.	Parterre	— fl. 48 kr.
Ein Logenplatz	1 fl. 12 kr.	Gallerie	— fl 18 kr.

Die Kasse wird um halb 6 Uhr geöffnet.

Anfang halb 7 Uhr, Ende um 9 Uhr.

Der freie Eintritt ist aufgehoben, mit alleiniger Ausnahme desjenigen, der laut der blauen Billets gilt.

Auf die gefälligen Bestellungen der verehrlichen Abonnenten wird bis **Freitag den 1. November**, Vormittags 10 Uhr, gewartet, dann aber, wie gewöhnlich, über diejenigen Logen und Sperrsitze, welche nicht beibehalten worden sind, verfügt.

2

Der Erfolg von Fannys Münchener Debüt war überwältigend. Nicht weniger als zweiundsiebzig Vorhänge soll es gegeben haben. Die üblichen Bravo-Rufe, die üblichen Blumen, die üblichen Geschenke und Huldigungen.
Ja, es hatte ihr in der bayerischen Hauptstadt gut gefallen, das Publikum, die Majestäten, die Logis, alles sei wunderbar gewesen. Und noch während ihres hiesigen Aufenthalts sandte sie Baron von Frays ein Billett, in dem sie ihre Freude ausdrückt:

> Erlauben Sie mir, Herr Baron, daß ich Ihnen meinen innigsten Dank sage für die frohen Stunden, die mir hier, in dem lieben München, zutheil geworden sind, durch Ihre freundliche Einladung hier einige Vorstellungen zu geben. Die ehrenvolle Aufnahme Ihrer Majestäten und der liebevolle Empfang des hiesigen Publikums, haben mir München auf immer unvergeßlich gemacht, und ich bitte seyen Sie daher gar nicht erstaunt, wenn ich mir selbst recht bald wieder die große Freude mache, die lieben Münchner zu besuchen.
> Ihre ergebenste Fanny Elßler

1845–1847
Ein zweites Gastspiel wird geplant

Laut »Ordonanz an die Königliche Theaterkasse, Gastrollenhonorarzahlung betreffend«, erhielt Fanny im Herbst 1844 als Honorar »die Hälfte der jedesmaligen Tageseinnahmen nach Abzug der Kosten«. Der Reinertrag aus den verkauften Eintrittskarten war stattlich gewesen, insgesamt 6500 Gulden, sie konnte also mit der ihr zustehenden Hälfte zufrieden sein.
Baron von Frays ging bei den Vorbereitungen für ein zweites Gastspiel denn auch von dieser ersten Regelung als Verhandlungsbasis aus. Er staunte aber nicht schlecht, als die Elßler im Januar 1847 die weit heraufgesetzte Anzahl von »nicht weniger als 12« Vorstellungen fordert, honoriert zu je 800 Gulden. C.M. Das wären bei zwölf Abenden rund 9600 Gulden, eine für Münchener Verhältnisse enorme Summe an eine Tänzerin.

Der Intendant, den Fanny vorläufig noch mit »liebenswürdiger Herr« anspricht, verfaßt erneut einen »allerunterthänigsten Bericht« an Seine Majestät:

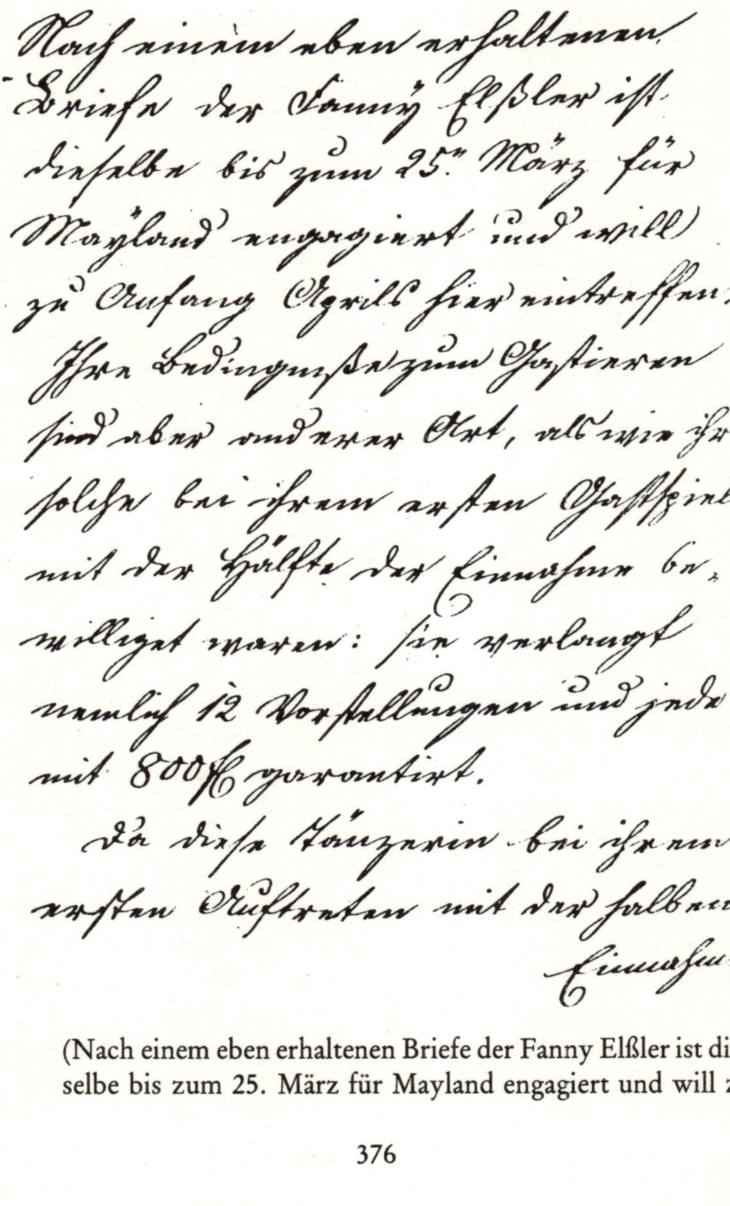
Nach einem eben erhaltenen
Briefe der Fanny Elßler ist
dieselbe bis zum 25.ⁿ März für
Mayland engagirt und will
zu Anfang April hier eintreffen.
Ihre Bedingungen zum Gastiren
sind aber anderer Art, als wie ihr
solche bei ihrem ersten Gastspiele
mit der Hälfte der Einnahme be-
willigt waren: sie verlangt
nämlich 12 Vorstellungen und jede
mit 800 fl garantirt.
Da diese Tänzerin bei ihrem
ersten Auftreten mit der halben
Einnahme

(Nach einem eben erhaltenen Briefe der Fanny Elßler ist dieselbe bis zum 25. März für Mayland engagiert und will zu

> Anfang Aprils hier eintreffen. Ihre Bedingniße zum Gastieren sind aber anderer Art, als wie ihr solche bei ihren ersten Gastspielen mit der Hälfte der Einnahmen bewilligt waren: sie verlangt nemlich 12 Vorstellungen und jede mit 800 fl garantiert ...)

Der »treugehorsamste Unterzeichnete« schlägt Ludwig vor, der Elßler »6 Gastrollen zu 800 fl, die übrigen zur Hälfte der Einnahmen« anzutragen.

Natürlich weiß der schlaue Fuchs, daß man trotz der hohen Honorarforderung immer noch ein gutes Geschäft mit der Nimmersatten macht, fällt doch ein Teil ihrer Auftritte in den Monat Mai, in dem es die Münchner ins Grüne treibt und

> der Theaterbesuch gewöhnlich so gering ist, daß stets ein Defizit erfolgte, was aber durch die Elßler beseitigt und ein wahrscheinlicher Gewinn zu erwarten stehen möchte.

Den weiteren »Allerhöchsten Befehlen« entgegensehend

> erstirbt in aller schuldigsttiefster Ehrfurcht und Treue allerunterthänigstgehorsamster Freyherr von Frays

Nicht minder geschwollen, wenn auch in Kürze und keineswegs vor Begeisterung »ersterbend«, erwidert der König:

> (Mit dieser, der Mir berichtet habenden ... Ansicht einverstanden. München, den 26. Jänner 1847. Ludwig).

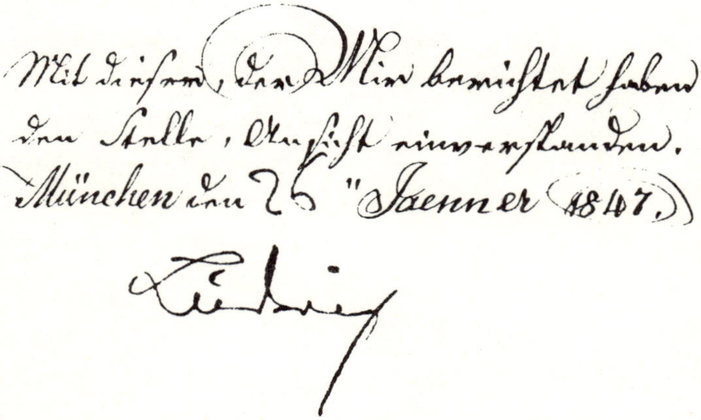
Mit diesem, der Mir berichtet habenden Stelle, Ansicht einverstanden.
München den 26" Jaenner 1847.
Ludwig

Mit seinem königlichen Machtwort ist aber das Gastspiel für Frühjahr 1847 noch keineswegs besiegelt, denn jetzt schießt Fanny quer; nur sechs Vorstellungen zu je 800 fl und die übrigen sechs zur Hälfte der Einnahmen scheinen ihr nicht lukrativ genug, und so läßt sie im Februar 1847 Baron von Frays wissen:

> Mein Herr
>
> Ich weis kaum wie ich Ihnen schreiben soll, damit ich Sie nicht beleidige. Als ich mit Ihnen in Unterhandlung war, war ich es auch mit London. Ich ersah aus all Ihren Briefen, daß Ihnen der Monat September wohl angenehmer sey, als ... die zwey Monate May und Juny. Da Sie mich nun hinweisen auf 6 Vorstellungen zu 800 Gulden und die übrigen 6 auf Theilung, so bliebe mir viel zu viel Zeit übrig, und ich ersehe durch den Zeitverlust keinen Gewinn in Ihrem zwar sehr freundlichen Antrag, welcher aber zu jeder anderen Zeit für mich, sowohl, als für Sie vorteilhafter sein dürfte. –

Des langen Herumdrucksens kurzer Sinn:

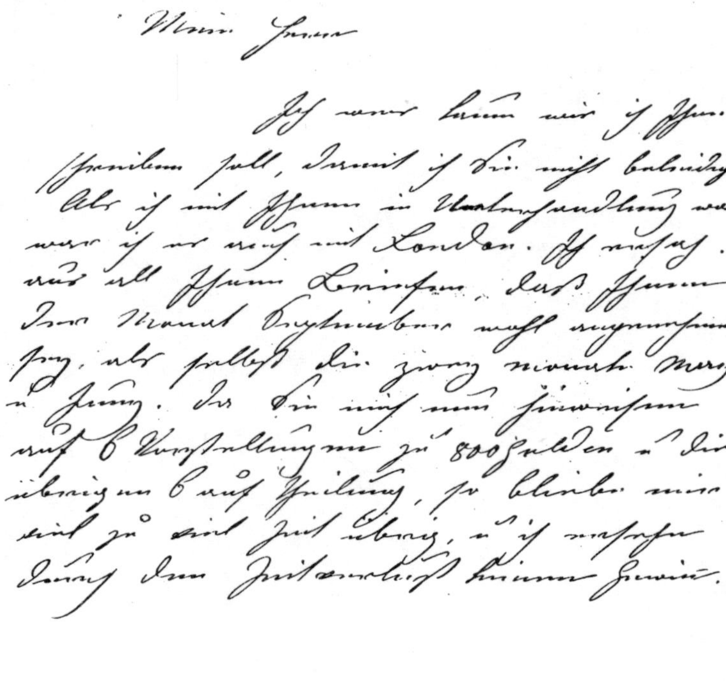
Mein Herr

Ich weis kaum wie ich Ihnen schreiben soll, damit ich Sie nicht beleidige. Als ich mit Ihnen in Unterhandlung war, war ich es auch mit London. Ich ersah aus all Ihren Briefen, daß Ihnen der Monat September wohl angenehmer sey, als selbst die zwey Monate May u Juny. Da Sie mich nun hinweisen auf 6 Vorstellungen zu 800 Gulden u die übrigen 6 auf Theilung, so bliebe mir viel zu viel Zeit übrig, u ich ersehe durch den Zeitverlust keinen Gewinn.

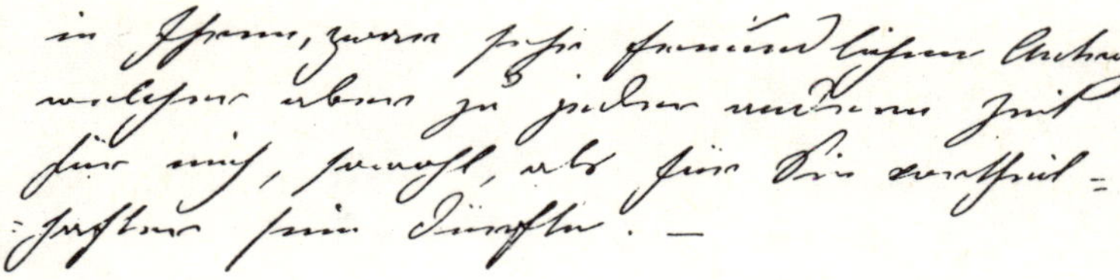
in Ihnen, wenn sehr freundlichen Antrag welcher aber zu jeder andern Zeit für mich, sowohl, als für Sie vortheilhafter sein dürfte. —

Ich nehme daher ein zweymonatiges engagement in London an, und bin bereit, Sie im monat September zu besuchen … Entschuldigen Sie meine Aufrichtigkeit … Ihre ergebenste Fanny Elßler

Ein für den Außenstehenden etwas konfuser Brief von wegen des »Zeitverlusts« und des auch für Frays plötzlich »angenehmeren« Monats September:

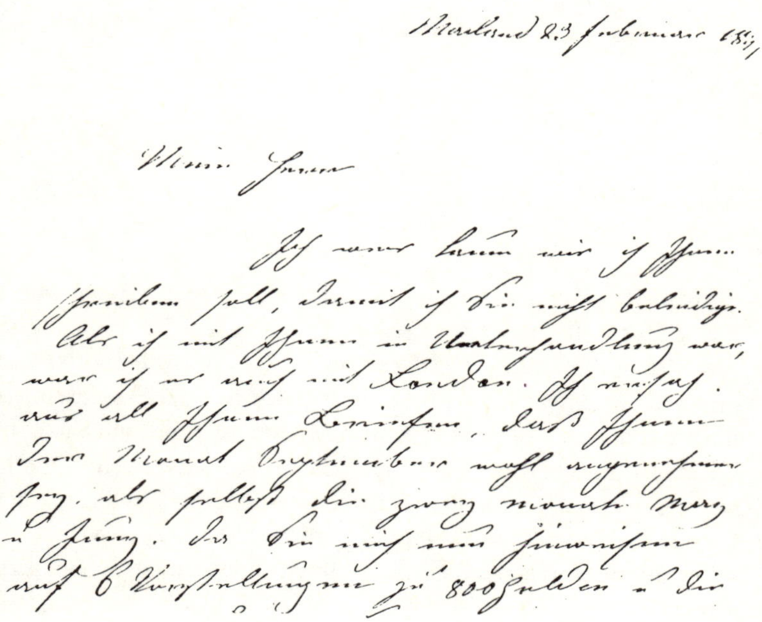
Mailand 23 februar [illegible]

Mein Herr

Ich weis kaum wie ich Ihnen schreiben soll, damit ich Sie nicht beleidige. Als ich mit Ihnen in Unterhandlung war, war ich es noch mit London. Ich ersah aus all Ihren Briefen, dass Ihnen der Monat September wohl angenehmer sey, als selbst die zwey monate Mai u Juni. Da Sie mich nun hinweisen auf 6 Vorstellungen zu 800 gulden u die

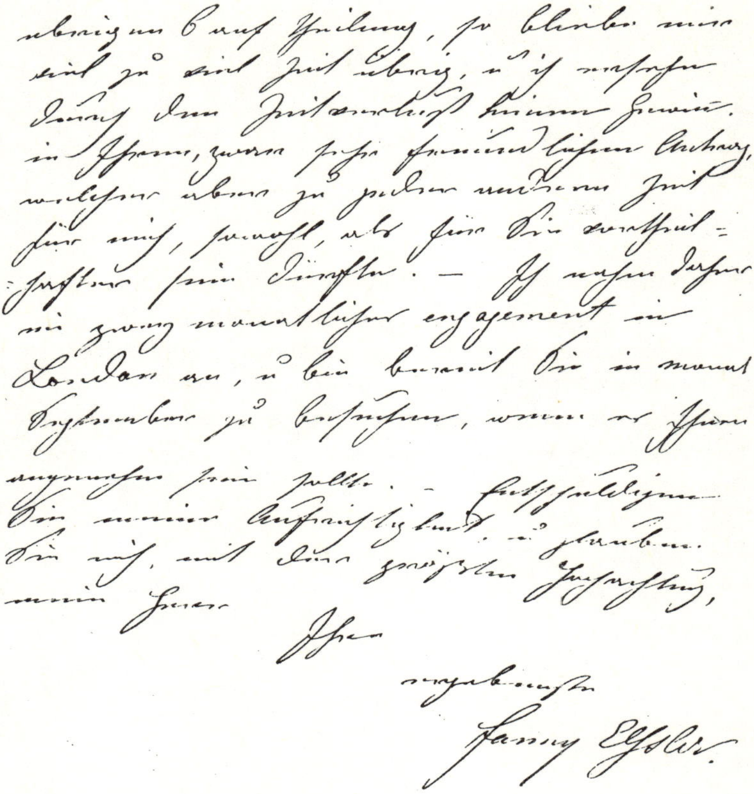
übrigen Beschäftigung, so bliebe mir
viel zu viel Zeit übrig, u ich verliere
durch den Zeitverlust keinen Gewinn.
in Ihrem, zwar sehr freundlichen Antrag,
welcher aber zu jeder andern Zeit
für mich, sowohl, als für die Verhält=
=nisse sein dürfte. — Ich nehme daher
nur zwey monatlichen engagement in
London an, u bin bereit Sie im monat
September zu besuchen, wenn es Ihnen
angenehm sein sollte. — Entschuldigen
Sie meine Aufrichtigkeit, u glauben
Sie mich, mit dem größten Hochachtung,
mein Herr
Ihre
ergebenste
Fanny Elssler.

Schließlich geht der August ins Land, ohne daß über Fannys Münchner Auftritt weiter verhandelt worden wäre. Von ihrem Engagement in Padua aus läßt sie anfragen, ob denn nun der von ihr vorgeschlagene Septembertermin genehm sei. In Abwesenheit Baron von Frays' nimmt Hofmusikintendant Poißl die Sache in die Hand. Er will nicht durch »gänzliches Stillschweigen« verantworten müssen, »den Allerhöchsten Hof und das Publikum« der Gelegenheit zu berauben, »ein so großes Talent wieder wirken zu sehen und vielleicht auch der Kaße einen bedeutenden Schaden zu tun«.

Also »erstirbt« auch Poißl vor dem König, anfragend, ob es bei dem Termin im Herbst und der 800-fl-Regelung et cetera bleiben könne. Und kurz angebunden, wohl wegen des Hin und Her und Doppelgemoppels in allerhöchst-ungnädiger Laune, bereits von seiner Lola gehörig getrietzt, kritzelt Ludwig unterm 19. August sein »Genehmigt« darunter.

Der »Bedingniße« wegen scheint Fanny an dem bevorstehenden Gastspiel bei ihren »lieben Münchnern« wie an einem sauren Apfel zu kauen. In ihrem soundsovielten Schreiben an den vom »liebenswürdigen Herrn« zum »Sehr geehrten Herrn Baron« degradierten Frays doziert sie im September frostig: »Zeitverlust ist für den Künstler Geldverlust ...«

Plötzlich ist sie mit dem ausgehandelten Honorar überhaupt nicht mehr einverstanden.

Am 12. September 1847 kommt es an Ludwig zu einem letzten »Allerunterthänigsten Bericht von Seite der Königl. Hoftheater-Intendanz die Tänzerin Fanny Elßler betreffend«:

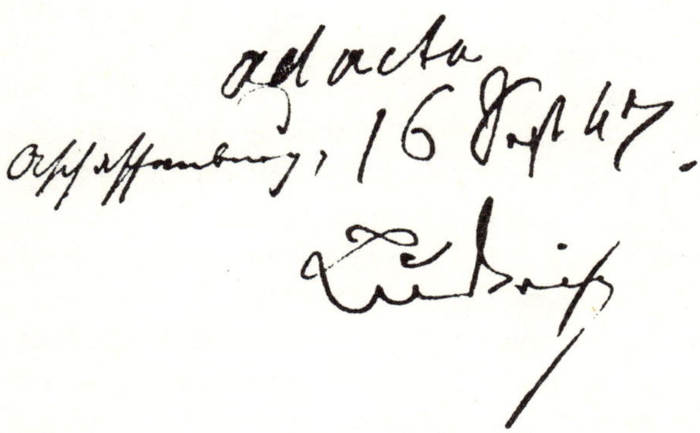

Da die Tänzerin Fanny Elßler in einem heute eingetroffenen Schreiben ihre Honorarbedingniße von den bisher bestimmten 800 fl auf 960 fl per Rolle steigert, so sah sich der treugehorsamst Unterzeichnete veranlaßt, derselben, einerseits im Einklange mit der beigegebenen Allerhöchsten Resolution vom 19. August, und anderer Seits wegen der erhöhten An-

> forderung von 160 fl per Rolle, unter Heutigem abzuschreiben, wovon er EURE KOENIGLICHE MAJESTAET pflichtschuldiger Massen allerunterthänigst Kenntniß gibt in schuldigst tiefster Ehrfurcht und Treue ersterbend ... Freyherr von Frays

Der König hat dem nichts entgegenzuhalten, und setzt sein »ad acta« darunter.

Die Elßler abgeblitzt! Besser, er hätte im Fall »Lola Montez« so gehandelt. Ja mei, heißt's in München, hernach is ma allerweil gscheida ...

Bleibt hinzuzufügen, daß anstelle der Elßler ihre Erz-Rivalin Maria Taglioni im Frühjahr 1847 ein Gastspiel am bayerischen Hof- und Nationaltheater gab. Diesbezüglich schrieb sie an Baron von Frays:

> Ich beeile mich, Ihnen zu melden, daß ich auf Ihr Anerbieten, die Einnahmen zu theilen, eingehe ...

Und sie machte der Münchner Intendanz ein Kompliment:

> Ich weiß sehr wohl, daß ich (mich) hier nicht wie sonst an einen Theater Director wende, daher nehme ich mit vollem Vertrauen ihr Anerbieten an ...

Die Eintrittspreise sind »mit dem Einverständniße der Taglioni« nur teilweise erhöht worden, so daß die ihr zustehende Einnahmenhälfte entsprechend geringer war als beim Gastspiel der Elßler. Marias relative Bescheidenheit mochte damit zusammenhängen, daß es mit dem Ruhm der mittlerweile über vierzigjährigen La Sylphide allmählich abwärts ging.

Baron von Frays ist in Sorge, »da nun das Ballett *Sylphide* im kurzen Zeitraum von acht Tagen zum zweitenmale gegeben wird«, und bittet deshalb den König »im Interesse der Kaße« um dessen Zustimmung, daß der Theaterzettel den Hinweis »Auf Allerhöchsten Befehl« enthalten darf. Ein Anreizmittel, glaubt er, die Leut' ins Theater zu locken.

Ludwigs Kommentar ist ritterlich: (Aktennotiz)

Befehl habe ich keinen ertheilt, sondern den Wunsch ausgesprochen, (daß) die berühmte Taglione die Sylphide tanzen möchte, demnach wäre Auf Allerh. Befehl unwahr, darf nicht auf den Zettel zu stehen kommen.

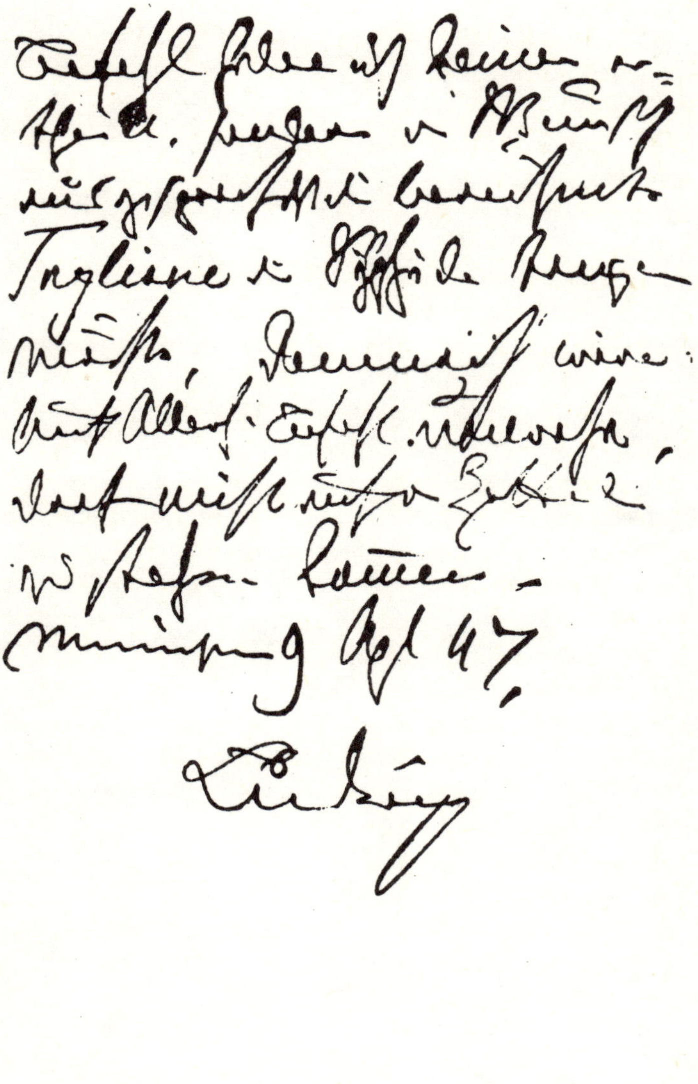

Rußland-Tournee und ein starker Abgang
oder
Eine Stunde der Wahrheit

Der Rubel rollt

Ach, ihr Bärchen,
Ach, ihr Guten!
Versammelt euch, kommt alle zu mir,
in einen Eimer melkt euch hier!

Aus dem Russischen

Elßler & Co. kamen im frostklirrenden Januar nach St. Petersburg. Zeit der Schneestürme und Hungersnöte über Rußland. Zeit der Bälle, auf denen die jungen Damen aus bester Familie in die Gesellschaft eingeführt wurden. Winterluft, rein und beißend in die Nüstern steigend, roch für diese russischen Mädchen schon nach Hochzeitsbraten, nach den Rosen vor der Datscha, wo man mit dem bald Angetrauten die Sommermonate verbringen würde. In Tüll und Spitzen gehüllt, hauchten sie Löcher in die Eisblumen auf den Fensterscheiben, denn draußen stiegen Iwan, Andrej, Grigorij aus ihren Wagen, um die Schönen zum Ball abzuholen ...

Im russischen Volksmärchen sagte der Zar einmal zu einem seiner Untertanen: »Also, Iwan, wenn du meine Tochter zur Frau haben willst, so trink' diesen Becher Gift aus; bleibst zu leben, wirst du mein Schwiegersohn, wenn nicht, dann nicht.« Und was ein Märchenrusse von echtem Schrot und Korn ist, der trinkt bis auf den Grund und bleibt leben, worauf er zur Zarentochter ins Ehebettchen hüpft ...

Was nun das russische Fußvolk im wirklichen Leben war, das legte sich in jenen Wintertagen – wie in denen zuvor und danach – zuhauf zum Sterben nieder, verhungernd, in starre Lumpen gehüllt, jeder dieser Bauern und sonstigen ausgebeuteten armen Schluckern ein leibhaftiges Väterchen Frost ...

Aber jene, die in den Ballsälen schwelgten, und jene, die im Theater einer Fanny Elßler zujubelten und fleißig Rubelchen auf die Bühne warfen, hätten beim besten Willen die Orte mit all den Toten nicht nennen können – denn sie lagen auf einem anderen Stern.

Ein Gastspiel in Rußland war lange schon Fannys Wunsch gewesen, eigentlich seit ihrer Pariser Zeit, als die Taglioni dort mit dem

neuen Ballett *Gitana (Gipsy)* Triumphe feierte, während sie selbst, wir erinnern uns, in ihrer verhängnisvollen Taglioni-Rolle den Opéra-Skandal auslöste.
Väterchen Rußlands Handschrift fehlte also noch im Stammbuch Elßlerscher Eroberungen, das sollte nun nachgeholt werden. Und wie vormals die Italienerin wollte Fanny fleißig Rubelchen kassieren, ihre Schultern mit kostbaren russischen Pelzen schmücken, Juwelen einheimsen und nebenbei der einstigen Rivalin den Rang abtanzen.
Das Revolutionsjahr 1848 schien ohnedies der richtige Zeitpunkt zu sein, wieder einmal auf Tauchstation zu gehen, denn in Wien schlugen die Wellen der politischen Unruhen hoch wie nie und schwappten auf Österreichs Nachbarländer über. Ein wahrer Segen, daß gerade jetzt aus St. Petersburg die offizielle Einladung für das dortige Gastspiel eintraf.
Fanny soll ihr schriftliches Gesuch zunächst an den Zaren persönlich gerichtet haben, der daraufhin seine Zustimmung an Alexandre Gedeonov, einen der maßgeblichen Theaterdirektoren von St. Petersburg, weiterreichte, worauf dieser mit seiner Primaballerina Elena Andreyanova vom Imperialtheater (angeblich seine Geliebte) in Konflikt geriet, weil sie es partout nicht zulassen wollte, daß die europäische Terpsichore nach Petersburg kam und ihr die Schau stahl.
Natürlich half der schönen Elena ihr Lamentieren nichts, denn Väterchen Rußland hatte bereits mit der Taglioni an den Theaterkassen die besten Erfahrungen gemacht und außerdem läuten gehört, daß ihm mit Fanny Elßler die jüngere, hübschere und seit langem auch erfolgreichere von den beiden größten Ballerinen Europas die Ehre erweisen wollte.
Nachdem Fanny also im Winter 1848 in St. Petersburg eingetroffen war, begleitet von Kathi Prinster und ihrem Choreographen Perrot, hieß sie eine überaus wohlwollend eingestimmte Presse willkommen.

Das Gegenständliche an Fräulein Elßler

Liebes Fräulein Prinster
Ich habe Ihnen meine Rezensionen zusammenbinden lassen wollen, aber es ging nicht so schnell als ich wünschte. Ich bitte Sie, diese beiliegenden Exemplare einbinden zu lassen, wenn Sie zu Hause sind, und einen kleinen Titel in Druck zu geben: Fanny Elßler in Petersburg.- -
Reisen Sie recht glücklich und nehmen Sie die Versicherung meiner Hochschätzung und Ergebenheit.
Bertram, 14. März 1849

Begleitschreiben des Petersburger Ballettkritikers »Bertram« an Kathi. Seine hier auszugsweise wiedergegebenen Rezensionen erschienen daraufhin mit Genehmigung der Petersburger Zeitung gesammelt in Druck.

Die Petersburger Ballettenthusiasten interessierten sich lebhaft für den »Schwestern-Zwist« der beiden großen europäischen Ballerinen, und so nahm Bertram anläßlich des ersten Elßler-Gastspiels die Gelegenheit wahr, den Vorzügen *beider* Künstlerinnen gerecht zu werden. In der Petersburger Zeitung schreibt er:

> Es ist eine der Eigentümlichkeiten des menschlichen Geistes, Erscheinungen, die sich ähnlich sind, vergleichen zu wollen ... Wer ist größer – Schiller oder Goethe? – das ist eine so oft wiederholte Frage, daß Goethe sehr nachdrücklich meinte: Die Deutschen sollten Gott danken, daß sie überhaupt einen Schiller und einen Goethe hätten, und sich nicht mit ganz müßigen Vergleichen abmühen. Ich möchte dieses Wort auch denjenigen zurufen, die sich damit abquälen, das Verhältnis der beiden berühmten Tänzerinnen Taglioni und Elßler zueinander und zur Kunst zu definieren. Möge doch jeder, dem es vergönnt war beide zu sehen, sich des doppelten Genusses erfreuen, ohne es deshalb für seine Pflicht zu halten, Partei zu nehmen. – Man kann Fräulein Taglioni als subjektive und Fräulein Elßler als objektive Natur bezeichnen. Die Produktionen der ersteren entstammen einer Phantasiewelt, sie sind so schön und idealistisch wie die Meister-

werke Schillers. In Fräulein Elßler sehen wir dagegen wie bei Goethe eine entschiedene Objektivität angesprochen, das Gegenständliche ist also der Kreis ihres Schaffens …

Seinen Kathi übersandten Rezensionen legte Bertram ein Gedicht mit dem Titel »Das schwarze Bändchen« bei: »An Fräulein Fanny Elsler nach der Vorstellung der Russischen Waise ›Olga!‹.«

Das schwarze Bändchen.

An

Fräulein

FANNY ELSLER,

nach der Vorstellung der Russischen Waise „Olga".

Ein schwarzes Bändchen hat der Mutter Bild
Zu sanftem Schutz auf Deiner Brust gehalten,
Damit es Dich bewahre, hehr und mild,
Vor des Geschickes unheilsvollem Walten.
Dies Band blieb Zeuge von dem Liebesglück,
Wie Du es, sprachlos, göttlich wahr geschildert,
Blieb Zeuge, wie die Thrän' in Deinem Blick
Der schmerzlichsten Entsagung Qual gemildert.
Und als des Elends Last Dich niederbeugt,
Als hilflos Du betrittst das Haus der Lieben,
Wo so erschütternd Du Dein Leid gezeigt,
Daß auch kein Auge thränenleer geblieben,
Da lag das Bändchen noch auf Deiner Brust,
Aus der allmächtig die Gefühle stammten,
Die, wie ein Zauberfunke, unbewußt
Zu der Begeist'rung höchster Gluth entflammten.
Und wie die Freude dann Dein Herz bewegt,
Wie, aufgelöst in seliges Entzücken,
Sich Deiner Leiden heft'ger Sturm gelegt,
Ein Engelschor uns grüßt in Deinen Blicken —

Da fiel, zerrissen, von der Brust das Band
Zur Erde hin, wo es der Sänger fand.
Der Zufall hat's in seine Hand gegeben,
Ein milder Schatten nur von Olgas Bild,
Das uns vom Himmel schien herabzuschweben,
Und ewig nun die Seele uns erfüllt.
Ein Nachhall ist in Sängers Brust zu lesen,
Was Olga Allen, die sie sah'n, gewesen! —

Zum Druck erlaubt, St. Petersburg den 19 Oktober 1848. Censor A. Mechelin.

Gedruckt bei Carl Kray.

Mit dieser ungemein aufwendigen Rolle gab sie ihr Debüt »vor einem so zahlreichen Publikum, wie die Räume des Alexandriatheaters nur selten aufzuweisen haben«.
Fanny schlüpft in das Schicksal eines bei Pflegeeltern aufgewachsenen russischen Waisenmädchens (Olga), das sich in den Sohn des Hauses, einen jungen Grafen, verliebt und von diesem heftig wiedergeliebt wird. Doch sind die Eltern verarmt, und der junge Graf soll nun, um das Schloß seiner Väter für die Familie zu retten, eine reiche russische Erbin freien, obwohl er mit Olga bereits verlobt ist, ja so gut wie vor dem Traualtar steht. Diese löst den Brautkranz vom Haar, entflieht daraufhin, fällt unter die Räuber, entflieht wiederum, und entdeckt, welch ein Zufall, das Haus ihrer lange verstorbenen Eltern, in dem ihr leiblicher Bruder auftaucht und die Schwester in seine Arme schließt. Der nach Olga suchende Ex-Bräutigam kommt hinzu, wähnt sie in den Armen eines Nebenbuhlers und das wilde Duell beginnt …
Ein Melodrama, Väterchen Rußland auf den Leib geschrieben, das sich denn auch heftig die Nase schneuzt, das Schnupftuch rasch an die Augen führt und es an Mütterchen, Brüderchen, Tantchen, Onkelchen et cetera weiterreicht.
»Im Original«, bekundet Bertram, »müssen fast alle Beteiligten während des Duells sterben. Aber die Gefühle unseres friedliebenden Petersburger Publikums sind zu bekannt, als daß man so

Gräßliches erlauben würde – in Petersburg bleiben sie also leben und heiraten sich.«

Heile Welt auf russisch!

Über Fannys Leistung in *Olga* berichteten die Gazetten:

> Fräulein Elßler schien in diesem Stück beweisen zu wollen, daß die Schöpfung sich mit der Erschaffung der Sprache eine ganz unnötige Mühe machte, da man ja alles ebenso gut durch Pantomime sagen kann.

Im Grunde war man enttäuscht – das Publikum hatte eine große Tänzerin erwartet und statt dessen eine große Schauspielerin bewundern dürfen. Aber man hoffte, »daß Fräulein Elßler in einer späteren *Olga*-Aufführung im zweiten Akt einen russischen Tanz einlegt«.

Nun, Fanny soll sich diese leise Kritik zu Herzen genommen und in gewohnter Weise – siehe Havanna! – dem Volk auf die Füße geschaut haben. Geht's nur her, ihr Russen, i krieg euch! Und da riß sie auch schon mit der Einlage eines altrussischen Volkstanzes das Moskauer und Petersburger Publikum zu den gewohnten Beifallsstürmen hin.

Die Kassa stimmte (angeblich umgerechnet 4000 Francs pro Abend), der Applaus stimmte: Herz, was willst du mehr! Sie hatte den Nerv der slawischen Volksseele getroffen, und die reagierte elementar, ließ die Champagnerpfropfen schon während der Vorstellung knallen und prostete Fanny, die auf der Bühne ihre Haxerln schmiß, lautstark zu.

Mitunter schnurrte Iwan sanft und zahm wie die Hauskater, etwa im Moskauer Petrowskatheater, als der Gefeierten »auf einem Bund Kamelien« das charakteristische Moskauer Produkt, ein Weizenbrot, gereicht wurde, Symbol der Liebe und Gastfreundschaft.

Esmeralda – oder die unfreiwillige Komik eines Kritikers

Zuerst seht ihr ein wüstes Treiben, Bettler, Gauner, Zigeuner, Mord und Totschlag – aber dann kommt Esmeralda und in dem Gewirr der Bühne und in eurem Innern – in eurem chaotischen, wenn wir es so ausdrükken dürften, etwas unreifen Geiste, wird es licht ...

Bertram, »St. Petersburger Zeitung«, 1848

Großartig angekündigt ging unter Perrots Choreographie das monumentale Ballett *Esmeralda* über die Petersburger Bühne. Diese junge und bildschöne Zigeunerin (Elßler) darf ihren geliebten Poeten zunächst vor dem Tode durch den Strick bewahren, gerät dann in die Klauen »der Lasterhaftigkeit mit grauen Haaren« und wird aus ihnen nach mancherlei schaurigen Abenteuern von dem nicht weniger schaurigen, aber ihr treu ergebenen Monster Quasimodo errettet. Wie schon erwähnt, entstammte das Libretto einem Werk Victor Hugos.

»Zeitig schon füllten sich die Räume des großen Theaters«, berichtet Bertram, »eine frohe Spannung liegt auf den Gesichtern, der Vorhang fliegt nach der brausenden Ouvertüre auf und ein ungeheures Gemälde liegt vor uns.«

Lustige »Dirnen und Bettelkerle« beherrschen die Straßenszene, die Farben »dick aufgetragen«, aber, meint Bertram, milde gestimmt in der Vorfreude auf kommende feinere Genüsse, »lassen wir den armen Statisten diese Prügelszene, sie kommen *nie* sonst zu Wort, und diese Püffe teilen sie ja mit soviel Wahrheit aus und Wahrheit ist immer anzuerkennen.«

Endlich erscheint Esmeralda, »das schwirrende Tamburin hoch in die Lüfte haltend«, und sogleich verfällt das Publikum in donnernden Applaus, wieder regnet es Blumen, denen, so Bertram, nicht weniger als 500000 Unterschriften beigefügt waren – und nun glaubt er, die Empfindungen der Zuschauer getrost den seinen gleichsetzen zu können:

> ... Du hebst uns aus dem alltäglichen Kreise des profanen Lebens in die höchsten Regionen der Kunst, du läßt alle Saiten unseres Innern vibrieren – deine schöne Erscheinung ist un-

> ser Stolz und Entzücken. Bleibe solange als möglich die Unsere, fühle dich heimisch in der schönen Säulenstadt des Nordens; du siehst, selbst unser tiefster Winter bringt dir die Kinder der Tropensonne in unendlicher Profusion, glaube aber nicht deshalb, als ob das Publikum sich schon ganz verschossen hätte; noch blühen für dich in tausend Gewächshäusern Floras Lieblinge und warten mit Sehnsucht darauf zu deinen Füßen zu liegen und zu sterben!

Im Jahr darauf, am 27. September 1849, tanzte Fanny die Esmeralda wiederum in der »schönen Säulenstadt des Nordens«, und diesmal glänzte ihr Landsmann »Herr Johannson« in der Rolle des Poeten Pierre, da Perrot erst noch aus Paris erwartet wurde. Das Publikum, schildert Bertram die Situation, sei jetzt in zwei Parteien gespalten gewesen, »die erste wurde von Fannys alten Verehrern, dem Publikum von 1848, gebildet, den Fanatikern, wie vom Fieber geschüttelt, die andere Partei waren Neuangekommene, junger Anwuchs von 1849, und um mit Goethe zu sprechen: Sie saßen mit hohen Augenbrauen gelassen da und wollten gern staunen ...«

Die Partei der »Vorjährigen« soll sich wie ein »Vater der Debütantin« gebärdet haben (das erinnert an die Elßleristen in Paris), »als ob sie Fanny Elßler erfunden hätten, indessen zum Besten der Menschheit auf das ausschließliche Privilegium verzichteten«. Mit dem Kritiker geht nun vollends der unfreiwillig komische »Dichter« durch:

> Die Vorjährigen sahen die Neuangekommenen mit einem Gesicht an, das zu sagen schien: Was wißt ihr, ihr armen Kerle! Was habt ihr je gesehen? Nehmt es uns nicht übel, aber ihr seid erbarmungswürdig zurück in der Civilisation im allgemeinen und [in der] Kunstempfindung im besonderen ...
> ... Doch Schluß mit dem Gerangel – da kommt sie, leicht wie ein Lichtstrahl ... und es ist, als ob sie *jedem* von uns die Hand drückte, jeden besonders anlächle, jeden ihrer Freunde, ihr Publikum wiedererkenne ...

So mußte auch der Petersburger »Anwuchs von 1849« vor dem Lichtstrahl kapitulieren, und in schönster Eintracht beutelte es die Zuschauer »wie im Fieber«. Ihrem rasenden Publikum soll Fanny übrigens mit einer Ruhe entgegengetreten sein, »mit der Rothschild eine Kleinigkeit von etwa zwei bis drei Millionen honorieren würde«. Gut gebrüllt, Bertram – der Vergleich paßt auf die Fanny.

Was man 1849 von Pirouetten und Sprüngen hielt

Die Grazie fällt aus der Götter Schoß. Wer keine Grazie hat, der springt, dehnt und dreht sich wenigstens aufs Fürchterlichste ...

Bertram

In den Petersburger Gazetten erfuhren »die täglichen und methodischen Studien von Fräulein Elßler« hohes Lob, ja man schwärmte geradezu von ihrer »regelmäßigen Bewegung«. Daran sollte sich gar die russische Jugend ein Beispiel nehmen, welche angeblich ihre Kraft und Schönheit vergeudete und zerstörte »auf unseren nächtlichen Bällen, die zur Schande des neunzehnten Jahrhunderts noch immer maßlos geduldet werden«.
Zuviel Bewegung hielt man für etwas der Gesundheit und dem Schönheitsempfinden Abträgliches; die Experten sperrten sich deshalb gegen die mit erhöhter Umdrehungszahl in Mode kommenden Pirouetten und zogen ironisch über diese Ballettmanier her:

> ... So zum Beispiel das Kreiseldrehen am Schluß jedes Tanzvortrags. Es mag allerdings verwunderungswürdig sein, wenn ein Mensch sich so schnell dreht wie ein Derwisch, daß man vom Zusehn allein schwindlig wird, und durch den raschen Wechsel von hinten und vorn zwei Bilder uns erscheinen; aber ist das denn etwa *schön?* Gehört es in den Tanz? Ich wenigstens würde sie herzlich gern mit den entsetzlichen Sprüngen und andern telegraphischen Beinstreckungen den Tänzern schenken. Warum nehmen sie sich nicht ein Beispiel an den wahren Künstlerinnen, den Taglionis, Cerritos und Elßlers, deren richtiger Geschmack sie all diese Kunststückchen glücklich vermeiden lehrt? – All diese Gänsepositionen

> und Brummkreiseltalente können bei bescheidenstem Verstande bloß durch Übung erlangt werden, die *Grazie* aber fällt aus der Götter Schoß – zur Grazie gehört eine *Seele.* Und wer nun keine Grazie hat, der springt, dehnt und dreht sich wenigstens aufs Furchtbarste, verwandelt seine Füße in Spazierstöcke oder Stelzen und glaubt am Ende, daß das Publikum aus andern als Mitleids ...gründen Beifall klatscht ...

Was dieser Herr wohl zu den athletischen Höchstleistungen eines Rudolf Nurejew gesagt haben würde?

Wie der Rezensent bereits lobend erwähnte – Fanny tat den Anhängern der Grazie den Gefallen und sah von schweißtreibenden, »unästhetischen« Sprüngen oder dergleichen ab. Nach der Ballettaufführung *Des Malers Traumbild* jubelte ein Petersburger Blatt: »Unsere Sprache hat eben kein Wort für dieses »Götterschreiten«. Andererseits wollte man es sich aber nicht verkneifen, auf die eigenen Früchte hinzuweisen:

> Hoffentlich erkennen unsere Gäste an, daß wohl nicht leicht in Europa gegenwärtig ein zweites solches Corps de ballet existiert wie das unsrige, und es muß sie reizen, in einem so reichen Rahmen, bei solcher Mitwirkung aufzutreten. Wir wollen hoffen, daß es uns gelingt, Fräulein Elßler auch für die nächste Saison hierzubehalten.

Um dies zu erreichen, griff Väterchen Rußland bei jedem ihrer Benefizvorstellungen (»Zum eigenen Vortheile«) tief in die Tasche, die Honorare stiegen, der Zar höchstselbst, die Fürsten und wohlhabenden Untertanen ließen sich mit noblen Geschenken nicht lumpen. Das gemeinere Volk indessen war dankbar für ein paar Zeilen »Gegenwelt«, die wie im folgenden verkündeten:

> Blumensträuße in zahlloser Menge flogen von allen Seiten auf die Bühne, Kamelien-, Lorbeer- und Palmenkränze, mit flatternden Bändern und schmeichelhaften Inschriften, kolossale Namenszüge aus rothen und weißen Blumen und bouquets monstres, [es war eines darunter, daß 50 R. S. (gegen 60 Thaler) gekostet hat]; endlich ward der Künstlerin ein prachtvolles Diamantendiadem übergeben, ein Ausdruck der Dankbarkeit des Publikums.

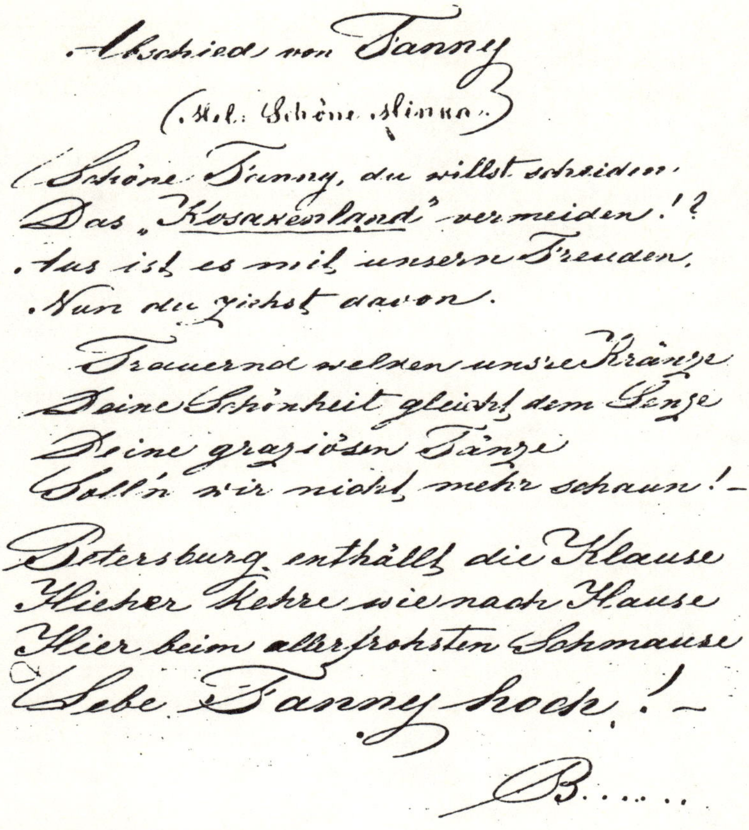

Strophen aus einem Petersburger Huldigungsgedicht von privater Hand.

Eine in die Jahre gekommene »Butterfly« und die Stunde der Wahrheit

Anfang des Jahres 1851 unternahmen Elßler & Co. zum letzten Mal die beschwerliche Reise nach Petersburg. Fanny war jetzt einundvierzig und als Frau nach wie vor eine attraktive Erscheinung, aber war sie es im grellen Scheinwerferlicht besehen auch noch als Ballerina? Einst hatte dieses Licht sie geliebt und alle im privaten Leben unsichtbaren Vorzüge und Reize aus ihr herausgeholt, jetzt mag es hin und wieder gerade umgekehrt gewesen sein. Wie man in Moskau und Petersburg mit Recht herausstrich, verfügten die dortigen Theater über ein bereits bemerkenswertes Ballett, durchwegs bildhübsche, talentierte, unverschämt junge Tänzerinnen und Tänzer, welche sozusagen die Fassung für das Juwel Fanny Elßler abgeben sollten.

Was aber, wenn die Fassung das Juwel an reinem, frischem Glanz überstrahlte? War im Vorhergegangenen die Rede von schwelgerischen Berichten, ehrlich gemeint und gewiß von allen russischen Ballettenthusiasten bestätigt, so gab es jetzt, im einundfünfziger Jahr, auch kritische Anmerkungen, was ihr Aussehen betraf. Fanny tanzte die Butterfly und es hieß, daß sie die japanische Haartracht (und wohl auch die Maske) nicht sonderlich kleidete. Was einem nicht zu Gesicht steht, läßt gewisse Schönheitsfehler stärker hervortreten – dieser Butterfly sah man eben die Vierziger an.

Besonders ein Fräulein Prichunow, Elevin der Petersburger Theaterschule, jung und lieblich, »mit einer gewissen graziösen Bescheidenheit«, soll neben der Elßler »gleich einem Morgenstern« aufgegangen sein.

Zwar hatte Bertram noch 1849 geschrieben:

> Es ist augenfällig, daß das Beispiel von Fräulein Elßler einen bedeutenden Einfluß auf diese Schar hübscher Mädchen ausübt. Keine Kunst erbt sich vielleicht so durch die Augen fort wie die Tanzkunst ... Vor allen Dingen müßten sich unsere jungen Tänzerinnen freilich bemühen, in klassischere Formen hineinzuwachsen ...

Zugegeben, aber inzwischen waren wieder zwei Jahre ins Land gegangen – und ma wird halt net jünger ...

Mag sein, daß sie plötzlich der Gedanke quälte, eines Tages als Tänzerin dort enden zu müssen, wo Maria Taglioni endete, vor einem Publikum nämlich, das nur mehr mitleidig Beifall spendete.

Ob es diese Angst teils vor dem Mitleid, teils vor der Erbarmungslosigkeit eines desinteressiert gewordenen Publikums war, oder welche Beweggründe darüber hinaus sie dazu bewogen haben mochten, ihre Karriere mit dem russischen Gastspiel von 1851 so gut wie zu beenden, kein Außenstehender hat es je erfahren. Doch können die mittlerweile erwachsenen Kinder, wie häufig

angenommen wird, der triftigste Grund nicht gewesen sein. Vielleicht lag die Stunde der Wahrheit tatsächlich in einem jener tristen russischen Wintertage, vor dem Spiegel.
Wie übrigens aus einem Schreiben des mit ihr befreundeten Mailänder Freiherrn von Torresani an einen gemeinsamen Bekannten hervorgeht, soll Fanny bereits 1846 geäußert haben, »im Frühjahr 1848 ihre künstlerische Laufbahn zu beschließen, worauf sie sich mit dem Grafen Arthur Courson de Ponthievre zu verehelichen gedenkt ...« Bei der bloßen Absicht war es wieder einmal geblieben – aus welchen Gründen wohl diesmal?
Drah di, Weiberl, drah di! Jetzt stellte Fanny die Automatik ab und das Weiberl stand still. Längst hätte sie sich nicht mehr um des Geldes abstrampeln müssen.
Alsdann, pack ma z'samm, geh'n ma z'Haus, Fanny.

Eine Ballerina empfiehlt sich

So willst Du Dich der Kunst entziehen ...?
Grillparzer an Fanny Elßler

Im Prater, der seinerzeit den Wienern noch nicht zugänglich war, blüh'n wieder die Bäume, als Fanny heimkehrt und ihren Abschied von der Bühne bekanntgibt.
Zunächst wollte niemand recht daran glauben; soll das etwa, um im Gespräch zu bleiben, ein Reklametrick sein? Öfter schon, das wußten die Insider, hatte sie geargwöhnt, »in Wien nicht mehr wie bisher Beifall und schmeichelhafte Aufnahme zu finden«. Daß es durchaus kein Reklametrick war, vielmehr die Konsequenz aus einem unabänderlichen Entschluß, mußten bald auch die Skeptiker einsehen.
Und nun kommen Grillparzers Verszeilen an Fanny in Umlauf, die er ursprünglich als Abschiedshymne für seinen Schwarm Jenny Lind verfaßt und nun auf Drängen der Freunde für die Elßler freigegeben haben soll. Die beiden letzten Strophen lauten:

So willst Du Dich der Kunst entziehen?
Gib sie nicht auf, die heil'ge Kunst!
Was uns zum Schutz ein Gott verliehen,

Hat sich gelöst in Nebeldunst.
Dir ward die holde Macht gegeben,
Sei günstig Du für so viel Gunst;
Nicht Dir allein gehört Dein Leben,
Gib sie nicht auf, die heil'ge Kunst!

Ein lapidares Gedicht, das auf jede andere berühmte und verdiente Abgängerin gepaßt haben könnte, und mit dem Grillparzer bei Fanny natürlich nichts erreichte (und wohl gar nichts erreichen wollte).

Was blieb Wien also anderes übrig, als den ganzen Juni des Jahres 1851 hindurch, den Elßler-Bühnenabschied zu proben, ein halbes Begräbnis, Nachruf auf eine Dahingegangene namens Jahrhundertballerina.

Am 21. Juni meldet Bäuerles Theaterzeitung:

> Heute findet das letzte Auftreten der herrlichen Fanny Elßler statt – der letzte Sonnenstrahl einer scheidenden Sonne am Kunsthimmel ...

Und abends im Kärntnertortheater – die kaiserliche Familie hatte in ihrer Loge Platz genommen, Wölfe und Hauskater, Getigertes und Gepanthertes versammelt, um zum letzten Mal die Patschhanderln für Fanny zu rühren – ging der Vorhang über Perrots berühmter *Faust*-Aufführung hoch, in der die Scheidende – Abschiedsgeschenk an ihre Wiener – als Fausts Margarete durch die Szenerie der *Sieben Todsünden* wirbelte.

Beinkreisen.
Sprungschritt.
Pirouette ...

Die ersten Rosen, die ersten Kamelien landen auf der Bühne –

... Ein bisserl Hoffnung.
Ein bisserl Applaus.
Armbandln. Glitzergwandln.
Ledige Kinder.
Weiterdanzn.
Abtreten.

– und das Kärntnertortheater, Fannys heimliche Haßliebe, bringt

nun stehend Ovationen wie *ein* Mann! Ach, ihr Wiener – die allererste und die allerletzte Liab brennt halt am schiachstn!
Vorhänge, Bravorufe, Geschenke – noch einmal wird die Bühne »zu einem wahren Blumenteppich, auf welchem »Fannys Fuß« wie auf friedlich erworbenen Trophäen ruht«.
Fannys Fuß: sie wird ihn ausruhen lassen, den g'schwollenen, abgeschafften, den vergötterten mit den langen Zehen und dem hohen Rist, der nicht älter werden durfte, Glätte vortäuschen mußte, wie das Gesicht einer schönen, aber in die Jahre gekommenen Frau. Häng' ihn in die Donau, laß' ihn ausdampfeln, Erde spüren – du hast die Flügel abgestreift, jetzt lauf!
Anderntags gab es auf Seide gedruckte Kritiken, Schwanengesänge, in die man all sein Gefühl hineinlegte, denn nichts kleidet den Wiener besser als seine Melancholie, und er weiß es.
Die Kunst, schrieb ein Wiener Blatt, erleide mit ihrem Scheiden einen Verlust, »von dem wir wohl sagen können, er ist unersetzlich, vielleicht für Jahrhunderte«. Mit am eindrucksvollsten faßte Bäuerles Theaterzeitung in ihrem Nachruf zusammen, was die gesamte Welt des Balletts dieser Tage bewegte ...
»Wir haben in unserem vielbewegten Kunstleben Vieles gesehen und gehört, und Gelegenheit gehabt, fast alle Zelebritäten zu bewundern, welche in den letzten Dezennien auf dem Gebiete des Dramas, der Oper und des Ballets Epoche gemacht haben: Catalani, Malibran, Sonntag, Unger, Lind, Paganini, Ludwig Devrient, Schröder, Taglioni, Elßler u. a.; sie haben uns alle mehr oder weniger entzückt, begeistert, hingerissen; doch – hier nehmen wir Paganini aus, der einzig und allein dasteht, machten nur *drei* weibliche Kunsterscheinungen einen bleibenden großartigen, unvergänglichen Eindruck auf uns: die *Malibran* in der Oper, die *Rachel* im Drama und die *Elßler* im Ballet ... Noch immer gehuldigt und bewundert, steigt nun Letztere herab vom glänzenden Throne Terpsichorens; aber die strahlende Krone, umwunden mit dem ewig grünenden Lorbeer der Kunst, nimmt sie mit sich ...«

Ein Nationaldenkmal von Wien
oder
Die Kunst, eine schöne alte Dame zu werden

Privatière in Hamburg

O süßes Nichtstun, lieblich so gebannt
Zu atmen in den neu befreiten Düften;
sich locken lassen von den Frühlingslüften,
Hinabzuziehn in das beglänzte Land;
Rückkehren dann aus aller Wunderferne
in deiner Augen heimatliche Sterne.

Theodor Storm

Gemeinsam mit Kathi Prinster und der achtzehnjährigen Resi verließ Fanny, fast könnte man sagen bei Nacht und Nebel, nach ihrem letzten Auftreten die Kaiserstadt in Richtung Hamburg. Dort war schon alles vorbereitet: bis 1855, also annähernd vier Jahre, würde man in der Nähe des Dammtors wohnen – Fanny wie eh und je umsorgt und bedient von der Prinster, was ihr die Möglichkeit verschaffte, rund um die Uhr für ihre Tochter da zu sein. Dafür nimmt sie Kathis Wehwehchen in Kauf, ob geduldig oder unter Seufzern, wer weiß es. Jedenfalls muß sie oft genug an Freunde schreiben: »... meine Katti war nicht so ganz beisammen, da darf ich es nicht wagen, mit ihr etwas zu unternehmen ...«

Nach und nach mögen die Cousinen einander immer ähnlicher geworden sein; diesen Eindruck verstärkt ein Foto aus späteren Jahren, das beide als würdige Matronen an einem Tisch sitzend zeigt und kaum mehr erkennen läßt, wer die Tänzerin und wer die Haushälterin gewesen.

In den Hamburger Jahren freilich ging Fanny erst auf Mitte Vierzig zu; bis zur »schönen alten Dame« (ihr Markenzeichen im Alter) war es noch eine Weile hin. Wer allerdings den Menschenschlag im Norden Deutschlands kennt, mag sich fragen, wie die Wienerinnen in der Freien und Hansestadt Hamburg zurechtkamen. Nun, was Kathi betraf, konservativ und bürgerlich war (und ist) man in Hamburg ja auch; dort hält man viel von Familienclan, Haushalt, reichbestückten Schränken, Spitzendecken, feinem Porzellan (werden Würstchen serviert muß gleich das ganze Service her!), und man hält viel von in Töpfen gezüchtetem Grünzeug – ach, darüber kann man sich mit einer Hamburger Deern

stundenlang unterhalten und dabei ihr Herz gewinnen, denn Topfpflanzen »mag sie leiden«.
Was Fanny betraf, hatte sie von ihren Gastauftritten her viele Verehrer in Hamburg, zum Beispiel Karl von Holtei, den einstigen »Erbfeind des Balletts«, den sie, wir erinnern uns, zu ihrer Kunst bekehrte. Und so brauchte sie auch im Norden weiß Gott nicht auf Minnedienste zu verzichten. Daß über die Hamburger Jahre kaum etwas in die Öffentlichkeit drang, so als hätte die Elßlersche eine Zeitlang der Erdboden verschluckt, ließ manche Chronisten nicht ruhen, alles mögliche hineinzugeheimnissen.
Wie wird's schon gewesen sein? Ausruhen. Die Fuaßerln auslüften lassen. Hamburger Austern und Champagner schlürfen. Möglicherweise ein Gspusi auf Rumpelstilzchen-Art. Die Gegend nach See und Heide erkunden. Freunde besuchen. In Stammbücher (Poesiealben) Verserl schreiben und schreiben lassen – wie sich eben g'spickte private Damen die Zeit vertrieben.
Trotzdem, für den Rest des Lebens mag Fanny die Hansestadt denn doch nicht genügt haben. Vielleicht kann sie das Gekreische der Möwen, die vom Elbstrom her über die Dächer segeln, nicht mehr ertragen, vielleicht sind ihr die Nebel zu schwer, die Leute zu ernsthaft, die Minne nicht brausend genug – wer weiß es? Also packt man irgendwann wieder seine Siebensachen, Kathi voll in Aktion, die Resi wie immer mit allem einverstanden, und fährt eines Tages zum Tor hinaus, weiter und weiter – z'Haus nach Wien.

Endstation – daham

Zuhaus ist zuhaus,
Steht bei mir an der Tür,
Jedes Fleckerl, jedes Eckerl
Sagt Servus zu mir!
Zuhaus ist zuhaus,
Das kann jeder verstehn,
Der lang fort war,
Der weit weg war,
Die Welt hat gesehn.
Daheim wird nur g'schimpft,
Das Naserl g'rümpft –
Doch bist du weit weg
Und bleibst lang einmal aus,
Ja, dann spürst du erst richtig,
Zuhaus ist zuhaus!

Altes Wiener Lied

In der Kärntnerstraße, einen Steinwurf entfernt vom einstigen Haushalt mit den Elßler-Eltern und Liebhaber Gentz in der Krugerstraße, machte man zunächst wieder auf »Dreimäderlhaus«. Aber lange dauert's nicht mehr, dann kreuzt des Kaisers fescher Offizier Viktor von Webenau im Salon der Damen auf, ein Klagenfurter aus bester Familie, und 's Reserl ist halt sooo in ihn verschossen. Mit einer solchen Möglichkeit mußte Fanny rechnen, man läßt eben nicht ungestraft die Kindheit von Sohn und Tochter sausen, um dann flugs in deren Jugendjahren das Muttersein nachholen zu wollen. Jugendjahre sind allemal Liebesjahre, da ist für die Eltern nicht mehr viel herauszuschlagen, höchstens gestattet man ihnen, das Portemonnaie fleißig aufzumachen. Die Webenaus sollten in ein idyllisches Haus in Meran einziehen, das sie »Villa Fanny« tauften – für die Resi ein relativ kurzes Glück, denn früh würde sie darin sterben müssen.
Erst einmal wurde 1860 Hochzeit gefeiert in Eisenstadt, und dort muß sich um diese Zeit bereits Resis Halbbruder Franz Robert in Esterhazys Diensten niedergelassen haben. Nur vier Jahre hatte er es beim k.u.k. Militär ausgehalten, zuletzt als Leutnant im 33. Infanterie-Regiment unter dem Grafen Gyulay, dann nahm er seinen Abschied. Er wird eine »entfernte Verwandte«, Rosa Thomász, ehelichen, für die nun ein kompliziertes Leben an seiner

(unsteten) Seite beginnt. Die beiden bescheren Fanny drei Enkelkinder: Franz, Fanny und Rosa, deren die Großmutter sich später sehr annehmen wird. Auch das einzige Kind aus Resis Ehe mit Viktor erhielt den Rufnamen »Fanny«, ebenso wie die beiden Enkelkinder von Netti (Anna), die man deshalb als Fanny I und Fanny II unterschied. Eine Fannywirtschaft sondergleichen, weil halt alle ein bisserl Abglanz von der berühmten Tant' und Oma erhaschen wollten, und sei es nur mit demselben Namen. Talent fürs Danzn soll manche der Ur-Urenkelinnen geerbt haben, jedenfalls kostümierte man sich gerne.

Zum Nationaldenkmal »geadelt«

Fanny Elßler lebte als bewundertes Geheimnis und angebetete Erinnerung in ihrer Vaterstadt ein Leben, wie Balzac es seine Herzoginnen leben läßt.

Siegfried Weyr in seinem Buch: »Wien – Magie der Inneren Stadt«

Nachdem Resi aus dem Haus war, zogen die Damen Elßler und Prinster ein letztes Mal um. Ihre Wahl fiel auf das fünfstöckige Haus in der Inneren Stadt Nummer 1192, heute Seilerstätte Nr. 19. In dieser Straße hatte Fanny schon einmal während ihrer aktiven Zeit gewohnt – wir erinnern uns an den Kampf der Verehrer um ihren Blumenstrauß im Eierfaß vor der Haustür. Auch der Elßler-Vater soll in einem Haus auf der Seilerstätte gestorben sein.

Von den Fenstern aus konnte man miterleben, wie peu à peu die letzten Basteien und Stadtmauern fielen, es wurde licht und weit, und auch Fannys geheime Haßliebe, das Kärntnertortheater, wurde Opfer der Spitzhacke, denn an anderer Stelle glänzte bereits die neue Hofoper.

Die Wohnung im vierten Stock bestand aus zwei geräumigen Zimmern, Salon, Mädchenzimmer, Kabinett und Küche, an der Rückfront von einer gläsernen Veranda umgeben, in der es grünte und blühte und wo noch die »gefiederten Freunde aus Amerika und Kuba« gezwitschert haben sollen; wohl eine etwas übertrie-

bene Darstellung, da seit damals immerhin zehn Jahre vergangen waren.
Wandert man heute über die Seilerstätte, scheint dies eine jener von hohen Herrschaftshäusern gesäumten, morbiden Charme verströmenden Straßen zu sein, wie es viele gibt in Wien. Zu Fannys Zeit und noch lange danach war sie etwas Besonderes, teils von Kunst, Unterhaltung und guter Gesellschaft bekränzt, teils von Vulgärem umgeben, ein Stück Alt-Wien, wie es leibte und lebte. In ihr trafen sich Schubert und seine Freunde wöchentlich zur »Schubertrunde«, hier öffnete (vier Jahre nach Fannys Tod) »Das Ronacher«, Mitteleuropas bedeutendstes Varieté und »Spezialitätentheater«, seine Pforten.
Ja, und eben die Elßler wohnte fast ein Vierteljahrhundert auf der Seilerstätte; in ihren Salon drängten neben Künstlern und Literaten die Adeligen, was Wiens Publizistin Hilde Spiel später zu der Frage veranlassen würde:

> Wo sollte man diese Theaterleute einordnen, die jetzt selbst Gesellschaften gaben und Salons ihr eigen nannten? Die Hofschauspielerin Amalie Haizinger, ihren Kollegen Heinrich Anschütz, die kluge und geistreiche Julie Rettich, später auch die gefeierte »göttliche« Fanny Elßler oder Therese Krones, in deren Häusern, sobald sie seltener auf der Bühne standen oder gar dieser entsagt hatten, eine bunte Schar von Literaten, Malern, Ärzten und adeligen Kavalieren zusammentraf?

Tja, wo ordnete man sie ein, diese lediglich durch ihre holde Kunst Geadelten? Mittlerweile schienen sich die sozialen Grenzen auch in der Kaiserstadt verwischt zu haben, zumindest im Vergleich zu früheren Zeiten, und so prostete die Aristokratie einer Tänzerin a. D. (sofern sie die Elßler war) auf deren eigenen Gesellschaften zu.
Darüber hinaus hatte Wien seinen einstigen Exportartikel Nummer eins noch anderweitig geadelt: als »Wahrzeichen ihrer Vaterstadt« rangierte Fanny gleich hinter dem Stephansdom. Und alle, alle kamen, um die Elßler zu sehen und bei ihr gesehen zu werden.

Nach einem solchen Abend vermerkte Friedrich Hebbel am 3. März 1863 in sein Tagebuch:

> Diese Dame hat etwas von der Ninon de Lenclos; sie ist bereits Großmutter, aber noch immer fein und graziös. Dabei versteht sie sich auf die Geheimnisse der Toilette, auf die unschuldigen, möchte ich sagen, deren Wirkung mit der Natur fast zusammenfällt.

Allerdings mußte man, um Fannys Einladungen Folge leisten zu können, noch bis in die Augusttage des Jahres 1871 hinein seinem Naserl – ob es nun einem Aristokraten oder geadelter Kunst im Gesicht stand – ein deftiges G'rücherl zumuten. Denn auf der Seilerstätte fand regelmäßig der Eier- und Hühnermarkt statt, dessen Gestank in den alten Mauern nistete. Siegfried Weyr schildert dieses Spektakel in seiner Alt-Wien-Moritat wie folgt:

> Wer an einem Dienstag oder Freitag zur Vormittagszeit über die Seilerstätte geht, weiß, was ein Eier- und Hühnermarkt ist. Lange nachdem man dieses ohrenbetäubende, nasebeleidigende Stadtrevier verlassen ... glaubt man sich durch eine natürliche Täuschung der Sinne noch immer in diesem Menschen- und Federviehgewimmel zu befinden, noch vibriert das Trommelfell unserer Ohren von dem tausendstimmigen Gackern des jungen Hühnervolks ... welch ein Betrieb hier war, ermesse man daraus, daß 1841 bei einer Einwohnerschaft von 350000 innerhalb des heutigen Gürtels 450000 junge, 47000 alte Hühner und 24 Millionen Eier im Jahr konsumiert wurden ...

Bis zu den sechziger Jahren hatte sich Wiens Einwohnerschaft fast verdoppelt, da mögen auf der Seilerstätte weit mehr noch an Hühnern und sonstigem Federvieh in lebendigem oder abgemurkstem Zustand feilgeboten worden sein.

Übrigens mußten dereinst auch Beethoven und Haydn durch Hühnerdreck und Eiermatsch marschieren, wollten sie zu ihren Wohnungen gelangen. Letzterer hatte nach seinem Abschied von Eisenstadt auf der Seilerstätte einige Jahre Quartier genommen, ehe er dann endlich in die umgebaute Windmühl' einzog. Offenbar konnte das G'rücherl all die berühmten Leute nicht davon abhalten, in dieser Gegend zu wohnen, und obendrein muß das, trotz des ordinären Tons, der an Markttagen herrschte – »die Goschen der Eierweiber scharf wie ein Schwert« –, eine noble Adresse gewesen sein, andernfalls hätte Fanny kaum hier logiert.

Die großen Bekanntschaften aus dem Burgtheater

An Hauf'n Sach' hot's g'habt, de Fanny, wias abtreten is, hoaßts, und dene Burgschauspüla hot's aa no was g'lernt – naa, Unterlagen werd's nimmermehr geb'n drüber – wahr is des aber ganz g'wiß.

Kommentar eines Wieners 1984

Von selbiger Stunde an, da sie die Bühne verlassen hatte, soll Fanny nur noch wenig Interesse für das Ballett gezeigt haben. War das gar so verwunderlich? Wenn jemand ein Buch geschrieben hat, klappt er es zu und schaut nur selten hinein. Nicht, weil er es weniger liebte, sondern weil ein Stück Plackerei, ein Stück gelebtes Leben hinter ihm liegt. Fünfunddreißig Jahre »Danzn« mochten genug sein, jetzt sollten andere zeigen, was in ihnen steckte, und tat dies ein besonders hoffnungsvolles junges Tänzertalent, zog Fanny hin und wieder die Spendierhose an, um es finanziell zu unterstützen.

Ihre Begeisterung gehörte nun ganz und gar dem Wiener Sprechtheater, der »Burg«. Auf dem alljährlich stattfindenden Ball der »Concordia«, einem Journalisten- und Schriftstellerverein, lernte sie den derzeitigen Direktor des Burgtheaters, Adolf Wilbrandt, und dessen Frau, die Burgschauspielerin Auguste Wilbrandt-Baudius, kennen (die sie später in Briefen als »holdes Frauchen mit den schönsten blauen Augen« anhimmelt). Spitzbart Wilbrandt, der von sich sagte: »Der Dichter in mir hat den Direktor vom Stuhl gezogen«, dieser Dichter also, ist von der sechzigjährigen Elßler hingerissen und schwärmt:

> Sie war noch zum Verlieben – ihre schöne Gestalt war frauenhaft geworden, aber jeder Zoll war Anmut; so selbstverständliche, organische, nie pausierende Grazie hab' ich sonst wohl nie gesehen ...

Mit Wilbrandt war der enge Kontakt zu Wiens Schauspieler-Elite hergestellt, und die gab sich bald in Fannys Wohnung die Klinke in die Hand; auf der Gasse reckten Kuchlmenscher und feinere Dienstboten mitsamt ihren Gnädigen die Hälse, wenn diese Burgtheatergrößen aus den Droschken stiegen, um der Elßlerschen ihre Reverenz zu erweisen. Unter ihnen die Mimin Amalie Haizinger, der Sänger und Schauspieler Heinrich Anschütz, der Lustspielkomiker La Roche (den man lange Zeit für einen leiblichen Sohn Goethes hielt, was er sich nicht ungern gefallen ließ), die große Tragödin Charlotte Wolter, die Heldenmutter Julie Rettich in Begleitung ihres Gatten, des gefeierten Mimen Karl Rettich – und selbstverständlich Theaterchef Wilbrandt persönlich mit seinem »holden Frauchen«.
Als Charlotte Wolter an den schwierigen Rollen der stummen »Yelva« und der »Messalina« arbeitete, soll Fanny mit ihr jeweils den gesamten Part durchgespielt haben. »Sie zeigt den Burgschauspielerinnen wie man auf der Treppe effektvoll stürzt oder in den Spiegel weint«, schrieben die Gazetten, denn auch am Rollenstudium der Baudius und anderer Berühmtheiten – darunter Josefine Wessely – soll sie maßgeblich beteiligt gewesen sein. Josefines Nichte, unsere große Paula Wessely (und eines von Wiens Wahrzeichen unserer Tage), darüber befragt, ob aus der Familienchronik bezüglich dieses Rollenstudiums mit Fanny Elßler etwas bekannt geworden sei, ließ von ihrem ständigen Wohnsitz, der Grinzinger Himmelstraße, her wissen:

> Meine Tante Josefine verstarb 1878. Es ist durchaus möglich, daß sie mit Fanny Elßler Kontakt hatte, doch wurde in meinem Familienkreis nicht darüber gesprochen, so daß sich für mich auch keinerlei Zusammenhang mit der berühmten Tänzerin ergibt.

Mancherorts möchte man Fannys gelegentliches Tun auch heute noch in eine »Lehrtätigkeit« umfunktionieren, doch sind effektive Dokumente hierüber nicht aufzutreiben, und so drängt sich einem die Erinnerung an Jung-Fannys einst von der Presse hochgejubelte »wunderbare Kochkünste« auf. Ein-, zweimal Salat angerichtet, Kaffee gekocht – fortwährend Salat angerichtet, Kaffee gekocht ... Hingegen ist anzunehmen, daß die vormals weltberühmte Pantomimin ihren Schauspieler-Freunden tatsächlich Hilfestellung und Tips gab, was aber nicht gleich in eine Lehrtätigkeit im Sinne des Wortes ausufern mußte.

Wiens »schöne alte Dame« läßt bitten

Die Stimme Fannys klang sehr angenehm, sie sprach ungemein natürlich, ohne allen Pathos, sie war niemals geistreich, immer klug und nie habe ich sie spöttische Bemerkungen machen hören ...

Aus den schriftlichen Aufzeichnungen einer Verehrerin, 1876

Man speiste vortrefflich an Fannys Tafel, ausreichende Mittel waren vorhanden, und mancher Feinschmecker tat sich an ihrem »kunstvollen Gericht aus Kiebitzeiern«, an ihrem Braten, »den sie mit Anmuth zerlegte«, mehr als gütlich. In funkelndem Kristall wurde der Wein kredenzt, von reich bemaltem Porzellan gespeist, mit schwerem Silber gegabelt, wobei die Gastgeberin, dies wird von Elßlerfreunden eifrig versichert, »dennoch auf einfach-bürgerlichen Ton hielt«. Auf welchen Ton hätte sie sonst wohl halten sollen?
Fotografien der siebziger und der beginnenden achtziger Jahre, die einzigen Zeugen ihres wahren Äußeren, zeigen ein selbst noch im Alter faltenloses (was natürlich zum Großteil der damaligen Technik zu danken ist), gutaussehendes, manchmal leicht gedunsen wirkendes Gesicht mit auffallend schmalen Lippen, einer nicht eben zierlichen Nase und dem wenig attraktiven Kinn; wird es von aufgestecktem Haar umrahmt, ist eine flüchtige Ähnlichkeit mit Kaiserin Elisabeth nicht von der Hand zu weisen.
Läßt sich die alte Elßler »auf herzliches Bitten weniger Bevorzugter« dazu herbei, wieder ins Bühnengwandl zu schlüpfen, um dann in »Cachucha-Stellung« ihre »mimischen Zauberkünste« zum besten zu geben, wird dieses Ereignis in zeitgenössischen Schilderungen zum Augenschmaus:

Fanny Elßler hatte ihr Kleid ein wenig geschürzt und tanzte,

> vielmehr schwebte, zwei- bis dreimal den geräumigen Saal auf und nieder, mit so graziösem, ausdrucksvollem Beugen und Neigen des Hauptes und Oberkörpers, mit so runden welligen Bewegungen der Arme, daß mir (Wilbrandt) zum ersten Mal klar wurde, was ein idealer Tanz sei …

Das klingt phantastisch, doch gibt es ein Foto von einer solchen Szene, und auf ihm – es mag an Fannys oberösterreichischer Goldhaube liegen – erinnert sie an das in die Jahre gekommene Hollandkäse-Meisje im Werbefernsehen, proper, bieder, mit sechzig sensationell gut erhalten. In ihren Zügen scheint die Künstlerin ausgelöscht, das an die Wiener Gesellschaft Angepaßte dominiert und läßt sie zur Allerweltfreundin werden. Dennoch – irgendwo im Winkel des kaum angedeuteten Lächelns lebt die schlaue, unangepaßte Fanni fort, jene, die so gut in unsere Zeit gepaßt hätte, und schaut drein, als wollte sie diese ganze G'sellschaft wieder amal foppen. Vom Kinn abwärts wirkt sie etepetete, so daß man sich August Erhards Analyse anschließen möchte, in der er feststellt:

> Mit der Sorgfalt, die sie bis ins hohe Alter sich selbst und ihrem Heim angedeihen ließ, macht sie den Eindruck einer Frau, die stets mit frischen weißen Handschuhen durchs Leben ging, wohl darauf bedacht, daß kein Fältchen die Nettigkeit des Anzugs störe.

In Fannys mittleren Jahren wurde Betty Paoli, Journalistin, Literatin und Pessimistin höchsten Grades, ihre Freundin – ob sie auch Vertraute in des Wortes Bedeutung war, darf bezweifelt werden. Denn in den meisten ihrer später veröffentlichten Betrachtungen über die Elßler sprach Betty hauptsächlich Mutmaßungen aus, besonders zum Thema Gentz, obwohl Frauen, wenn sie wirklich vertraut miteinander sind, gerade über solche Dinge, und liegen sie noch so weit zurück, sehr aufrichtig miteinander sprechen. Es mag sich hier eben auch um eine jener Freundschaften der Zeit gehandelt haben, stets mit überschwenglicher Zunge gepflegt, selten an den Kern gelangend.

Elßler-Billettchen wie folgende schwirrten in drei Jahrzehnten unentwegt aus, um mit möglichst vielen Kontakten die Löcher in einem nicht immer ausgefüllten Alltag zu stopfen. Man bedankte sich, wie es der Brauch war, überschwenglich für Blumen und Geschenke, lud diverse Bekannte »zu Mittag« ein.

Liebenswürdiges Fräulein

gestern erfuhr ich, daß Sie in der Stadt seien, und beeile mich daher, Sie zu bitten, ob Sie nicht ganz freundschaftlich morgen ... zu Mittag mit uns essen wollen? Sie finden Herrn H. ... und wenige gute Freunde. Ein Ja Wort wird höchst erfreuen ...

Ihre stille Verehrerin Fanny Elßler

An »Hugo«

Wenn auch zu mir kein Christkindchen kommt, bey Ihnen darf es nicht ausbleiben. Nehmen Sie freundlichst diese Kleinigkeit hin, und glauben Sie an die unwandelbare Freundschaft Ihrer treuen Freundin ...

An die »holde Freundin«, Auguste Wilbrandt-Baudius

Nehmen Sie besten Dank für die herrlichen Blumen und den guten Neujahrswunsch ...

Fanny Elßler [der Name gedruckt auf dem Billett] küßt Ihre schönsten blauen Augen ...

Im März des Jahrs 1872 bedankte sie sich bei der Dichterin Baronin Ebner-Eschenbach für die Gabe eines »einfallsreichen« Märchens:

... Sie haben mir inmitten meiner Trauer ... heitere Stunden verschafft durch diese unvergleichliche Prinzessin, die nur einen Wunsch im Herzen trägt, ihr Volk möge *ein* Herz haben, damit sie es leichter beseligen könne. Wie schön, wie herrlich!

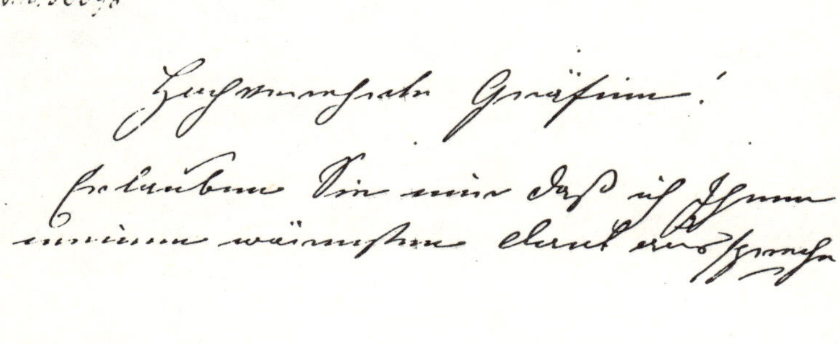
Hochverehrte Gräfin!
Erlauben Sie mir daß ich Ihnen
meinen wärmsten Dank ausspreche

für die freundliche Erinnerung,
für die liebenswürdige Gabe
Ihres inhaltreichen Märchens.
Sie haben mir, in Mitte meiner
Leiden eine heitere Stunde ver-
schafft durch diese unvergleichliche
Prinzessin, die nur den Wunsch
im Herzen trägt, ihr Volk möge
nur ein Herz haben, damit
sie es beseligen könne.
Wie schön, wie herrlich!
In aufrichtiger Verehrung
empfiehlt sich Fanny Elssler.

den 24/3. 72.

 Fanny Elssler

Frau Baronin Ebner-Eschenbach.

durch Güte.

Das schwarze Jahrzehnt

Was ich seit Tagen gelitten, ahnst du! du holde Freundin, die du weißt, was mein Herz schon alles verloren hat ...

Fanny Elßler an Betty Paoli, Mai 1873

In den siebziger Jahren trägt der Tod die Namen vieler ihrer engsten Familienangehörigen. »Sie haben mir inmitten meiner Trauer heitere Stunden verschafft«, gestand sie der Eschenbach, und in der Tat, viele Male mußte sie hinter einem Sarg hergehen.

In der Meraner »Villa Fanny« verstarb im Juli 1870 die erst siebenunddreißigjährige Resi an einem Brustübel, wie man die Schwindsucht damals unter anderem nannte, und so hatte die vormals auf Kostplätzen herumgeschobene Elßler-Tochter ihr nun so erfülltes Leben mit einer eigenen Familie nur kurz auskosten können.

Im März des Jahres 1872 verschied Fannys Bruder Johann (John) in Berlin; und so war seine »herzensgute Minna« allseits geachtete Chordirektorswitwe. Bruder Pacificus (Fannys ältester Bruder Joseph) war bereits 1856 im Kloster Maria Lanzendorf verstorben und Netti (Anna), die älteste Schwester, hatte man im April 1863 erst neunundfünfzigjährig begraben müssen.

Den größten Schmerz stand Fanny jedoch im Mai 1873 durch, als sie die Nachricht erhielt, ihr Sohn Franz habe sich in der Mürz ertränkt, angeblich, wie bereits angesprochen, wegen hoher Schulden. Für Fanny womöglich doppelte Qual insofern, als sie an seinem Freitod auch eigene Ohnmacht, eigenes Versagen ermessen mußte.

Fünf Jahre nach dem Tod des Sohnes, im November 1878, eilte sie an das Sterbebett ihres sie einst beschützenden »Grenadiers«: Therese, seit 1850 mit Prinz Adalbert von Preußen in morganatischer Ehe verbunden und vom preußischen König zur Freifrau von Barmin erhoben, erlag nun siebzigjährig ebenfalls einem Lungenleiden. Ihre Ehe, von seiten der angeheirateten königlichen Verwandtschaft mancherlei Vorurteilen und Gehässigkeiten ausgesetzt, dürfte nicht leicht gewesen sein; aber Therese hielt stand, bis der frühe Tod ihres Sohnes, der sich in Afrika ein tückisches Fieber geholt hatte, und das Ableben des Gatten während einer Kur in Karlsbad diese vormals so starke Frau seelisch zermürbten.

Von den »Meinigen« waren Fanny außer Kathi Prinster und dem Schwiegersohn Viktor die vier Enkelkinder Franz, Rosa und die beiden Fannys geblieben. Besonders nahm sie die Erziehung von Franz, dem Ältesten ihres verstorbenen Sohnes, in die Hand. Dieser junge Mensch schien jedoch unentschlossen, studierte zunächst Philosophie, sattelte auf Medizin um und wechselte schließlich zum Jurastudium über. Vielleicht steckte etwas von der Unstetigkeit seines Vaters in ihm, auf jeden Fall hatte er dessen weltmännische Ader geerbt. Und auch ihn beschäftigte die ewig ungelöste Frage nach seiner Herkunft väterlicherseits, wie aus den bereits zitierten Aufzeichnungen seiner späteren Frau Sophie hervorgeht.

Daß sich Fanny für diesen Enkel einsetzte, ist unter anderem einem Brief zu entnehmen, den sie ihm von Kloster Mölk aus sandte. In schönstem Fanni-Deutsch heißt es darin:

> Lieber Franz, ich komme so eben von dem Preladn, der mich sehr freundlich aufgenommen hat und mich ... frug, ob du zur Philosophie über gehst, ich sagte ja, u. so bedauerte Er, dan nicht die Freude zu haben, dich aufnehmen zu können. Er gab mir aber den Rath, ich möchte da ich über Linz reise doch mich erkundigen ob der Prelad von Kremsmünster dort sey ...

Also eine Empfehlung des Prälaten von Kloster Mölk an denjenigen in Kremsmünster, wo Fanny ihren Enkel dann tatsächlich zum ersten Studium unterbrachte. Dr. jur. Franz Elßler starb jedoch bereits im Alter von fünfunddreißig Jahren; er hinterließ seine Frau Sophie und die minderjährigen Kinder Rosa und Wilhelm.

Eine Gesellschaft von Mumien

Ich sende Ihnen die zwölf Buchstaben, die den Namen bilden, welchen Sie die Ehre erweisen wollen in Ihr schönes Album einzureihen.

Stammbuchbesitzerin Elßler an Stammbuchbesitzerin Frau von Suss, 16. Jänner 1875

In die Jahre gekommen, hatten es sich die beiden Damen nun schon eine ganze Weile auf der Ottomane bequem gemacht. Kathi in schwerseidener Steifheit, die kurzen Korkenzieherlocken am Oberkopf mit Dutt und Schleiferl gekrönt, Fanny angeblich mitunter recht kess in hellgraue Seide gehüllt, eine La-France-Rose an Ausschnitt und Taille befestigt. Ein wenig Elisabeth-Haarkranz, ein wenig klassischer Knoten, je nach Laune, manchmal »lichtrosafarbene Bänder nach Art der griechischen Reifen um das Haupt«. Jede andere Frau fortgeschrittenen Alters würde so gekleidet lächerlich gewirkt haben, räumt eine Augenzeugin in ihren schriftlichen Erinnerungen von 1876 ein, »Fanny aber glich einem anmutsvollen, dem Rahmen entstiegenen Bilde, nichts störte die Harmonie ihrer Erscheinung«.

Wie gesagt, keines der etwa ab Anfang der siebziger Jahre entstandenen Fotos zeigt Fanny in solcher Aufmachung, und wir können zeitgenössischen Schilderungen wie diesen Glauben schenken oder es bleiben lassen. Waren früher ihre »kostümierten Unterhaltungen« stadtbekannt und meist überlaufen, jetzt machten »Fannys Donnerstage« Furore, der Nachwelt vor allem aus Ludwig Hevesis Berichten in seinem »Wiener Totentanz« bekannt geworden.

Donnerstags also erschienen bei Elßler und Prinster eine Reihe alter bis steinalter Generäle, Fürsten, Exzellenzen und sonstige Persönlichkeiten von gestern und vorgestern, eine, wie Hevesi das nannte, »liebgewordene Gewohnheit, so daß sie bis zu ihrem Tode mechanisch hingingen«. Diesem Mechanismus frönte auch Karl Friedrich Fürst Schwarzenberg, »ein alter Soldat, der den nächstbesten schwert- oder pickelähnlichen Gegenstand ergriff und, rittlings auf seinem Sessel wie auf einem Schlachtroß sitzend, mit der Genauigkeit eines Fechtmeisters zeigte, wie er bei San Vincente zwei Christinos auf einmal vom Pferde stach und bei Carvajales (Spanien) den berühmten Zweikampf mit dem feindlichen Oberleutnant ausfocht ...«

Betty Paoli hatte jahrzehntelang mit dem wackeren Haudegen korrespondiert und soll sehr in ihn verliebt gewesen sein, doch mußte das große Gefühl wegen des Standesunterschieds im Platonischen Unterschlupf suchen. Der alte Fürst gehörte bis zur endgültigen Bettlägrigkeit zum harten Kern von »Fannys Donnerstagen«, bei denen es, wie Hevesi wiederum feixend hinterbringt, folgendermaßen zuging:

> Sie kamen pünktlich, wenn auch nur, um in ihren weichen Lehnstühlen, in die sich niemals ein anderer setzte, sofort einzuschlafen und gar nicht mehr aufzuwachen bis acht Uhr, wo dann der Kammerdiener mit gemessener Amtsmiene eintrat, um Durchlaucht oder Exzellenz nach Hause zu bringen, wenn auch die ganze Gesellschaft ihn bat, den alten Herrn doch noch ein Viertelstündchen dazulassen. Das ginge nicht an, meinte so ein Vielgestrenger, indem er Seiner Durchlaucht wie einem Säugling Mund und Nase abwischte, denn er sei verantwortlich für den regelmäßigen Gang dieser alten Lebensuhr, an deren Gewohnheiten nicht gerüttelt werden dürfe.

Weil aber ein Kranz aus Mumien und Alterssäuglingen einer Dame recht ältlich zu Gesicht steht, und Fanny, ihrem Image gemäß, möglichst jugendlich daherzukommen hatte, fügte mancher galante Elßlerist Hevesis Schilderung den Schnörkel hinzu, an den besagten Donnerstagen seien natürlich auch junge Leute in Fannys Salon gekommen, um sich, von der Hausfrau dazu ermuntert, »ausgelassener Heiterkeit« hinzugeben. Fragt sich nur, wie es dann möglich war, daß die Mumien in den weichen Lehnstühlen zu ihrem ausgiebigen Schlaferl kommen konnten.

Götterdämmerung

Mir ist zumut, daß ich die Schwäche
von allem Zeitlichen recht spüren muß,
bis in mein Herz hinein,
wie man nichts halten soll,
wie man nichts packen kann,
wie alles zerlauft zwischen den Fingern,
alles sich auflöst, wonach wir greifen,
alles zergeht wie Dunst und Traum.

Arie der Marschallin aus dem »Rosenkavalier«

Nach ihrem siebzigsten Geburtstag ging es mit Fannys Gesundheit bergab. Zwar hatte Adolf Wilbrandt der Jubilarin in seinem Gedicht noch geschmeichelt: »Den Geist des Lebens möcht' ich heut' befragen, was dich so unbegreiflich jung erhält?« – doch wurzelte die von vielen Leuten ihrer Umgebung aufgeworfene Frage eben wieder in Äußerlichkeiten. Sie selber spürte das Alter in den Knochen, und gemeinsam mit Kathi reiste sie zu Kuren nach Vöslau und Ischl; die beiden Unzertrennlichen, einander Ähnelnden verbrachten in Reichenau an der Rax im »Thalhof« erholsame Stunden, aber fast häufiger noch als Fanny kränkelte »meine Katti«.

Die Damen reisten weiter nach Baden, dem feinen Kurort vor Wiens Haustür, den einst auch Konstanze Mozart sehr geschätzt, und wohin ihr das schon kranke Wolferl folgte, um sie im Kreise junger Kavaliere alberne Schäferspiele aufführen zu sehen.

Elßler-Prinster stiegen im »Herzogshof« ab, und Fanny bemühte sich redlich, jedermann auf der Straße in kerzengerader Haltung zu begegnen, obwohl ihr das bereits die größten Anstrengungen abverlangte.

Ein letztes Mal kamen die beiden im August 1882 nach Vöslau, um wiederum reine, stärkende Luft zu tanken. Ja, Luft zum Atmen, wie Fanny an die Paoli schrieb, müsse sie haben! Fast schien es, als wollte sie die Schnaufer verdoppeln, letzte einzubringende Ernte vor dem nahen Ende ...

Doch wie tröstlich, wie von Sicherheit und luxuriöser Behaglichkeit getragen, war dieses Alter – nicht nur im Vergleich zu den letzten Lebensjahrzehnten ihrer einstigen Rivalin Maria Taglioni.

Nachdem diese 1847 von der Bühne aus Altersgründen abgehen mußte, floh sie förmlich vor den Gläubigern aus ihrer Villa am Comersee. Fortwährend in Geldschwierigkeiten, gab die erschreckend Gealterte in London Tanz- und Anstandsunterricht. Im Hydepark, beim Spaziergang mit ihren Zöglingen, soll man sie hin und wieder gesichtet haben – La Sylphide in einen schäbigen Matronenkittel gehüllt, mit kleinen unsicheren Schritten durch Nebel und Nieselregen hastend. Wie grausam verfahren die Götter mit ihren abgetakelten Lieblingen! – Lange, vielleicht viel zu lange, währte dieses ärmlich-einsame Leben, bis es am 24. April 1884 in Marseille verlöschen durfte.

Wir wissen natürlich, daß auch an Fanny Elßler der Kelch des Leidens, von den tragischen Todesfällen in ihrer Familie ganz zu schweigen, nicht vorüberging.

Und wie ist das, wenn man einst »göttliche« Schönheit gewesen und einem nun die Krebskrankheit Brust, Hals und zuletzt noch die linke Gesichtshälfte zerstört, verzerrt? Es ist nicht anders als bei anderen Sterblichen auch, und nie zuvor mag sie sich dieser Sterblichkeit stärker bewußt geworden sein. Ein leidender Mensch würde sie für den kleinen Rest Leben bleiben, denn obwohl man ihr 1882 eine Brust entfernt hatte, wucherten die bösartigen Geschwülste weiter, krochen wie braungewordener Efeu über Hals und Gesicht.

Ihren letzten Herbst verbrachte Fanny bei schönem Wetter meist liegend auf der Veranda – stille, schmerzvolle Tage vor der Weite eines neuerstandenen, neuerstehenden Wien, das ihre Augen bald nicht mehr schauen dürften – Es wird ein Wein sein und mir wer'n nimmer sein, 's wird schöne Maderln geb'n und mir wer'n nimmer leb'n ...

Tage erfüllt mit Erinnerungen an die Straßen der Welt, deren Tücken ihre gußeiserne Gesundheit jederzeit getrotzt hatte ... Berlin, London, Paris, Mailand, New York, Havanna – waßt es noch, Fannerl? Was wohl aus ihrem kubanischen Don Penalver geworden war? Des müßt' jetzt aa a oids Manderl sei, a uroids Manderl – oder er lebt scho' lang nimmermehr ... Erinnerungen von kleinen Seufzern begleitet, die einst Gluckser der Glückseligkeit gewesen. Das alles lag so viele Monde hinter ihr, jetzt waren nur noch ein paar Schritte vorwärts zu tun und die Ewigkeit fing einen auf.

Ein blauweißes Himmelbett soll sie besessen haben, daneben der Betschemel, um sie herum in den Schränken, Truhen, Kassetten alles was man an Herrlichkeiten für Geld kaufen kann, oder was einem – man ist galant, man macht Präsente – die noblen Freunde und Verehrer vor die weltberühmten, lang schon ausgedampfelten Fuaßerln gelegt. Und bei Rothschild ein Konto, das trotz des aufwendigen Lebensstils als Privatière in den letzten dreißig Jahren noch rund dreihunderttausend Gulden betrug, dazu Aktien, Schmuck und Juwelen, Silber, Porzellan et cetera. Ja, es war an der Zeit, die letzten Dinge zu ordnen, damit nach ihrem Ableben jedes der Enkerln zu seinem Recht kam, und es net gleich nach der Leich' zu Streitigkeiten unter den Verwandten kommen würde.

Also ging Fanny daran, ihr Testament aufzusetzen, das heute, wie Riki Raab in den Wiener Geschichtsblättern von 1960 vermerkte, nur noch »in Abschrift« existiert; das Original soll bei einem Brand im Justizpalast am 15. Juli 1926 vernichtet worden sein.

Man stellt sich die alte Elßler mit leicht gekrümmtem Rücken am Sekretär sitzend vor, so wie seinerzeit die Zwanzigjährige über den Tisch gebeugt »Einnahmen« zählte. Und in ihrer Mischung aus Latein- und Kurrentbuchstaben schreibt sie bedächtig: »Mein letzter Wille« –, setzt ab, horcht in sich hinein und bekundet weiter, was ein Notar mit ihr zusammen ausarbeitete:

> Ich, Fanny Elhsler, erkläre nach reiflicher Überlegung, frei von jedem fremden Einfluß, bei vollkommen gesundem, klarem Geiste, Nachstehendes als meinen letzten Willen, welchen ich hiermit in Form eines vollkommen rechtsgültigen und unanfechtbaren Testamentes niederlege.
>
> Nachdem ich so unglücklich war meine innigstgeliebte Tochter Therese von Webenau so frühzeitig zu verlieren, auch mein Sohn Franz Robert Elhsler bereits mit Tod abgegangen ist, ich überdies meine genannten beiden Kinder schon bei meinen Lebzeiten mit ihrem gesetzlichen Ansprüchen auf einen Pflichttheil vollkommen befriedigt und abge-

fertigt habe, somit ich über mein ganzes noch vorhandenes Vermögen frei und ungehindert verfügen kann, so erkläre ich hiermit, wohl wissend was ich thue, meinen letzten Willen, wie folgt, u. z.:

§ 1. Zu meinen Erben ernenne ich meine vier Enkel u. z. nach Stämmen, in der Art, daß die Eine Hälfte meines Vermögens, in so ferne ich nicht schon anders darüber verfügt habe, oder hier anderweitig verfüge, meiner Enkelin Fanny von Webenau, die andere Hälfte aber den drei ehelichen Kindern meines verstorbenen Sohnes Franz Robert Elhsler unter den in den nachfolgenden §§ 4 u. 5 enthaltenen Beschränkungen, als Eigentum zufalle.

§ 2. Mit Rücksicht auf die meinen Kindern bei Lebzeiten bereits von mir zugewendeten Summen vermache ich den drei Kindern meines verstorbenen Sohnes Franz Robert Elhsler u. z. Jedem derselben ein Prälegat von Zehn Tausend Gulden Ö. W. ---

§ 3. Meiner Schwiegertochter Rosa Elhsler bestimme ich ein Legat von Zwei Tausend Gulden ö. W. ---

Für den Fall, daß »alle drei Kinder meines Sohnes vor Erreichung des 24. Lebensjahres und ohne Hinterlassung ehelicher Kinder sterben«, sollte den Kindern ihres Cousins Karl Prinster, »Fürst Esterhazi'scher Waldmeister zu Lockenhaus«, deren Vermögen zufallen. Diese Situation trat nicht ein, aber es würden sich Hände genug ausstrecken nach den Perlschnüren, den goldenen Armbandln, den Diamantringen, Kopf- und Busennadeln, Broschen und Ohrgehängen mit Rubinen, Brillanten, Türkisen, Saphiren und Smaragden besetzt. Die wertvollsten Schmuckgegenstände hatte sie schon zu Lebzeiten verkauft, was unter Punkt 8, der ihr Vermächtnis an Kathi betrifft, zur Sprache kommt:

§ 8. Meine sämtlichen Effekten, als Präziosen, Silber, Möbeln, Garderobe, Chales, Pelze, Porzellan, Glas, Hauseinrichtung, Leib- Haus- u. Bettwäsche u.s.w. wie es liegt u. steht, vermache ich der treuen Gefährtin meines Lebens meiner theuren Cousine Kathi Prinster wobei ich ausdrücklich bemerke das ich meine werthvollen Schmuckgegenstände bei Lebzeiten verwerthet und den Erlös meinem Vermögen einverleibt habe. ---

Nachdem der Nachlaß geordnet war, schien es der Vierundsiebzigjährigen eine Weile besser zu gehen, doch nach der letzten Kur in Baden kehrten die Schmerzen verstärkt zurück, die Krankheit verzerrte Wange und Augenlid.

In ihrem Himmelbett dämmerte sie dahin, verlangte am 17. November die heiligen Sterbesakramente, ein paar Tage Todeskampf, dann, am 27. November 1884, verschied sie im Beisein ihrer Katti.

Es hat Gott dem Allmächtigen gefallen, unsere theuerste Angehörige, die unvergeßliche Künstlerin

Fanny Elßler

aus diesem Leben abzuberufen.

Sie verschied Donnerstag den 27. November 1884, um 2 Uhr Nachts, nach langem schmerzvollen Leiden, versehen mit den heil. Sterbesacramenten, im 75. Lebensjahre, auf's Tiefste betrauert von den Ihrigen.

Die entseelte Hülle der theueren Verstorbenen wird Samstag den 29. d. M., präcise 2 Uhr, in der Metropolitan-Kirche zu St. Stefan feierlich eingesegnet und sodann auf dem Orts-Friedhofe in Hietzing im eigenen Grabe zur ewigen Ruhe bestattet werden.

Montag den 1. December l. J., um 10 Uhr Vormittags, werden in der genannten Kirche zum Seelentroste der Verstorbenen die heil. Messen gelesen.

Wien, den 27. November 1884.

Die tieftrauernden Hinterbliebenen.

Danach schien es so, als ginge ein Raunen durch Wien: Habt's scho' g'hört, die Elßler is g'storb'n, die Fanni – Gott hab sie selig ... Und die Gazetten, stete Begleiter dieses einst begnadeten Talentes, bereiteten ihr einen Sarg aus viel Druckerschwärze, Nachrufe wie folgende erschienen in sämtlichen Blättern:

† Fanny Elßler.

Wien, 27. November.

Eine der berühmtesten Tänzerinnen der Gegenwart, deren Triumphe noch in den Beginn unseres Jahrhunderts fallen, Fanny Elßler, ist heute Nachts um halb 3 Uhr in ihrer Wohnung auf der Seilerstätte gestorben. Eine geborene Wienerin, hat sie mit dem Ruhme von ihrer Grazie und Kunstfertigkeit beide Hemisphären erfüllt; in Wien hat sie auch im hohen Alter die Augen geschlossen. Die heutige Generation kennt den Zauber, welchen der Name Elßler ausströmte, nur vom Hörensagen; als aber Fanny, die göttliche Fanny, wie sie von verzückten Anbetern genannt wurde, noch unseren Großvätern und Vätern den Kopf verdrehte, als Fürsten vor ihr auf den Knien lagen, als feurige Italiener und bedächtige Norddeutsche sich an ihren Triumphwagen spannten, bedeutete die Elßler den Inbegriff alles Schönen und Beseligenden, den Himmel auf Erden, kurz einen Engel, welcher zufällig die Güte hatte, statt unter Unsterblichen unter uns Irdischen zu gastiren.

Fanni Elßler †.

Dieses Jahr lichtet in betrübendster Weise die Reihe der Wiener Theater-Zelebritäten. Auf die Gallmeyer, La Roche, Ascher, Haizinger ist Fanni Elßler gefolgt, die berühmteste von Allen, deren Ruhm einst überall verkündet wurde, die in zwei Welttheilen die glänzendsten Triumphe gefeiert hat, die als die verkörperte Grazie, als die personifizirte Muse des Tanzes, als die Großmeisterin dieser Kunst gepriesen ward, von der man sagte, daß ihr Mienenspiel das Einzige sei, was die Stimme der Malibran ersetzen könne. Es sind über dreißig Jahre, seitdem die „göttliche" Fanni von der Bühne geschieden, und der jetzigen Generation galt beinahe als eine Mythe, was von ihrer Kunst und von der Art, wie sie vormals gefeiert wurde, erzählt wird. Seit dreißig Jahren lebte Fanni Elßler in ihrer Vaterstadt und bis vor Kurzem war die Gestalt der Künstlerin von einer Anmuth umflossen, welche die Zahl der Jahre, die seit ihrem Wiegenfeste verflossen waren, nicht ahnen ließ. Im regsten Verkehr stand sie allezeit mit den hervorragenden Künstlern Wiens, bei keiner irgendwie bemerkenswerthen Vorstellung fehlte sie und noch vor einigen Jahren erregte sie als treue Besucherin der „Concordia"-Bälle die allgemeine Aufmerksamkeit. Dem Ballet blieb sie eine anhängliche Freundin, die nie säumte, jüngeren talentvollen Tänzerinnen Rath zu ertheilen, sie zu fördern und zu ermuntern.

Der letzte Akt

Wenn ich mir vorstell', es ist einmal aus,
sechs schwarze Lackeln die schleppen mich 'raus,
hinterdrein hatschen nur traurige Leut',
glaubt's, daß mich das in der Kisten vorn g'freut?
Froh hab i g'lebt und so will ich auch sterb'n,
mir kann ka Teufel die Stimmung verderb'n,
drum schaut's net tramhapert drein,
denkt's euch, was sein muß, muß sein ...

Aus dem alten Wiener Lied: »Kinder, weg'n meiner brauchts ka Trauergwand.«

Am 29. November fanden die Trauerfeierlichkeiten im Stephansdom statt, Mitglieder des Hofopernchors sangen den Choral, und noch einmal – Mäderl, schau hin! – regnete es Rosen und weiße Kamelien. Acht mit Reiherfedern geschmückte Rappen hatten vorhin den Gala-Leichenwagen »vom Trauerhause aus nach der Domkirche gezogen«. Bedienstete des Bestattungsunternehmens »Concordia« schritten »in spanischer Tracht mit brennenden Fackeln« zu beiden Seiten des Sarges her. Für diese Prunkbeerdigung soll der Unternehmer eintausendsechshundertachtundfünfzig Gulden eingestrichen haben.
Vom Stephansdom aus setzte sich der Trauerzug »nach dem Ortsfriedhofe Hietzing in Bewegung«, begleitet von Fürstlichkeiten, Künstlern, Theaterdirektoren, Journalisten, engeren Freunden und nächsten Verwandten. Und hier nun, unter dem von Bildhauer Heinrich Natter (für fünfhundert Gulden) geschaffenen Grabmal, fand das Sterbliche an Fanny Elßler die letzte Ruhe.

Wiener Zeitung 30. November 1884

Fanny Elßler's Leichenbegängniß.

Die sterbliche Hülle Fanny Elßler's wurde gestern Nachmittags zur letzten Ruhestätte geleitet und der glänzende Ruf, den die Verblichene als gefeierte Künstlerin genoß, manifestirte sich bei der Leichenfeier durch die überaus zahlreiche Betheiligung von Leidtragenden in außerordentlicher Weise. Die besten Kreise der Residenz, die ersten Vertreter der Kunst, sowie ein nach Hunderten zählendes Publicum hatten sich in der Domkirche zu St. Stephan eingefunden, um der Einsegnung der Leiche beizuwohnen und hiedurch der Verehrung für die todte Künstlerin Ausdruck zu geben. Den ganzen Vormittag hindurch und selbst noch in der ersten Nachmittagsstunde waren viele Persönlichkeiten im Trauerhause erschienen, um den hinterbliebenen Familien-Mitgliedern der Verblichenen zu condoliren und den Sarg mit Kränzen zu schmücken.

Präcise um 2 Uhr setzte sich vom Trauerhause aus (Seilerstätte Nr. 19) der Conduct nach der Domkirche zu St. Stephan in Bewegung. Ein Herold zu Pferde, dem zwei berittene Laternenträger folgten, eröffnete den Zug. Ein offener Trauerwagen mit einem großen Theile der gespendeten Kränze, Palmenzweige und Blumengewinde fuhr hinter den berittenen Functionären der Leichenbestattungs-Unternehmung „Concordia" und nun kam der Gala-Leichenwagen, welcher von acht mit Reiherfedern versehenen Rappen gezogen wurde. Bedienstete der „Concordia" in spanischer Tracht mit brennenden Fackeln schritten zu beiden Seiten des Sarges, den ein kostbares, schwarzes Bahrtuch mit Stickereien verdeckte. Eine Viertelstunde nach 2 Uhr langte der Trauerzug beim Riesenthore des Stephansdomes an. Der große freie Platz vor demselben war schon lange vorher mit einer vielhundertköpfigen Menschenmenge dicht besetzt. Die weiten Räume der Kirche selbst waren ebenfalls mit Trauergästen und älteren Kunstfreunden, von welch' Letzteren einige noch Zeugen der Triumphe Fanny Elßler's waren, gefüllt.

Unter den anwesenden Sommitäten, welche im Presbyterium Platz genommen hatten, bemerkte man den FZM. Grafen Neipperg, den Divisionär FML. Joseph Fürsten zu Windischgrätz, den Fürsten Georg Czartoryski, den Geheimen Rath Freiherrn von Schwegel, den Hofrath Anton Freiherrn v. Pachner, den General-Intendanten Freiherrn v. Hofmann, Regierungsrath Wlasak, den Director des Hof-Operntheaters Jahn mit den Damen Cerale, Abel und Löscher, den Herren Mayerhofer, Reichmann, Winkelmann und Felix, den Oberregisseur Tetzlaff, den Balletmeister Telle mit den Solotänzern Price und Frappart, ferner die Mitglieder des Hofburgtheaters, die Herren Hartmann, Krastel und Rüden, die Damen Frau Wilbrandt-Baudius und Landvogt, Herrn Ernst in Vertretung des Directors Costa vom Josephstädter Theater, Professor Standthartner, den Grafen Sullivan &c. &c. Der Journalisten- und Schriftstellerverein

„Concordia" war durch seinen Präsidenten Regierungsrath Ritter v. Weilen vertreten. . . .

Unmittelbar nachdem der Sarg in der Nähe des Hochaltars auf einen Katafalk gestellt worden war, wurde die Trauerfeier mit Absingung eines Kirchenchorals eingeleitet. Der Pfarrer von St. St. Stephan nahm hierauf unter Assistenz von acht Priestern die feierliche Einsegnung der Leiche vor. Nach beendeter kirchlicher Ceremonie brachte der Hofoperntheater-Chor Reissiger's „Wanderers Nachtlied" zum Vortrage und mit diesem schloß die Trauerfeier in der Kirche. Der Sarg wurde wieder auf den Leichenwagen zurückgebracht und der Zug setzte sich nach dem Ortsfriedhofe in Hietzing in Bewegung. Die Angehörigen der todten Künstlerin und viele persönliche Freunde und Bekannte derselben folgten dem Sarge bis auf den Friedhof, auf welchem die sterbliche Hülle Fanny Eßler's im eigenen Grabe zur Ruhe gebettet wurde.

Tage danach noch, saß eine verstörte, verweinte Kathi in der einsamen Wohnung herum; vielleicht drang von unten das Geschrei der Gassenbuben zu ihr herauf, wie ein Ruf des Lebens, das auch für sie nur noch wenige Jahre weitergehen sollte. Dann wird unsere scharfäugige, mit den Ambitionen eines vierstöckigen Hausherrn ausgestattete, ihrer Cousine über den Tod hinaus treuergebene Prinster an deren Seite im ewigen Frieden ruhen.
Daß Kathi die großräumige Wohnung aufgab und in ein kleineres Logis übersiedelte, dürfte aber kaum, wie in manchen Berichten mitleidig angemerkt, an Geldmangel gelegen haben. Sie dachte wie immer praktisch, und eben der Hausverstand sagte ihr, daß man in der künftigen Einschichtigkeit weitaus bequemer in kleinerem Rahmen lebte, zumal ja auch die Zeiten der »Donnerstage mit Mumien« endgültig vorüber waren.
Der Journalist Ludwig Speidel besuchte das alte Fräulein Prinster in ihrem neuen Domizil, »in einer der stillen kühlen Gassen, die sich von der Kärntnerstraße nach der Seilerstätte hinziehen«. Eine steile, »vor Einsamkeit hallende«, Treppe führte hinauf zur Wohnung …

> … das Stubenmädchen öffnete, meldete, die Dame des Hauses sei zu sprechen. Das Empfangszimmer war mit altmodischen, mageren, steifen Einrichtungsstücken ausgestattet, an

den Wänden hingen Erinnerungen an Fanny Elßler. Die Stubenluft war von einer faden Reinheit, als ob hier kein warmblütiges Wesen atmete. Nicht lange, so trat Fräulein Prinster aus einer Seitentür herein, wie aus der Schachtel genommen; ein schneeweißes Häubchen auf dem Kopfe, graue Löckchen an den Schläfen, und aus dem schmalen Gesicht schauten kluge, alte Augen, die auf dieser Welt wohl mehr gesehen haben mochten, als der Mund zu sagen gut fand ...

Die alte Kathi, von Speidel beschrieben wie Rotkäppchens Großmutter, holte ihre Reliquien herbei, nahm das Tuch von Fannys in Gips gegossenem Fuß und, den Journalisten »bedeutsam anblikkend«, rief sie aus: O, sie ist schön gewesen!

Der Kreis schließt sich: Geh'n wir die Fanny b'suchen in Hietzing draußen

Des Wean, des is a oide Frau,
sie kann scho nimmer grein,
und in der Gosch'n tun de Zähn'
unheimlich schiach verfaul'n.
--- Sie laßt des Wasser unter sich
und wischt se mit der Hand,
den ganz'n Dreck aus ihram Leb'n
ins G'sicht und übers G'wand ...

Qualtinger/Heller

Vom Hauptplatz des uralten Dorfes Hietzing aus, heute ein nobler Wiener Vorort (Hans Moser und andere Wiener Größen besaßen und besitzen hier Häuser), führt die lange altertümelnde Maxinggasse direkt zum Hietzinger Friedhof. Entlang der Straße leuchten die Mauern wie eh und je in teils bröckelndem, teils nagelneuem Kaisergelb, und drüben auf Nummer achtzehn komponierte Johann Strauß Sohn seine *Fledermaus.* Hundert Jahre später wohnt eher Ärmlichkeit in diesem Biedermeierhaus; im Innenhof schauen Altfrauenaugen aus den Fenstern, lächeln zum Grün der Kletterpflanzen empor und verlieren sich darin wie in einem fernen Traum.

Von der Maxinggasse – zum Hietzinger Friedhof ist es noch ein Stückerl hin – zweigt die legendäre Gloriettengasse ab, in der noch immer die Schratt-Villa steht, besungen im Wiener Lied:

In einer Villa in Hitzing
hat Frau Schratt einst gewohnt,
in einer Villa von Efeu umrankt,
Für manches Schalerl Kaffee,
auf Wiener Art, wissen's eh,
hat sich der Kaiser Franz Josef bedankt. –
Noch liegt es verborgen im Grün,
in der Gloriettgass'n drin,
ein kleines Stückerl vom alten Wien.

Durch ein geheimes Türl im benachbarten Schönbrunner Schloßpark trat so manches Mal am frühen Morgen der alte Kaiser, um hereinzuschauen bei der »Gnädigen Frau« (nach Elisabeths Tod angeblich seine Gemahlin auf Rumpelstilzchen-Art), kaum daß sie noch Zeit fand, mit dem Zahnbürstl zu hantieren. Dann saß er beim Großen Braunen, die »allerhöchsten« Lauscher gespitzt für all den Tratsch und Klatsch, den ihm die Ex-Burgschauspielerin mit dem Guglhupf servieren mußte.

Er tat noch dieses und jenes, das war er seiner Gesundheit schuldig – und wenn die Schrattin im duftigen Gwandl grad wie ein parfümierter Hauch an ihm vorbeistrich, hat er ihr vielleicht zum Abschluß der Morgenzeremonie jedesmal einen allerhöchsten Klaps auf den Allerwertesten gegeben, etwa auf die Art, wie es in den zwanziger Jahren des nächsten Jahrhunderts der Attila bei seiner Paula ausprobieren wird, als die beiden füreinander noch der Herr Hörbiger und das Fräul'n Wessely sind, und worauf die Paula streng zu Attila spricht: Sie, des hab i net gern!

Sehen S', da heraußen in Hietzing auf dem Weg zur Fanny – sie war übrigens schon recht betagt, als in den Salons über die Freundschaft zwischen der Schratt und Franz Joseph gemunkelt wurde – liegen die G'schichten regelrecht auf der Gasse, und allesamt entstammen sie jenem Wien, das Qualtinger & Heller am liebsten »darschlog'n« täten. Bloß tragen die beiden halt einen »ewigen Fluch« auf dem Buckel, denn sie sind »leider selbst aus Wien, ein Kind von dera Frau ...«. No also, dann ist die Welt ja wieder in Ordnung!

Und da hat man den Friedhof ganz am Ende der Straße endlich er-

reicht: Winziges Hügelland, flirrendes, von uralten Gräbern bestandenes Auf und Nieder.
Ein Friedhofsarbeiter übernimmt freundlich die Führung durchs steinerne Labyrinth, und dann steht man vor Fannys Grabmal, das – wie könnte es anders sein – ihr leicht verfremdetes Konterfei trägt.
Von der gleichen Erde umfangen, liegen sie seit einem Jahrhundert dicht beisammen: die Elßler und ihr komischer Heiliger, der polnische Graf K., Kathi Prinster und – nur wenige Meter entfernt – Wiens einstiger Grantler vom Dienst, Franz Grillparzer. Ob er es dem »ostwestlichen Hanswursten«, dem Prokesch, in der Ewigkeit vergeben hat, daß der ihm seinerzeit das Lottchen ausspannte? Im Himmel droben (sofern Grantler dort aufgenommen werden) sieht man die irdischen Dinge nimmer so eng. Oder?
Im Jahre 1936 rückte Fannys Grabstatt noch einmal heftig ins öffentliche Interesse, nachdem ihr Urenkel, Flugkapitän Wilhelm Elßler, abgestürzt und schwer verletzt geborgen worden war. Draußen vor den Friedhofsmauern konnte man in den Zeitungen die mit schwarzen Balken unterstrichenen Schlagzeilen lesen: Roheitsakt an Flugkapitän Elßler – Der Zustand des Piloten sehr ernst – Kapitän Elßlers Leichnam beigesetzt in Fannys Grab – und so weiter.
Viel Wildes wächst um den Grabhügel, aber nichts wirkt deshalb ungepflegt. Wiens Friedhöfe sind wie seine Grinzinger Gärten: hier wird nicht nach jedem Blatt am Wege gefahndet, hier läßt man den gestrigen Tag noch ein wenig leben, mit Wind und Regen und Sonne spielen, zu Staub verwehen.
Zu ihrem hundertsten Todestag ist die Elßler wieder für Schlagzeilen gut, und zur Feier des Tages hat man ihr das Jahrhundertlächeln auflackiert, als wär's ein hölzernes Grabkreuz, das noch manches Jahr der Witterung standhalten soll.
Mach dir nix draus, du liegst geborgen in der oidn Frau Wien, bist selber ane, net umzubringen – auch net von Qualtinger & Co.
Adieu.
Good bye.
Servus – Fanny.

Literaturverzeichnis

Hellmut Andics, Das österreichische Jahrhundert (Österreich 1804–1975), Wien-München-Zürich, 1974

Octave Aubry, Der König von Rom, Erlenbach-Zürich, Leipzig, 1935

Georg Balzer, Goethe als Gartenfreund, München, 1966/78

Jakob Baxa, Friedrich von Gentz, Wien, 1965

Jean de Bourgoing (Herausgb.), Die letzten Tage des Herzogs von Reichstadt, Tagebuchblätter des Freiherrn Johann Karl v. Moll, Wien, 1948

Maurice Denuzière, Louisiana, Wien, deutschsprachige Ausgabe 1978

August Ehrhard/Necker, Fanny Elßler, Das Leben einer Tänzerin, München, 1910

Friedrich Engel-Janosi, Die Jugendzeit des Grafen Prokesch von Osten, Innsbruck, 1938

Dorothy Gies McGuigan, Metternich, Napoleon und die Herzogin von Sagan, Wien-München-Zürich, deutschsprachige Ausgabe 1979

Grundriß der Geschichte der Vereinigten Staaten von Amerika, US-Informationsdienst, Bad Godesberg, 1954

Ivor Guest, Fanny Elßler, englische Ausgabe 1970

Ernst Haeusserman, Das Wiener Burgtheater, Wien-München-Zürich, 1975

Wolfgang Hildesheimer, Mozart, Frankfurt/Main, 1977

Heinrich Eduard Jakob, Haydn – Seine Kunst, seine Zeit, sein Ruhm, Hamburg, 1952

Robert Lacour-Gayet, So lebten die Amerikaner vor dem Bürgerkrieg, Stuttgart,1958

H. C. Robbins Landon, Das kleine Haydnbuch, Salzburg, 1972

Friedrich von der Leyen/Paul Zaunert (Herausgb.), Russische Volksmärchen, Jena, 1914

Rudolf Liechtenhan, Vom Tanz zum Ballett, Stuttgart-Zürich, 1983

Ilse Linden, Fanny Elßler, Tänzerin des Biedermeier, Nach Briefen und zeitgenössischen Berichten zusammengestellt, Berlin, 1921

Stasi Lohr, Drum hab i Wean so gern, Wien und seine Lieder, Wien-München-Zürich, 1980

Alfred J. Ludwig, Franz Grillparzer, Der klassische Wiener, Wien, 1946

Golo Mann, Friedrich von Gentz, Geschichte eines europäischen Staatsmannes, Zürich, 1947
Mathilde von Metzradt, Napoleons Sohn, München, 1952
Nationaltheater München, Festschrift der Bayerischen Staatsoper zur Eröffnung des wiederaufgebauten Hauses, München, 1963
Leopold Nowak, Joseph Haydn, Leben und musikalische Schöpferkraft, Wien, 1959
Elisabeth Orth, Märchen ihres Lebens, Meine Eltern Paula Wessely und Attila Hörbiger, Wien-München, 1975
Walter Panofsky, Hof- und National-Theater, Eine Chronik der berühmten Münchener Oper (Musiker, Mimen, Merkwürdigkeiten), München, 1963
Emil Pirchan, Fanny Elßler, Wien, 1940
Marcel Prawy, Die Wiener Oper, Wien-München-Zürich, 1969
Riki Raab, Fanny Elßler, Eine Weltsensation, Wien, 1962
Jakob Schönholzer, Franz Grillparzer, Sein Leben in Tagebüchern, Briefen und Erinnerung, Aehren Verlag, 1952
Heinz Schöny, Riki Rabb, Musikgeschichte und Genealogie (XXXV), Die Tänzerin Fanny Elßler
Gerhard Simon, Schicksal im Schatten, Die drei Söhne Napoleons, 1960
Ann Titzia-Leitisch, Grillparzer, Genie und Leidenschaft – die Frauen um Grillparzer, Wien, 1965
Frances Trollope, Briefe aus der Kaiserstadt, Stuttgart, 1966; Frankfurt/Main, 1980
Hartmut Wasser, Die Vereinigten Staaten von Amerika, Porträt einer Weltmacht, Stuttgart, 1980
Ann Wolliams, Ballettsaal, Stuttgart 1973

Archivmaterial stellten zur Verfügung: Stadt- und Landesbibliothek Wien, u. a. Handschriftenarchiv; Haus-, Hof- und Staatsarchiv Wien; Bayerisches Hauptstaatsarchiv München; Gesellschaft der Musikfreunde in Wien; Burgenländisches Landesmuseum Eisenstadt; Theatermuseum der Österreichischen Nationalbibliothek Wien; Deutsches Theatermuseum München; Privatarchiv Riki Raab, private Aufzeichnungen im Besitz der Familie Zebisch, Graz.

Mein besonderer Dank gilt
Frau Professor Riki Raab, Familie Ingo Zebisch; Herrn Ernst Hübsch (Handschriftenarchiv der Stadtbibliothek Wien); Frau Jarmila Weißenböck (Theatersammlung Wien), Frau Gabriela Whetten-Indra (Bayerische Staatsbibliothek München), Herrn Dr. Gerhard Winkler (Landesmuseum Eisenstadt) sowie allen anderen guten Geistern, die mir bei den Recherchen für dieses Buch mit Rat und Tat zur Seite standen.

Register

Bildnachweis:
1 Aquarell von Johann Stefan Decker; Bildarchiv der Österreichischen Nationalbibliothek. 2 und 3 Kreidezeichnung; Landesmuseum Eisenstadt. 4 Stahlstich von C. Rorich nach einer Zeichnung von Ludwig Rohbock; Bildarchiv der Österreichischen Nationalbibliothek. 5 Bildnis nach Karl Agricola, Lithographie; Bildarchiv der Österreichischen Nationalbibliothek. 6 Lithographie von Karl Agricola; Bildarchiv der Österreichischen Nationalbibliothek. 7 Lithographie von Karl Agricola; Bildarchiv der Österreichischen Nationalbibliothek. 8 Städtische Sammlungen, Wien. 9 Lithographie von Achille Devéna nach der Statuette von J. A. Barre d. J.; Städtische Sammlungen, Wien. 10 Stahlstich nach Johann Christian Schoeller; Nationalbibliothek, Theatersammlung Wien. 11 Steindruck von Franz Krüger, Berlin; Städtische Sammlungen, Wien. 12 Stich von Guglielmo Morghen; Bildarchiv der Österreichischen Nationalbibliothek. 13 Lithographie nach einer Zeichnung von Octave Tassaert. 14 Steindruck nach einer Zeichnung von Cäcilie Brand; Nationalbibliothek, Theatersammlung Wien. 17 Pastell von Joseph Achten; Theatersammlung München. 18 Foto Privatbesitz. 19 Lithographie von Friedrich Dewehrt; Staatliche Privatsammlung, Wien. 20 Steinzeichnung von Franz Seitz, München; Aus dem »Theater-Catechismus« von Franz Löhle. 21, 22, 23, 24 Unsignierte Aquarelle; Städtische Sammlungen, Wien. 25 Nationalbibliothek, Theatersammlung Wien. 26 Zeichnung des Bildhauers Pompeo Marchesi, Mailand. 27 Französisches Karikaturblatt; Landesmuseum Eisenstadt. 30 Marmorplastik von Felice de Fauveau; Nationalbibliothek, Theatersammlung Wien. 33 Direktion der Museen der Stadt Wien. 34 Privatbildnis; Bildarchiv der Österreichischen Nationalbibliothek.

Inhalt